U0846418

THE UNITED STATES

from a rising power to a superpower

美国的崛起和问鼎之路

美国应对挑战的分析

熊志勇等◎著

时事出版社

图书在版编目（CIP）数据

美国的崛起和问鼎之路：美国应对挑战的分析/熊志勇等著. —北京：时事出版社，2013.1

ISBN 978-7-80232-559-3

Ⅰ.①美…　Ⅱ.①熊…　Ⅲ.①美国对外政策—研究　Ⅳ.①D871.20

中国版本图书馆 CIP 数据核字（2012）第 244129 号

出 版 发 行：时事出版社
地　　　址：北京市海淀区巨山村 375 号
邮　　　编：100093
发 行 热 线：（010）82546061　82546062
读者服务部：（010）61157595
传　　　真：（010）82546050
电 子 邮 箱：shishichubanshe@ sina. com
网　　　址：www. shishishe. com
印　　　刷：北京百善印刷厂

开本：787×1092　1/16　印张：26　字数：350 千字
2013 年 1 月第 1 版　2013 年 1 月第 1 次印刷
定价：66.00 元
（如有印装质量问题，请与本社发行部联系调换）

著者名单

熊志勇　陈积敏　宋　微
侯自强　阎　彬　谷红玉
史海东

目 录

前　言

近些年，中国发展面临的内外困难越来越多，一些人抱怨中国崛起的机遇期消失了，一些人抱怨外国的阻挠。其实中国够幸运的了，邓小平的政策带给中国的机遇期至少已有30来年。我们的机遇期比美国崛起时长得多，美国当年的困难一点不比我们少。美国在20世纪崛起的阶段对外遭遇两场世界大战，对内30年代初的危机及其后的萧条不知比中国今天的状况严重多少倍。在崛起的关键的关键阶段，1933—1945年富兰克林·罗斯福担任美国总统。美国著名评论家李普曼在罗斯福去世前几天指出："他已引领这个国家走出最为严峻的危险，并且使美国获得了最高程度的安全、影响力以及尊重。"[①] 我同样认为，罗斯福即便有过失误，仍是美国历史上一位伟大的领袖，因为他不仅率领美国人摆脱了国内的重重危机，而且在世界上建立了一个以美国为主导的国际体系。然而，美国著名学者李侃如是这样解释的："能否成为一位伟大的总统取决于两点，一是在任者的才干，二是当时的形势。譬如说克林顿。他具有成为一位伟大总统的才干，但却没碰上需要做出历史性决定的危机。相反，罗斯福作为一位美国最伟大的总统而受到人们的缅怀，因为他改变了美国的社会契约和在第二次世界大战中战胜法西斯和日本人。然而，他做到前者是因为他碰上了大萧条，他凭借坚强的意志

① 韩德：《美利坚独步天下》，上海人民出版社，2011年版，第132页。

做到后者，那是历史赋予他的重任。”① 看来，美国人与中国人都有“时势造英雄”的看法。中国现在也有时势，但能否继续转化为机遇期，它七分在人、三分在天。今天我们来看看美国领导人和美国政府如何带领那个国家迅速崛起并问鼎世界的历史，或许能够给我们一点启迪。

在着手本项目的研究时，我们遇到了两个问题：一是如何界定美国崛起的时间；二是如何界定什么是孤立主义。在这两个问题上，中美学术界都存在各种不同的看法。为了研究的方便，我们需要对它们作个说明。

根据《辞海》的解释，“崛起”一词的意思是突起、兴起。从广义上讲，美国作为一个大国的兴起可以从它的独立战争算起。1776 年 7 月 4 日，在北美的英国殖民地上，由一批反抗殖民统治的志士组成的大陆会议发布独立宣言，提出建立一个新的国家——美利坚合众国。美国横空出世。在此后的 120 来年间，美国忙于巩固自己的独立地位，并逐渐扩大自己在美洲的领土和提升自己的经济实力。美国人的视野、美国的利益、美国的力量和美国的影响都基本局限于美洲。虽然在 1844 年时，美国同中国签订了不平等的《望厦条约》，沾白种人的光，获得了与其他欧洲大国同样的特殊权益，但那更多是一种搭便车的作法。它的经济实力远不如中国。在 1870 年时，中国 GDP 占世界的 17.3%，而美国只占 0.9%。实际上，美国只是一个美洲的区域性大国。美国除了经济迅速发展外，其军事力量微不足道，国际影响力更是弱小。那时，美国绝少参加国际会议，也未参与大国间共同的决策，仅仅被当作二流国家。1880 年，一位德国使节宁愿忍受减薪的降级待遇也不愿被派到华盛顿。中法战争期间，美国曾试图从中进行斡旋，法国根本不理睬。1892 年前，驻华盛顿的外交官无一是大使级，因为没有欧洲国家认

① 与李侃如访谈，2012 年 1 月 18 日在布鲁金斯学会。

为美国足够重要，值得派遣那个级别的外交使节。① 从狭义上讲，美国作为一个世界大国的突起或崛起要从19世纪末开始。它有两个标志：一是在19世纪末，美国成为了世界第一工业生产大国。美国的经济利益越来越向国外延伸，它也更加关注国际市场。二是在1898年美国发动了美西战争。美国敢于向老牌殖民主义国家西班牙挑战，并获取了自己的殖民地和势力范围。从那时起，美国人的视野、美国的利益、美国的力量和美国的影响都开始向全世界展开。在短短的二三十年间，美国在经济、政治和军事各个领域都取得世界第一或前列的地位。到第二次世界大战结束，美国终于成为世界第一强国，并通过建立新的国际体系，问鼎全球。在这仅仅半个世纪的时间里，美国从地区性强国崛起为世界霸权国家。本书就是重点研究美国在狭义上的崛起阶段的对外关系。

通过研究美国这个时期的对外关系，我们注意到孤立主义对美国的外交政策产生了巨大的影响。本书原想把孤立主义作为书名，但怕一些人只看这4个字便提出质疑：20世纪不断搞扩张的美国哪来的孤立主义？其实，中国人本来不该望文生义的，应该探究在名字之后的真正内容。孤立主义是美国历史上曾长期奉行的一项外交政策原则，至今仍偶有影响。这项原则源起于18世纪70年代美国争取和巩固独立的时期。对它最权威的阐述是美国国父华盛顿在1796年结束总统任职时所作的告别演说，尽管他没有使用孤立主义这个词。他是这样讲的："我们要对所有国家严守信用和正义，要与所有国家建立和平与和谐。……最关键的事情是绝不要永远地、固执地讨厌一些国家而热烈地亲近另一些国家。……我们对待外国的行为准则应该是在发展我们的商业关系时，尽可能避免与其发生政治联系。……欧洲的一系列的根本利益或与我们无关或与我们关系非常微小。因此，欧洲肯定会经常陷入纠纷，而这些纠纷的原因

① Ernest May, *Imperial Democracy: The Emergence of America as a Great Power*, N. Y.: Harcourt, Brace and world, 1961, pp. 3 – 6.

实质上与我们无干”，所以卷入欧洲的政治是不明智的。“我们超然于世外，便使我们能够遵循一条不同的路线。……我们真正的政策是避免同任何外国订立永久性的同盟。……时时小心从事，通过适当的安排让我们保持一个较大的回旋余地，在特殊紧急的情况下我们可以谨慎地依靠临时结盟”。在他之后的几任总统都继承了这个政策原则。根据他们的讲话，可以总结出这项原则的基本内容，即与各国普遍和好、不结盟，不卷入欧洲政治，自主超脱，留有余地，从而最大程度地保护美国的利益。或者简单地说，就是不结盟，不卷入大国之争，避免被人利用，给自己找麻烦。孤立主义根本就不是扩张的反义词。本书想证明的是，正由于美国奉行孤立主义，美国才取得了扩张的成功。

随后可能带来的又一个问题是写美国外交的中文书不少了，这本书有什么意义吗？这些年中国人总在谈论中国的崛起，其中包括机遇期问题、与邻国纠纷问题、与大国关系问题，等等。为此我们不妨看看现任霸权国美国是如何崛起的。前些年一本名为《大国的兴衰》的书非常流行。它着重从硬实力角度介绍了历史上的霸权转换，但它的理论并不完全适合说明美国的崛起历史，因为美国并没有像英法等老牌殖民主义国家那样参加争夺殖民地的战争，美国对世界的影响不全是靠硬实力。本书分别从一些读者可能会关心的角度来探讨美国的崛起攻略，温故知新，或许对人们思考中国崛起之路有所帮助。一些人说美国是个霸权主义国家，它的历史有什么可学的？提出这个问题的人存在两个缺陷：一是他是从今天看待美国的历史，或者他对在二战前的历史并没有完整的知识。要知道，在20世纪上半叶同时崛起的不只美国一家，还有日本、德国和苏联。但今天只剩下美国一家。想获得霸权并不是件容易的事情。二是他把学习当成重复或模仿的同义词。毫无疑问，由于背景和条件的不同，美国的历史几乎没有中国人能够重复和模仿的东西。学习本该是一个借鉴、思考和创新的过程。美国人是最善于学习的国民。今天美国人用的很多东西本来都不是美国人创造的，但都被美国人学来了。从本书讨论的历史情况看，比如，中国人最爱表达的主权观，是美国人从欧洲人那里“淘”来并推销给中国人的；自由贸易政策，过去人们都把它看成是美国的强权主张，其实这个理念是美国人从英国人那里学来的，然后把它制度化，并推广到全球；研究生教育，人们常说现在理想的教育途径是在中国接受义务教育，在英国等国接受本科教育，到美国接受研究生教育。其实研究生教育是德国人开创的，美国人把它制度化并将其扩展为包括新兴实用专业知识在内的教育系统，培养了比任何国家都多的专家和应用性人才。如果我们这样理解学习一词，相信本书所讲的“美国故事”就会有其价值。

本书着重介绍从 19 世纪末到 20 世纪 40 年代初美国在对外关系上贯彻孤立主义原则的历史。这段时间是美国崛起成为世界第一强国的关键时期。虽然美国从美西战争开始走出美洲，走向亚洲，走向世界，但能否走好还取决于它的内外政策，特别是对外政策。进入 20 世纪后，美国面临快速发展带来的诸多社会问题，特别是 20 世纪 20 年代后接连遭遇经济危机，这些国内问题的处理需要政府和领导人付出大量的时间和精力。美国所处的世界环境更是错综复杂。首先，美国需要一个巩固的后方，奉行多年的门罗主义政策并没有保证美洲的稳定，问题仍屡屡出现。其次，美国利益的海外扩张就有可能与逐渐衰败的老牌霸权国家英国发生摩擦或冲突。如何处理好与英国的关系，使其不成为美国崛起的阻力，对美国政府来说是一个关键的任务。再者，同期世界上出现了几个与美国争夺霸权地位的国家。在亚洲是新兴的强国日本，它在中日甲午战争中打败了亚洲大国中国；在欧洲已完成统一任务的德国也日益强盛，有超过英国和法国的趋势。这两个国家都有控制本地区并进而称雄世界的野心。它们与美国构成了竞争的关系。如何在竞争中挫败这两个国家而取得领先地位，这成为美国领导人要面对的一个艰难的挑战。此外，第一次世界大战结束时，在俄罗斯帝国范围内突然冒出的新型苏维埃政权更加深了国际关系的复杂性。布尔什维克以资本主义世界为自己的革命对象。如何避免与这种政权的冲突也是美国需要探索的问题。不仅如此，崛起的美国与先前的霸权国家一样期望有一天能够引领世界。如何应对挑战，如何建立美国的世界体系成为那半个世纪美国领导人、美国政府和美国人民的艰巨任务。当然，讲外交离不开内政，所以本书也简单涉及到外交决策的国内背景。

本书由我主持编写，参加写作的有近几届博士生。这个项目得到北京市教委的大力资助，因为我的一位博士生曾获得北京市的优秀博士论文奖。本项目既给我一个机会来总结多年教学和研究的心得，也让众多博士生有机会一起通过实践来学习做研究。本书初稿的第二、五章由陈积敏（现为中央党校教师）负责，第三、四章由宋微（现为商务部国际贸易经济合作研究院研究人员）负责，第七章由侯自强负责，第八章由阎彬负责，第九章由史海东负责，第十章由谷红玉负责，其余章节都由我负责。由于我在统稿时对初稿做了较大改动，所以我对内容和错误负责。此外，感谢北京外国语大学的梅仁毅教授和中国社科院美国所的赵梅研究员等同志。他们的意见和建议对完善本书非常重要。也感谢时事出版社的苏绣芳主任，没有她的支持，这本书无法面世。

熊志勇

2012 年 9 月

第一章　孤立主义与美国的扩张

美国从建国不久就开始了向外扩张的过程，而孤立主义也是从那时起到20世纪上半叶所奉行的一项重要外交原则，也可以说是最重要的外交传统。这项原则的基本内容是，完全从美国自身利益出发，不与任何国家结盟，不卷入列强纷争，要自主超脱地处理外交和国际事务。美国著名外交史学家珀金斯是如此介绍它的：“孤立主义不只是一项消极的政策。美国人自认为是世界的向导，如果新的共和国想要激励其他民族的话，就必须保持其纯洁质朴的特性，绝不能沾染那肮脏不堪的王朝政策”，除了这种理想主义外，“审慎小心和利益考虑也要求不卷入（欧洲政治）”。[①] 抛开美国学者赋予这项政策的漂亮词句，可以清楚地看到奉行孤立主义的政策不是无所作为，它是从谋取美国的根本利益出发，谨慎小心地避免卷入列强的纠纷，最终为世界树立一个新榜样。孤立主义原则从美国独立之时产生起到第二次世界大战时终结，经历过5个重要的时期：美国独立与孤立主义的选择、门罗主义的提出、美西战争和门户开放政策的提出、创建国际联盟的困境、孤立主义的放弃与二战结盟。在这些时期中，虽然孤立主义原则本身没有变，但具体的对外政策却随着美国利益的变化在不断更新，执行原则时并不缺少灵活性。

① 孔华润：《剑桥美国对外关系史》（上），新华出版社，2004年版，第24页。

一、美国独立与孤立主义的选择

18世纪70年代，英国在北美殖民地上的一批反对英国殖民统治的志士聚集在一起，召开被称为大陆会议的机构，讨论独立事宜。他们一方面想建立独立的国家，摆脱英国的殖民统治，争取自己的利益；另一方面试图摆脱欧洲政治和战争给北美带来的困扰，因为作为英国的殖民地，北美地区不断被拖入到欧洲的纠纷和战争之中，自身利益遭到损害。当时，著名革命家潘恩发表了《常识》一书，宣传独立和中立的思想。他在书中指出："只要我们作为美国人，而不是大不列颠的臣民，法国和西班牙过去从来不是、将来也许永远不会是我们的敌人。"他还解释说："既然欧洲是我们的贸易市场，我们就应当同它的任何地区建立起不偏不倚的关系。"① 1775年，波士顿地区爆发了抗英的武装斗争。1776年7月4日，作为独立运动的领导机构的大陆会议发布独立宣言。宣称：参加大陆会议的前英国殖民地、现今自由独立的诸州的代表们决定与英国王室断绝一切关系而成立新的国家——美利坚合众国。以后，这一天就作为美国的独立日。在争取独立的战争中，美国的军事力量与英国军事力量相差悬殊。在英军的打击下，美军节节败退，大陆会议也从费城撤到了巴尔的摩。在这种不利的情况下，美国不得不考虑同英国的老对手法国结盟，争取法国的支持和援助。过去，法国与英国曾在争夺北美殖民地的过程结下了宿怨。一个世纪以来，英法两国为争夺殖民地几次发生战争，而法国总是输家，包括失去在印度和北美的多数殖民地。所以，北美独立战争开始后，法国就一直关注事态的进展，甚至秘密向美国军队提供经费和武器。为争取法

① 孔华润：《剑桥美国对外关系史》（上），新华出版社，2004年版，第25—26页。

国更积极的合作，大陆会议派代表富兰克林前往法国。富兰克林作为著名的美国政治家利用其声望东奔西走，终于使法国政府同意谈判条约。1778 年 2 月，他与法国代表签订了两个条约：一个是友好通商条约。法国给美国以最惠国待遇，也就是以这种形式承认了美国的诞生。另一个是同盟条约。它规定“本防御同盟主要的与直接的目的是有效地维护合众国不仅在商业上，而且在政治上的自由、主权与绝对的无限制的独立”。美国承诺对法国在美洲的属地予以保障，并支持法国对墨西哥湾英属岛屿的要求，同时，法国承认美国现有领土和今后可能从英国取得的其他领土。双方同意都不单独与英国媾和。但是美国人心里很清楚，法国这么做是有其本身利益考虑的。它想借美国独立之机打击英国的势力，并扩张它在美洲的影响。美国独立战争时的总司令华盛顿将军当时就写道：“我从心底里接受我们新盟友的最值得称道的感情……但是，根据整个人类历史而来的一大原则是，没有哪个国家值得更加信任，除非它受自身利益所约束。”[①] 无论如何，法国作为盟友，在美国独立战争中给美国军队提供了强有力的支持，包括提供装备和运用陆海军牵制英国军事力量。1779 年 4 月，法国还与西班牙签订条约，两国决定共同对英国作战。西班牙同样想为过去争夺殖民地的失利报复英国，收回直布罗陀。虽然它是法国的盟国，但不与美国一条心，甚至拒绝承认美国的独立。美国曾派一位政治家杰伊作为代表去争取西班牙合作，但西班牙王室拒绝正式接待他。美方甚至表示愿意放弃在密西西比河上的航行权来换取西班牙对独立的承认和结盟，同样遭到西班牙的拒绝。西班牙外长甚至嘲笑杰伊来乞讨承认和金钱。西班牙人的这种作法给美国人对欧洲外交留下了糟糕的印象。他们清楚地认识到，无论是法国还是西班牙，这些欧洲人并非与美国人同心，而只是因为仇恨英国才与美国结盟并与英国对抗的。不久，荷兰也趁机向英国宣战。法、西、荷联手对英国开战，使英国处于四

① 孔华润：《剑桥美国对外关系史》（上），新华出版社，2004 年版，第 35 页。

面楚歌的境地。这就为美国人进行独立战争提供了有利的条件，美洲战场上的形势迅速发生扭转。1781 年 10 月 19 日，英国殖民军在美国的约克镇投降，美国人取得独立战争的胜利。

美国代表富兰克林着手在巴黎与英国进行有关独立事宜的谈判。由于深受疾病的折磨，他让杰伊作为谈判助手。后来，美国另一位政治家亚当斯也加入了谈判的队伍。为了摆脱同四方的战争，英国政府愿意对前殖民地的美国做出让步。在新的形势下，法国政府的态度开始转变，它对美方施加压力，不准美方未经与法国商量就做决定。它还鼓动西班牙趁机在北美南部抢占殖民地，自己也与英国秘密交涉。法国并不想看到美国成为整个北美大陆的新主人，它甚至不希望美国从东部延伸到密西西比河流域或更西部的地区。法国大臣韦尔让指责亚当斯没有能力、以自我为中心。他还试图通过收买大陆会议的成员来操控美国谈判代表接受法国方面的建议和意见。杰伊发现法国人的意图后尖锐地对富兰克林讲："我们可以依赖法国人，可它只是为了看到我们同英国分离。我们变成一个伟大的、不可轻视的民族不符合他们的利益，因此他们不会帮助我们成为如此的民族。"① 富兰克林不愿意与法国公开闹翻。于是，杰伊就另外派人秘密前往伦敦交涉。杰伊的作法得到亚当斯的支持。英国方面高兴地看到美法出现分歧，愿意单独与美国谈判。1782 年 11 月 30 日，美英双方签订了初步议定书。法国方面对此提出抗议。富兰克林巧妙地回答说：我们没有单方面与英国媾和，我们只是达成一个初步的意向。美国谈判代表的这种作法不仅让法国政府恼火，而且让美国国会质疑：毕竟法国是美国的盟友，双方曾同意不单独与英国媾和。对于如何处理与法国的关系，美国政治家之间发生分歧。一些人主张信守条约和听从法国的意见，另一些人强调美国自身的利益，并坚持反对受制于法国。结果后者取得上风，他们认为，法国等国的野心会导致英美就独立问题谈判困难重重，美国为

① 李庆余：《美国外交史》，山东画报出版社，2008 年版，第 7 页。

了自己的利益不能让法国来牵制。1783 年 6 月，美国大陆会议通过一项由麦迪逊建议的决议案："各州的真正利益要求它们尽可能地不要卷入到欧洲国家的政治和争吵中去。"在这期间，英法和英西等国之间都分别举行谈判，并在 9 月达成了协议。于是 9 月 3 日，英美两国在巴黎签订了最后的和约。英国承认北美 13 块殖民地的独立，而英国保住了加拿大和纽芬兰等地。西班牙虽然没拿回直布罗陀，却得到佛罗里达。法国尽管利用这场战争损害了英国的利益，但未能实现自己对领土的要求。它最终为了对付英国，还是接受了这个结果以便保持与美国的联盟。独立战争期间的外交经历一方面使美国政治家们深刻地体会了欧洲国际关系之复杂，另一方面他们正好利用这种错综复杂的关系来谋取自己的根本利益——摆脱英国的殖民统治，建立独立的美利坚合众国。然而，他们清楚，卷入欧洲矛盾是要冒风险的，不是只有便宜可拣。所以，孤立主义的外交思想在美国政治家中逐渐成形。

独立后的美国并未因同英国打过仗而继续敌视它。1785 年，美国政府派亚当斯作为驻英国公使，但英国却对战争的失利耿耿于怀，拒绝派出对等的官员。亚当斯不顾英方的冷遇，坚持驻在英国，并不断地做说服工作。直到 1791 年 10 月，美英两国才正式建立外交关系。与此同时，由于传统的联系，美国依然保持着与英国密切的贸易关系。在 18 世纪末，美国 90% 的进口来自英国，50% 的出口输往英国。由于关税是美国的主要财政收入，财政部长汉密尔顿主张加入由英国主导的全球经济体系。但国务卿杰弗逊等人反对这种主张，他们指出不能把美国的繁荣建立在对英国的依赖上，由于英国的工业压制着美国的工业，妨碍美国在经济上的独立发展，因此要与广泛的欧洲国家建立有利的贸易关系。1789 年，华盛顿当选美国第一任总统。他此前就主张不卷入欧洲的纠纷，而是要利用美国有利的地理位置，小心谨慎地利用欧洲冲突来给美国谋取好处。恰恰这年法国爆发了资产阶级革命，欧洲君主制国家非常害怕这场革命的影响会波及自身，便联手进行干预。这场在法国和反法联盟之间的战争从1792年分阶段持续到1815年。战争的一方是法国，另一方则是以英国为首的其他欧洲国家。1792年2月，法国对英宣战。根据1778年的法美同盟条约，美国有义务站在法国一方。当时，一些美国人支持法国的革命，强烈要求政府也对英宣战。美国政府对这个问题进行了激烈的讨论。汉密尔顿等人认为法国王朝已经结束，原来订立的条约也应随之终止，美国不应为法国承担军事义务。杰弗逊等人认为，法国政府的更迭不应成为条约中止的理由，因为条约是国家间签的而不是政府间签的。但他也同意不要卷入欧洲的战争，只是主张承认法国新政府。华盛顿总统深思熟虑之后明确指出，站在任何一边都不符合美国的利益。1793年4月22日，他发表“中立宣言”（尽管他没有用中立这个词），提出友好和公平地对待交战双方。次年，美国国会通过了第一个“中立法”。美国不仅与欧洲交战双方继续进行贸易，而且在1794年与英国签订被称为《杰伊条约》的友好贸易和航海条约。这不仅避免了与英国的冲突，而且从英国得到贸易最惠国待遇。法国本来并没有援引条约要求美国对英作战，因为它清楚美国的军事力量非常弱。然而，《杰伊条约》竟允许英国在某些情况下没收美国运往法国的食品，由英国给予补偿，这就伤害了法国的利益。1796年7月，法国政府决定不再保护美国的中立国贸易权利。法国的军舰和私掠船便在西印度群岛袭击和没收美国商船。到1797年中，被扣押的美国商船达几百艘。法国政府还拒绝接受美国派出的公使。结果，美国国会通过法案，宣布与法国的同盟条约无效。美国海军也对法国军舰和私掠船进行攻击。忙于欧洲战争的法国并不想与美国长期敌对下去，法国不得不撤销了没收美国商船的命令，并接受美国公使。1800年，美法达成协议，恢复和平，并废除法美同盟条约。从此，美国走上了不结盟的道路。在前面一段时间里，它恰当地利用自己的地理优势，保持了在欧洲大国中的回旋空间。欧洲的大规模战争给了美国发财的机会。从1792年到1796年，美国的出口就从1900万美元增加到4100万美元。

美国从其采取的灵活政策中尝到了甜头。1796 年美国国父华盛顿结束总统任期，他在告别演说中对其外交政策作了很好的阐释："我们要对所有国家严守信用和正义，要与所有国家建立和平与和谐。……最关键的事情是绝不要永远地、固执地讨厌一些国家而热烈地亲近另一些国家。……我们对待外国的行为准则应该是在发展我们的商业关系时，尽可能避免与其发生政治联系。……欧洲的一系列的根本利益或与我们无关或与我们关系非常微小。因此，欧洲肯定会经常陷入纠纷，而这些纠纷的原因实质上与我们无干"，所以卷入欧洲的政治是不明智的。"我们超然于世外，便使我们能够遵循一条不同的路线。……我们真正的政策是避免同任何外国订立永久性的同盟。……时时小心从事，通过适当的安排让我们保持一个较大的回旋余地，在特殊紧急的情况下我们可以谨慎地依靠临时结盟"。华盛顿的讲话被视为美国孤立主义政策的源起，尽管他没有用这个词。从他的讲话中可以看出，孤立主义政策的基本含义是与各国普遍和好、不结盟，不卷入欧洲政治，自主超脱，留有余地。[①] 华盛顿的这篇演说不仅是对于先前外交斗争的经验总结，而且为今后美国的外交工作指出了方向。这篇演说主要论及美国的国内情况，而涉及对外政策的篇幅仅占 1/6。这充分反映出决定这项政策的基本考虑是美国国内的现实需要。继任的亚当斯总统一直主张与所有欧洲国家保持一定的距离。他曾指出："我们同他们及他们同我们的交往是贸易，不是政治，更不是军事，美国当欧洲战争和政治的玩物是当够了。"在 1801 年就任美国总统的杰弗逊同样继承了这一思想，坚持奉行孤立主义的外交政策。他表示，美国要"和平、贸易、同一切国家真诚的友好，而不同任何国家缔结纠缠不清的同盟"。[②]

---

① Richard Leopold, *The Growth of American Foreign Policy*, N. Y.: Alfred A. Knopf, Inc. 1962, p. 20. 孤立主义一词并非为当时某美国领导人所用，而是后来美国人对这种政策的一个通用称呼。

② 王玮、戴超武：《美国外交思想史》，人民出版社，2007 年版，第 51、71 页。

在美国独立战争期间，美国为了对抗英国不得不同法国结盟。但历史的教训和现实的经验都告诉美国政治家，这种结盟关系会使美国卷入错综复杂的欧洲政治，甚至引起欧洲列强对美国事务的干预，给美国带来危险。而刚刚独立的美国需要和平与稳定，需要与各国友好并发展经贸关系。因此，从华盛顿总统起美国几任领导人都选择了以不结盟、不卷入欧洲政治、着眼发展贸易、与各国普遍友好为原则的孤立主义来指导对外政策。

二、门罗主义的提出

然而欧洲大国之间的争斗使美国无法得到它想要的持久和平，甚至它与欧洲的贸易时时还要受到这种争斗的制约，它的领土安全也可能面临威胁。19 世纪初，拿破仑统治下的法国成了欧洲大陆的主人，与英国分庭对抗。它甚至打算在美洲重建殖民帝国。1800 年 10 月，法国迫使西班牙把北美的路易斯安那地区转给它。这样，密西西比河流域就落入法国的控制。对这个地区也存在野心的美国对此大为不满，杰弗逊总统警告法国：如果法国占据这个地区，美国将不得不“同英国及其舰队联为一体”。欧洲大国的扩张和争夺使得美国甚至想放弃孤立主义原则，通过结盟来保护自己的利益。但在实践上，对英国示好也不容易。作为海上霸主的英国为了同法国较量，派军舰封锁美国的沿海地区，禁止美国商船同法国进行贸易，除非美国船只先按照英国的规定纳税并接受管理。若美国商船照英国要求办，它们又会遭到法国方面的反对，法国把接受英国管理的美国船只也当作英国船只加以报复。美国人左右为难，最终它还是坚持了孤立主义原则，没有与英国结盟。

执行孤立主义的外交政策给美国人带来一个新机会。法国其实并不想在美洲土地问题上得罪美国，它更想拉拢美国，以便继续对抗老对手英国。1802 年，作为恢复法国在北美的殖民地的一项重大举措，法国派大军远征海地，却遭到惨败。拿破仑不得不面对现实，决定放弃恢复北美殖民地的计划，同时决定卖掉路易斯安那地区。于是，美国政府派代表门罗前往法国谈判。1803 年 4 月 30 日，美法两国签订协议，美国以 1500 万美元买到了新奥尔良和路易斯安那，即整个密西西河以西的大片土地。这就大大地扩大了美国的领土。拿破仑曾解释他的这个决定说：这将“确定了美国的强国地位，我正是要给英国一个海上竞争者，这个竞争者早晚会消灭它的锐气。”拿破仑为了打击英国不惜牺牲土地，培育一个美洲大国来抗衡英国。

事情的进展证明拿破仑判断对了。眼见英法之争妨碍了美国的贸易发展，杰弗逊总统无可奈何地把欧洲视为“疯人院”，尤其是英国海军搜查美国船只，征用水手，甚至强制征用美舰“切萨皮克号”的作法更让美国领导人愤怒。从 1803 年到 1812 年，有近千艘美国船只被英国截获，美国商人损失严重。由于英国海军侵犯了美国的领海，也就侵犯了美国的主权，美国不断地提出抗议，英美的摩擦越来越严重。在这种情况下，美国政府要同各国普遍保持友好的外交政策受到国人的广泛批评。人们指责英国要“垄断我国商业，摧毁我国的自由和独立”，批评自己的政府怎么对此视而不见。美国政府最终忍无可忍，不得不于 1812 年 6 月再次与英国交战。在第二次美英战争中，美国军队起初仍是处于不利的位置。1814 年 6 月，英国陆军一度占领首都华盛顿，英国海军也控制了制海权。但美国人不屈服于老东家，坚持抵抗。9 月中旬，在巴尔的摩，美军冒着枪林弹雨奋勇抗击入侵的英军。当时在战场附近的美国律师弗朗西斯·斯科特·基透过硝烟看到星条旗经过英军炮轰后仍在要塞上空高高飘扬时感慨万分，即景写出了传世之作《星条旗》：“我们一定得胜，正义属于我方……星条旗将永远高高飘扬在这自由的国家，勇士的家乡。”后来，这首诗配了曲成为美国的国歌。也就在这个月，美军终于在纽约州的普拉茨堡战役中取得一次关键性的胜利。美国舰队司令麦克多诺指挥 14 艘美舰凭借对地势的熟悉和捍卫领土的决心，同两倍于己的英国舰队交战，结果击毙英舰队司令，俘获英舰 4 艘，这次胜利扭转了战场的局面。

此时，欧洲战争也将结束，英国关注于战后的欧洲安排，不想与美国继续为敌。美英两方在比利时的根特进行谈判，并于 12 月达成和约，都同意恢复战前状况。虽然美国通过战争保持了独立和领土完整，但这次战争再一次让美国领导人领教了欧洲大国冲突带给美国的麻烦。他们更加希望能避免这种麻烦，也就是不让欧洲大国把美洲卷入他们之间的争斗。这种想法掺进对发展对外贸易和扩大疆土的期待，在美国形成了一种民族主义思潮：建立一个美洲大国。

恰恰在这个时期，拉丁美洲出现了声势浩大的民族独立运动。19 世纪初，在拉丁美洲的西班牙殖民地掀起了争取独立、建立共和国的革命运动。1811 年 7 月，委内瑞拉共和国政府宣布成立。革命领导人玻利瓦尔领导的起义军继续同殖民军队作战。1819 年，起义军攻入哥伦比亚的波哥大，赶走西班牙总督，建立包括委内瑞拉和哥伦比亚在内的哥伦比亚共和国。起义军把斗争的范围扩大到厄瓜多尔。到 1821 年，阿根廷、智利、大哥伦比亚、墨西哥和秘鲁 5 个国家先后获得独立，西班牙在拉丁美洲的殖民统治大大被削弱。一直要建立领土大国的美国就钻了这个空子。1818 年，美国军队开始向还属于西班牙的佛罗里达地区渗透。1819 年 2 月，西班牙不得不与美国签约，同意把东佛罗里达让给美国，并默认西佛罗里达是路易斯安那的一部分，也就是美国的一部分。美国的代价仅仅是向当地的西班牙居民支付 500 万美元。此后，美国并没有停止扩大领土的脚步。它还盯着西部的太平洋沿岸地区，甚至考虑在美洲建立一个“美国体系”。美国众议院议长克莱 1820 年 5 月在国会上讲：“我们有力量建立这样的一个体系：我们将成为这个体系的中心，而整个南美洲将和我们一起同在这个体系之内。这对贸易方面尤为有利，我国将成为世界贸易汇聚的地方。”美国开始把南美洲视为自己的势力范围。

然而，欧洲的一些强国也想利用西班牙衰弱的机会扩大它们在美洲的势力范围。当时，反法联盟打败了法国的拿破仑。在1814年10月的维也纳会议上，战胜国俄国、奥地利、普鲁士等国组成“神圣同盟”，恢复王朝对欧洲的统治，法国于1818年也加入了这个联盟。“神圣同盟”的一些国家显露出对美洲的兴趣。法国试图在那里建立受其统治的君主制国家。俄国也想乘机扩大在美洲的领地，就与西班牙在1812年结盟，试图从西班牙手中逐步获得对加利福尼亚地区的所有权。英国不愿静待法俄在拉丁美洲扩大势力，也打算取代西班牙，把拉丁美洲纳入自己的势力范围。美国政府对美洲突然出现的复杂形势保持高度警惕。1822年3月，本来对拉美国家独立采取中立态度的美国一下子承认了上述几个独立的拉美国家。1823年7月，美国国务卿约翰·昆西·亚当斯（前总统亚当斯之子）向俄国驻美公使表示反对俄国在美洲的领地南扩。他说：“我们明确地认为，美洲大陆不再是任何欧洲新的殖民地。”8月，英国外交大臣坎宁与美国驻英公使讨论神圣同盟可能干涉拉丁美洲的独立运动的问题，他暗示英美可以发表联合声明来反对这种干涉。英国认为这样做既可反对法俄对拉丁美洲的干涉，又可限制美国的行动，以实现英国在拉丁美洲的优势地位。于是，是否与英国联手发表声明的问题导致美国政府内部的一场争论。虽然辩论的双方都认为有必要发表声明反对欧洲国家干预拉丁美洲的事务，但一方认为与英国联手可以扩大美国的力量，另一方认为卷入欧洲大国间的矛盾会损害美国的利益。门罗总统向杰弗逊等前总统就这个问题请教。杰弗逊虽然认为可以与英国合作，但他强调不能背离孤立主义的原则。他指出：“我们首要的基本箴言应当是：绝不使我们自己卷入欧洲的纠纷中，其次是绝不许欧洲来干涉大西洋这边的事情。”① 国务卿亚当斯干脆就反对与英国发表联合声明。他认为英国的这个建议明是反对神圣同盟对拉丁美洲进行干涉，暗是反对美国

① 王玮、戴超武：《美国外交思想史》，人民出版社，2007年版，第96页。

得到西属美洲的任何部分。他担心英国会利用拉丁美洲的动荡局势进行干预，把西属美洲变成英属美洲。他主张："向俄国和法国公开表明我们的原则，要比充当英国军舰后面的一只小艇更光明磊落，更体面尊严。"他明确地指出：无论美国是否可以得到其他领土，"我们至少应保持事变发生时的行动自由，不要让任何可能不久就会被用来同我们作对的原则捆住我们"。他提议拒绝英国的建议，而由美国自己发表对外政策宣言。他的观点最终被门罗总统接受。门罗后来在给杰弗逊的回信中表示：神圣同盟的威胁并未大到让美国与英国结盟的程度，"投入英国的怀抱，可能将意味着我们在它的影响和唆使下行事。"①

在1823年12月2日向国会提交的国情咨文中，门罗总统重申孤立主义原则："在欧洲国家的历次战争中，在涉及这些国家的事务上，我国从未介入过，现在这样做也不符合我国的政策。"然而，他更多地是讲美洲的事务。他强调："美洲大陆由于其确立并保持的自由和独立的状态，从今以后不再是任何新的欧洲殖民的对象。"他认为神圣同盟各国的政治制度与美洲国家不同，因为它们产生于各不相同的政体，若欧洲的神圣同盟把其制度扩大到美洲，那将是"对我们的和平与安全的威胁"。他明确地指出："我们过去没有，将来也不会干涉任何欧洲的现存殖民地与附属国，但对于那些已经获得并保持独立的政府，我们经过认真考虑并从正义的原则已承认其独立，若任何欧洲国家为了压迫或以任何其他方式控制它们的命运，我们只能把它看作是对美国的不友好态度的证明。"② 他的这个政策后来就被称为"门罗主义"。门罗的主张从表面上看是支持拉丁美洲国家的独立和反对欧洲大国对这些国家事务的干预。但从深层次看，他把美国的安全和利益与拉丁美洲联系在一起，把不卷入欧洲大国纠纷的原则扩大到也不许欧洲国家干涉美洲的事务。门罗

---

① 王玮、戴超武：《美国外交思想史》，人民出版社，2007年版，第97、99页。

② James Richardson ed., *Compilation of the Messages and Papers of the Presidents*, Washington: Govt. Print. Off., 1897, vol. 2, p. 287.

主义的出发点显然还是孤立主义，但比传统的孤立主义走得更远。门罗主义试图把欧洲与美洲从政治上分隔开来，一方面可防止欧洲势力重返美洲和在美洲进行争夺给美国带来麻烦；另一方面也有助于美国在这个地区建立领导地位。门罗主义所表明的非殖民化和拒绝欧洲插手美洲事务的立场在客观上有助于当时的拉丁美洲民族独立运动。因此，拉美独立国家的政府都认可这项政策，大哥伦比亚甚至想与美国结盟，当然遭到美国的拒绝。与此同时，欧洲的政治家却感到愤怒，正如奥地利首相梅特涅所表示的："我们目睹其诞生和发展的合众国，突然离开了那个对其野心来说过于狭小的地区，并以一种新的反叛行为让欧洲目瞪口呆。"

然而事实上，遵循孤立主义原则的门罗主义不仅没有破坏美国与欧洲大国的关系，反而由于美国所表现出来的自主立场给了美国在大国间回旋的余地，英法等国都试图争取它以防止对方在美洲扩大势力。与法国决定把路易斯安那地区交给美国的考虑相似，英国也不想与美国发生纠纷。19 世纪 40 年代，美国人不断地向美英共有的俄勒冈地区移民，美国政府继而对这个地区的所有权提出要求。英国首相卡斯尔雷对美国驻英公使讲："你不需要为俄勒冈而苦恼，你将在卧室里征服俄勒冈。" 1846 年 6 月，根据英国的建议，美国得到了南俄勒冈地区。[①] 1836 年，原属于墨西哥的得克萨斯地区独立。英法都想得到这个地区的控制权。英国外交大臣阿伯丁 1844 年提出一个折中方案，墨西哥承认得克萨斯独立，然后由英、法、美来保证得克萨斯的独立。这个要求违背了美国的门罗主义政策，引起美国的担忧。1845 年初美国国会干脆通过决议，并在 3 月 1 日由泰勒总统签署，将得克萨斯并入美国。对于美国的这个作法，英法都默认了，因为它们都想借助美国的力量，不想得罪它，只有墨西哥对美国的作法不满。

以孤立主义为核心的门罗主义并非真要反对殖民化，它只是反

① 李庆余：《美国外交史》，山东画报出版社，2008 年版，第 20、25 页。

对欧洲对美洲的控制，而美国自己还是要在这个旗帜下扩大领土。到19世纪40年代，美国人甚至把其信奉的天定命运论与领土扩张联系起来。一位鼓吹者这样说："我们的天定命运是，为了我们每年都在大幅增加的千百万人口的自由发展，向上帝指派给我们的这个大陆进行扩展。"他认为美国必须向附近的土地扩展，以便"使美国远离欧洲的影响，……促进更大的经济自由，并……维护民主制度"。1845年上台的波尔克总统在他的第一份国情咨文中，一方面重申门罗主义，指出："我们的既定政策是，不经我们同意，欧洲不得在北美大陆的任何地方建立殖民地或领地。"另一方面，他强调"只有本大陆的人民才有权决定自己的命运"。他认为如果这里任何部分独立后要加入美国联邦，"这将是一个有待于他们和我们自己决定的问题，无需任何外国介入，我们决不同意欧洲列强从中干涉，阻挠这样的联合。"[①] 美国得到得克萨斯后还想要加利福尼亚。这块原西班牙殖民地在墨西哥独立后成为墨西哥的领土，但那里人烟稀少。墨西哥实际无力控制它，而美国人不断地向它迁移。美国想把它的领土扩大到太平洋沿岸，俄国和英国也都想得到这个地区。美国本想打算通过与墨西哥的谈判来得到这块土地，遭到本来就对美国吞并得克萨斯地区不满的墨西哥的断然拒绝。于是，美国采取了军事行动。1846年4月，美墨战争发生。9月，美国军队先后占领蒙特雷和墨西哥城。与此同时，美国移民于6月在加利福尼亚宣布独立，随后美国军队开进这个地区。1848年，美墨达成一项和约，墨西哥不得不把加利福尼亚割让给美国，也承认了美国对得克萨斯等地的占领，而美国向墨西哥政府支付1500万美元。对此，着重于欧洲争夺的俄英两国也只好默认了。1867年，美国能够从俄罗斯买到阿拉斯加同样是利用了俄英的矛盾。当时，俄英两国因为争夺殖民地而矛盾重重。俄国想让美国的领地向北延伸以牵制

---

① 孔华润：《剑桥美国对外关系史》（上），新华出版社，2004年版，第181、192页。

英国，因为当时的加拿大还在英国控制之下。美国终于以 720 万美元的代价获得了 350 万平方公里的土地，成为连接两洋的世界领土大国。

这里还需要指出的是，美国之所以能够避免卷入欧洲的强国政治一方面是因为它所奉行的孤立主义的政策，另一方面还有它的客观优势。一是地理的位置。大西洋把美国与欧洲隔离开来，提供了它能够“孤立”的地缘条件。当时英国是海上霸主，其他欧洲强国干预美洲事务或美国直接参与欧洲事务都不容易，除非得到英国的认可。换句话说，英国是美国安全的关键因素。搞定英国，美国就可基本无忧。二是经济的状况。美国拥有辽阔的国土，为英国提供了它所需要的粮食和棉花。其中，作为英国经济发展领头羊的纺织业，它所需的原材料 3/4 从美国进口。美国又是一个新兴的国家，被英国投资者看好。在 19 世纪 50 年代，英国人持有的美国国债数量超过欧洲其他国家拥有数量的总和，美国有 7 条铁路在英国股票交易所上市，市值高达 8000 万英镑。美英经济关系的密切程度直接影响到英国决策者对美国的看法。英国首相利物浦曾表示：任何人“想要英国繁荣，都必须让美国繁荣”。[①] 美英间的这种经济联系一直延续下去，成为两国关系稳定的一个基石。即便在美国内战时期，两国关系出现紧张但没有破裂。1861 年，美国南部各州组成邦联同盟，宣布脱离美国联邦。美国南北方之间爆发了内战。这时，英国一些人要求借机支持南方，以削弱美国。英国政府则采取了暧昧的态度，公开的立场是中立，但私下里允许英国船厂为南方建造私掠船和军舰。如南方拥有的最大的“亚拉巴马”号军舰曾击沉美国北方船只 65 艘。然而，内战期间的几次危机都没有导致英美的决裂。如 1861 年 11 月美国军舰拦截英国“特伦特”号商船，扣押了两名反叛的南方邦联代表。英国政府提出强烈的抗议。两国舆论都坚持各自的立场。结果，美国政府先做出让步，释放了这两名代

① 孔华润：《剑桥美国对外关系史》（上），新华出版社，2004 年版，第 212 页。

表。美国国务卿威廉·亨利·西华德承认美军舰的作法违背了中立国的海上自由权利，并对公众解释说：美国采取的行动所要“保护和维持的，不只是英国的利益，而且是美国传统的、高尚的和珍贵的事业”。[①] 结果，那两位南方代表到了英国后并没能争取到英国的支持，只能对英国的妥协表示遗憾。美国联邦政府的对策避免了英国对美国内政的进一步干预，有利于进行维护国家统一的战争。1865 年，北方最后赢得了内战，美国保持了领土完整。英国一家媒体竟如此高度评论说：“不再有人怀疑美国是一个一流强国了。这样一个国家，冒犯它会很危险，进攻它几乎不可能。”

其实，这并非美国有多么强大，那时多数欧洲强国还看不起美国。虽然美国有人有建立美洲大国的野心，但美国政府提出门罗主义更多是不得已而为之。因为独立之后，美国仍难以摆脱欧洲政治的骚扰。欧洲大国的争夺不只发生在欧洲，也牵涉到美洲。为了自身的安全，美国领导人不得不把孤立主义的原则加以调整，提出了门罗主义，即不仅美国不要卷入欧洲事务，而且欧洲也不要卷入美洲事务，试图通过这种政策来维护周边稳定和自身安全。美国提出门罗主义的时期很好。它既可以利用欧洲列强之间的矛盾，又可趁拉丁美洲掀起独立运动之机。门罗主义政策的提出不但保卫自己免受欧洲骚扰，而且扩大了美国在拉丁美洲的影响。美国政府就这样凭借孤立主义带来的自由在欧洲大国中左右逢源，利用英法等强国都想拉拢它的机会，为自己巩固政权和扩大疆域取得一个个成果。

三、美西战争与门户开放政策

19 世纪 60 年代，美国已是世界农业大国。内战结束后，美国

① 孔华润：《剑桥美国对外关系史》（上），新华出版社，2004 年版，第 232 页。

没有了内外的安全威胁，发展经济成为这个国家的主要任务。随着西部的大开发和技术创新，以及对来自内外投资的充分利用，美国工业迅猛发展。从1865年到1898年，美国煤炭产量增加800%，原油产量增加17倍多，钢铁产量增加450倍，运营铁路里程增加567%。1900年时，美国在世界制造业中所占比例为23.6%，美国成为世界制造业第一大国。位居第二位的英国所占比例仅为18.5%。[①] 到19世纪末，美国的出口贸易也在增加，1897年与1860年相比，增加了两倍多，而且除了个别年份外，基本都是顺差。按照学者估算，在1890年，美国GDP占世界比重已达到13.8%，位居第一。[②] 凭借其经济实力，美国的国际地位初步得到欧洲国家的认同。1892年，欧洲大国把与美国的外交关系从公使级上升到大使级。美国人自己也越来越有大国的意识。一些人主张在国际上展现实力，要作一个世界强国。如1893年，一位参议员自豪地讲："我们有6500万人民，是地球上最先进和最强大的国家。"一位记者也称："我们是个大国，一个最大的国家。一个伟大的共和帝国注定要对人类的行动行使控制性影响，要操控世界的未来。"[③]

随着经济的快速发展，美国出现了工农业产品过剩的情况。企业家和农场主都要求政府帮助开发国外市场。早在1853年，担任纽约州长的西华德就声称："向国外销售产品与纺织品最多的国家，应该成为、也必将成为地球上的强国。"[④] 1873年和1893年出现的经济危机以及长时间的萧条，使美国人更渴望向海外扩张，如占领殖民地、开辟国外市场，增加出口等等。当时有人认为，美国纺织业若要生存下去就必须有20%的产品出口。洛克菲勒等人兴办的美

① 保罗·肯尼迪：《大国的兴衰》，求实出版社，1988年版，第294、245页。

② 麦迪森：《中国经济的长远未来》，新华出版社，1999年版，第57页。当时，中国GDP仍占世界的13.2%，居第二。

③ George Herring, *From Colony to Superpower*, N.Y.: Oxford University Press, 2008, p. 298.

④ 孔华润：《剑桥美国对外关系史》（上），新华出版社，2004年版，第271页。

孚石油公司将70%的煤油运往欧洲，21.6%运往亚洲。钢铁巨头卡内基也积极把产品销往国外。从1888年到1898年的10年间，美国钢铁出口增长了230%。尽管如此，一旦经济危机到来，还是有大批企业倒闭，工人失业，社会动荡。如在1893年的危机中，15000多家企业倒闭，失业率高达17%。仅在1894年就出现1400多起罢工，失业带来严重的社会问题。企业家斯廷森认为："除非再现商业繁荣来消除公众的不满，我们将临近茫茫的黑夜。"参议员费耶指出："我们一定要拥有市场，否则，我们将发生革命。"①。

19世纪末的美国一方面是经济实力大大提升，另一方面又面临重重危机。在这样的复杂形势下，出现了对扩张政策的激烈辩论，各种观点层出不穷。一些人主张重新检讨过去的对外政策，主张加强军队来应对欧洲大国和日本的威胁，主张结盟。还有人不惜谈论殖民扩张的好处。后来成为美国总统的西奥多·罗斯福（美西战争前任美国海军部助理部长，战争中辞去在海军部的职务，亲率士兵赴古巴参战）在1897年鼓吹帝国主义论调，形容反帝国主义者是"已经过时的人"和"乡巴佬"；曾经担任参议院外交委员会主席的洛奇也公开宣称："大国正在专注于扩张与取得地球上无主的土地，美国作为世界大国之一，也不能在前进中落伍。"② 另一些人则主张开辟新的道路。如一位美国著名演讲家菲斯克到处鼓吹在海外推进美国的商业利益和意识形态。他认为："工业文明对军事文明的胜利将最终彻底实现。"企业家卡内基一直强调市场的重要性，他批评英国的殖民政策，告诫美国人不要追随英帝国。他明确地指出美国的强大实力并不是靠军事力量。

---

① George Herring, *From Colony to Superpower*, N.Y.: Oxford University Press, 2008, p.301；王玮、戴超武：《美国外交思想史》，人民出版社，2007年版，第172页。

② 托马斯·帕特森、加里·克利福德、肯尼思·哈根：《美国外交政策》（上），中国社会科学出版社，1989年版，第251页；杨生茂：《美西战争资料选辑》，上海人民出版社，1981年版，第40页。

参议员贝弗里奇讲："领土扩张本身并不值得，它是也只会是商业扩张中的插曲，而商业扩张是美国人民巨大的生产能力与生产量全然不可避免的结果。"麦金莱总统也讲过："领土扩张不是国家扩大和商业拓展的唯一手段，经常也不是必须的手段。"[①] 美国著名海军战略家马汉的看法略有不同。他在1890年后陆续发表了《海权对历史的影响（1660—1783）》等论著。他指出，美国生产力不断增强，就必须跨越海洋去寻找市场和资源。他认为："尽量保护商业和贸易不受战争的影响，对整个国家的财力而言是至关重要的。为此，不仅要使敌人远离我们的港口，而且要使敌人远离我们的海岸。"他还指出，为了准备战争，"政府的作用应是以最合理的方式，保持一支装备齐全的海军。这支海军的规模应同海运的发展以及行业的发展相适应。"[②] 为了保卫美国的商业利益，他强调美国需要一支强大的海军和一系列海外基地，因为控制海权是首要因素。要指出的是，马汉主张发展海军着眼点同样是海外商业利益。这与为争夺殖民地而发展海军的英国不同。美国曾是一个通过摆脱殖民统治而获得独立的国家，它的《独立宣言》强烈谴责英国的殖民制度"伤天害理"、"强取豪夺"。因此，极少数主张走传统的殖民主义道路的人都遭到反帝运动的批判，被指责为对理想和原则的背离。美国政界和商界普遍认同要通过扩大海外商业利益的方法来保证美国经济发展和社会稳定。

所谓的海外是指什么地方呢？自建国以来，美国的利益重心一直是在欧洲，但那里的市场基本是稳定的，想扩大美国的份额十分困难。何况欧洲本身也在遭受经济危机的折磨，各国都担心美国的竞争。有的国家提高关税，有的人谈论合作应对美国崛起。而奉行孤立主义的美国又不想卷入欧洲大国的是是非非。在其他地区中，非洲可以是一个选择。历史上，美国人曾在非洲参与奴隶买卖。19

---

① 李庆余：《美国外交史》，山东画报出版社，2008年版，第44页；王玮、戴超武：《美国外交思想史》，人民出版社，2007年版，第174—192页。

② 马汉：《海权论》，陕西师范大学出版社，2007年版，第94，91页。

世纪40年代，在美国人的帮助下，一些人在非洲建立了一个仿照美国政体模式的国家利比里亚。虽然有大量获得自由的前黑奴从美国等地向那里移民，但它不是严格意义上的美国殖民地。美国承认它是一个独立的国家，两国于1864年建立外交关系。也有的美国探险家看到非洲是一个未被占领的市场，主张开发这块人口众多的处女地。但美国政府对这个大陆一直不感兴趣，毕竟欧洲列强一直在那里展开激烈的争夺，到19世纪八九十年代，主要地区已瓜分完毕，美国若要强行进去，就会卷入同殖民地国家的冲突。因此，美国与非洲的贸易额一直比较低。到1913年也只才5500万美元。[①] 其间，1884年美国开始向刚果输出商品，因为那里还是一块处于殖民地竞争的土地。那年，德国首相俾斯麦主持召开柏林会议，商讨欧洲强国对非洲的瓜分。美国为保护自己的利益，第一次派代表参加欧洲国家的会议。会上，美国代表不顾法国和葡萄牙的反对，与在刚果有很大势力的比利时签订条约，以得到比利时的开放承诺来取得美国的利益。但这样一个条约就使美国有与比利时结盟的嫌疑。于是，美国议员批评它违背了孤立主义原则。1885年上台的美国新总统取消了这个条约。此后很长时间，美国在非洲的影响一直不大。在世界的其他地方中，对美国比较有利的地区就是拉丁美洲，西班牙在这个地区的势力已大大削弱。再就是亚洲。这里大部分地区已是欧洲强国的殖民地，但还有一块比较大的地方即中国处于独立的状态。在中国，各个欧洲大国和日本都还没有取得垄断性的优势地位。于是，美国力量集中在两个地区展开。这也是马汉关注的两个地区。美国政府对这两个地区采取了不同的政策。

此时，作为美国势力范围的拉丁美洲已成为美国扩张经济利益的主要地区。美国内战后到1890年，美国人在拉美的投资约2.5亿美元，拉美也是美国主要的市场。而美国在拉美的利益集中在墨西哥和古巴等国。美国人投资古巴大种植园和糖厂已达5000万美元，

① 梁根成：《美国与非洲》，北京大学出版社，1991年版，第4页。

两国年贸易额超过1亿。[1] 古巴主要生产糖出口美国，美国商人基本控制了两国的糖贸易。这个岛屿本身也在美国化，因为许多上层人士都是在美国接受的教育。古巴本是西班牙的殖民地，与美国隔海相望。随着西班牙的衰败，奉行门罗主义的美国非常想赶走西班牙势力。1895年，古巴爆发要求独立的民族起义，并不久宣布成立革命政府。到1897年底，古巴革命力量取得优势。这时，本来宣布对古巴战争采取中立态度的美国突然于1898年1月下旬将军舰"缅因号"以保护侨民为名开进哈瓦那港。2月15日，这艘军舰发生爆炸沉没。美国政府马上指责这是西班牙搞的鬼。这件事在美国激起义愤，民众纷纷指责西班牙。美国在与西班牙的交涉中，要求西班牙停火，让美国来调解西古纠纷，并要求西班牙承认古巴的主权。这一要求遭到西班牙的拒绝。于是在得到国会的授权后，4月25日美国总统麦金莱以人道主义为名向西班牙宣战。美国军队先后在两条战线上对西班牙军队开火：一是西班牙殖民地菲律宾。由杜威将军率领的美国舰队早就在香港做好准备。一声令下，美国舰队便向西班牙舰队发动突袭，并于5月1日击败对手，控制了马尼拉湾。8月12日，美国军队占领马尼拉。二是古巴。7月中旬，在古巴革命军的配合下，美军全歼西班牙舰队后登陆并控制了古巴。西班牙不得不认输。12月10日，美西两国在法国签订《巴黎和约》。西班牙放弃了古巴，并把菲律宾、关岛和波多黎各等岛屿都让给美国。美国并不因战争胜利而白取殖民地，它为菲律宾付给西班牙2000万美元作为补偿。

古巴被美国占领后，1901年2月美国国会通过了陆军拨款案的《普拉特修正案》。当年这份文件的内容作为附录纳入古巴的新宪法。它明确了美古关系，其中规定为保障古巴的独立，古巴不得与任何外国签订条约或协定，不得接受任何外债等，而应出售或租借

---

① Thomas A. Bailey, *A Diplomatic History of the American People*, N. Y.: Meredith Corporation, 1969, p. 458.

土地供美国作为海军基地。1902 年，一位古巴旅美侨民当上了古巴共和国的总统。美国承认古巴的独立。但次年，美古订立条约，其中规定由美国永久租借关塔那摩港作为海军基地。于是，美国有了一个便于加强控制拉丁美洲的桥头堡。

菲律宾战后则变成了美属领地。在美西战争前，美国政府就在准备与西班牙可能发生的战争：一是出于军事考虑。美国海军一直以西班牙作为潜在对手，准备彻底战胜西班牙。二是出于经济考虑。美国商界重视亚洲的市场。1898 年 6 月，作为麦金莱总统好友的威廉·戴时任代理国务卿，他和老资格参议员洛奇交换了意见。威廉·戴认为由于工业生产有剩余，需要扩大国外的市场，特别是中国的市场，但现在欧洲列强在中国的殖民行动已经威胁美国的利益。洛奇认为如果美国能够控制亚洲这个世界上最大的市场，就有可能从英国手中夺过世界经济的主导权。但如果欧洲列强瓜分了中国，而"我们又没能在东方的大型港口站住脚，也没有自己的领地"，那么灾难的降临就不再遥远了。他强烈要求控制菲律宾作为美国进入亚洲，特别是中国的桥头堡。这种思想得到麦金莱的认同。另外，英法两国也鼓动美国占领菲律宾，它们担心这个岛国对德国的诱惑力，因为德国舰队就在附近的海面上。在美西战争期间，菲律宾爱国者曾于 1898 年 6 月宣布独立，并于 1899 年 1 月建立了菲律宾共和国。但菲律宾军队随即遭到美国的攻击，共和国被推翻。美国直接对菲律宾进行统治。

虽然美国取得美西战争的胜利，但这种使用战争获取殖民地的作法在美国引起激烈的反对。1898 年 6 月，美国反战人士在波士顿集会，谴责战争所带来的"领土欲"。反战运动遍及全国。1899 年 10 月，上万名代表在芝加哥开会，建立反帝同盟。他们反对战争，反对殖民制度。美国著名作家马克·吐温也公开反对美国的扩张行动，称美国是一个被"爱国主义圣火"炙烤的国度。[①] 这场运动试

① 韩德：《美利坚独步天下》，上海人民出版社，2011 年版，第 57 页。

图在 1900 年的美国大选中把麦金莱赶下台。虽然反帝运动最终未能达到其政治目的，但其影响显然是巨大的。其实，美国政府也不完全追求传统的殖民地。麦金莱总统后来对参加美西谈判的美国代表说："随着我们拥有菲律宾群岛而来的商业机会，是美国政治家所不能漠视的。为扩大美国贸易而使用一切合法手段，是公平合理的……既然只为我们自己要求门户开放，我们也准备以门户开放施诸别人。和这个新的开始自然而然、也必不免相联系的商业机会，与其说是有赖于大规模的领土占有，毋宁说是有赖于一个适当的商业基础和一些广泛而平等的权利。"[①] 从这些人的思想看，美国夺取菲律宾的意图是在亚洲扩大商业利益而不是殖民地领土本身。麦金莱甚至提到了"门户开放"，把占领菲律宾看作是商业机会和与其他列强的市场竞争。尽管如此，采取战争的作法显然不得人心。所以从 1900 年起，美国民主党人每次竞选总统时都提出让菲律宾人独立。1916 年，菲律宾人终于获得通过选举产生参议院的权利，取得部分自治权。

就在美国发动美西战争的同时，美国吞并了位于太平洋中部的夏威夷群岛。这个群岛位于美国与亚洲国家之间，距美国西海岸约 4000 公里，距日本 6000 公里左右，距中国 7000 多公里。这个群岛原本是个独立的王国。美国人从 1820 年起就到那里传教。19 世纪中期担任美国国务卿的西华德认为在拉美已经实现了门罗主义，现在是为控制亚洲的市场做准备了。他指出美国的领土已经够大，"海上帝国"而非陆上帝国，"才是唯一真正的帝国"，并且亚洲而不是西半球才是未来的"战利品"，才是"这个世界之伟大未来的主要竞技舞台"。为此，他一直主张兼并夏威夷群岛。1873 年，国务卿菲什曾向驻夏威夷的公使指出，美国需要在"太平洋沿岸与目前正在向商业与基督文明开放的广大亚洲地区之间的中太平洋寻求

---

① 孔华润：《剑桥美国对外关系史》（上），新华出版社，2004 年版，第 439 页；丹涅特：《美国人在东亚》，商务印书馆，1959 年版，第 525 页。

一个驻足点”。[①] 美国人不断地向这个群岛移民，投资也在增加。1884 年，美国与夏威夷签订条约，得到在珍珠港修建加煤站和维修站的特权。1893 年，一批亲美的居民推翻当地王国政府，次年建立了临时共和国政府。1898 年，美国正式兼并了这个群岛。

通过控制夏威夷和菲律宾，美国就与东亚建立了方便的联系通道。早在 19 世纪初，美国人就意识到亚洲作为美国市场的重要性，但到 19 世纪末亚洲大部分地区已沦为欧洲列强的殖民地，朝鲜半岛则成为日本的势力范围。只有中国表面上仍保持作为一个独立国家存在。从 19 世纪 40 年代起，欧洲列强、美国和日本都先后通过不平等条约在中国取得各种特权和利益。到 19 世纪末，除美国外的世界主要列强都在中国取得势力范围，并形成瓜分之势：俄国控制中国东北、德国控制山东半岛、英国控制长江流域、法国控制华南一带、日本控制福建沿海。尽管那时美国在中国市场的份额还很小，但商界都很重视发展前景。由于势力范围的出现，美国在华商业利益开始受到损害。如美国公司曾垄断中国煤油市场，但到 1900 年时，来自美国的煤油份额下降到中国进口的 41.5%，而俄国石油份额上升到 39.1%。美国向中国出口纺织品的一个主要市场是中国东北，而俄国却要通过建立势力范围，扩大在东北纺织品市场的份额。商界非常担心由于欧洲国家在中国的争夺，会挤掉美国。1898 年 1 月，美孚石油公司、弗雷泽公司等组成“美国在华利益集团委员会”。3 月，一些企业又参与建立“美亚协会”。这些组织都主张美国政府采取行动来保护美国在华的商业利益。纽约、波士顿、旧金山等地的商会还联名向国务院请愿，要求政府密切注视中国势态的发展，及时采取对策。一些舆论和政治家甚至主张与英国合作。1898 年 1 月，美国驻华公使田贝在给国务院的报告中指出：其他列强对中国的“瓜分将会破坏我们的市场。太平洋水域注定要比大西

① 孔华润：《剑桥美国对外关系史》（上），新华出版社，2004 年版，第 272 页；王玮、戴超武：《美国外交思想史》，人民出版社，2007 年版，第 157 页。

洋水域承担更多的商业。随着远东各国和澳大利亚开发它们的资源，合众国与这些国家的商业来往将比它同欧洲的商业来往更直接，规模更大。我们注定要在这些国家里为我们的制造品，以及天然的和农业的产品找到最好的主顾”。他建议美国政府宣布“不同意其他国家对中国进行的无耻的犯罪和掠夺行为”。[①]

在中国发生的势力范围竞争连英国都非常着急。虽然英国是霸权国家，但它在全球，特别是在东亚面临着俄国、德国等国家对殖民地的激烈竞争。英国曾在直接管辖的殖民地新加坡实行自由贸易政策，促进了这个港口城市的形成，也增进了英国的利益。因此，英国人越来越倾向于采取市场开放政策。英国政府于1898年春向美国建议共同提出反对对贸易实行任何限制的原则。起初，国内外的呼吁没有引起美国政府的重视。时任美国国务卿的谢尔曼认为瓜分中国是不可能的，美国在华利益没有受损。麦金莱总统在回复英国大使的询问时表示，他没有看到有足以证明他必须打破传统的不介入政策的重大威胁。美国政府的这种冷漠态度遭到美国舆论和商界的指责，传统的孤立主义政策也受到批评。4月，田贝公使再次向国内报告了大量有关贸易的资料。他的结论是“如果保持中国的自主，贸易将会大量地发展，合众国将会大量地参加这种贸易。我不得不认为瓜分中国对我们的贸易和商业来说是危险的”。美国国务院在对形势进行讨论后改变了态度，因为美国“工厂全部开工的产量大大超过国内市场的消费能力，看来要承认，如果美国的工人和技工一年到头保持就业，我们每年都要有与日俱增的过剩工业品需要到外国市场去销售”。他确认：“若干年来，中国就已经是美国的企业、工业和资本的最有前途的活动场所之一，并且根据对合众国保证的机会均等的条件，在西方发展的道路上进入那个幅员辽阔的帝国，对于我们的制造商来说，随后肯定需要我们非常适于提供的

① 阎文耀、方生：《美国对华政策文件选编》，人民出版社，1990年版，第402—403页。

各种必需品和货物，这无疑将会产生无限的利益。因此，中华帝国的未来商业状况问题的解决，对于扩大我们的出口贸易，尤其是对太平洋沿岸地区的出口贸易，有着直接的和最重要的关系。”最后，他认为从发展工业和商业的角度看，需要改变“国际孤立”的状态，加入竞争。[①]

如何在不违背传统孤立主义原则的情况下来保护美国的在华利益呢？一些美国人有新的见解。美国著名经济学家阿特金森早在1897年就指出，只要下决心推行自由贸易政策，美国就“可以控制整个世界的贸易”。[②] 另一位经济学家亚当斯在1898年8月发表文章，指出世界的权力中心是随着金融中心的转移而转移的，世界金融中心将移出伦敦和巴黎，移到什么地方取决于谁控制了亚洲市场。如果此时美国能够控制亚洲这个世界上最大的市场，就有可能从英国手中夺过世界经济的主导权。

1898年初，作为麦金莱总统好友的戴取代谢尔曼成为代理国务卿。他和参议员洛奇对远东问题交换了意见。洛奇借用了他的朋友亚当斯的理论，认为如果欧洲列强瓜分了中国，而“我们又没能在东方的大型港口站住脚，也没有自己的领地”，那么灾难的降临就不再遥远了。戴随后起草了几份报告指出，由于工业生产有剩余，需要扩大在国外的市场，特别是中国的市场。考虑了这些意见后，麦金莱总统也调整了他的看法。他对美国国会表示，不能容忍其他列强在中国市场排斥美国，美国必须参与进去。显然，美国要为它迅速增长的产品找到市场，只要有开放的市场，美国就有机会打进去，谋得最大的利益。

当时担任美国驻英大使的海约翰曾担任大企业的董事，一直关注反对贸易限制的议题。亚当斯是他的好友。他相信只要能够坚持市场机制，凭借美国的政治经济精英集团的力量，美国就有了主宰

① 阎文耀、方生：《美国对华政策文件选编》，人民出版社，1990年版，第407—408页。

② 孔华润：《剑桥美国对外关系史》（上），新华出版社，2004年版，第299页。

世界的支点。因此，海约翰在任职英国期间非常注意 1898 年 8 月英国议会就反对贸易限制议题进行的辩论，曾亲自去旁听。9 月，海约翰回国接任美国国务卿。1899 年初，他接待了来美国访问的英国议员贝雷斯福德。这位议员此前代表英国商会出访过日本和中国，多次发表演讲主张门户开放。贝雷斯福德访问美国期间也到各地宣讲门户开放。贝雷斯福德曾在 1898 年 11 月写信给原本就相识的海约翰，指出“维护门户开放政策对美国和英国的利益来说是非常必要的”。他的著作《中国的瓦解》一书对美国人影响很大。

另一位影响美国政策的英国人是贺璧理。他就职于中国海关，从保持中国海关地位的角度出发担心列强对中国的瓜分。他与老朋友、美国外交官柔克义多次交谈这一问题，并一起会晤了海约翰。贺璧理认为，由于美国未直接介入欧洲各国瓜分中国的行动，所以有比英国更具备提出门户开放政策的有利条件。担任国务院中国问题顾问的柔克义主张在中国推行“门户开放”政策以保护美国此前取得的条约权利。他在 1899 年 8 月的一份报告中指出：法国等国家都要求在其势力范围里实行排它性权利，“如果这些权利被承认，我们的贸易利益将会受到一次也许是难以恢复的打击。……不受限制地行使由《天津条约》和仿效《天津条约》的其他条约或根据最惠国条款对缔约国所保证的权利，对健康地扩大在华贸易是必不可少的。……我们应该坚持在各个势力范围内的绝对平等，因为我们不能希望同那些特权国家的公民共享机会均等。”①

这些美国人的看法既与传统的孤立主义不同，又与老牌列强不同。传统的孤立主义反对卷入欧洲列强的纠纷，但在中国问题上美国又不得不同这些列强竞争。老牌列强往往凭借武力来打击竞争者，但在中国问题上美国显然不能凭借战争手段。于是，美国人找到了自由贸易这个扩张手段。这时的美国已是世界上最大的工业品

① 阎文耀、方生：《美国对华政策文件选编》，人民出版社，1990 年版，第 410—411 页。

生产国，它可以凭借这个实力与其他国家竞争。对它来说，重要的不是土地，而是市场。只要有开放的市场，美国就有机会打进去，为它迅速增长的产品找到出路，谋得最大的利益。同时，这个扩张的方法又不会使美国卷入欧洲国家间为争夺殖民地和势力范围所展开的角力。它依然符合孤立主义的原则。

1899年，世界风传中国即将被列强所瓜分。美国政府着急了，它于9月向英、法、德、俄、日等国政府发出了第一次"门户开放"照会，要求"中国的市场要对世界的商业保持开放"，具体就是："第一，绝不干涉位于它在中国可能有的任何所谓势力范围或租借地内的任何条约港口或任何既得利益。第二，对上述势力范围内的一切商品，无论属于何国，一律应用目前同中国的条约规定的关税率，并由中国政府征收。第三，对经常出入该势力范围内任何港口的另一国船只所征港口税，不得高于对本国船只的征收额，对经由其势力范围内所修建、控制和经营的铁路线过境运输的属于它国公民或臣民的商品，征收的铁路运费应等同于在同等距离内运输的属于本国国民的同类商品的运费。"英国立即在复照中接受这一原则。其他国家出于对瓜分中国可能导致新冲突的担心而接受了"门户开放"的原则，同时又对各自势力范围内的一些特权有所保留。1900年，义和团运动在中国北方兴起，直接威胁列强在中国的存在。列强以镇压义和团为名组织八国联军，对清政府开战，并攻入北京。美国担心其他列强趁机结束清朝统治而瓜分中国，于7月初再次向各国发出照会，明确地重申"门户开放"的政策。美国强调要"保持中国领土和行政的实体，保护由条约和国际法所保证于各友好国家的一切权利，保障全世界与中华帝国各部分进行同等的公平贸易的原则"。①虽然这次美国没有要求有关国家答复，但此后各国与清政府签订《辛丑条约》一事表明各国都认可门户开放的原

① 阎文耀、方生：《美国对华政策文件选编》，人民出版社，1990年版，第411、416页。

则：保持中国实体，保障各国的条约权利，中国市场对各国开放。

过去，中国学者只把门户开放当作美国对华政策来看待，现在有的学者已经从美国对外政策整体上研究门户开放。的确，门户开放不仅仅是美国对中国的一项政策，更不是面对各国竞争的权宜之计。“门户开放”是美国继门罗主义之后又一重大外交思想的突破，是应用孤立主义原则的一个创新。这个创新是原则与现实、利益与可能之间一个成功的平衡。从政治上看，它没有背离孤立主义的原则，因为一是它依然坚持不结盟，二是它依然要避免与欧洲列强发生矛盾，但它没有回避矛盾。它的创新之处在于美国政治家凭借自己的经济力量，借鉴了英国对外扩张思想的新思维，以开放的思路出发来处理欧洲列强在中国可能发生的矛盾，保护自己利益而又不排斥他人。这项新政策不反对各列强在中国占有势力范围，但要求包括势力范围在内的全中国的开放，对所有外国的开放。门户开放政策的宣示就清楚地表明：虽然美国不想干预欧洲的事务，但它也不甘心只待在美洲，它要主动参与其他地区，特别是亚洲的事务。从经济上看，美国的“门户开放”政策是倡导自由贸易的原则，它不仅要求中国对外国开放，而且要求各国在华势力范围对它国的开放，也就是势力范围内公平的商业待遇，以保证各国产品可以在不受排斥的条件下自由流通。美国希望通过市场开放，一方面减少各国间发生政治军事纠纷的可能和中国被瓜分的可能，另一方面可利用自己的生产优势，把美国产品输往中国各地。美国在中国扩张的目标不是与其他列强争夺几块势力范围，而是竞争中国市场中最大的份额。门户开放政策充分体现了美国的优势和利益，所以它后来不仅被用于中国，又被推广到世界其他地区。虽然在20世纪30年代由于日本侵占了中国大片地区，门户开放政策遭遇重大挫折，但在第二次世界大战后，它所体现的自由贸易原则得到世界上众多国家的认同，从而形成了关贸总协定。

19世纪末，美国成为世界上工业大国。为了扩大市场，美国不得不走出美洲。在两个世纪之交的时候，这个大国在全球范围初露头角：一是发动美西战争；二是推出门户开放政策。虽然同是为了扩大美国的经济利益，但前者有追随老殖民主义道路之嫌。这种作法不仅在国内遭到强烈的反对，而且对外有可能进一步卷入欧洲大国的纠纷。后者却在继续孤立主义原则的同时又能很好地维护美国的利益。门户开放的适时提出使其他大国虽不情愿也都接受了。美国通过妥善处理中国问题，在国际舞台上崭露头角。从以后的历史发展来看，只有这项政策才代表了美国利益的未来。

四、创建国际联盟的困境

在19、20世纪之交，经济上，美国实力已在世界前列。军事上，美国虽然不是最强，但也把老牌帝国主义国家西班牙打败。政治上，十几年前当美国试图调解中法争端时，人微言轻，法国置之不理，而如今美国提议的门户开放政策得到了所有大国的认同。美国在国际事务中已初露头角，但它还是避免站到国际舞台的中央，美国政府和民众的关心点依然是国内事务。

随着经济的快速发展，美国进入社会变革时期，社会出现诸多复杂的矛盾。从19世纪末到20世纪的头二十年，被统称为进步主义运动的各种民众运动风起云涌，它们的目标多种多样：实现食品安全、争取工人权益、反对使用童工、要求妇女平等地位、实行行政管理改革、通过反贿赂立法、反对各种腐败等等。其中，美国劳工联合会迅速成长，从1900年的54万多人扩大到1914年的200多万人。它向雇主提出自己的权利要求。劳联以外的工会团体也联合起来争取缩短劳动时间，并最终取得法定8小时工作制的成果。以美国妇女选举权协会为首的女权运动蓬勃兴起，展开各种形式的斗争，最终促使国会通过在1920年生效的宪法第十九条修正案。它规定不准以性别为由剥夺公民的选举权，从而实现了妇女享有平等的选举权。针对联邦参议员选举中的大企业贿选，政治体制改革者推动国会通过从1913年开始实施的第十七条宪法修正案，实现参议员由各州人民直接选举。在强大的社会运动的推动下，美国政府也把改革放到自己工作的首位。就1901至1908年担任美国总统的西奥多·罗斯福来说，虽然他的政治观念保守，但为了适应社会发展需要，他促使国会通过了严格的铁路管理法、纯净食品和药品法及肉类检查法等，并采取了保护自然资源等行政措施。他指出："国家将不会容忍那些在我们全体人民的工业生活、因而也是社会生活中有巨大权力的巨富们完全放任自流……我们努力奋斗，以求为使一个国家意气风发的正义事业而斗争的人们将贪婪、欺骗和奸诈踩在脚下的一天，较早到来。"① 几任总统贡献最大的措施是实现关税、税收改革和落实反托拉斯法。在改革之前，美国实际上实行的是关税保护制度和财富完全免税制度。当美国政府在全国范围的改革运动的推动下试图提出有关改革措施时，遭到了各种利益集团强烈的反对。尽管如此，在美国政府的努力下，1911年国会参众两院批准了与加拿大的贸易互惠协定，规定主要农产品、工业原料和木材等免税，以及许多工业产品减税。② 不久，国会还通过了从1913年开始生效的所得税修正案，即宪法第十六条修正案，规定国会有权对任何来源的收入课征所得税。美国在1890年就有了反托拉斯法，但反垄断的工作落实困难。在西奥多·罗斯福和塔夫脱总统任内，美国司法部一直不遗余力地起诉垄断企业。最大的成果是1911年美国最高法院下令解散庞大的石油和烟草垄断企业。美国政府不断地改善行政机构，增加制度供给，加强对市场的监督，再加上全社会的共同努力，一个健康良好的政策环境保证了美国经济持续发展。到1913年，美国的GDP在世界的份额已达到19%，美国在世界贸易中的份额达到11%，成为全球最大的贸易国。美国的海外投资从美

---

① 阿瑟·林克、威廉·卡顿：《1900年以来的美国史》（上），中国社会科学出版社，1983年版，第109页。

② 但由于加拿大民众担心美国借此合并加拿大，他们反对这个协定，致使其后来无法落实。

西战争前的68450万美元增加到1914年的351380万美元。[①]

为了保证国内的改革发展，美国政府依然坚持孤立主义原则，不去对抗强国。在拉丁美洲，它继续奉行门罗主义，采取了大棒政策和金元外交来巩固势力范围，特别是在1904年从新建立的巴拿马国取得了修建运河的权利。在东亚，它尽力维护门户开放政策，1905年成功地调解了发生在中国领土上的日俄战争，但随后却在与日本争夺中国东北及全国的权益斗争中步步退让。对欧洲的形势，美国更加谨慎。20世纪初，欧洲大国间因为争夺领土、殖民地和势力范围逐渐形成两个阵营：以英、法、俄为一方的协约国和以德国、奥匈帝国等为一方的同盟国。美国认为解决欧洲问题完全是欧洲人自己的事情。1914年6月底，萨拉热窝事件加剧了两个阵营的矛盾。8月初，第一次世界大战爆发。4日，美国宣布中立。18日，威尔逊总统解释这项政策说，“在这些考验每个人心灵的日子里，美国必须保持事实和名义上的中立。无论思想上还是行动上，我们都必须不偏不倚。”[②] 当时，美国舆论中各种意见都有，多数人希望英法两国取胜，然而，一谈及美国的对策，多数人还是希望国家能够避免卷入战争。民众更关心国内的改革，不想让战争打断改革的进程。1916年，民主党就是凭借“他使我们免于战争”的口号保证了威尔逊得以连任总统。

虽然美国人不想打仗，但随着美国实力大增，一些人越来越关注其他地区，特别是欧洲的事务。美国驻英大使沃尔特·佩奇在1914年8月给总统的信中写道：“请作好准备，因为你将被要求平息他们的大争吵。”佩奇认为这场战争将削弱所有欧洲国家，到时美国就可以出面收拾残局，这对美国是一个非常难得的机会。威尔逊也是这种想法，他谈到了一个“为欧洲和平采取行动的机会，无

---

① 阿瑟·林克、威廉·卡顿：《1900年以来的美国史》（上），中国社会科学出版社，1983年版，第43页。

② Michael Hunt, *Crises in U.S. Foreign Policy*, New Haven: Yale University Press, 1996, p. 26.

论现在还是未来什么时候”。[①] 9 月，美国曾询问英、法、德三国是否愿意接受美国的调解。但三国都指责对方，要求对方先让步。1915 年，威尔逊曾两次派助手豪斯作为私人代表去欧洲了解情况并做说服工作，但没有任何效果。

结果，由于美国与欧洲紧密的商业利益，它无法躲避大规模战争对其国际贸易的影响。战争开始后，英国试图凭借自己的海上优势，阻止中立国与同盟国的贸易，对德国实行封锁。英国一方面沿德国及中立国周围布雷，另一方面没收美国船只直接或间接运往德国的各种物资和商品。这造成了美德贸易几乎中断。美国除了提出抗议外，没有采取其他措施。毕竟，在这个期间美国与英国和法国的贸易额得以快速增长。1914 年，美国对英法的出口为 7.54 亿美元，1915 年为 12.8 亿美元，1916 年达到 27.5 亿美元，足以弥补美德贸易的损失。1914 年时，美德贸易额才是 2.45 亿美元。[②] 何况，当时美国还没有能力挑战英国的海上霸权。对英法两国的大规模出口带动了美国的工业生产。然而，英法无力支付突然大幅度增加的进口产品，提出向美国贷款。如果美国不贷款，协约国会受到打击，随之美国的日子也不会好过。国务卿兰辛对总统威尔逊解释说，如果不贷款，美国将面临“出口受挫，工业萧条，资本闲置，劳工失业，大量破产，金融混乱，社会普遍动荡不安，劳工阶级遭殃”。于是，美国政府不得不同意向外提供贷款。中立期间，美国向英法提供了 23 亿美元，而只向德国提供了 2700 万美元贷款。贸易和信贷就把美国与协约国的利益紧密地联系在一起了。三年的中立虽能保持美国的稳定发展，却无法避免持续的外来骚扰，使本不想把主要精力放在对外事务上的威尔逊总统不得不被动应付。

与英国针锋相对，德国在 1915 年 2 月把英国四周的海域都划为

---

① Burton J. Hendrick ed., *The Life and Letters of Walter H. Page*, Garden City: Doubleday, Page & Company, 1922, Vol. 1, p. 310; Richard Leopold, *The Growth of American Foreign Policy*, N. Y.: Alfred A. Knopf, Inc. 1962, p. 324.

② 李庆余：《美国外交史》，山东画报出版社，2008 年版，第 90 页。

交战区域，用无限制的潜艇袭击战来封锁英国。这就妨碍了美国与欧洲的贸易，美国对此提出抗议。5月，英国客轮“卢西塔尼亚号”被潜艇击沉。丧生的人中包括128名美国人。美国向德国发出抗议照会，要求德国停止潜艇战。威尔逊宣称要动用美国的海军来保持航海自由，但美方的要求遭到德国拒绝，对方只是缩小袭击的范围。1916年，威尔逊已经意识到不介入欧洲战争就无法保障美国的利益。他一方面表示牢记华盛顿的教诲，另一方面认为不卷入外部事务的原则并不意味着一定要回避与美国利益有关的世界事务，而是要避免被他国野心和目的所利用。他在5月27日的讲演中说：“无论我们是否愿意，我们都是世界生活的参与者。所有影响人类的事情都不可避免成为我们的事情，也是欧洲和亚洲各国的事情。”在10月16日的另一次讲话中，他指出：“中立立场迟早是无法忍受的。”[①] 1917年1月28日，他在国会演讲中提出：美国愿意帮助重建和平，希望交战国缔结不割地、不赔款的和约来恢复和平。然而，不仅没人响应，德国竟然在1月31日宣布对在英法周边的国际海域将不加警告就击沉所有他国船只。2月3日，美国宣布断绝与德国的外交关系。月底，美国政府又从破获的德国机密文件获悉，德国计划与墨西哥秘密结盟，帮助它收复于1846年失去的领土。这件事把美国逼入墙角，美国舆论哗然，美国人不得不做出反应。1917年4月6日，参众两院绝大多数成员批准对德开战。美国终于不情愿地背离了孤立主义原则，卷入欧洲的战争。美国参战后，通过征兵迅速扩大了美国的军队，到战争结束时，美国拥有近400万人的队伍。其中200万人陆续派到法国。根据孤立主义的不结盟原则，美国没有加入协约国，但改变了战争双方的力量对比。

虽然美国加入了战争的行列，但美国领导人依然寻求用新的方法来保障美国安全。战前，豪斯出使欧洲不利。他认为，在这种形

① Richard Leopold, *The Growth of American Foreign Policy*, N. Y.: Alfred A. Knopf, Inc. 1962, pp. 354, 332.

势下，美国需要积极参战来结束战争，然后通过建立一个新的国际体系来保证欧洲和平，也就是保障美国利益的安全。豪斯向威尔逊谈了这种看法，他们共同认为要在战后建立一个国际组织来保障世界和平。在此期间，美国出现一个称为“实现和平联盟”的组织，其领导人包括前总统塔夫脱和哈佛大学校长洛厄尔等。这个组织主张建立一个国际组织来维护和平。这个组织的主张得到威尔逊的支持。威尔逊在1917年1月22日的参议院讲演中就提出美国人准备参加战后的国际联盟来帮助维护和平。他在4月2日向国会请求参战的授权时除了谴责德国威胁美国的利益外，还提出另一个道义上的理由，即这个世界必须通过各自由民族的合作，使民主政体得到安全，“我们为民主而战”。1918年1月8日，威尔逊总统在国会的《世界和平纲领》演讲中明确地提出了“十四点计划”。“十四点计划”的基本内容是：为了在战后建立一个开放的世界，要通过“公开缔结公开的和约”来保证海上航海自由、贸易机会平等、裁减军备、结束殖民主义、实行民族自决，建立一个无论大国小国都政治平等和领土完整的国际联盟。这个“十四点计划”反映了威尔逊对新世界秩序的原则性看法。他试图根据计划体现的原则在战后建立一个新的国际体系以保障世界和平。在威尔逊看来，“不是因为我们要选择进入世界政治，而是因为我国人民的天赋才能，我国实力的成长，我们已经成为人类历史的决定因素了。而在你成为决定因素的时候，不管你是否愿意，你都不能再保持孤立了”。[①] 第一次世界大战的发生使威尔逊意识到孤立主义的不足，固守传统的孤立主义原则就会使美国的全球利益受损。他打算让美国走到世界舞台的中央。

1918年春，十月社会主义革命后建立的苏俄政府退出了战争。协约国与同盟国在战场上处于僵持状态。在得到美国大量的人力和物力支持之后，协约国军队于秋天对同盟国发动反攻。10月，

① 王玮、戴超武：《美国外交思想史》，人民出版社，2007年版，第246页。

德国首相向威尔逊提出停战。10月12日，德国原则上表示接受威尔逊的“十四点计划”。此时，德国国内发生革命，其他同盟者都先后退出战争。11月，处于下风的德国不得不宣布投降。威尔逊主张以“十四点计划”作为媾和的基础，起初遭到英法等国的反对。在美方的威胁下，英法也勉强同意以此为基础来解决战后问题。

为了推行“十四点计划”，威尔逊亲自率领庞大的代表团出席1919年1月召开的巴黎和会。他的最大目标是建立一个世界性的组织——国际联盟。他试图根据“十四点计划”的精神来塑造一个集体安全的体系，通过仲裁国际争端、裁减军备和公开外交等方式来实现世界的和平，从而体现美国对世界的领导。然而，美国的主张并没有得到其他大国的赞同。这次和会从一开始就被美英法意日几个大国操纵，它们甚至为瓜分德国和土耳其的殖民地而争吵。组织国联的目标面临失败的可能。为此，美国代表团不得不一再妥协，从原来的主张上步步后退。对中国来说，最令人痛心的事是美国为了得到日本对成立国联的支持，竟然违背自己提出的原则，同意将德国在山东的权益转让给日本。中国人本来为威尔逊的“十四点计划”原则所鼓舞。会前，北京的大学生甚至在游行中高呼“威尔逊大总统万岁”。当巴黎和会决定由日本继承德国在山东半岛的权益时，中国爆发了“五四”爱国运动。巴黎和会根本没有体现大小国家一律政治平等和主权独立的原则。

在威尔逊的不懈努力下，国际联盟总算成立了。1919年6月18日，和会通过的《巴黎和约》就包括了国联盟约的内容。然而，美国并没能成为国联的成员，因为美国国会大多数议员反对接受盟约。这一方面有共和、民主两党政治斗争的影响。威尔逊在组织参加巴黎和会的代表团时没有吸收强有力的共和党人和议员，引起共和党的极大不满。他们借机在国会里打击他。另一方面，信奉孤立主义的人认为这个盟约有悖于美国的传统外交原则。也就是说，若美国接受盟约，就要受盟约的束缚，要承担国际义务，这样就不可避免地会卷入国际纠纷。他们认为这个结果不符合美国的利益。还有一些人指责威尔逊在会议上并未能坚持他的原则，破坏了美国的信用和政策。资深议员洛奇在其演讲中就指出：“不能为了世界和平而削弱自己，不能让我们的政策与我们的主权从属于其他国家。我们首先考虑美国。”[①] 参加国际联盟的支持者和反对者都做了大量争取舆论的工作。威尔逊到中西部和西部进行演说旅行，争取支持者。他拒绝与反对者妥协，结果导致巴黎和约无法得到国会的批准。1921 年上台的共和党总统哈丁宣布结束战争，接受对德和约，但明确地声明美国不成为国联成员。未能成为世界领袖的威尔逊于 1924 年黯然离世。

由于欧洲战争损害了美国利益，美国不得不参加第一次世界大战。虽然它避免采取结盟的方式，但它还是站在英法一方而对德奥一方开火。这就打破了它长期坚持的孤立主义原则，卷入了欧洲大国的纠纷。根据国际形势和美国地位的变化，威尔逊提出“十四点计划”，并在巴黎和会上为成立国际联盟呕心沥血。他试图带领美国走上世界主义的道路。严格地说，威尔逊建立并参加国际联盟的主张还没有完全摆脱孤立主义，因为它没有放弃不结盟的政策。国际联盟只是一个国家间松散的合作组织，并不构成真正的或有军事意义的盟友关系。然而，这样一种组织关系也遭到美国国会的反对。美国最终未能成为国联成员的事实反映出孤立主义在美国仍然有众多的支持者。有人认为美国人反对美国加入国联并非是孤立主义的影响，而是现实主义的考虑。其实，这二者并不矛盾，相反，却有着内在联系。孤立主义本来就不是美国领导人的抽象理想，它从一开始就是从维护美国利益出发的一种现实主义的政策原则。随着美国利益、实力和地位的变化，孤立主义在具体外交政策上的体现也不是一成不变的。从门罗主义到门户开放都体现了美国政府在贯彻孤立主义原则时所做的变通。美国在第一次世界大战前已是世

① 李庆余：《美国外交史》，山东画报出版社，2008 年版，第 99 页。

界上经济实力最强的国家。遍及全球的经济利益把它与世界各个地区联系在一起，传统的孤立主义已难保障这么多利益的安全。美国政府不得不在欧洲动用军队来应对威胁，同时期望构建一种新的体系来维护世界和平，世界主义对美国人来说越来越有吸引力。然而，信奉实用主义的美国人这时还不得不在孤立主义和世界主义之间搞平衡，提出建立国际联盟和拒绝加入国际联盟一事就是这种矛盾的反映。毕竟，一是美国还没有取得对其他国家的优势地位。特别是巴黎和会上大国间的争吵和美国的妥协都表明美国尚无力控制未来的国际体制，过度卷入会牵制美国的力量；二是美国国内仍面临种种困难，它们更吸引政治家和公众的关注。美国政府依然得小心谨慎，力争减少妨碍自己崛起的麻烦。

五、孤立主义的放弃与二战结盟

第一次世界大战结束时，欧洲大国都在战争中受到重创，而美国却进一步增强了它的实力。美国拥有世界石油产量的70%和煤产量的40%；美国的钢铁产量远远超出其他大国的总和；其工业品产量占世界的46%，超过英、法、德、苏、意、日六国的总和；美国从战前欧洲的债务国变为债权国，欧洲私人欠债30亿美元，欧洲各国政府欠债100亿美元；美国还成为与英国并驾齐驱的世界金融中心。正如威尔逊所言，“金融领导地位是我们的，工业首位是我们的，贸易优势是我们的，世界其他国家期望我们的领导与指引”。[①]

美国也拥有世界上最多的黄金储备。然而，这样一个世界经济上的巨人，在此后的一段时间里却没有相应的国际影响力。由于美国不是国联的成员，作为国联中大国的英国和法国在国际舞台上更

① 李庆余：《美国外交史》，山东画报出版社，2008年版，第101页。

加活跃。这是美国政府不作为吗？对于20世纪二三十年代的美国外交，学者们有各种各样的看法。有人认为这个时期是孤立主义制约了美国政府，有人认为这个时期美国已经放弃了孤立主义而采取了世界主义。更多的人游离于二者之间。按照本书一开始对孤立主义的定义，这个时期的美国依然奉行孤立主义原则，同时，它越来越积极地参与国际事务，并且在日、德两国的竞争下，美国逐渐脱离孤立主义的轨道。造成学者观点差异的原因，一方面是美国对德日两国的扩张和侵略行动曾长时间采取了非常低调的反应，甚至不惜牺牲自己的利益做出妥协；另一方面是美国召开了华盛顿会议和参加了许多国际活动，并积极地提出自己的主张。美国对外政策上的这两种看来矛盾的现象正是由于二三十年代美国所面临的国内外形势造成的。

第一次世界大战结束后，美国虽然从全球角度看起来有很强的实力，但国内形势却相当不乐观。1918 年 12 月，威尔逊总统在提交国会的咨文中极富预见性地指出："一闻停战协定签字，我们就丢盔弃甲"。[①] 战争结束后，美国远征军从欧洲回国。大批复员的军人无法找到工作，尽管战争让美国的工业生产能力大大加强，却没有增加多少工作岗位。从 1919 年春开始，美国物价飞速上涨。比起战前的费用，到 1920 年上升了 105%。通货膨胀与其他因素一起带来了严重的罢工浪潮。1919 年，美国发生了 2665 次罢工，涉及 400 多万工人。[②] 1919 年 3 月，威尔逊把州长和市长都召集到白宫，警告他们危机当前，他成立了工业局，试图协调稳定物价。但这个机构没有合法的权威，5 月就解散了。9 月，钢铁工人大规模罢工迫使州和联邦政府动用了军队，十几名罢工者被杀害。伴随工会的壮大，还出现了其他激进的社会团体，包括左翼的共产党。美国政府置公民自由于不顾，对这些组织展开大规模的镇压。如 1919 年 1 月

① 阿瑟·林克、威廉·卡顿：《1900 年以来的美国史》（上），中国社会科学出版社，1983 年版，第 269 页。

② 同上书，第 271 页。

2 日，几千名警察对全国所有共产党总部进行搜查，逮捕了 4000 多人，包括许多非共产党员。美国政府制造红色阴谋论，第一次把对共产党的红色恐怖感带给美国人民。威尔逊为了应付一系列引起社会震动的罢工，难以集中精力来推动美国加入国联的工作。即使他为解决国内问题做了努力，1920 年，美国人民还是把选票投给了共和党候选人——哈丁，因为他许诺要让美国回到“正常状态”。在他之后的共和党总统柯立芝也是强调美国在国内要成为稳定的样板，在国外成为稳定的赞助人。在近十年时间里，美国政府通过增加关税保护农业、减少企业税收和个人所得税、增加财产税、促进投资增加就业、提高工资改善福利、认可公司与工人集体谈判制度等等措施，加之美国汽车、航空、电影等新兴行业的迅速崛起，使得美国克服 20 世纪 20 年代初的萧条，取得 20 世纪 20 年代末国家繁荣的成果，史称“稳定的繁荣”。

然而，好景不长。20 世纪 20 年代末，证券市场崩溃的连锁反应导致美国发生历史上最严重的经济危机。从 1929—1932 年间，美国工商业破产达 10.9371 万家，铁产量减少 79.4%，钢产量减少了 76%。同一时期，美国农业处境更加艰难，农场平均净收入从 962 美元降到 288 美元。美国的金融业也损失惨重，银行破产达 5761 家。危机也波及到美国的对外贸易，1929—1932 年，美国的进口总值从 45 亿美元降为 13 亿美元，出口总值从 53 亿美元降为 17 亿美元。危机期间，美国人的生产能力和生活水平迅速下降，1929—1933 年，美国国民生产总值从 1044 亿美元降到 742 亿美元，国民收入从 878 亿美元降为 402 亿美元。失业人数在 1933 年初达到 1400 万。[①] 经济萧条，下层贫困，社会动荡，罢工和抗议活动频频发生。1932 年初，为了对付首都附近的退伍军队示威，美国政府甚至动用了军队。人们开始谈论如果胡佛总统连任，美国就要发生革命。胡

① 刘绪贻、李存训：《富兰克林·D. 罗斯福时代，1929—1945》，人民出版社，1994 年版，第 12—14 页；阿瑟·林克、威廉·卡顿：《1900 年以来的美国史》（中），中国社会科学出版社，1983 年版，第 11—13 页。

佛应对危机无效，1933 年随着欧洲发生金融崩溃，美国出现恐慌。在这种形势下，3 月 4 日，富兰克林·罗斯福宣誓就任美国总统。他强调："道德让我们坚持我们牢固的信念：我们不得不恐惧的唯一事物，是恐惧本身。"他提出紧迫的任务是让人民有工作做，并对银行、信贷和货币制度进行改革等等。罗斯福实行了以加强政府调控为特点的新政。美国政府采取了一系列恢复经济的措施，如制定银行法，加强对银行业和证券业的监管；通过美元贬值稳定货币的含金量；大量增加公共工程项目，增加就业；减少劳动时间和提高最低工资，既为了降低失业率，也为了改善工人生活状况；设立联邦农业信贷机构帮助农民赎回土地；通过社会保障法，建立老年保险制度和失业救济制度等等。新政取得了成效，美国金融业稳定下来，经济逐渐恢复。1936 年，罗斯福以压倒优势的票数成功地在竞选中获得连任。1937 年 1 月，他在就职演说和国情咨文中强调要帮助占全国人口三分之一的低收入者。他宣称考验政府是否取得进展的关键"不是看我们是否做到锦上添花，而是看我们是否做到雪中送炭"。然而，由于限制信用贷款、缩减联邦开支和自然灾害等因素又导致 1937 年后的经济不景气。结果，美国政府不得不恢复实际赤字开支，放松信用，继续增加公共工程，并通过立法来进行新一轮的改革，如制定国有住宅法、农场租佃法、公平劳动标准法等等。罗斯福在 1939 年 1 月的国情咨文中强调："为了保持我们的改革，现在我们的全部精力可以用来加紧复兴过程。"①

在这二十多年的时间里，美国政府的主要精力都用在解决国内的问题上。但作为一个大国，美国又不能不应对那些威胁到美国利益的国际问题。这里特别需要指出的是，国际风云的变化实际上对美国利益的影响不是太大，因为美国经济的发展不依赖于国际市场。美国工业制成品的出口量与总产量相比，从 1914 年的

① 阿瑟·林克、威廉·卡顿：《1900 年以来的美国史》（中），中国社会科学出版社，1983 年版，第 81、91 页。

近10%下降到1929年的近8%。美国经济政策的制定主要也是针对国内的需求和供给。这就大大避免了由于经济的不断发展而可能增加的与它国的贸易摩擦，成为它能够长期奉行孤立主义的一个关键原因。尽管如此，它还是十分重视国际市场。第一次世界大战让美国意识到保卫自己的商船队的重要性。战后，美国继续建造新的军舰以壮大自己的海上力量。然而，这种作法给美国带来对内对外的困难。一是英国和日本等国不甘落后，都加入军备竞赛。如英国首相劳合·乔治曾讲："英国将花掉最后一个金币以使其海军优于美国或任何其他国家。"① 这就加重了美国的财政负担。二是国内的和平主义运动促使参众两院于1921年五六月间通过要求与英日谈判裁军问题。与此同时，日本在远东的扩张对美国门户开放政策的威胁有增无减。在战争期间和巴黎和会上，美国对日本在中国的扩张要求多次做出让步，但日本贪得无厌，得寸进尺。美国政府对日政策受到多方的批评。在这种情况下，美国政府提议11月召开华盛顿会议。在这次会议上，美英日法意通过了《海军条约》——世界上第一个裁军条约，规定各国主力舰的吨位比例为5∶5∶3∶1.75∶1.75。同时，这五个国家再加上中国、荷兰、比利时和葡萄牙于1922年2月通过《九国公约》，以条约形式重申门户开放政策。这是一个多边形式的外交活动，前者避免了军备竞赛并保持了美国的海军优势，后者虽然没有点日本的名，但实际上是针对日本在中国的扩张活动的。

美国期望世界保持和平局势，但又不能加入国际联盟来发挥自己的影响，也不想承担国际责任。于是，美国政府向国联派出非官方的观察员，到国联的会议上表明美国的观点。到1930年，美国官员前后参加了约40次国联的会议，并在设有国联总部的日内瓦派有5名常驻代表。当美国和平运动试图推动美国与法国订立一项和平

① 阿瑟·林克、威廉·卡顿：《1900年以来的美国史》（中），中国社会科学出版社，1983年版，第81、91页。

条约时，美国总统柯立芝和国务卿凯洛格担心这种条约会事实上构成两国的同盟关系，从而破坏美国的孤立主义原则。他们决定采取折中的作法。于是在美国政府的提议下，各大国于 1928 年 8 月 27 日签订了《巴黎非战公约》。公约规定："各缔约国以各自人民名义郑重声明，它们谴责用战争解决国际争端，在相互关系中放弃以战争作为执行国家政策的工具。"[①] 由于五国海军条约未能全面阻止主要国家的海军军备竞赛，1930 年美国与英国协商后召开伦敦会议，由美英日三国达成新的条约，规定美国重巡洋舰的比例达到最高，为 18 万吨，英国 14.68 万吨，而日本为 10.84 万吨。潜水艇的比例相同。虽然这些成果后来未能产生预期的效果，但这种借助多国力量的外交形式既发挥了美国的影响力，又避免美国在双边外交中可能要面临的压力和风险。这确实是贯彻孤立主义原则的一个很好的变通方式，并部分地说明了后来美国热衷于多边外交的原因。

20 世纪 30 年代初，日本和德国等国加紧了在各自地区的侵略行动。它们都于 1933 年退出国联，凡尔赛体系实际上崩溃了。不顾上述那些条约的约束，日本在 1931 年的"9・18 事变"中大规模出兵占领了中国东北，在 1937 年 7 月 7 日的"卢沟桥事变"后开始全面侵华。日本的军事行动彻底破坏了美国所倡导的门户开放政策，严重地损害了美国在华利益，但忙于解决经济危机困难的美国政府只对日本采取了被称为"不承认主义"的政策，即不承认日本通过军事行动所获取的任何排它性权益。胡佛总统曾这样讲："无论是我们对中国的义务，我们自己的利益，或者我们的尊严都不需要我们因满洲问题进行一场战争。"在欧洲，德国希特勒指责各种和平条约，大规模扩充军队。1936 年初德军开进非武装的莱茵地区。年底，德国和意大利两国结成联盟——轴心国。欧洲的和平面临威胁，但美国政府几乎视而不见，认为与己无关。1935 年 8 月 31 日，

① 阿瑟・林克、威廉・卡顿：《1900 年以来的美国史》（上），中国社会科学出版社，1983 年版，第 408 页。

罗斯福总统批准国会通过的一项中立法，规定当其他国家间发生战争时美国不得向任何一方输出武器和军火。1937 年 5 月 1 日，罗斯福总统签署了国会通过的永久中立法。整个 20 世纪 30 年代，美国上下普遍仍受孤立主义的影响，舆论认为首要任务是恢复国内经济，要避免国外的纠纷。1932 年，和平组织举行大规模的汽车游行，向白宫提交了有几十万人签名的请愿书，迫使胡佛总统不得不表示要立即削减三分之一的军备。1937 年 4 月的盖洛普民意测验的结果表明，70% 的美国人认为参加第一次世界大战是个错误。[①] 公众都不想看到新的战争。国会议员普遍认为要减少军费开支，把钱用在解决国内问题上。

然而，忙于解决国内危机的罗斯福总统非常清楚，对日德的侵略必须加以制止。1937 年 10 月，他在芝加哥发表的著名演说中指出："世界上 90% 的人的和平、自由和安全受到其余 10% 的人的破坏，那些人威胁要打破所有国际规则和法律。"他把这种威胁比喻成疾病，"当流行性传染病开始传播时，社区就同意一起把病人检疫隔离以保护社区健康免受疾病的传染"。"美国讨厌战争，美国希望和平，所以美国要积极行动寻求和平。"[②] 11 月，美国支持国联在布鲁塞尔开会讨论中日战争问题，并派代表参加。虽然会议仅通过决议要求日本遵守九国公约，没有其他具体措施，但这显示美国的态度略有转变，不再是简单的中立。1938 年，他敦促国会在 5 月通过扩充海军法，以便美国在今后的 10 年中建立一支能对付德意日联合在一起的海军舰队。1938 年 8 月，他在加拿大讲话称："我们的美洲不再是远处他方的大陆，海外纠纷的漩涡并非不引起本洲的关切，也引不起伤害。"从年底起，美国陆续向中国提供了共达 7000 万美元的贷款。1939 年 1 月，罗斯福在国情咨文中虽然强调国内改

---

① Richard Leopold, *The Growth of American Foreign Policy*, N. Y.: Alfred A. Knopf, Inc. 1962, p. 531.

② Michael Hunt, *Crises in U. S. Foreign Policy*, New Haven: Yale University Press, 1996, p. 81.

革，但不再提新的措施，而着眼于国际形势。他强调侵略者越来越强大，需要有认真的国际合作才能抵抗侵略者，提出要采取“除战争以外”的手段来阻止侵略。随后，他提交的财政预算中军费占了15%，并得到国会的认可。7月，美国宣布废除美日商约，并开始对日实行贸易制裁。9月1日，德国突袭波兰。3日，英法两国对德国宣战，欧洲战争爆发。9月5日，美国宣布中立。但在10月，罗斯福敦促国会废除中立法中的武器禁运条款，对军火贸易作了“现款自运”的规定。这就便于美国对英法等国提供帮助。美国对欧洲的政策已有明显的倾向性，逐渐背离孤立主义原则。1940年1月，罗斯福在国情咨文中强调：美国不能对侵略袖手旁观，“我们的中立法执行起来可能不是不偏不倚、公平合理的。它可能在实际上援助了侵略者，而拒绝帮助被侵略者”。“鸵鸟把头钻进沙里对它的生命安全并没有好处。”5月，美国国会同意增拨军费17亿美元，扩充兵员达37.5万人。罗斯福在一次讲话中继续强调：“以为我们地处远方，与世隔绝，因而是保险的，不必担心遍及四方的危险，这种幻想已经不复存在。”他还决定向拉美国家建议提前召开外长会议以应对紧张局势。根据他的建议，7月美洲外长会议在哈瓦那举行。会议通过了《美洲国家防御合作互助宣言》。通过这种措施，美国实际上开始着手在自己的后院建立军事同盟。9月，美国总统以行政协定的方式把50艘旧驱逐舰转让给英国。9月27日，《德意日三国同盟条约》在柏林签署。世界上两大战争集团阵营分明。12月29日，罗斯福发表重要讲话说：“过去两年的经验已经无可怀疑地证明，任何国家都不能够姑息纳粹，任何人都不能靠抚摸来把老虎驯服成小猫。不能姑息残忍的行为，对于燃烧弹是不能讲道理的。”[1] 这个讲话获得了广泛的支持。1941年1月，罗斯福在国情咨文中明确反对孤立主义。他说：“对于使我们自己或者南北美洲任

---

① 陶文钊：《中美关系史1911—1950》，重庆出版社，1993年版，第221页。

何其他部分被强迫孤立，也是要反对的。”[①] 3 月 11 日，美国国会通过《租借法》。它规定可以用租借、出售、转让、交换及其他方法给对美国国防至关重要的国家提供美国的武器和其他装备。这项法令使战斗在反法西斯前线的国家能在资金不足的情况下得到所需物资，对盟国起到了重要的支援作用。8 月 1 日，美国对日本实行全面禁运。1941 年 12 月 7 日，日本偷袭珍珠港，太平洋战争爆发。第二天，美国对日本宣战。11 日，德国和意大利对美国宣战，同一天美国也向它们宣战。当美国参加第二次世界大战之时，它的实力成了最后胜利的保障。就在日本揭开大战序幕的 1937 年，美国经济还没有完全恢复。但它那年的国民收入为 680 亿美元，而德国、意大利和日本加在一起才 270 亿美元。所以，它可以轻而易举地援助英国、中国等后来的盟友。美国的军力在它参战前难算最强，但它参战后肯定是最强的。这里仅用一组数字就能反映问题。1941 年美国的军火生产才有 45 亿美元，而 1943 年达到 375 亿美元，德意日三国加在一起才为 183 亿美元。[②]

在同法西斯侵略做斗争的过程中，罗斯福形成了对未来国际体系和美国定位的看法。他在 1937 年 10 月的芝加哥讲话中是这样看待国际关系的：“现代世界在技术上和精神上是休戚相关、互为依靠的，任何国家都不可能与世界其余部分的经济和政治动乱完全隔绝开来。” 1938 年 8 月的加拿大讲话中，他指出，“文明毕竟不是民族的，文明是国际所共有的”，美洲不能再指望大洋的庇佑，而是同世界息息相关。他把美国与世界联系在一起，因而美国不能对世界上发生的事情无动于衷。1941 年 8 月，美国总统罗斯福与英国首相丘吉尔签署了《大西洋宪章》，提出要建立一个更普遍和更持久的全面安全体系，以保障集体安全、民族自决、公海航行自由和门户开放等。就在太平洋战争爆发后，12 月 9 日罗斯福对全国宣示：

① 王玮、戴超武：《美国外交思想史》，人民出版社，2007 年版，第 325—330 页。

② 保罗·肯尼迪：《大国的兴衰》，求实出版社，1988 年版，第 408、436 页。

"我们要永远地放弃我们还可以让自己孤立于人类其他部分的幻想，我们必须开始承担摆在我们面前的伟大任务。"[①] 1942 年 1 月 1 日，在美国的倡议下，26 个国家在《联合国家宣言》中签字，表示联合起来，竭尽全力与共同的敌人战斗到底。宣言明确地认同大西洋宪章的宗旨和原则。美国与中国、英国、法国等国家结成盟友，共同对法西斯轴心国作战。第二次世界大战爆发前后国际形势和美国地位的变化使美国人认识到孤立主义无法保障美国的利益，它不再躲避与大国的纠纷，最终放弃了不结盟原则，也就放弃了孤立主义原则，并主动承担起建立新的国际体系的责任，从而走上了世界主义的道路。这时，美国的舆论也发生变化。根据盖洛普民意调查的结果，1942 年 7 月，73% 的被调查者认为美国应该加入国联。1943 年 3 月的另一次调查表示，64% 的人希望政府采取措施建立一个国际组织。[②]

在第二次世界大战期间，罗斯福的大国合作思想日益成熟。这不是单指战争期间的合作，而是指对战后世界治理上的合作。一方面，他彻底地抛弃了孤立主义，指出不能让第二次世界大战后的和平成为"导致另一灾难的间歇"。为此，美国必须参与国际事务。另一方面，他反对由一国称霸世界的主张。他在 1945 年 3 月 1 日向国会的讲话中指出：在这个时代，"世界和平的结构不可能出于一个人、一党或者一国之力……它必须是建筑在全世界合作努力之上的和平"。他此前的另一个讲话也集中体现这两方面的思想。他说："我们决不接受一个由希特勒支配的世界，同时我们也决不接受像 20 世纪 20 年代战后世界那样的一种世界，使得希特勒主义的种子又可以播下，并得以发芽生长。"对于大国合作，罗斯福先是想到与英国的合作，再就是与苏联的合作，最后也考虑与中国的合作。

---

① Richard Leopold, *The Growth of American Foreign Policy*, N. Y.: Alfred A. Knopf, Inc. 1962, p. 622.

② Anne Orde, *The Eclipse of Great Britain*, N. Y.: Macmillian Press Ltd, 1996, p. 148.

早在1942年5月，他就对苏联外长莫洛托夫讲过："美国、英国、俄国也许还有中国应该管理世界，并监督裁军。"[①] 合作的最主要方式就是建立一个新的能切实有效地维护世界和平的国际组织，而美国要在其中发挥领导作用。太平洋战争爆发后，罗斯福批准国务院建立战后对外政策咨询委员会，由正副国务卿分别担任正副主席。赫尔吸取了一战后的教训，这个委员会包括了两党的主要人物。1943年，这个机构提出在战后建立一个普遍性国际组织的方案。6月和11月，众参两院分别以绝对优势的票数通过了这个方案。一位顽固的孤立主义众议员费舍此时也高呼："让我们打赢这场仗，然后与我们的盟友一起把它搞起来。"[②] 1943年8月，罗斯福在魁北克会议上向丘吉尔明确地提出应以美、英、苏、中为中心建立国际和平组织的意见。在年底的德黑兰会议上，罗斯福正式提出了建立联合国的建议。此后，美国的一些相关措施，特别是1945年雅尔塔会议的一系列协议和建立联合国的成果都集中体现了罗斯福的大国合作思想。

回顾这二十多年的历史，虽然美国发起和参加了许多国际活动，美国政府基本上还是坚持了孤立主义的对外政策。从理论上讲，这些政策对美国来说可能不是最好的选择，也确实存在连罗斯福都提出批评的那些缺陷，甚至有导致第二次世界大战发生的嫌疑。但历史事实已证明，孤立主义的政策是结果最有利的选择。当时，美国政府的主要精力都用来解决国内的困难和发展问题，特别是在危机最严重的20世纪30年代前半期。美国政府利用两次战争的间隔期采取一系列的改革，解决了国内存在的大量矛盾，摆脱了几次危机造成的重大威胁，稳定了国内社会秩序，奠定了美国雄厚的经济基础，为发展军事力量作好了充分的财政准备。这种重内轻

① 李庆余、任李明、戴红霞：《美国外交传统及其缔造者》，商务印书馆，2010年版，第258—265页。

② Thomas A. Bailey, *A Diplomatic History of the American People*, N. Y.: Meredith Corporation, 1969, p. 767.

外的决策维持了美国的和平环境，造就了美国巨大的生产力。一旦美国加入战争，它就扮演了世界拯救者的角色。它的2000多架重型轰炸机把德国控制的欧洲地区炸得稀烂，它的1000架超远程B29型轰炸机曾使日本许多城市化为灰烬。当战争结束时，美国拥有举世无双的海军，包括1200艘大型军舰，其中以数十艘航空母舰为核心组成作战舰队。战争的环境进一步推动了美国经济的发展。美国国民生产总值从1939年的886亿美元增长到1945年的1350亿美元。当其他国家都被战争搞得穷困潦倒时，“从经济上说，美国可不受限制地在世界上为所欲为”。①

与此同时，美国政府也有时间来尝试它今后治理世界的理念和方法。凭借其巨大的经济、军事和软实力的资本，美国在战争期间就开始一步步地落实它对新国际体系的设想。1944年7月1日，在美国新罕布什州布雷顿森林召开的国际会议签订了《布雷顿森林协定》，通过建立国际货币基金组织，奠定了以美元为中心的世界货币体系。1945年4月，在旧金山召开联合国成立大会，通过了《联合国宪章》。宪章体现了美国治理世界的观念，联合国的决策机制实现了美国的主导权。1947年在日内瓦召开的国际会议通过《关税及贸易总协定》，对国际贸易和关税运作制定了规则。其基本内容就是奉行美国一直推动的自由贸易原则。

第二次世界大战的发生终于让美国有机会展示此前各项准备所带来的成果。常言道：“机会总是留给有准备之人。”战争给了美国一个充分发挥实力的机遇。这是美国至今历史上唯一同时打赢的两场大规模战争，分别在亚洲和欧洲。它没有发动战争，而是借别人发动的战争彻底地打败了日本和德国，同时与昔日的霸权国家英国结盟，成了它的救世主，与未来的超级大国苏联结盟，增进了双方的了解。这场战争肯定对世界不是好事，但对美国来说绝对是有利的。否则，它哪有更好的机会充分证明美国才该是下一任的世界

① 保罗·肯尼迪：《大国的兴衰》，求实出版社，1988年版，第438—439页。

领袖。

第二次世界大战爆发后，美国不再需要孤立主义所提供的保护，孤立主义也无法再保护它的利益了，甚至有可能成为它进一步发展的束缚。顺势对外交政策做出根本性调整的时机成熟了。于是，美国政府彻底地抛弃了孤立主义，而举起了世界主义的大旗。其世界主义的基本理念为：通过建立西方联盟和大国合作，在一系列国际规则和原则的基础上协调与盟国乃至与非盟国之间的政治经济关系，同时强调通过建立国际制度、国际机制和国际组织来协调各国之间的国际事务，发挥美国在世界上的领袖作用。正如杜鲁门总统在 1947 年所说："世界上自由的人民寻求我们的支持来维护他们的自由。如果我们不能承担起这个领导责任，我们会危及世界和平，我们肯定会危及我们自己国家的幸福。"

美国从建国开始奉行孤立主义的外交原则，到二战爆发后放弃了这个原则，前后达 160 多年的时间。起初它这么做是因为自己比较弱小，避免受欧洲大国的欺负。但到 19 世纪末之后，尽管美国已成为世界经济大国，它依然没有放弃这个政策，显然是在利用这个原则来达到两个目的。一是争取时间来解决国内的问题。19 世纪的快速发展给美国积累了大量的社会矛盾，国家又屡遭战争和危机的袭击，美国政府需要时间来解决这些问题。二是利用这个政策所提供的方便周旋于大国强国之中。20 世纪初之后，美国面临的主要国际挑战来自原霸权国英国、迅速崛起的德国和日本及突然冒出的苏俄，[①] 当然为了走向世界，美国还不得不巩固好后方。与此同时，如何运用好自己的力量，包括军事力量、经济力量和软实力来建立一个新的国际体系也是美国崛起所要解决的难题。孤立主义原则为美国赢得了解决这一切问题的时间。随着时间的推移，这个原则越来越不能适应美国的需要，特别是当美国已成为世界最大的政治经

① 当时的另一个殖民地大国法国整体上已远落后于英国和德国，更面临德国的直接威胁，所以它不仅没有成为美国的挑战者，而且在两次世界战争中成为被保护者。

济军事国家之后。此时，孤立主义不仅不能继续推进美国的国家利益，也无助于保护其全球利益，甚至成了它发挥世界影响的障碍。美国领导人适时地进行了政策调整，走上了世界主义的道路。

第二章　对拉美地区的政策
——谋划周边

当人们在谈论美国时，先想到的是美国是当今世界上唯一的超级大国，再想到的是美国幅员辽阔，“南北无强邻，东西两大洋”，地理位置十分优越。然而，我们需要了解的是，在建国之初，美国所面临的安全环境是十分恶劣的。换言之，美国之所以拥有如此优越的地缘环境，主要得益于自身的努力和对时机的准确把握，而美国在拉美地区的政策及其调整、更新则成为这种努力的主要部分之一。从地缘政治学的角度来看，地理位置的毗邻对于一国的政治、经济、安全等领域有着至为关键的影响，因而一国的周边外交政策也是其对外政策中首先要加以考虑的内容。可以说，美国的拉美政策为其霸权的确立提供了重要的支点与保障，同时也为美国在世界推行国际制度开辟了一块方便的试验场。

一、从领土扩张到商业扩张

从建国起到19世纪中叶，美国政府的主要任务是巩固新生的合众国，美国对美洲其他地区的政策主要表现为美国与欧洲列强之间的关系，因为它的周边都是欧洲殖民主义强国的殖民地。建国伊始，美国只是由13块殖民地所组成的邦联，而其周围却是虎视眈眈的欧洲列强，安全状况堪忧。当时，美国与英国、西班牙、法国之间都存在着历史与现实的矛盾与利益之争。美国虽然已经独立，但是其宗主国英国却并不甘心失败，试图通过贸易封锁以及安全施压来达到遏制美国的目的：在贸易上，美国严重依赖英国，其对外贸易的75%以上是同英国进行的，其中一半以上是由英国船只担任运输。美国独立以后，英国拒绝与美国缔结任何贸易条约，同时英国还援引《航海法》来限制美国同其他国家的贸易关系。在安全上，英国控制了美加边界位于美国一侧的七个军事据点，这些据点在战略上控制了整个北部边疆，也控制了大湖区和俄亥俄流域，垄断了同印第安人的皮毛贸易，封堵了美国向西发展的通道。与此同时，当时的加拿大总督又策划弗蒙特地区的分离运动，从而令美国的安全局势更加恶劣。此外，美国与西班牙、法国之间的关系也是困难重重。独立战争之后，英国割让佛罗里达给西班牙，从而引发了美西间的边界争端。法国虽然在美国独立战争期间出手相助，并且两国还签订有同盟条约，但建国之后，美国从现实利益考虑，不愿意因为法国而开罪英国，因此发布了《中立宣言》，拒绝履行与法国的盟约而介入英法之战。这令美法之间的关系日益恶化，两国甚至一度陷入了“准战争”的状态。

很显然，此时美国外交政策的核心是竭力争取良好的周边环境，为共和国的生存与发展提供必要的条件。美国主要从两个方面来巩固国家政权：一方面，大力发展对外贸易（主要是欧洲），包括试图开拓对中国的贸易通道。1784年8月25日，美国“中国皇后号”由纽约驶抵广州，从而开启了美国对华贸易的新篇章；另一方面，同时也是最为迫切的方面，获取相对安全的生存空间。美国通过与欧洲列强之间进行谈判、抓住时机扩大领土范围等方式，构建起一道安全屏障和战略纵深。借助于与欧洲列强之间的谈判、订约，美国缓和了与英国、西班牙、法国等在拉美有着传统势力的欧洲列强之间的关系。在此期间，美国还通过胁迫、低价购买等方式扩大了自己的领土范围，从而为美国的国家发展提供了最基本的安全条件。这一过程中，美国恰当地利用了国际机遇，主要是利用了欧洲的乱局和拉美地区的独立运动，密切了美国与拉美国家的关系。1822 年，美国对墨西哥给予了外交承认，成为第一个承认墨西哥的国家。此后，美国在 1824 年承认了巴西和中美洲联邦，并在其后几年内承认了区域内的大部分新独立国家（1862 年，美国对海地给予外交承认）。美国的这些行为对于塑造其在拉美地区的良好形象大有裨益，而门罗宣言的发表则更加具有标志性意义。门罗宣言强调了三项原则，即“美洲体系原则”、“互不干涉原则”和“不准殖民原则”。这对刚刚独立的拉美国家而言是一种鼓励和支持，因而受到了它们的热烈欢迎。阿根廷宣称美国已成为西半球的保护人。哥伦比亚副总统桑坦德声称，这个立场“不愧为美洲自由的模范之邦的行为”。拉美独立战争领袖玻利瓦尔也表示，门罗宣言“给他留下了深刻印象”。[①]

然而，美国发表门罗宣言在当时也是承受着巨大风险的，这可以从当时的国际形势中得到解释。自从拿破仑战争之后，欧洲确立了所谓的“正统原则”，并且组建了“神圣同盟”来确保封建秩序的存在。然而，拉美地区的独立运动违背了欧洲国家的意志，以至于引发了对“神圣同盟”干涉的担忧。显然，“门罗宣言”所宣告的三项原则中，将欧洲势力排挤出去的意图十分明显，从而有可能将美国置于与整个欧洲相对抗的位置。法国外交大臣沙托布兰德便鼓动道：“所有在西半球占有领地或商业利益的大国，都应该起来反对门罗宣言。”[②]“正统主义”的坚定维护者、奥地利首相梅特涅也认为，门罗宣言攻击了欧洲君主们最珍爱的原则和制度，是“绝对不能容忍的”。[③] 就当时实力而言，美国根本无法与欧洲列强相抗

---

① 福斯特：《美洲政治史纲》，人民出版社，1956 年版，第 336 页。

② Scott Nearing and Joseph Freeman, *Dollar Diplomacy: A Study in American Imperialism*, N. Y.: B. W. Huebsch and the Viking Press, 1925, p. 237.

③ Dexter Perkins, *A History of Monroe Doctrine*, Boston: Little, Brown and Company, 1963, p. 56.

衡。因此，门罗宣言的发表是需要足够的勇气和胆魄的。那么，美国为何要冒如此大的风险发表这样一份宣言呢？其主要原因在于以下几点：（1）对美国安全的考虑。一个安全的美国需要排除域外势力的威胁，这也是美国建国之后始终坚持的事业，而“孤立主义”外交原则实际上也正是美国这种战略的反映与实践。（2）对当时国际形势的准确判断。原则的坚持是必要的，但是时机的把握则更为关键。实际上，美国分析了欧洲列强对待拉美独立运动的态度并非是铁板一块，而是存在着严重的分歧。尤其是英国，它并不真心诚意与其他神圣同盟国家站在一起来干涉拉美独立运动，因为英国也希望拥有一个开放的、自由的西半球市场。事实上是英国——而不是美国——首先希望发表这样一份宣言，只不过它是希望与美国共同发表而已。在英国外交大臣乔治·坎宁提议的共同宣言当中包含有这样的字句：“我们自己不想获取它们的任何一部分（西属拉美殖民地）……但我们对于将它们转让予任一强国不能熟视无睹，漠不关心。”① 美国时任国务卿亚当斯清楚地认识到当时神圣同盟内部存在的分歧，并认为欧洲列强干涉的危险被夸大化了。他相信，欧洲列强没有任何理由恢复旧有的西属拉美的贸易垄断局面。在此情况下，亚当斯极力反对与英国共同发表宣言。他认为，若接受其建议，不但会为英国干涉和控制拉美制造机会，而且会使美国“充当尾随英国军舰后面的小船”，从而束缚美国在拉美的活动，尤其是对古巴和得克萨斯进行的扩张。他还指出：“坎宁的目的显然是要从美国政府得到某些公开的保证，看上去是反对神圣同盟在西班牙和南美洲之间进行干涉，但实际上或主要的是反对美国自己获得西属美洲的任何部分。”② 由此可见，美国发表“门罗宣言”的初衷在

① Scott Nearing and Joseph Freeman, *Dollar Diplomacy*: *A Study in American Imperialism*, N. Y.: B. W. Huebsch and the Viking Press, 1925, p. 235，需要指出的是，本书中将乔治·坎宁视为英国首相。经笔者查证，这一说法是不正确的。

② 杨生茂：《美国外交政策史：1775—1989》，人民出版社，1991 年版，第 93 页。

于保持美国对美洲地区进行扩张的行动自由与唯一行为主体，把欧洲竞争对手排除出去。

“门罗宣言”发表之后，虽然在拉美地区国家反响热烈，也引起了部分欧洲列强的抗议，但在美国国内，对“门罗宣言”相关的新闻媒介报道不多，政府并未将其作为美国外交中必须贯彻的指导原则，而更多是把它作为一种政策主张的宣示，因此美国没有积极插手美洲其他国家的有关事务。宣言发表以后，俄、法等国停止了干涉美洲革命，神圣同盟的威胁已经解除，门罗宣言也被束之高阁，直到20余年后波尔克总统时期。不过，拉美新独立国家对于门罗宣言较为重视，并且在关键时期，它们都曾求助于美国。如1824年7月2日，哥伦比亚受到法国威胁时，求助于美国，希望与其结盟，以武力保卫独立。但是，这一请求遭到美国的拒绝。在答复中，美国政府表示，“根据美国宪法，此类问题的最后决定权属政府的立法部门所有”，行政部门不能擅权行事。此外，美国政府又指出，如果事先没有与那些在该地区有着重大利益的欧洲国家取得谅解之前，“美国政府不可能单独采取武力抵抗”。此后，美国以同样理由拒绝了巴西、阿根廷、墨西哥、秘鲁等国的类似请求。美国之所以表现如此冷淡，与其自身的实力有着很大的关系，当时美国的海军力量仅为法国的1/4、俄国的1/8，更无法与英国匹敌。[①] 显然，美国当时发表的宣言，其象征意义大于实际意义。换言之，美国当时并没有能力来充当拉美新独立国家的“保护者”角色。不过，宣言的发表给美国带来了两个好处。一方面，它顺应了当时拉美新独立国家的现实要求，有利于塑造美国在该地区的良好形象。正如美国学者所指出的那样，门罗主义“对梅特涅和神圣同盟中的伙伴来说，这是一个沉重的打击，而对年轻的美国是一个胜利，这对于拉美各国也是有利的，因为它们处在虎视眈眈的列强中间，门

① Dexter Perkins, *A History of Monroe Doctrine*, Little, Boston: Brown and Company, 1963, pp. 69－70；杨生茂：《美国外交政策史：1775—1989》，人民出版社，1991年版，第100页。

罗主义多少给它们一种保护”。另一方面，这一宣言有着很强的解释力，从而为美国后期在该地区的行为提供了依据。因此，有学者评论道：“门罗咨文阐述的外交原则的意义不在当时，而在于未来。”它确立了“新世界……帝国大博弈的基本原则”，既限制了欧洲列强的渗透，又为美国在这一地区未来的扩张保留了权力。①

19 世纪中期，美国北方的资本主义工业深入发展，南部的奴隶制种植园经济也在以惊人的速度恶性膨胀。在资本主义经济、种植园经济发展的双重作用下，美国对外扩张的需求日益强烈。也正是在这一背景下，“天定命运”的思想在美国受到追捧，为美国的大陆扩张提供了合理化辩护。恰逢此时，欧洲陷入了革命洪流之中，美国终于获得了在美洲大陆一展身手的机会。在这一过程中，1846—1848 年的美墨战争是美国大陆扩张中最为重要的一个环节。1846 年 5 月，美墨两国宣战。美军很快取得战场上的优势，并攻占墨西哥城。1848 年 2 月 2 日，美墨两国签署《瓜达卢佩·伊达尔戈条约》（Treaty of Guadalupe Hidalgo），宣告战争结束。通过这一条约，美国从墨西哥攫取了 525000 平方英里的领土，具体包括加利福尼亚（下加利福尼亚半岛仍属墨西哥）、新墨西哥州、亚利桑那州地区、内华达州（Nevada）、犹他州（Utah）、科罗拉多州（Colorado）西部。作为补偿，美国向墨西哥支付 1500 万美元，并承担了自己的公民向墨西哥索赔的 325 万美元。虽然美国取得战争的胜利，但它还是给予墨西哥政府相应的经济补偿，以缓和两国的关系。毕竟对墨西哥来说，它对这些地区的实际控制力很弱，而美国的经济补偿对它的财政更有实际意义。经过大陆扩张之后，美国的国土面积大幅增加，从而使美国成为一个两洋国家。然而，美国自身却陷入了南北战争之中。

---

① 福斯特：《美洲政治史纲》，人民出版社，1956 年版，第 336 页；杨生茂：《美国外交政策史：1775—1989》，人民出版社，1991 年版，第 103 页；Mark T. Gilderhus, *The Second Century: U. S. —Latin American Relations since* 1889, Wilmington: Scholarly Resources Inc., 2000, p. 4。

内战爆发期间，美国联邦政府一方面需要与南方邦联作战，一方面还要应对欧洲强国对拉美地区的干涉。1861 年底，法国、英国、西班牙联军以讨债为名侵入墨西哥。次年 5 月，英、西军队撤出，法军继续留驻墨西哥。1863 年 6 月，法军攻占墨西哥城，贝尼托·胡亚雷斯（Benito Juárez）为首的墨西哥政府被迫流亡。很显然，法国对墨西哥的武装干涉与美国所奉行的门罗主义是格格不入的。在此情形之下，西华德国务卿（William Henry Seward）曾建议由美国承担墨西哥外债的 5 年利息，但未得到参议院同意。1863 年 6 月 7 日，西华德国务卿就法军占领墨西哥城一事向法国政府提出抗议，并警告称，对墨西哥的干涉将引起美法之间的冲突。1864 年 4 月，在法国的扶植下，奥地利皇帝之弟马克西米连大公登上墨西哥皇帝宝位。此人奉行法国的意旨，对美国在该地区的扩张持抵制态度。马克西米连即位后，美国再次向法国抗议，并继续承认流亡中的胡亚雷斯政府。4 月 4 日，美国众议院通过一项决议，不承认马克西米连政权。但是，囿于美国内战的束缚，美国政府并没有为此采取切实的行动，直到内战结束之后，美国才开始以人力和物力支援胡亚雷斯，并公开援引门罗主义原则。西华德国务卿向法国政府发出照会，指出“法国军队在墨西哥的存在与行动，以及其利用武力并违背墨西哥人民的自由意志而对一个权威的维持，是美国严重关切的一个原因”。[①] 迫于美国的压力，法国军队于 1866 年 2 月 12 日撤出了墨西哥，马克西米连政权也随之崩溃。美国政府用门罗主义为武器，捍卫了墨西哥的独立。

同样，当 1861 年 3 月 23 日西班牙在英、法的默许下出兵占领多米尼加时，美国基于捍卫门罗主义的立场，多次向西班牙政府提出抗议，甚至向马德里派了特使。但是同样因为内战的制约，美国政府无法对西班牙采取强有力的措施，西班牙方面根本不加理睬。

---

① Scott Nearing and Joseph Freeman, *Dollar Diplomacy: A Study in American Imperialism*, N. Y.: B. W. Huebsch and the Viking Press, 1925, p. 242.

西班牙的殖民统治遭到当地激烈的反抗。1865 年，美国政府在南北战争中取胜，内战结束。西班牙方面意识到美国的力量，主动从多米尼加撤走。恢复独立后的多米尼加甚至一度想并入美国。美国的这些行动一再向世界宣示了它捍卫门罗主义原则、不许欧洲国家重新殖民拉美的决心。但在 1866 年西班牙威胁智利和秘鲁的时候，美国又没有诉诸门罗主义。美国在拉美地区的种种行为令众多拉美国家对美国产生了十分矛盾的心理：一方面因为美国的扩张而对美国心怀疑忌与警惕，1860 年以后许多拉美领导人和知识分子不信任美国、畏惧美国；另一方面又因为美国勇于维护它们的独立和注意其利益而对美国产生了一份尊重与依赖，这从以后美国在委内瑞拉等地采取的一些干预行动可以窥见端倪。可以想象，美国通过在关键时刻捍卫其原则，展示其力量等方式赢得了拉美地区国家的某些认可，使得美国在该地区的形象有所改善，这在美国稳定周边政策中发挥了不可忽视的作用。美国最终在 1898 年借古巴独立革命之机，发动美西战争。美国彻底把一个经济总量只有其十分之一的老牌帝国主义国家西班牙的势力从拉美赶走，控制了古巴和波多黎各。表面上，拉美摆脱了西班牙的殖民统治，但实际上它变成美国的势力范围。

早在完成连接两洋的领土扩张之后，美国政府就开始调整扩张政策。特别是到了 19 世纪后期，随着美国制造业的大力发展，国内市场已经无法满足美国产业扩展的需求，到 1880 年，美国对外贸易额达到 9300 万美元，而到 1898 年则上升到 2. 23 亿美元。[①] 因此，如何保证商品市场便成为关系到美国未来发展的重大课题。为了顺应这一需要，美国政府调整了其外交战略，以开辟和扩大商品市场作为外交的重要目标，以拉美地区，尤其是中、南美洲作为美国市场开拓的主要方向。1870 年，美国国务院要求所有驻拉美国家的外

① Scott Nearing and Joseph Freeman, *Dollar Diplomacy*: *A Study in American Imperialism*, N. Y. : B. W. Huebsch and the Viking Press, 1925, p. 242.

交官都必须就美国在西半球的贸易状况提交详细报告。1878 年之后，驻世界各国的领事都要定期提供这种报告。1881 年第一次担任国务卿的詹姆斯·布莱恩向墨西哥保证，美国不再需要土地，只希望能够自由出入，不受任何限制，以便拥有大量资本积累的美国人能够开发墨西哥“极少得到开发的资源”。他强调，这样一来墨西哥就能够“进一步发展为一个秩序井然、繁荣富足的国家”。[①] 墨西哥政府认可了美国的政策。美国人和资金由此大量涌向这个国家，展开了各种各样的经济活动。到 1910 年，美国人拥有这个国家 43% 的财产。美国公司也在哥斯达黎加和洪都拉斯等国积极展开经济活动。

为了进一步巩固美国在拉美的影响和利益，美国政府从 19 世纪 80 年代起关注建立某种机制。1884 年，詹姆斯·布莱恩在接受共和党总统候选人提名的信中便提出其经济外交的主张。“我们寻求获取和平，我们期望拓展商业，尤其与我们在美洲大陆上的朋友和邻居……当欧洲强国在亚洲和非洲稳步扩大它们殖民地的时候，提高和拓展与美洲国家间的贸易是美国的一项特别职责……我们的外交政策应该是一项最广泛、最全面的美国政策——一项和平的、友好的和扩展商业的政策。”[②] 同时，他也想设法避免拉美国家之间发生战争，以免导致欧洲国家的插手。因为在 1879 年，智利与秘鲁两国因争夺太平洋沿海口岸和鸟粪场发生了一场长达 4 年的战争。英国就趁机支持智利以扩大它在那里的商业，从而引起美国政府的忧虑。布莱恩虽然未能竞选成功，却被新上任的哈里森总统任命为国务卿，因为哈里森也对美国与拉丁美洲的关系特别感兴趣。他们都希望实现贸易互惠。美国迅速与拉美国家签订了 6 项带有互惠条款的条约。布莱恩还积极倡导召开美洲国家国际会议（International Conference of American States，或简称“泛美会议”）。1889 年 10 月

---

① 孔华润：《剑桥美国对外关系史》（上），新华出版社，2004 年版，第 340 页。

② Scott Nearing and Joseph Freeman, *Dollar Diplomacy: A Study in American Imperialism*, N. Y.: B. W. Huebsch and the Viking Press, 1925, p. 243.

2 日，国务卿布莱恩试图通过确认崇高目标和共同利益的方式，来确定会议的中心主题。他声称，在此之前没有一个国家间会议“如此重大而深远地考虑过未来的可能性”。1889 年 10 月 24 日至 1890 年 4 月 19 日，在美国的召集下，泛美会议在华盛顿举行，共 18 个国家参加。布莱恩对于此次会议表现出了高度的热情。他积极运作，为会议设定议程，将国际冲突的仲裁、商业协定、关税同盟、建立美洲铁路网等议题纳入到会议讨论之中。这次会议达成一项解决纠纷的仲裁决议和提出建立一条连接南北美洲的铁路的建议。但建立强制性制裁和关税同盟的主张遭到了阿根廷和智利等国代表的抵制。在众多拉美国家看来，在西半球建立一个共同市场还不可能，毕竟它们有与欧洲经济的传统联系，同时这也有悖于它们所主张的主权原则。本次会议最大的成果是决定建立名为美洲共和国国际联盟（the International Union of American Republics）的团体(1910 年改名为泛美同盟，Pan American Union)，美国国务卿任该组织的永久主席，其常设机构为美洲共和国局。虽然本次美洲国家会议成果有限，但它却构建了一个重要的地区性机制。这一机制有助于协调美国和拉美国家间的关系，同时由于美国实力超群，又便于美国进一步强化对西半球国家的控制。

通过领土兼并与扩张、国内制度变革、工业经济的发展以及区域制度建设等手段，到 19 世纪 90 年代初，美国在西半球的影响力已经大为提升。不过，一个国家的国际地位与声望不仅是一个内在的发展过程，同时也是一个外在的认可过程。因此，美国在西半球的影响力还需要得到国际社会，尤其是当时的霸权国，同时也是在拉美地区有着重大利益的英国的承认。

美英在拉美的第一次对抗发生在巴西的里约热内卢港口。美国与巴西在 1891 年签订了一项贸易互惠条约，从而密切了两国关系。巴西在废除君主制后以美国为样板建立了共和国。1893 年，巴西海军士兵发动了反对共和国的叛乱，试图通过中止贸易和关闭海关来推翻政府。他们的行动得到了反对美国扩大利益的英国人的秘密支持。美国国务卿格雷沙姆闻讯后，毫不犹豫地下令美国海军对进入里约热内卢港口的美国商船提供护航。1894 年 1 月当叛军试图阻止护航行动时，美国舰队向叛军船开火，吓退了叛军。随后，叛乱被平息了，港口又恢复了正常运转。巴西政府非常感激美国的干预，专门树立了一尊门罗总统的肖像，以纪念门罗主义，并下令在美国国庆日 7 月 4 日那天举行庆祝仪式，为美国使馆的人员献上一支优美的小夜曲。

第二次对抗发生在尼加拉瓜濒临大西洋的一块飞地上——莫斯基多印第安人居留地。1860 年以后那里是英国的保护地，因为英国人希望它成为通往尼加拉瓜地峡运河的门户，同时英国人重视那里的自然资源。美国人也不断地向这个地区投资，到 19 世纪末，美国控制了该地区财富的 90%。1894 年，新成立的尼加拉瓜政府准备把这个保护区纳入其管辖之下，却遭到英国的反对。英国政府甚至动用军队来保护其保护地。国务卿格雷沙姆召见英国大使，指出尼加拉瓜政府有权控制自己的国家，并建议英国撤军。英国政府同意了。然而，以美国商人为首的外国投资者们却要求英国军队留下，以免遭到尼加拉瓜当局的骚扰，特别是在英国公民遭到新政权的逮捕之后。这时，格雷沙姆向美国人和英国人做出保证，美国将保护他们所有人的利益。美国的干预不仅为英国政府所接受，而且为当地政府所认可。

美英在拉美的最终较量表现在委内瑞拉危机上。委内瑞拉危机起因于英属圭亚那和委内瑞拉对一块领土的争执，英委两国对此进行了长期的谈判，委内瑞拉于 1876 年开始把谈判进展情况向美国通报，希望美国出面仲裁。美国几届政府也表示出调停的意愿，但遭到英国拒绝。由于时机对美国不利，美国并未就此事与英国大动干戈。到 19 世纪 90 年代，尤其是 1893 年美国经济危机爆发后，美国政府和垄断资本坚信只有扩大对外贸易才是应对危机的良策，而南美则是其经济扩张的主要场所，于是美国试图利用委内瑞拉危机来达此目的。1895 年 7 月 20 日，时任国务卿的理查德·奥尔尼在给英国的照会中非常不客气地宣称："如今，美国实际上已经统治着这块大陆，它的命令对于它所管辖范围之内的大陆臣民来说就是法律。"[①] 虽然英国首相兼外交大臣索尔兹伯里在1895年11月26日对于美国的立场进行了否定性回答，但英国政府面临着很多不利因素：一方面，英国殖民地加拿大地区防卫力量虚弱，这使得英国政府不得不慎重考虑与美国之间的关系；另一方面，因为争夺殖民地，英国同主要的殖民大国都有矛盾。英国与德国之间在南非问题上的矛盾日益尖锐，这使英国不得不改变对美立场。1896年1月11日，英国内阁会议做出了对美退让的决议。25日，张伯伦在伯明翰发表演讲，明确地表示英国对美的政策立场。"我们不贪图美洲的一英寸领土。两国之间发生战争是一件荒唐的事情而且也是一种罪恶……两个国家是联结在一起的，而且在情感上和利益上比地面上任何其他国家都更紧密联结在一起。我对任何这种兄弟残杀性质的斗争感到十分厌恶，我将以愉快的心情来期待星条旗和英国国旗有可能飘扬在一起来保卫由人道主义和正义所认可的共同事业。" 萨利斯巴立勋爵在上议院也宣称："鉴于委内瑞拉在加勒比海上的位置，美国对它感到关切，其自然程度同我们对荷兰和比利时所感到关切的程度是一样的。"[②] 在这些人的影响下，英国政府原则上同意了将与委内瑞拉的争端交付仲裁。通过仲裁，委内瑞拉对领土的要求基本得到满足。这场危机以美国的外交胜利而告终。它不仅缓解了美英矛盾，而且事实上确立了美国在美洲的优势地位。"世界舆论认为，从那以后，英国'狮子'就把在美洲的首席地位让给了美国'老鹰'。"[③] 正如智利驻美国的公使在委内瑞拉危机期间所做的

① United States Department of States：*Foreign Relations of United States*，Washington：Government Printing Office，（hereafter abbreviated as *FRUS*），1895，p. 558.

② 比米斯：《美国外交史》（第二分册），商务印书馆，1987年版，第225—226页。

③ 博埃斯内尔：《拉丁美洲国际关系简史》，商务印书馆，1990年版，第155页。

评论：如果美国从英国手中得分，“美国将会成功地建立一个包括整个拉美在内的保护领地。”这种不满与认可交织的情绪表明拉美国家对美国心存敬畏：美国虽搞强权，但它保持了美洲国家的独立。

从建国伊始到19世纪末，美国外交的重点是在拉丁美洲。起初，由于周边都是欧洲列强的殖民地，美国不得不在大国之间周旋，利用它们的矛盾，为自己的领土扩张创造条件。当美国疆域基本成形之后，美国就试图把欧洲列强的势力从美洲挤出去，并争取和新独立的拉美国家建立友好关系，同时在美洲扩大自己的商业利益。在这个殖民主义时代，美国的扩张方法与其他列强不同。它强占墨西哥的土地，但给予一定的经济补偿；它提出门罗主义原则来增进自己的利益，但它同时积极确定和维护地区的共同利益，排除域外势力的干涉；它在周边使用过或威胁使用武力，但后来开始尝试区域机制的建设。凭借这些新办法，美国首先是取得了横跨两洋的疆域。其次，到19世纪末它不仅创造了比较安全的周边环境，而且树立了在拉丁美洲的主导地位。

二、大棒政策与金元外交

到1900年，在各大国工业总潜力以及世界制造业所占比例中，美国已经超越英国，成为世界第一。通过推行门罗主义政策和扩大在拉丁美洲的经济势力，美国已经在西半球建立了霸权地位。在拉美地区事务中，美国开始发挥核心与主导作用。1898年的美西战争不仅是美洲也是全世界的一个重要事件。美国找借口发动对老牌帝国主义国家西班牙的战争，把西班牙赶出古巴和菲律宾。这起战争标志着美国已成为一个主要强国。此后，美国越来越关注在世界其他地区的利益，处理其他强国针对美国崛起而提出的挑战。而拉美地区作为美国的“后院”，美国政府不再把它当做外交的重点，但却是需要加以巩固和稳定的地区。

世纪之初，西奥多·罗斯福担任美国总统时期正是美国在经济、军事上迅速发展的时期：一方面，美国的经济基础不断巩固，贸易额迅速增长；另一方面，美西战争之后，美国继续发展军事力量，尤其是海军力量。西奥多·罗斯福总统曾经组建了“大白舰队”周游世界，以宣示美国的战力以及美国的崛起。国家的强势，领导人也变得财大气粗，特别是在其势力范围内。1900 年先任副总统，一年后任总统的西奥多·罗斯福在 1900 年的一次讲演中说：“我一直非常喜欢一句西非的谚语：说话温柔，大棒在手，注定成功。”他还说：“如果美国愿意说话客气点，而且建立并维持一支训练有素且效能完备的海军，那么门罗主义原则就可以大行其道。”① 后人便把他对拉丁美洲的强势外交政策形容成“大棒政策”。他曾对自己的政策做出这样的理论性解释。1901 年 12 月 3 日，西奥多·罗斯福在其第一份国情咨文中声称：尽管美国是美洲国家独立的保护者，但如果其中任何国家“举止不当”，美洲之外的国家可以予以惩罚，但“不得采取占领其领土的方式”。② 1904 年 12 月，他在国情咨文更明确地指出：“导致文明社会纽带全面松弛的长期为非作歹或懦弱无能，在美洲如同在其他地方一样，会需要某一文明国家进行干涉。如果美国在西半球遇到这种为非作歹或懦弱无能的罪恶昭彰的情况，为了恪守门罗主义，也不得不行使国际警察的权力，尽管它并不愿意这样做。”③ 西奥多·罗斯福把门罗主义加以引申，从“不允许欧洲国家进行干涉”变为“可以由美国进行干涉”。这个作法后来被称之为“罗斯福推论”。这一论点既为美国在

① Thomas A. Bailey, *A Diplomatic History of the American People*, N. Y.: Meredith Corporation, 1969, p. 499；孔华润：《剑桥美国对外关系史》（上），新华出版社，2004 年版，第 472 页。

② *FRUS*, 1901, pp. xxxvi – vii.

③ 李庆余、任李明、戴红霞：《美国外交传统及其缔造者》，商务印书馆，2010 年版，第 131—132 页。

拉美地区实施“大棒政策”提供了理论支持，同时也公然表明美国有了充当西半球警察的强烈意愿。

西奥多·罗斯福的思想突出表现在处理古巴和巴拿马运河问题上。古巴独立后由于《普拉特修正案》的规定，这个国家实际上是美国的半保护国。古巴局势长期不稳。1906 年 9 月，西奥多·罗斯福写道：“这会儿那个令人可憎的小小共和国让我气不打一处来，我恨不得把古巴人从地球上抹掉。……他们搞什么毫无正义可言、也没任何意义的革命，把事情搞得一团糟，我们不得不进行干涉。”晚些时候，美国军队以维护秩序为名开进古巴，在那里一直待到 1909 年。一家纽约杂志称：“需要就是干涉的理由。”甚至不少人议论把古巴完全吞并掉。①

巴拿马运河却是美国一个实实在在关心的事情。美国早在 19 世纪中叶就打算在美洲建立一条连通太平洋和大西洋的运河。它曾考虑在墨西哥、哥伦比亚和尼加拉瓜择地开掘。英国后来也开始关注这个问题。1850 年时，美国同英国签约，决定由两国共同开发。但美国人一直想独占运河的控制权。1869 年，美国一家公司甚至与哥伦比亚的巴拿马省签订了美国独自修建运河的建筑权。因此，哥伦比亚政府担心美国独霸运河区。1879 年，哥伦比亚政府同意由法国一家公司来开凿。然而，由于工程难度大，运河工程迟迟未能完工。到 19 世纪末，美国越来越需要一条便捷的连接两洋的运河，以方便东西两岸的轮船运输和海军部署。哈里森总统就曾讲：“巴拿马运河如今已是关涉美国商业发展与进步的最为重要的东西。”② 美西战争之后，美国利用英国深陷布尔战争、需要外交支持的机会，同英国谈判新的条约。1900 年 2 月，国务卿海约翰与英国驻美大使庞斯福特签订《海约翰—庞斯福特条约》，以取代 1850 年的条约。新条约确立了美国主持开凿巴拿马运河并享有制定运河管理规定的

---

① Thomas A. Bailey, *A Diplomatic History of the American People*, N.Y.: Meredith Corporation, 1969, pp. 500 - 501.

② 孔华润：《剑桥美国对外关系史》（上），新华出版社，2004 年版，第 345 页。

特权，英国只保有运河通航的自由权。然而，美国国会对此仍不满足。在美方的坚持下，美英终于在1901年11月签订第二个《海约翰—庞斯福特条约》，英国允许美国有运河的防卫权。随后，美国人又对法国公司施加压力。1902年1月4日，法国公司电告美国政府，愿以4000万美元的价格转让其财产和租让权，1月28日，美国国会授权西奥多·罗斯福总统完成对法国运河公司的收购。但转让还须得到哥伦比亚政府的同意才能生效，而哥伦比亚政府要求：只要美国付给法国的4000万美元中有一半属于哥伦比亚，可与美国进行谈判。哥伦比亚政府的方案是：将宽度为6英里的运河区划归美国，租借期为99年，期满后运河由哥伦比亚收回，不得续租，运河治安由哥国军警负责，租金也需相应提高。这个方案遭到美国的坚决反对，西奥多·罗斯福闻讯后大怒。6月，美国国会通过用4000万美元换取法国公司财产的议案，并威胁哥伦比亚如果不同意，美方将单方面进行施工。此时，由于巴拿马出现争取独立的运动，哥伦比亚政府希望美国帮助平叛，在谈判中降低要求，并于1903年1月与美方达成条约。然而，这个条约遭到哥伦比亚公众的强烈反对。

在这种情况下，美国的利益不是制止巴拿马人发动暴动，而是支持其摆脱哥伦比亚的统治而独立。实际上，这一意图在西奥多·罗斯福总统脑海中早已有之。1903年10月10日，西奥多·罗斯福在致友人艾尔伯特·肖的信中表示，“私下里，我毫不约束地告诉你，如果巴拿马能够成为一个独立之邦，或者如果此刻它自己能够使之成为一个独立之邦，我将十分高兴。”① 在鼓动巴拿马人发动叛乱的同时，为了确保美国对巴拿马地峡的控制权，1903年11月2日，美国军舰“纳什维尔号”抵达巴拿马的科隆，并随即收到了美国政府的训令：“阻止任何怀有敌意的武装力量登陆，不论是政府

---

① Scott Nearing and Joseph Freeman, *Dollar Diplomacy: A Study in American Imperialism*, N. Y.: B. W. Huebsch and the Viking Press, 1925, p. 82.

的，还是叛乱者的。”与此同时，其他三艘战舰也收到了内容相似的指令：“保持运输线的自由与不受干扰。如果受到武力的滋扰，占领铁路沿线。阻止任何怀有敌意的武装力量在巴拿马50英里以内的任何地点登陆，不管是政府军还是叛乱分子。”[①] 通过上述军事部署，在巴拿马叛乱发动之前，美国已经完全阻止了哥伦比亚政府军在巴拿马地峡实施登陆的可能性，这事实上是对叛乱者的支持。3日，就在叛乱发生之前，美国代理国务卿卢米斯向美国驻巴拿马城领事馆发出指示：“报告巴拿马起义情况。保持国务院迅速、全面的知晓。”但是，国务院收到的答复中显示：“起义尚未发动，据报将在晚上（举行）。局势危急”。当晚9点50分，美国国务院终于收到了来自巴拿马领事馆的电报，称“起义今晚已爆发……没有流血……今晚将组建政府。”随后，卢米斯再次发出电令，指示在巴拿马和科隆的领事馆“迅速行动”，向“纳什维尔号”上的军官传达命令：“为了和平的利益，竭尽全力阻止哥伦比亚政府军从科隆向巴拿马城推进。巴拿马地峡的运输线必须保持开放，并维持秩序。”[②] 三天之后，美国政府便承认了巴拿马政府，美国海军驻守在巴拿马城。哥伦比亚政府闻讯后向美国政府试探若其派兵镇压起义，美国是否会干涉。美国政府明确地表示，不要让哥伦比亚军队在地峡登陆，那样会引起内战，并且破坏美国在巴拿马自由过境的权利。随后，美国在11月18日与巴拿马共和国签订了条约，主要内容是：（1）美国从巴拿马共和国“长期租借”宽10英里的运河区，美国在此区域内享有“就像它是该地区的主权国”一样的广泛权利；（2）美国付给巴拿马政府1000万美元，并在此后9年中每年支付25万美元年金；（3）美国保证巴拿马共和国的“独立”与“安全”。根据美国《舆论》杂志的调查，美国政府的这种强权作法

① *FRUS*, 1903, p. 247.

② Ibid., p. 231.

也得到多数人的支持，因为大家都认为美国非常需要这条运河。[①] 订立该条约之后，美国于 1904 年开始兴建运河，并于 1914 年 8 月 15 日正式交付使用。

这个时期，美国还频繁地对其他拉丁美洲国家的事务进行干预。1902 年英、德以武力向委内瑞拉索取债务，并事先通知了美国。12 月 7 日，英、德向委内瑞拉发出最后通牒，并于翌日断绝外交关系。此后它们封锁并炮击了委内瑞拉主要港口和船只，意大利也参与到这次联合封锁行动中来。这种行为遭到了一些拉美国家的反对，阿根廷外长路易斯·M. 德拉哥提出抗议，指出任何国家不得借口追索欠债对债务国进行武装干涉。与此同时，美国舆论也对欧洲列强的作法极为不满，媒体称德军炮轰委内瑞拉港口是“野蛮的”，是“胡作非为不计后果的行动”。美国政府对于英、德等国的行为颇为担忧，公开出面干涉，遂向英、德、意提出调停建议。结果，委内瑞拉先退让了。1903 年，英德也停止了对委内瑞拉的封锁。双方同意把债务争端交海牙国际法庭处理。这次委内瑞拉危机令西奥多·罗斯福产生了由美国充任美洲警察的想法。西奥多·罗斯福谈到：“我经常想（美国）对南美和中美地区建立某种保护制度是唯一办法。”[②] 当多米尼加也发生无力清偿外国债务的情况时，美国人担心欧洲强国又要插手美洲事务，决定抢在欧洲国家逼债之前采取行动。西奥多·罗斯福认为他有责任进行干预，迫使有关国家还债，而不要等到欧洲大国来逼债，比如多米尼加长期不还外债。1904 年底，美国把军舰派往多米尼加以显示力量，该国政府立刻请求美国帮助。双方进行谈判后于 1905 年初达成协议，规定多米

① Scott Nearing and Joseph Freeman, *Dollar Diplomacy: A Study in American Imperialism*, N. Y.: B. W. Huebsch and the Viking Press, 1925, pp. 83 – 84; Thomas A. Bailey, *A Diplomatic History of the American People*, N. Y.: Meredith Corporation, 1969, p. 495.

② Dexter Perkins, *A History of Monroe Doctrine*, Boston: Little, Brown and Company, 1963, pp. 232 – 234.

尼加海关收入的45%用于国家开支，而55%用于清偿外债。根据美国的要求，美国人控制了该国的海关，由美国人负责征收和分配多米尼加的关税。虽然美国国会没有立刻批准这个条约，但美国以行政协议的方式开始执行其内容。

继西奥多·罗斯福之后担任美国总统的塔夫脱提出了被称为"金元外交"的政策。1912年12月3日，他在任期最后一年的国情咨文中对这项政策作了如下解释："本政府的外交是用金元代替子弹为特征的。它借助于理想的人道主义情感、正确政策的引导和合法的商业目的。"[①] 顾名思义，"金元外交"是通过资本而非军舰来扩大美国国际影响力，增进美国的政治和经济利益。他的国务卿诺克斯曾担任卡内基集团的法律顾问，还当过美国司法部长，非常清楚美国的利益所在。塔夫脱讲："我的一切都是为了使贸易繁荣"，诺克斯也讲："今天的外交是为贸易效力的"。[②] 塔夫脱总统的"金元外交"主要是在拉丁美洲和中国推行。

在拉丁美洲，金元外交主要是利用经济手段，特别是投资，加强对一些拉美国家的控制，进一步切断欧洲国家与拉美的联系。[③] 美国一直在推进与拉美国家的贸易关系。美国政府甚至曾对一些拉丁美洲政府施压，要求它们购买美国私营公司生产的军舰。如美国向阿根廷出售了两艘军舰，为了技术保密还不许阿根廷转售。这种办法既可以帮助美国的军火工业，也可以提高拉美国家遵守门罗主义、拒绝欧洲干预的能力。塔夫脱总统时期，美国则更着重投资和金融手段。这与美国当时的经济形势是分不开的。在经历1907年经济危机之后，美国经济开始强势复苏，工农业生产迅速回升，这种涨势一直持续到1913年底。1909年，美国垄断资本的发展达到了

---

① Thomas A. Bailey, *A Diplomatic History of the American People*, N. Y.: Meredith Corporation, 1969, p. 529.

② 王玮、戴超武：《美国外交思想史》，人民出版社，2007年版，第236页。

③ "金元外交"一词在泛泛被使用时还有另外一个意思，即通过各种方式给别国金钱或物质以换取别国的承认和支持。但这完全不是美国外交史上的金元外交。

一个新的水平。当年，大公司占企业总数的1/4以上，产值占美国生产总值的79%，剩余资本大量出现。资本家希望将这些剩余资本投放到国外，以获取更大的利润。为了顺应这一需求，塔夫脱总统高度重视政府的经济功能，促进和保护美国的海外投资。当然，塔夫脱政府在推行金元外交的同时，并没有放弃“大棒政策”。可以说，“金元外交”与“大棒政策”配合使用，以金元外交为先导，以大棒政策为后盾是塔夫脱执政时期美国对拉美外交的主要特点。为加强在拉美的工作，美国国务院于1909年设立了拉丁美洲事务司。

美国政府不断地鼓动美国资本投向加勒比海地区。洪都拉斯是美国推行其金元外交的一个重要试验场。从历史渊源上来说，洪都拉斯长期以来一直是英国的债务国，到1909年其所欠债务达到了1.2亿美元，而洪都拉斯的全年财政收入仅有165万美元。在当时那个自由资本主义向垄断资本主义过渡的时期，这种债务人与债权人之间的关系被赋予了更多的政治意义。英国债券所有人试图利用这一机会，从洪都拉斯取得其主要铁路的控制权。国务卿诺克斯在得知这一消息后，立即安排摩根等几家大公司以控制洪都拉斯关税为条件，向其提供贷款，让其偿还英国债务。同时，美国公司大量在这个国家投资种植香蕉，也试图控制该国政府部门。1911年1月10日，美国政府同洪都拉斯签订条约，规定由美国人控制海关并负责偿还外国债务。尽管由于洪都拉斯人民的反对，该国国会不批准这个条约。但美国人后来还是通过香蕉种植逐渐控制了这个国家的经济。1910年，诺克斯国务卿还与几名纽约银行家会面，鼓动他们向海地国家银行等金融机构投资。他认为这样既有利于保护运河区，也有利于维持拉美地区稳定。

但典型的“金元外交”是与大棒结合的，如在尼加拉瓜问题上。当时的尼加拉瓜处于何塞·塞拉亚的强权统治之下，他一直试图建立一个统一的中美洲，但美国开凿巴拿马运河就对他形成威胁。于是，他与欧洲人和日本人商量是否在尼加拉瓜再修建一条运河，试图把美国的经济势力排除在外，而把特许权给予其他强国。他甚至通过战争占领了萨尔瓦多。美国利益在这个国家受到排斥，这引起美国政府的强烈不满。美国曾鼓动萨尔瓦多革命团体反对尼加拉瓜，还要求哥斯达黎加进攻这个国家。当1907年尼加拉瓜在与洪都拉斯的战争中取得上风时，美国就出面干涉制止战争。美国一直打算搞掉塞拉亚政权。1909年秋，尼加拉瓜爆发了反对塞拉亚的革命，这为美国推翻该政权提供了可乘之机。这场革命得到一些美国公司的支持。美国国务院公开谴责塞拉亚政府是“尼加拉瓜历史上的污点”，称起义者代表着“尼加拉瓜大多数人民的理想和愿望”。美国派出了500人的海军陆战队，名义是保护美国人，实际上是支持起义者。塞拉亚政府为了鼓舞士气，杀害了两名美国雇佣军。美国政府以此为名，于1909年12月1日同塞拉亚政府断绝外交关系，并派出舰队。在美国的大力支持下，起义者取得了重大胜利，塞拉亚于12月被迫辞职，尼加拉瓜成立了以阿道夫·迪亚斯为首的新政府。塔夫脱政府起初并不承认新政府，而是要求新政府接受美国银行家的巨额贷款，以偿还英国的债务，但要以尼加拉瓜关税作抵押，同时允许美国在尼加拉瓜建立银行和铁路。尼加拉瓜多数人反对这个要求，于是诺克斯提议要长期在这个国家派驻军舰，“至少到他们接受贷款”。[①] 很快，1艘美国军舰开到这个国家。1911年6月，美国同尼加拉瓜签订的条约规定，由两家纽约金融公司为尼加拉瓜偿清外债，而尼加拉瓜的海关由美国人代管，美国驻尼加拉瓜的经济顾问有权决定尼加拉瓜政府的对外借款。美国随之承认新政府。为了进一步实践“金元外交”，美国政府鼓励纽约的银行家预付给尼加拉瓜1500万美元，以换取其国家铁路与国民银行的多数股份，从而实现对其主要经济部门的控制。美国人汉姆担任海关关长。1912年，尼加拉瓜国内又发生革命。美国派出2600名海军陆战队员去镇压起义，支持迪亚斯政府。作为报

① *FRUS*, 1911, pp. 661—662.

答，在1914年新的条约中尼加拉瓜允许美国自由选择新的运河路线，并在太平洋沿岸的丰塞卡湾建立美国海军基地和租用两个小岛99年。美国同意支付300万美元。为了维护其条约利益，美国自1912年到1933年一直在尼加拉瓜保留着驻军，虽然其间撤走了部分部队。

威尔逊政府时期，美国继续因循前规，在拉美地区通过大棒政策与金元外交的手段来扩展与维护美国的利益。其中，大棒政策体现得更为明显。与其前任有所不同的是，威尔逊政府是以“政治改革”作为其干涉别国的理由的。在威尔逊看来，这些国家政权的存在不符合美国的利益，因此要进行政治改革，而美国是推动这种改革的重要力量。

19世纪后期，美墨关系平稳。1911年，墨西哥总统波尔费里奥·迪亚斯被推翻，继任的马德罗总统迅速得到美国的承认。马德罗试图取消上层阶级的特权，遭到强烈的反对。美国为了保护这个政权，甚至允许这个政府从美国买武器，而不允许反对派购买。尽管如此，1913年2月，墨西哥军队首领韦尔塔发动政变，枪杀马德罗总统，建立了军人政权。该政权得到英、德、法等国的承认，并试图接近欧洲国家，这令美国在墨西哥的石油利益有遭受重创的危险。那时，美国在墨西哥的投资利益巨大。1912年，墨西哥78%的矿井、72%的冶金业、58%的石油开采业、68%的橡胶业均被美国资本所垄断。1912—1913年间，墨西哥进口的51%来自美国，出口的77%运往美国。[①] 因此，美国的投资者呼吁政府对新政府予以事实上的承认。但美国政府没有这么做。1913年3月11日，刚刚上任的威尔逊总统发表声明，指出“我们对于那些寻求掌握政府权力以增进自己个人利益或野心的人不予同情。我们是和平之友，但我们知道，在这种情境下不可能有持久或稳定的和平。”为此，威尔

① 杨生茂：《美国外交政策史：1775—1989》，人民出版社，1991年版，第271页。

逊政府拒绝承认韦尔塔政权，并声称要“教会南美国家如何选举好人”。[①] 1913 年 3 月，一位名叫卡兰萨的州长领导了反对现政权的“立宪主义”运动。这给了美国进行干涉的机会。6 月，美国政府向韦尔塔政府提交了一份“建立与帮助”计划。其内容是两派停止战争，“早日进行自由选举”，要求韦尔塔放弃总统竞选，美国承诺帮助建立新政府。这个计划遭到韦尔塔政府的反对。秋天，英国新任公使卡登到达墨西哥城。他是考德雷勋爵的密友，而后者在墨西哥有重大石油利益，因墨西哥几乎是英国皇家海军的唯一石油来源。美方担心韦尔塔政府受英国控制，在巨大的经济利益驱使下，威尔逊政府打算对墨西哥采取更为激进、更为强硬的政策，其目标是将韦尔塔政权推翻。1913 年 11 月 7 日，国务卿布里安在一封给美国外交官的电报中表示：“虽然总统觉得尚不能详细宣布其墨西哥政策……让韦尔塔从墨西哥政府中退出是他的直接责任。美国政府现在必须采取可能的必要手段确保这种结果。”[②] 威尔逊政府所采取的主要手段包括两个方面：（1）军事施压。这种军事进攻性政策主要通过两种方式来实现：其一，支持以卡兰萨为首的墨西哥立宪主义者的反叛活动。为此，美国政府本想直接军事支持卡兰萨建立一个新政府，但遭到对方的拒绝。卡兰萨只想购买军火。虽然美国政府不高兴，但在看到卡兰萨没有武器装备无法取得进展之后，解除了先前实行的武器禁运措施。同时，美国的石油集团还在财力上对卡兰萨给予支持；其二，直接出兵墨西哥。1914 年 4 月 20 日，威尔逊向国会请求出兵墨西哥。他声称要让韦尔塔“完全承认美国的权利和尊严”。21 日起，美国海军陆战队开始在韦拉克鲁什登陆。22 日，在大西洋舰队 5 艘战舰的支持下，3000 人登陆。美国军队迅速占领了当地海关、电报局、邮政局等重要设施。到月底，美国军队

---

① Scott Nearing and Joseph Freeman, *Dollar Diplomacy*: *A Study in American Imperialism*, N. Y. : B. W. Huebsch and the Viking Press, 1925, p. 93；贝瑟尔主编：《剑桥拉丁美洲史》（第四卷），社会科学文献出版社，1991 年版，第 108 页。

② *FRUS*, 1913, p. 856.

共6700人登陆。（2）外交手段。这主要是寻求英国在墨西哥问题上与美国合作，促使英国放弃对韦尔塔政权的支持。美国政府利用英国在巴拿马运河收费问题上有求于美国的机会，与英国进行了谈判。威尔逊总统表示，将尽力在巴拿马运河收费问题上满足英国的要求，而英国谈判代表威廉·泰瑞尔爵士则表示，英国政府将在墨西哥问题上与美国立场一致，赶走韦尔塔。[①] 面对多重压力，韦尔塔最终在1914年7月15日辞去了墨西哥总统职务。7月，卡兰萨在墨西哥建立新政权。

然而，美国的干预作法遭到了包括卡兰萨在内的墨西哥人的反对。卡兰萨认为，美国的这一作法损害了墨西哥的主权。他向美国密使表示，"没有一个外国会被允许干涉墨西哥的内部事务"。[②] 1914年底以后，墨西哥新政权又发生分裂。美国再次进行干预，要求两派接受调停解决分歧，并请其他拉美国家支持。但墨西哥两派对美国都不满。此时，第一次世界大战爆发。美国方面发现德国正鼓动墨西哥对美国开战，以减少美国反对德国无限制潜艇战的压力。在这种情况下，美国在1915年10月给予卡兰萨政府事实上的承认。然而，墨西哥反对派故意在美墨边界制造事端，造成两国的对立。1916年3月，美国潘兴将军率领征讨队进入墨西哥，随后大批军队集结墨西哥边境，对墨西哥形成高压之势。美军甚至与卡兰萨的军队发生冲突。由于美国介入第一次世界大战，美国最终不得不作出妥协，撤出征讨队，并于1917年1月正式承认卡兰萨政府。

加勒比海地区对于美国具有重要的经济和战略价值。从地缘经济上来说，该地区是重要的原材料来源地和制造业商品市场；从地

---

① Scott Nearing and Joseph Freeman, *Dollar Diplomacy: A Study in American Imperialism*, N. Y.: B. W. Huebsch and the Viking Press, 1925, p. 97.

② Richard Leopold, *The Growth of American Foreign Policy*, N. Y.: Alfred A. Knopf, Inc. 1962, p. 266; Scott Nearing and Joseph Freeman, *Dollar Diplomacy: A Study in American Imperialism*, N. Y.: B. W. Huebsch and the Viking Press, 1925, p. 108.

缘政治上来说，加勒比海地区与美国近在咫尺，尤其是在1914年巴拿马运河正式开通后，加勒比海地区的经济和战略地位更为重要。不过，该地区的形势对美国并非完全有利，这主要体现在经济控制方面。虽然英国在20世纪初已从美洲撤退，但当威尔逊执政之时，英国在该地区的投资仍超过美国。1913年，英国在该地区的投资为11.48亿美元，比美国多790万美元。为此，威尔逊政府采取强硬的“大棒政策”，试图控制这一区域的经济大势。从1914年到1915年，美国曾6次向海地提出由美国控制海关的要求，并利用海地内乱的机会出兵该国，以便操纵该国政治。1915年8月7日，美国占领军司令卡珀顿海军上将在致海军部长的电报中指出，海地国会议员一致认为，“海地必须并将乐意遵从美国所提出的任一条款”，包括在必要时美国有权干涉、控制海关等条款。他们同时坚持认为，“除了得到美国的保护，没有一个政府能够生存”。在获得这些承诺之后，卡珀顿向海军部长提议，“下个星期四……除非得到相反的指示，我将允许（海地）国会选出一个总统”。[①] 与此同时，美国国务卿罗伯特·兰辛电令美国驻海地公使，指示其转告海地总统候选人，美国期望能够控制海地的关税和财政金融。11月11日，新海地政府通过了与美国的新条约，主要内容有：海地总统应根据美国总统的提名，任命海地总税务司和政府金融顾问；总税务司所得税款分配，首先用于总税务司及其他工作人员的工资和津贴等，其次用于海地的外债偿付，再次是维持警察部队的开支，最后剩余钱款交给海地政府支配；未经美国同意，海地政府无权修改税率和举债；禁止海地政府以“出卖、租借或其他方式”转让其领土。条约有效期为10年，在此期间美国海军陆战队驻扎在海地。可见，海地事实上成为美国的附庸国。[②]

与此相似，美国在多米尼加也采取了军事占领的措施。早在

---

① *FRUS*, 1915, p. 431.

② Scott Nearing and Joseph Freeman, *Dollar Diplomacy: A Study in American Imperialism*, N. Y.: B. W. Huebsch and the Viking Press, 1925, pp. 143 - 144.

1912和1913年，因为多米尼加局势动荡，美国两度派海军陆战队进行干涉。国务卿布赖恩曾表示："本政府将使用每一个合法手段去帮助恢复秩序，防止再有起义发生。"① 美国要求其政府进行政治和经济的改革。1916年4月，多米尼加爆发反对希门尼斯统治的起义。5月，美国海军陆战队在多米尼加登陆。同年11月29日，美国开始对多米尼加实行军事管制，美国海军陆战队上尉纳普成为该国最高立法者、最高行政官和最高法官。

然而，威尔逊时期美国对拉美的政策还是出现了一点变化，毕竟威尔逊的对外政策被人视为理想主义的。为了维护和平，美国主张根据1899年和1907年两个《海牙和平解决国际争端公约》中所建立的调查与和解制度来解决国家间争端。1913年，国务卿布赖恩与萨尔瓦多签订了第一个和解条约。来年，美国与英国、法国和意大利等国分别签订29份和平解决争端的双边条约。这些条约规定，一切外交方法所不能解决的争端应提交一个常设的国际调查委员会，由委员会进行为期一年的调查并提出报告。在此期间，双方都不能诉诸战争。在调查完成后，双方有接受和拒绝调查结果的自由。也就到那时，双方才有进行战争的自由。1914年，美国与哥伦比亚签约表示：美国对于过去损害两国关系的任何事件"真诚地表示遗憾"，同意在巴拿马问题上付给哥伦比亚2500万美元以弥补其损失。然而，这个条约在美国国会受到阻挠，直到1921年才修改后通过。美国同意赔偿，但条约中没有认错的内容。②

美国政府在奉行"大棒政策"和"金元外交"的同时依然在积极推进区域机制的建设，寻求以和平方式解决国家间争端，以保持美洲地区的稳定。第二届泛美会议1901年10月在墨西哥城召开。这次会议重新组织了美洲共和国局，通过一项协议让那些未能参加1899年海牙会议的国家也能加入和平解决国际争端的海牙公约，通

① 李庆余：《美国外交史》，山东画报出版社，2008年版，第66页。

② 阿瑟·林克、威廉·卡顿：《1900年以来的美国史》（上），中国社会科学出版社，1983年版，第179—180页。

过一个条约，规定在一定条件下那些无法经过普通外交途径解决的某些损失可以诉诸仲裁。第三届会议1906年在里约举行。这次会议通过3项建议：一是建议各国政府派代表在下一次海牙会议上讨论一项强制性仲裁的条约；二是提请会议研究武力索取公共债务的问题；三是建立一个司法委员会研究国际法准则。这次会议还把美洲共和国局的工作从商业领域扩大到文化领域。由于当时除美国外的会员国虽然能在条约和协定上签字，但各国内部的批准周期很长，所以一些工作难有进展。于是1910年在布宜诺斯艾利斯召开的第四次会议上，各国代表主要讨论如何巩固和落实前面三次会议取得的各项成果。第五次会议预订于1914年在圣地亚哥召开，却由于第一次世界大战的爆发未能按时举行。美国政府不遗余力地把美洲国家共同关心的问题都拿到区域多边机构上来讨论并作出相应的决定，从而提高了它的威望，也体现了它的地区领导权。

美国还推动更多的国家参加国际会议以体现作为一个整体的美洲。1899年，只有美国和墨西哥参加了海牙和平会议。后来部分由于罗脱国务卿的努力，18个国家参加了1907年的海牙第二次和平会议。在威尔逊总统期间，美国人开始讨论如何把门罗主义从单边的美国政策变成西半球各国的共识。1914年，威尔逊与众议院制定了一份包含4条的泛美公约，规定保证各签字国的领土完整、友好处理悬而未决的边界问题、在某些争议情况下使用强制仲裁、尝试实行武器禁运等。世界大战的爆发中止了这项工作。美国政府不单是通过签订条约来体现它的理念，而且从世纪初就开始在实践中落实其理念。1906年7月，在墨西哥的协助下，萨尔瓦多、洪都拉斯和危地马拉三国在美国巡洋舰上达成停战协议。9月，三国达成《圣何西条约》，同意把它们的争端提交美墨解决。1907年11月，在美国华盛顿召开中美洲和平会议。这次会议的一个重要成果是建立中美洲法庭，解决经由普通外交途径无法解决的国际争端。第二个成果是有关国家签订为期10年的和平友好条约。第三个成果是5个国家都保证不支持通过政变和革命推翻现政权的行为。

从 20 世纪初开始，西奥多·罗斯福及其后续美国政府具体从四个方面加强对西半球地区的控制：（1）军事干涉：从 1898 年至 1932 年，美国对 9 个加勒比国家进行了总数约为 34 次的军事干涉（包括西印度群岛、古巴、墨西哥等国）。绝大部分发生在 20 世纪头 20 年。（2）政治控制：在美国政府的长期操控下，多米尼加、古巴、尼加拉瓜和巴拿马政府几乎成了美国的保护国。美国对洪都拉斯、墨西哥、危地马拉、哥斯达黎加和海地等国频繁进行政治干预。（3）经济渗透：美国在加勒比地区的经济利益重大，主要投资集中在农产品、矿藏开采、石油生产和政府债券。1914 年时，美国在世界各地投资总额为 35.138 亿美元。其中欧洲为 6.92 亿，远东为 2.46 亿，其余的基本上在美洲。美国在加拿大的投资为 8.672 亿，在墨西哥为 8.54 亿，在古巴为 2 亿，在加勒比其他各岛为 1.36 亿，在中美洲为 0.93 亿，在南美洲为 3.66 亿。[①]（4）区域机制建设：美国重视多边外交，不断地推进美洲国家组织的建设，设法维护地区稳定，以保护和发展美国的商业利益。

三、睦邻政策的实施与关系的改善

20 世纪前 20 年，美国通过大棒政策与金元外交等手段，进一步扩大了在拉丁美洲的经济利益和政治影响力。到 20 年代后期，美国人成为这个地区最大的投资者。美国的直接投资到 1929 年增加到 35.2 亿美元，相当于美国在海外投资的 1/3。投资领域主要在电力、铁路、橡胶、石油等方面。如美国控制古巴糖业生产的 1/3，美国公司生产了委内瑞拉石油的一半。美国对这些国家的贸易额也迅速增加。1929 年时，美国对拉丁美洲的出口达到 10 亿美元，是 1914

---

① 阿瑟·林克、威廉·卡顿：《1900 年以来的美国史》（上），中国社会科学出版社，1983 年版，第 43—44 页。

年的3倍。这些美国公司不仅从拉美国家获得大量的经济收益，而且对它们有很大的政治影响，甚至能够策划政变。[①]

然而，美国在取得在拉美地区主导地位的同时，由于其所采取了强力政策，也伤害了美国与拉美国家的关系。1923年春在圣地亚哥举行的第五届泛美会议上，美国代表休斯称美国不会放弃干涉的权力，引起拉美各国普遍不满。美国国内也出现不同的呼声。美国国会一方面考虑到大规模的海外军事干涉行动耗资巨大，这会成为美国经济的重大负担，另一方面国会担心总统在对外干涉中过度扩大职权，从而弱化美国的制衡机制。美国的工商业利益集团则感到，美国与拉美国家关系的恶化无助于商业利益的实现，而这种关系的恶化与美国大量的军事干涉是分不开的。正是在这样的历史背景下，美国政府开始重新审视、评估、调整其在拉美地区的政策。

首先，美国逐步从加勒比海和中美洲撤军。1920年总统大选时，美国的拉美政策成为两党候选人争执的一个关键议题。民主党副总统候选人富兰克林·罗斯福声称，如果美国加入国际联盟，那么美国可以控制12张拉美国家的投票权。与此相反，共和党则许诺，不干涉加勒比各国的事务，如果当选将从加勒比海地区撤军。[②]事实上，当1921年哈丁总统执政时，美国与一些拉美国家的关系已经相当紧张。那时，美国海军陆战队占领着多米尼加、海地、尼加拉瓜三个国家。美国的国内进步运动派要求哈丁政府履行从多米尼加撤军的承诺。面对这种情势，哈丁政府反思了美国的拉美政策，认为美国在多米尼加利益有限，不值得为其耗费资财。为此，美国通过组织并监督该国大选的方式，扶植了一个亲美政权，并为其训练了一支国民警卫队。之后，美国在1924年完成了从多米尼加的撤军。不过，美国仍然控制着多米尼加海关，直到1941年。1924年，

① 李庆余：《美国外交史》，山东画报出版社，2008年版，第126—127页。

② 阿瑟·林克、威廉·卡顿：《1900年以来的美国史》（上），中国社会科学出版社，1983年版，第411页。

美国从尼加拉瓜撤军，但 1926 年尼加拉瓜发生内战，美国军队以保护美国人生命财产安全的名义又开了进去。然而，这一次出兵在美国国会遭遇到强烈的谴责，因为国会并没有宣战。甚至有民主党议员提问：在门罗主义的名义下犯了多少罪行？柯立芝总统不得不在 1927 年表示，“美国没有对尼加拉瓜开战，至多不过是马路上的警察对路人动粗”。[①] 美国政府派人居中调停，监督了 1928 年该国的大选，同时获准在尼加拉瓜驻军至 1934 年。在此期间，美国为其训练一支国民警卫队。1936 年，美国培养和扶植的尼加拉瓜军队首脑索摩查控制了这个国家。1922 年，美国政府计划让海地自治，曾派人去与当地领袖人物进行合作。但美国在海地碰到麻烦：经济困难和社会动荡，不得不推迟撤军的日期。1930 年，美国政府派人前往调查。调查报告指出，美国人对海地问题缺乏了解，建议培养更多当地人来管理这个国家，美国军队尽早撤出。这个主张得到胡佛总统的支持。1934 年，美国也从海地撤军。这样，美国对该地区的军事占领告一段落。

其次，美国改善与墨西哥的关系。1917 年 2 月 5 日，在美国从墨西哥撤出了全部军队之后，墨西哥颁布了一部新宪法。该宪法第 27 条规定，所有自然资源均属墨西哥国家所有。显然，这一条款对于美国在墨西哥的利益构成了威胁。此外，墨西哥政府还对美国相关公司课以重税，再一次触动了美国人的利益。1920 年，墨西哥发生了阿尔瓦罗·奥布雷贡等军人的政变，推翻了卡兰萨政府。新政权于 1923 年 8 月与美国政府达成了《布卡雷利协议》，墨西哥承认 1917 年宪法通过以前美国人在墨西哥所拥有的土地、矿山和油田的所有权。然而，1924 年执政的普卢塔科·卡列斯一改前任政府的政策，继续推行卡兰萨政府的改革事业，并猛烈抨击《布卡雷利协议》。墨西哥国会通过法律，拒绝承认外国公司和个人在墨西哥的

① Thomas A. Bailey, *A Diplomatic History of the American People*, N. Y.: Meredith Corporation, 1969, p. 678.

土地所有权，并规定现有的所有权必须转换为最高期限不超过50年的租借权。为此，美国商业公司呼吁政府采取措施，保护它们在墨西哥的既有利益。美国石油公司甚至到处散发传单，要求武装干预以保护其利益，甚至连国务卿凯洛格都激烈攻击墨西哥。因而，两国关系非常紧张。多亏柯立芝总统指出："如果我们不顾我们的态度，同一个远非我们对手的邻国打仗，必定遭到世界的严厉谴责。……如果找到另外一种处理这种局势的办法，你们不认为对我们更有利吗?"他派自己的老同学、银行家莫罗担任驻墨西哥大使。莫罗不像职业外交官那样办事僵硬。他行前就表示："我知道我能为墨西哥人做什么。我喜欢他们。"① 为了改善气氛，他在1927年晚些时候邀请首位进行单人不着陆的跨大西洋飞行的美国飞行员直飞墨西哥城。这场活动引起当地轰动。在缓和的氛围下，莫罗开始他的外交工作。他多次拜会卡列斯总统，同他建立了个人友谊。他说服卡列斯减缓实施收回土地所有权的工作。在卡列斯的影响下，墨西哥最高法院同意外国公司能够继续持有它们在1917年前获得的土地所有权，并长期租用1917年后取得的土地。美墨关系总算得到改善。

再次，重新解释门罗主义，以改善美国在拉美的形象。门罗主义的内涵并不是一成不变的，而是处于不断变化之中的。"罗斯福推论"提出以后，门罗主义实际上已经成为美国公开干涉拉美国家内部事务的"合法性"依据，这当然引起了拉美国家的反感与强烈抵制。曾任洪都拉斯总统的博尼亚认为，凡提及门罗主义的言语，"在拉丁美洲各国都被看做是对它们的尊严和主权的侮辱，是对它们独立的威胁"。② 1923年，国务卿休斯在纪念门罗主义一百周年之

---

① 王晓德：《三十年代美国的拉美政策评析》，载《山西师大学报》（社会科学版），1990年第2期，第88页；Thomas A. Bailey, *A Diplomatic History of the American People*, N. Y.: Meredith Corporation, 1969, p. 680。

② 王晓德：《三十年代美国的拉美政策评析》，载《山西师大学报》（社会科学版），1990年第2期，第88页。

时，曾向拉美各国重新阐明了门罗主义的含义。他强调，门罗主义是一项完全自卫的政策，不会侵犯任何美洲国家的独立，也不承认美国有随意干涉拉美事务的权力。休斯认为，美国的干涉权只是“非交战国”的干涉，即干涉仅限于“紧急状态”，不扩大为“长期的控制”。这种姿态显示了美国意识到门罗主义遭到过度解释所带来的负面效应。不过，拉美国家还是认为美国不应当拥有任何干涉权力。1928年初，在哈瓦那召开的第六届泛美会议上，拉美各国反对一贯由美国代表设定会议议程的惯例。萨尔瓦多代表提出了一项议案，反对任何一个国家有权干涉另一个国家的内部事务。该提案得到了阿根廷和墨西哥代表的支持。尽管美国方面努力缓解各国的反美情绪，没有让这份方案通过，但美国政府意识到有必要全面检讨其拉美政策。1928年底，胡佛当选美国总统之后曾对半数以上的拉美国家进行友好访问。他不断地讲要作“好邻居”，一再声明美国决不会使用干涉手段“保护”美国在国外的财产权。胡佛在总统就职仪式上讲：“我们不想领土扩张，也不想在经济上或其他方面控制其他人民。”他在第一份国情咨文中就驻扎在海地和尼加拉瓜的海军陆战队指出：“我们不希望以这种方式来派出驻外代表。”①之后，胡佛开始倡导面向拉美的新政策，即当美国认为有必要对拉美国家进行干涉时，应取得其他西半球国家的同意。他的副国务卿克拉克曾在1929年细致调查并研究了单方面干涉的国际法基础和门罗主义的沿革。1930年3月，国务院公布了由他起草的长达236页的文件：《门罗主义备忘录》（或称克拉克备忘录）。该文件批评了美国对一些拉丁美洲国家的干预行动并不符合门罗主义的原意，门罗主义是针对欧洲国家，而非针对拉美国家，是用来“保护”拉美免遭欧洲列强侵略的；而且罗斯福推论既不是源于门罗主义，也不是它的一个组成部分。虽然这份文件并没有被

① Thomas A. Bailey, *A Diplomatic History of the American People*, N. Y.: Meredith Corporation, 1969, p. 681.

当做正式的官方文件，但它表明美国自西奥多·罗斯福时期开始的“西半球警察”角色开始发生转化。此时，美国和其他国家都遭受到经济大萧条的打击。一些拉美国家发生动乱，如墨西哥和巴西。在这两起事件中，美国政府只对叛军实行武器禁运，并没有采取过去常用的干预措施。当巴西革命者取得政权后，美国国务院迅速给予承认。

由胡佛总统开始的睦邻政策在他的继任者富兰克林·罗斯福手中被进一步明确。1933 年，富兰克林·罗斯福在总统就职演说中提出：“我将使这个国家奉行睦邻政策——决心尊重自己，从而也尊重邻国的权利；珍重自己的义务，也珍视与所有邻国和全世界各国协议中所规定的神圣义务。”① 4 月 12 日，罗斯福利用“泛美日”的机会发表演讲，再次强调要在拉美地区实行“睦邻政策”。这一政策的核心是美国放弃对拉美国家进行武装干涉，而采取一种“不干预”和“中立”的态度，更加尊重各国的主权，并将维护和促进美洲国家间的平等与合作，消除贸易障碍，促进该地区的和平与繁荣。罗斯福采取睦邻政策除了因为拉丁美洲国家对美国的反感以外，还有当时的国际形势。20 世纪 30 年代初，由于美国实行高关税政策，美国与拉美贸易呈现下降趋势，从 1929 年的 20 多亿美元减到了 1932 年的 5 亿多美元。② 其结果不仅破坏了拉丁美洲的繁荣，造成大量的破产和坏账，而且也增加了美国的经济困难。同时，对美国反感的情绪给欧洲的法西斯主义思想传播到拉美提供了机遇。德国在拉美积极活动，不仅与阿根廷、巴西等国订立贸易协定，还帮助一些国家训练军队。这种趋势会对美国的国家安全造成不利的影响。赫尔国务卿指出：“西半球的危险是现实的与迫在眉睫的，它不只是限于军事侵犯的可能性。更严重的是宣传渗透、组织政

① 李庆余：《美国外交史》，山东画报出版社，2008 年版，第 128 页。

② 阿瑟·林克、威廉·卡顿：《1900 年以来的美国史》（中），中国社会科学出版社，1983 年版，第 127 页。

党、收买某些支持者而将别人列入黑名单等间接方式。”①

当时，美国面对的形势相当严峻。1933 年 12 月，在乌拉圭的蒙得维的亚召开第七届泛美会议。美国国务卿赫尔率团到达那里时，当地的报纸都在攻击美国，公告牌上贴着“打倒赫尔”的标语，所有拉美代表团也对美国人充满敌意。在这种情况下，赫尔主动地去拜访各国外交部长，特别是阿根廷部长拉马斯，因为他公开表示要把这次会议变成反美示威。赫尔在交谈中认真地告诉拉马斯，美国政府准备放弃任何它曾经主张过的干涉姐妹国家事务的权力。美国代表对其他国家代表也一再保证美国会奉行睦邻政策。在会议上，赫尔表示他支持签订一项条约，规定“任何国家都无权干涉他国的内外事务”。其他代表由怒转喜。由于赫尔的努力，会议的气氛发生根本性的变化。这次会议达成了有关各国权利义务公约。它规定承认事实上的政府、各国平等、互不干涉、各国有对待外侨的自主权、领土不可侵犯等等。这次大会还根据美方的建议，通过了促进美洲贸易的原则性决议案。上述公约在美国参议院批准时没有一票反对，只有一票持温和保留。显然，睦邻政策在美国政府内部得到共识。

美国政府实施“睦邻政策”后遭遇的第一个重大挑战是在古巴。从 1925 年起担任古巴总统的马查多实行独裁统治，再加上经济困难，这个国家从 1929 年起持续 4 年政治动荡。罗斯福上台前，有些人主张美国应对古巴局势进行调停或者干预，但美国政府没有采纳，因为它认为美国必须保护的只是在古巴的美国人和外国人，而当时只有古巴人遭受马查多政权的压迫，美国人的利益没有受到侵害，所以没有干预的理由。罗斯福入主白宫后，美国政府的态度发生了变化，因为罗斯福认为，若古巴局势失控，外国人生命和财产必然会受到威胁。美国派老练的外交官威尔斯出任驻古巴大使，去对各派进行调停。罗斯福同意威尔斯关于建立一个代表各派重要政

① 李庆余：《美国外交史》，山东画报出版社，2008 年版，第 133 页。

治势力的政府来代替马查多政权的提议。在美国的压力下，马查多在1933年8月12日辞职。在美国的帮助下，塞斯佩德斯成为临时总统。但这个政权仅仅20多天之后就被军人们推翻。政权落入以拉蒙·格劳·圣马丁为总统所组成的五人委员会的手中。圣马丁是一位社会主义者，讨厌美国。威尔斯要求美国实行武装干涉，罗斯福没有同意。但美国对该政权采取不承认的政策，同时以“护侨”为名派出二三十艘军舰到古巴周边施加压力，却一直没有登陆。为了取得拉丁美洲国家对美国行动的理解和支持，罗斯福接见了阿根廷、巴西、墨西哥的使节，在历史上第一次与拉丁美洲的外交官们讨论了美国对西半球政策。罗斯福对大使们说，他“绝对不愿意进行干涉”，并且正在“尽一切可能避免干涉”，但美国必须施加压力来平息古巴的动乱。[①] 1934年1月，卡洛斯·门迪埃塔·蒙特富尔取代圣马丁出任古巴总统，美国政府在几天内就给予正式承认。2月，美国政府与古巴新政权举行了贸易谈判；3月，罗斯福批准贷款400万美元帮助恢复古巴经济；5月，他签署了一项美古条约，废除了普拉特修正案，取消了美国对古巴的干涉权。当然，美国仍保留了在关塔那摩的海军基地。与此同时，美国还主动对古巴的食糖贸易减征关税，以维持古巴经济赖以存在的基础，5月关税减少25%，8月又减少40%。这样，在1935年，美国与古巴的贸易增加了近一倍。[②]

墨西哥是“睦邻政策”的另一个考验场，因为那里的政策出现了反复。1934—1935年间，墨西哥的拉萨罗·卡德拉斯政府进行了一系列改革，没收美国人的地产，限制国内天主教势力，关闭教会学校。对此，美国天主教会联合有关利益集团，要求美国干涉，遭到了罗斯福政府的抵制。然而，不久之后，罗斯福政府

① 王福春、张学斌：《西方外交思想史》，北京大学出版社，2005年版，第168页。

② 阿瑟·林克、威廉·卡顿：《1900年以来的美国史》（中），中国社会科学出版社，1983年版，第129页。

又受到了石油集团更大的压力。由于在墨西哥的美国石油公司公然对抗墨西哥最高法院关于劳资纠纷的终审裁决，卡德拉斯政府于 1938 年 3 月在“墨西哥是墨西哥人的”的口号下宣布石油国有化，没收价值 4 亿美元的美国和英国的石油资产。美国石油公司煽动对墨西哥进行武装干预。面对此种情形，美国国务院担心这种国有化政策会在拉美地区产生连锁效应，从而影响美国在哥伦比亚和委内瑞拉拥有的石油公司。因此，美国政府决定停止按月购买墨西哥白银的计划，从金融上对墨西哥施加压力。这一行动使得墨西哥的货币贬值了 28%，引起了墨西哥国内的通货膨胀。美国政府还要求美国公司不向墨西哥出售石油设备，航运公司不为墨西哥运送石油。为了与美国斗争，墨西哥采取了与德、意、日等国发展易货贸易，排挤美国商品作为反制手段。这样一来，美国银矿主和制造商对于石油集团和国务院的政策十分不满。罗斯福政府也认识到，因为石油集团利益而牺牲美国刚刚实施且初见成效的“睦邻政策”，并把墨西哥推到德、意、日经济体系中，对于美国总体利益来说，是不明智的。罗斯福坚持不干涉原则，国务院中止了制裁措施，并开始与墨西哥谈判。随着第二次世界大战进程的发展，美国更是认识到，保持一个稳定的、目标一致的西半球秩序是美国的关键利益所在。谈判是冗长的，美国方面耐心地坚持下来。1940 年 12 月，墨西哥新总统卡玛卓就职时，罗斯福派副总统华莱士作为代表前往祝贺，并特别叮嘱他必须去给 1847 年为抵抗美国入侵而牺牲的墨西哥军官学校的学生纪念碑献花圈。这个举措收到显著的成效。当华莱士出现在卡玛卓就职典礼上时，墨西哥政府官员和议员起立热烈鼓掌达数分钟之久。1941 年 7 月底，卡玛卓总统宣布，如果美国遭到攻击，墨西哥将站到美国一边参加战争。9 月 27 日，赫尔国务卿亲自邀请一批美国石油公司的代表进行座谈。他向来者介绍了国际形势后指出，由于轴心国加紧在拉美进行颠覆活动，美国必须同墨西哥在经济和防务上加强合作，因此需要尽早解决石油争端，希望这些公司不要阻挠。[①] 对于一个在美洲霸道惯了的政府，能做出这种姿态是十分不容易的。显然，美国领导人非常清楚他们的长远利益。11月19日，美墨双方终于达成协议，美国承认墨西哥拥有对本国资源的所有权，而墨西哥同意在今后14年中向美国公司和其他人支付赔偿（实际上，美国公司最终只拿到约4200万美元，不到其要求数额的1/6）；美国还同意增加购买墨西哥白银的数量，帮助稳定墨西哥比索与美元的汇率，并由进出口银行贷款3000万美元用于建造墨西哥境内的泛美公路。罗斯福在墨西哥问题上采取了克制的态度，并通过经济合作这一途径加深了两国之间的关系。他一方面改善了美国在拉美地区的国家形象，因为多数拉美人相信睦邻政策是无附带条件的；另一方面也为美国赢得了一个重要的盟友，特别是在第二次世界大战中。

美国“睦邻政策”还应用到其他国家身上。1934年6月，罗斯福跨过巴拿马运河访问了加勒比海地区国家。他是有史以来第一位这么做的美国总统。在海地，罗斯福决定提前结束美国对这个国家的占领，并提议就订立互惠贸易条约进行谈判；在哥伦比亚，他赞扬这个国家与秘鲁在解决莱蒂西亚问题上达成的解决办法“作出了无可估量的人道主义贡献”，宣布“将本着公平和正义精神……发展美洲国家商业、开发其资源”；在巴拿马，他答应“按照目前正在发扬的正义精神”解决美巴两国间包括1903年两国条约规定美国有干涉巴拿马权力在内的所有问题。在他访问之后，美国军队比原计划提前几个月撤出海地，同时美国政府答应于1936年终止使海地成为美国半保护国的1916年美海条约，并放弃对海地财政事务的控制。1936年，美国与巴拿马签订条约，终止1903年美巴条约中规定的美国干涉巴拿马事务的权力。1924年美国与多米尼加签订的条约本规定美国控制多米尼加海关至1945年，但1940年的一个新约废除了旧约。1941年美国提前结束了对其海关的控制。更普遍的

① 王绳祖：《国际关系史》（第六卷），世界知识出版社，1995年版，第447页。

睦邻政策体现在经济领域。1934年，美国政府通过了《互惠贸易协定法》。当年，美国与古巴签订第一个贸易协定。到1941年，美国与15个拉美国家签订了贸易互惠协定。阿根廷曾一度因为与美国的贸易纠纷而停止从美国进口。但面对法西斯分子的威胁，它还是在珍珠港事件前与美国达成了贸易协定。这些协定大大提升了美国在拉美地区的贸易和经济活动。美国还建立了复兴金融公司和进出口银行，开始了大规模外援计划。为了促进美国与拉美国家的贸易，从1934—1938年底，美国进出口银行借出6600万美元，大部分用于帮助稳定拉美货币和汇兑率。这种对外援助计划不仅包括经济上援助，还包括军事合作。例如，1938年上半年，美国在帮助巴西克服国内经济困难的同时，美国军方还与巴西达成协议，获取了在巴西东北部建立海、空军基地的权利。而作为交换，美国则向巴西军队提供技术援助和美国剩余武器。美国的睦邻政策取得成功。1936年8月14日，罗斯福在一次演讲中兴奋地回顾了他就职时所做的奉行睦邻政策的承诺和以后的成果。他说："我国南方的各个美洲国家一贯愿意在平等和互相尊重的基础上同合众国合作，但是，在我们执行睦邻政策之前，它们中有的还存在着憎恨和恐惧，因为华盛顿的某几届政府曾经藐视过它们的尊严和主权。为了奉行睦邻政策，并且汲取过去年轻时的许多经验教训，我们曾声明美国坚决反对武装干涉。我们已经谈判了一项体现了不干涉原则的泛美公约。……在整个南、北美洲，睦邻精神是一个行之有效的生动事实。21个美洲共和国不仅友好相处，而且决心团结起来，继续保持这种局面。"①

由于国际形势越来越紧张，美国国务院不得不对纳粹势力可能侵略西半球提出警告。在罗斯福的建议下，1936年12月，"美洲间维持和平会议"在布宜诺斯艾利斯成功地举行，罗斯福亲自率团参

① 王福春、张学斌：《西方外交思想史》，北京大学出版社，2005年版，第169页。

加。在本次会议上，各方同意在拉美地区出现战争或区域外战争威胁这个地区的和平时展开协商。当时，罗斯福对各国会议代表表示，那些试图进行侵略的外部国家（显然是指德国）“将会发现一个为着它们共同安全和共同利益而充分准备相互协商的西半球”。[①]赫尔认为这是把门罗主义变成了美洲的共同原则。这次会议发表了《美洲国家团结与合作原则宣言》。宣言保证：美洲各共和国都要和平解决一切纠纷，不准征服别国领土，不准用武力收缴债款，也不准一个国家干涉另一个国家的事务。1938 年第 8 届泛美会议在秘鲁首都利马举行，决定构建外长协商机制。当时，美国方面建议美洲各国结成准联盟以抵抗任何来自非美洲国家的侵略，虽然有些国家担心这样会对美国产生更大的依赖，但大家都注意到法西斯在欧洲的猖狂。会议通过利马宣言，美洲各共和国保证在反抗“任何可能威胁它们的外国干涉中”进行合作。1939 年 9 月 1 日，德国突然入侵波兰，第二次世界大战爆发。根据罗斯福的提议，首届“美洲共和国外长会议”于 9 月 21 日在巴拿马召开。与会各国发表了中立共同声明，通过了《巴拿马宣言》以表明维持西半球安全区的共同意愿，警告域外势力不可将战火引入该地区，并建立了美洲间财政与咨询委员会（inter – American Financial and Advisory Committee），研究战争所引发的共同问题和对策。会议还决定各国警察和司法部门进行合作，制止本国人或外国人从事有利于交战国的非法活动。1940 年 7 月，第 2 届外长会议在哈瓦那举行，与会各国代表同意在法国和荷兰等欧洲国家在西半球的殖民地面临纳粹德国占领风险的情况下，美洲共和国将共同管理这些殖民地。在紧急情况下，任何国家都可以单独地或与其他国家一道临时介入，然后再作集体评估。另外，会议还发表了军事联盟式的宣言《美洲国家防御合作互助宣言》，即“非美洲国家破坏任何美洲国家的领土完整、不可侵

① 孔华润：《剑桥美国对外关系史》（下），新华出版社，2004 年版，第 142 页。

犯性或独立的一切企图，均将被视为对签署本宣言的各国的侵略行动”。[①] 为此，会议决定成立一个委员会对付外来的颠覆活动。美国通过这样一系列会议，成功地建立起美洲的集体安全体制，不仅排除了法西斯势力向拉美地区的渗透，而且保证美国一旦介入战争，这些美洲国家会与美国保持一致。珍珠港事件之后，9 个拉美国家立即对轴心国宣战。1942 年 1 月，在里约热内卢召开的第 3 届外长会议一致同意，相互合作抵御轴心国。

罗斯福政府所实施的“睦邻政策”虽然在实施过程中遭遇了不少挑战，在具体事务上也有所保留，但是从总体上来说，美国政府秉持了该政策的核心主张，即尊重各国的独立地位，维持与促进美洲各国间的平等与合作。政策的调整带来了关系的改善，继而产生了经济利益与战略利益。在经济方面，双方的往来越来越密切。从拉美各国出口总额上看，1939 年美国占 34.9%，到 1944 年上升到 53.4%，达到 17.05 亿美元；从拉美进口总额来看，1939 年美国所占比例为 40.5%，到 1944 年上升到了 56.9%，达到 11.86 亿美元。美国与拉美国家经贸关系不断加深，再加上美国对拉美地区的援助（如经济援助、对外培训等等），对于拉美国家的经济发展也起到了积极作用。双方的合作越来越密切。1945 年 2 月，在墨西哥城召开的第 4 届美洲国家外长会议上通过了美国所提出的《美洲国家经济宪章》，其基本内容是减少妨碍国际贸易的壁垒，要公正地对待外国企业和外国资本，研究切实可行的国际准则，以保证各国经济健康发展。虽然美国与拉美国家间在一些问题上还有争议，但这个宪章已在向建立战后自由贸易体制迈进。

在战略利益上，美国成功凝聚了拉美的绝大多数国家，保持了这一地区的团结，使美国在第二次世界大战中在拉美拥有一个稳定的联盟。1942 年的第 3 届美洲国家外长会议上成立了“美洲国家防务委员会”。它的任务是就西半球的防务问题提出建议，并协调管

① 王绳祖：《国际关系史》（第六卷），世界知识出版社，1995 年版，第 440 页。

理美洲的战略物资生产，这为今后建立泛美联防体系打下了基础。这个体系终于在1945年的第4届美洲国家外长会议上建立起来。会议通过的《查普特佩克宣言》中指出：“任何一个国家对于一个美洲国家领土的完整或领土不可侵犯性，或者对于其主权或政治独立的任何攻击……都应被认为是对签署本议定书所有其他国家的侵略行为。在任何情况下，一国以武装部队侵入另一国的领土，侵犯条约规定并划定的边界，即构成一种侵略行为。”“一旦发生侵略行为或有理由相信任一其他国家正在准备侵犯一个美洲国家领土的完整或领土的不可侵犯性、主权或独立时，本议定书的各签字国将彼此协商以便就采取适当的措施取得一致意见。”“俾该项威胁行为得由该条约的全体或某些签字国，使用下列任何一种或一种以上的措施予以应付：召回外交代表团长、断绝外交关系；断绝领事关系；断绝邮政、电报、电话、无线电关系；中止经济、商业和财政关系；使用武装力量防止或抵抗侵略者。”① 为此，会议决定成立由美洲各国军事代表组成的常设泛美参谋部，这使得战时泛美防务委员会变成了一个常设机构，泛美战时同盟也因此变成了永久性地区军事联盟。毫无疑问，这一泛美联防体系的核心是美国。至此，美国完成了对拉美的经济、军事、政治等领域的全方位主导，而泛美联防体系为以后北大西洋公约组织提供了一个先例。

从上述历史回顾中可以看出，美国拉美政策的整个发展逻辑是这样的：首先，排除欧洲列强将西半球作为殖民对象的可能性，适时提出了“门罗宣言”，继而发展成为“门罗主义”，并将其作为美国拉美政策的起点与主线。其次，美国在“天定命运”思想的驱使以及经济发展的双重动力之下，对拉美地区进行了领土扩张，然而在扩张过程中，美国并没有采取传统的兼并政策，而是循序渐进地进行，在手段上除了运用军事外，还采取了所谓的“购买”政策。

① 王绳祖：《国际关系史》（第六卷），世界知识出版社，1995年版，第475—476页。

需要指出的是，美国在领土扩张的同时，也在加强区域机制建设，试图构筑其符合美国利益与价值观念的地区制度。再次，随着美国羽翼的丰满，美国加大了对拉美地区的控制，这种控制更多地表现为军事干预与经济渗透，其典型表现是“大棒政策”与“金元外交”。上述政策手段虽然扩大了美国在该地区的利益范围，但是却深度损害了美国与拉美地区国家的关系，不符合美国的根本利益。最后，美国表现出出色的政策纠错能力。美国领导人在对原有政策进行深刻反思的基础上，提出了“睦邻政策”，不但收起锋芒，而且勇于公开地承认过去的错误。美国政府在处理与拉美国家的外交关系中保持克制与尊重，虽然放弃了一些原有的权益，但构建了合作、团结的新型关系。这不仅为美国创造了稳定的周边环境，也为美国带来了长远的综合利益。简单地说，美国政府利用孤立主义的原则先从美洲排斥欧洲势力，进而把美洲变成自己稳定可靠的后院，最后抛开孤立主义，建立了一个以自己为核心的美洲联盟。美洲还成了美国尝试建立经济、政治和军事国际机制的试验场。美国从主导美洲开始走向主导世界。

第三章 对英国的政策——低成本的霸权更替

美国崛起时代的世界霸权国是英国。19 世纪后半期，大不列颠王国被视为日不落帝国，世界 1/5 的土地在英国的统治之下。按照以往的历史，新崛起的强国都会与原来的霸权国家发生战争。尽管美国从建国以后一直奉行孤立主义外交政策，与欧洲国家之间纷繁复杂的争斗拉开距离，但作为原来的宗主国和世界霸权国，英国一直是美国崛起过程中的首要外交关切。如何减少与英国的摩擦，尽可能低成本地取得英国对美国崛起的认可，并从英国手中取得对世界的领导权，是贯穿这一重要历史时期的美国对英政策的核心所在。

一、争取英国接受门罗主义

美国是从英国统治的北美殖民地独立出来的。1775 年的独立战争使美国成为世界上第一个摆脱殖民统治的国家。在 1812—1814 年的美英战争中，美国击败英国捍卫了自己的独立。从这段历史看，美英两国存在尖锐的矛盾，但由于美国政府此后奉行孤立主义政策，没有引起与英国进一步的冲突。美国在 19 世纪二三十年代开始奉行“门罗主义”政策，试图从拉丁美洲排除欧洲势力。英国虽然不满，但因暂时不涉及其根本利益，也就默认了。1861 年美国爆发内战。虽然英国政府立场中立，但整体上看是倾向于南方势力。为了避免英国的干预，美国政府在“特伦特号”商船事件中作了妥协。然而，林肯总统事后在谈到这起事件的处理时说：“这是一颗难以吞咽的苦药丸，但我感到宽慰的是，我相信英国在这件事上的胜利只是暂时的，等到我们胜利地结束这场战争之后，我们将会变得非常强大，以至我们能对英国使我们蒙受种种难堪和它算总账。”①

1865 年，美国联邦政府取得内战的胜利。美国国家的基础得到巩固。从此，美国在一系列问题上对英国发起了挑战。最初是战争赔偿问题。为了报复英国在美国内战期间的态度，1865 年，美国国会宣布废除实施了 11 年的《马西—埃尔金美加互惠条约》。当时，加拿大还是英国的殖民地。美国一些人试图在贸易上施压，迫使加拿大或独立或转向美国。1869 年 1 月 14 日，美国驻英公使雷弗迪·约翰逊同英国外交大臣克莱伦顿伯爵达成一份协定，试图解决英美之间存在的一些争议，但是由于该协定没有涉及英国在美国内战期间给美国带来的损失问题而被国会否决。参议院外交委员会主席查尔斯·萨姆纳指出，英国对南部叛乱的支持，使美国内战时间延长一倍，所以英国应该向美国割让加拿大以赔偿它给美国造成的巨大损失。当时还有一大批美国知名人士都有吞并加拿大的想法。②美英双方建立联合委员会在华盛顿共召开了 37 次会议。国务卿菲什向英国代表暗示只有割让加拿大方能解决两国间的冲突和争端，英国代表对此置之不理。鉴于英国的不妥协态度，美国只好将“亚巴拉马号”赔偿作为替代方案。1871 年 5 月 8 日，美国同英国签订了《华盛顿条约》。条约中，英国政府就“亚巴拉马号”问题向美国表示“遗憾”。双方同意将具体赔偿问题提交由美国、英国、意大利、

① 卡尔·桑德堡：《林肯传》，三联书店，1978 年版，第 213—214 页。

② Walter LaFeber, *The New Empire: An Interpretation of American Expansion, 1860 - 1898*, Ithaca: Cornell University Press, 1963, pp. 32 - 36.

瑞士、巴西五国代表组成的调停委员会裁决。1872 年 9 月 14 日，仲裁委员会宣布裁决结果：由于英国在美国内战期间没有严格履行中立义务，要对“亚拉巴马”号等舰只造成的损失向美国赔偿 1550 万美元。[①] 这是美国利用仲裁作为解决国际争端手段的开始。

其次是委内瑞拉危机。它起因于英属圭亚那和委内瑞拉间由来已久的边界领土争端。英属圭亚那是英国 19 世纪早期占有的南美殖民地。早在 1841 年，英国地理学家朔姆布尔克受政府委托曾单方面提出该殖民地与委内瑞拉的边界线，其中把对于委内瑞拉具有重要战略意义的奥里诺科河和相关金矿划归英属圭亚那。这一方案遭到委内瑞拉的断然拒绝。英国为了造成既成事实，还不断向有争议地区大量移民，建立定居点、农场以及警察机构，并开始采掘金矿。英国的强硬做法激怒了委内瑞拉，两国谈判没有结果。

1882 年，委内瑞拉公开要求美国仲裁，并于 1887 年宣布断绝同英国的外交关系。而美国把委内瑞拉与英属圭亚那边界争端看作它涉足拉丁美洲的大好机会，英、委两国断绝外交关系后，美国曾多次提出愿意协助双方解决争端，却一直遭到英国的拒绝。这引起美方的愤怒。众议员约瑟夫·惠勒指出：“如果英国控制了奥里诺科河，就掌握了南美洲 1/3 的贸易。”参议员亨利·洛奇认为这意味着加勒比海成为一个“英国湖”[②]。1894 年，美国前驻委内瑞拉大使、委内瑞拉驻华盛顿顾问和特别代表威廉·斯克鲁格斯出版题为《英国侵略委内瑞拉，或门罗主义经受考验》的小册子，大力宣传美国应该干预委内瑞拉危机，借以提高门罗主义的地位。1895 年 2 月，美国国会通过了要求调停委内瑞拉危机的决议。7 月，国务卿奥尔尼向英国递交了一份长达 12000 字的关于委内瑞拉问题的照会，声明“美国政府已向英国及全世界明白表示，委内瑞拉争端涉

① 杨生茂：《美国外交政策史：1775—1989》，人民出版社，1991 年版，第 174 页。

② Walter LaFeber, *The New Empire: An Interpretation of American Expansion, 1860 - 1898*, Ithaca: Cornell University Press, 1963, p. 281.

及到美国的荣誉和利益，因此美国对这一争端的长期悬而未决不能熟视无睹”。“如今，美国实际上已经统治着这块大陆，它的命令对于它所管辖范围之内的大陆臣民来说就是法律。”[①] 在照会中，奥尔尼强硬地要求英国接受美国的调停。

英国政府不认为这是大事，拖了 4 个多月后才在 11 月 26 日做出答复：英国拒不承认门罗主义是国际法；美国不得援引门罗主义来干涉英属圭亚那和委内瑞拉的冲突；英国否认委内瑞拉问题涉及到美国的利益。克利夫兰总统对英国的答复非常恼怒。他于 12 月 17 日向国会提交咨文，根据美国向拉美扩张的需要，对门罗宣言作了新的诠释。其中特别强调美洲国家“由于地理相邻，天然的同情感，类似的政治结构，在政治上和商业上都是美国的朋友和盟友”，任何欧洲国家对洲事务的干涉，“都将被看作是同美国利益的抗衡，必将引起美国的反对”。他要求国会授权总统任命一个调查委员会，独立调查委内瑞拉与英属圭亚那边界争端问题，并宣称当调查结果公布后，“美国的责任将是使用力所能及的一切办法……来抵抗英国对经我们调查判定应属于委内瑞拉的领土的侵占和政治管辖”。[②] 克利夫兰这一咨文无疑是对英国的最后通牒。美国国会两党议员一致支持政府的立场。众议院立即拨款 10 万美元作为调查委员会的经费。当时美国舆论都在讨论一场对英战争。西奥多·罗斯福喊道：“如果必要，让战争来吧。我不在乎我们的沿海城市是否会被炮轰，我们将夺取加拿大。”《纽约论坛报》编辑怀特劳·里德公开宣称：“这是我们的商人把我们的贸易扩大到中美洲、南美洲每一个角落的黄金机会。”根据《纽约世界报》的调查，当时至少有 26 个州长宣称他们无条件支持政府的这一强硬立场。英国驻美大使朱立安·庞塞福特写道：“在国会和公众之间，普遍的心态只能用一个词来

① *FRUS*, 1895, p. 558.

② Dexter Perkins, *A History of the Monroe Doctrine*, Boston: Little Brown, 1955, p. 175.

形容：歇斯底里。”[①]

面对美国的战争叫嚣，英国也在它的圭亚那殖民地进行战争准备。英国把2/3 的舰队集中到拉丁美洲，似乎战争已经迫在眉睫了。但是当时的国际形势对英国极为不利。俄国在东亚的扩张大大威胁到英国在亚洲的利益，德国全力争夺“阳光下的地盘”与海上的优势，也与英国形成了尖锐矛盾。在这个情况下，英国政府不愿冒险开罪美国。英国国内要求与美国和解的呼声也越来越高。几千人签名请愿，他们认为英美人属于同一种族，讲同一语言，信仰同一宗教，“应该把战争视为解决英美大家庭内部争端一个根本不可接受的方法”。英国殖民大臣约瑟夫·张伯伦说：“我们不贪图美洲的一英寸领土。两国之间发生战争不仅是一件荒唐的事情，而且是一种罪过。……两个国家是联结在一起的，而且在情感上和利益上比地面上任何其他国家都更紧密地联结在一起。”外交大臣索尔兹伯里也公开向美国伸出橄榄枝，他把英美可能发生的战争称作“兄弟之间的相互仇杀”，希望今后“米字旗与星条旗能够一起飘扬”。[②] 1896 年 1 月，英国内阁开会讨论委内瑞拉危机。结果，英方主张成立一个边界委员会或仲裁法庭来解决委英争端。

此时，美国内外形势也有了变化。内部由于美英关系紧张，华尔街股票大跌，美国教会普遍反对战争；外部由于古巴发生革命，美国利益受到威胁。美国政府改变了语气，接受了英国的提议。1897 年，美英政府达成一个协议，同意将来所有重大纠纷都提交仲裁。虽然美国参议院后来没有批准这个条约，但美国公众普遍支持

---

① Thomas G. Paterson, J. Garry Clifford and Kenneth J. Hagan, *American Foreign Policy: a History*, Lexington: D. C. Heath, 1988, Vol. 1, p. 192.

② David Dimbleby and David Reynoles, *An Ocean Apart*, N. Y.: Random House Inc., 1988, p. 34; Samuel Flagg Bemis, *A Diplomatic History of the United States*, N. Y.: Holt, Rinehart and Winston Inc., 1965, p. 421; Charles S. Campbell, *The Transformation of American Foreign Relations*, 1865 - 1900, N. Y.: Harper & Row, 1976, p. 213.

这种方法。两国关系逐渐缓和下来。1897 年 10 月，外交大臣索尔兹伯里致电美国表示，英国在古巴只有商业利益，赞成美国采取措施恢复那里的和平。1898 年美西战争时，欧洲国家中只有英国明显支持美国。它虽然宣布中立，但在 7 月 4 日时破天荒地在全国纪念美国独立。当美国吞并菲律宾和夏威夷时，英国表示认同。次年，英国与非洲布尔人发生战争。一部分美国公众支持布尔人，但美国政府不仅表示中立，而且向英军提供非武器类军用物资。国务卿海约翰表态说，美国的行动不会“有悖于他的信条：我们的外交政策必不可少的一个特征就是同英国的友好谅解”。[①] 其他欧洲国家和布尔人主张调解，美国政府基本默不作声。美英关系恢复正常。

1899 年 10 月 3 日，由两名英国调停者、两名美国调停者和一名俄国调停者组成的仲裁法庭就委内瑞拉边界做出判决。结果实际上是在“朔姆布尔克线”上进行调整，委内瑞拉只获得了它索要的很小的一部分土地，包括关键的奥里诺科河口。对于委内瑞拉来说，这个结局并不理想。但对美国来说，成果不在于边界如何划分，而在于英国终于接受了美国进行干预的权利，也就是门罗主义原则，事实上承认了美国在美洲的主导地位。1902 年担任英国首相的贝尔福指出：“据我所知，门罗主义在这个国家没有反对者。我们欢迎美国在大西半球发挥越来越大的影响。”[②]

再者是巴拿马运河的修建。美国对修建中美地峡运河蓄谋已久。美英两国曾于 1850 年签订《克莱顿—布尔沃条约》，规定两国共建并保证运河中立化。内战结束后，修建运河一事便纳入了美国政府的议事日程，国务卿西华德为此积极游说。英国于 1869 年开通了苏伊士运河，这使得美国建造中美地峡运河的决心更加坚定。1870 年，所有美国驻拉美领事和公使都按要求就美国在西半球的贸

① William Roscoe Thayer, *The Life and Letters of John Hay*, Boston: Houghton Mifflin Company, 1915, Vol. 2, p. 211.

② David Dimbleby and David Reynoles, *An Ocean Apart*, N. Y.: Random House Inc., 1988, p. 38.

易状况提交了详细的报告。这是美国政府首次对贸易问题进行的系统分析。其中最后一组报告强调了欧洲竞争者的各种优势。该报告指出，必须在巴拿马地峡拥有一条运河，这将有助于动摇英国在拉美太平洋沿岸地区的贸易统治地位。[①] 美国还是启动了夺取一条由自己单独控制的运河的努力。1879 年，当曾经负责营造苏伊士运河的费迪南·德·雷赛宣布他的法国公司将建造一条巴拿马运河时，美国总统海斯立即宣布："美国应该控制这条交通要道。"海斯还指出，不仅是门罗主义，"我们的繁荣与安全"也要求"我们必须信奉如下座右铭：要么有一条美国人的运河，要么根本没有运河"。[②] 1880 年，美国向尼加拉瓜和巴拿马海岸派出了两艘军舰，以彰显美国夺取运河修建权的决心。布赖恩国务卿于 1881 年照会英国，要求修改《克莱顿—布尔沃条约》。而他的继任者、国务卿弗里林海森决定干脆绕开英国，单独与尼加拉瓜交涉。美国于 1884 年直接与尼加拉瓜签署了赋予美国运河独占权的《弗里林海森—扎瓦拉条约》。该条约授予美国独立建造和控制中美地峡运河的权利，尼加拉瓜可从美国获得 400 万美元贷款和运河的 1/3 利润，并规定美国和尼加拉瓜缔结"永久同盟"，以确保尼加拉瓜领土的完整。但是 1885 年 1 月美国参议院以"永久同盟"不能接受为由，否决了该条约。但美国政府没有放弃这种努力。1891 年哈里森总统宣布："巴拿马运河如今已是直接关涉美国商业发展与进步的最为重要的东西。"1899 年 12 月，麦金莱总统向国会提交咨文称："由于夏威夷岛的并入，如此一条海上通道的建造对于我们在太平洋上影响的提升以及商业利益的扩展尤为重要。我们现在比以往任何时候都更应该加强东、西海岸的交通。……我毫不怀疑国会将充分意识到这些提议并

① 孔华润：《剑桥美国对外关系史》（上），新华出版社，2004 年版，第 343 页。

② Dexter Perkins, *A History of the Monroe Doctrine*, Boston: Little Brown, 1955, p. 163.

采取行动。”[①]

随后，美国利用英国人在布尔战争连遭败绩之机迫使英国人于1900年2月签署了《海约翰—庞塞富特条约》，授权美国独家开凿和管理一条连接大西洋和太平洋的运河，但是不得设防。而美国国内对“不得设防”这一款大为不满。1900年恰逢美国总统大选，民主党不失时机地在自己的竞选纲领里指责这个条约是对英国的投降。当时还是纽约州州长的西奥多·罗斯福在1900年2月18日致函海约翰说，该条约有两大失误：一是允许敌对国船只自由使用运河，危及美国的安全；二是违背了门罗主义。美方提出进行修正而遭到英方的拒绝。于是，美国参议院不批准这个条约。美国继续对英国施压，美国参议院甚至准备重新审议“赫伯恩议案”，即议员赫伯恩提出的美国自己迅速修建运河并施行武装防卫权利的要求。参议员约翰·摩根认为若赫伯恩法案通过，“将意味着美英关系即使不面临重大危机，至少也会非常紧张”。[②] 然而美英关系的恶化是英国最不愿意看到的。当时英国虽然走出了布尔战争的困境，但它在远东和欧洲等地同俄国和德国的矛盾越来越尖锐，英国不得不争取美洲大国美国的友谊。于是，美英重启运河条约的谈判，英国接受了美国的要求。1901年11月，经过修改的《海约翰—庞斯富特条约》在华盛顿签订，它赋予美国单独修建、修筑防御工事和管理权，但美国保证无论是和平时期或战时这条运河都对商船和军舰保持开放，而且各国船只都交纳一样的通行费。这个条约马上得到美国参议院的批准。从此，美国牢牢握住了在美洲的海上优势。

---

① 孔华润：《剑桥美国对外关系史》（上），新华出版社，2004年版，第345页；*FRUS*，1899，pp. 1001 - 1002。

② Charles Soutter Campbell，*Anglo - American Understanding*，1898 - 1903，Baltimore：Johns Hopkins Press，1957，pp. 220 - 221.

其四是划定美国阿拉斯加地区与加拿大的边界。阿拉斯加原来是俄国的，1825 年的英俄条约对边界划分不清。1898 年以前，英国一直承认俄国及其接替者美国在沿阿拉斯加的整个海岸拥有主权而没有提出任何异议，并承认美国法院对居住那里的英国人的审判权。但是在克朗代克地区发现金矿之后，情况发生了变化。加拿大在 1898 年 6 月提出将两国边界线划在阿拉斯加峡湾，以此将太平洋港和通往内地金矿的重要河道的控制权都留在北纬 54 度 40 分以北的加拿大领土以内。在此之前的英国地图上，都将这些水域标注为俄国或美国的领土。美国当然反对分割。1898 年 8 月至 1899 年 2 月 20 日，美英组成高级委员会划分美加边界。由于双方都不肯让步，谈判未取得任何成果。伴随着淘金者的大批涌入，美英关系不断恶化。1902 年，西奥多·罗斯福派遣 800 名陆军进驻该地区维持秩序。[①] 美英之间的战争似乎一触即发。

此时，英国正经受布尔战争中屡屡失利的困境。以俄国为首的欧洲大国试图建立反英联盟，而美国是唯一对英国持友好中立的大国。英国驻美大使庞斯福特鉴于南非的形势，力劝英国政府放弃在边界问题上的强硬立场。他对外交大臣兰斯多恩说："此刻看来美国是我们唯一的朋友，同它争吵是不幸的。"英国在美加边境的谈判中让步，双方同意再次使用仲裁方法。1903 年 1 月 24 日，海约翰和英国驻美大使迈克尔·霍伯特勋爵签订协议，规定仲裁法庭由美国为一方，英国和加拿大为另一方，双方各任命三名"公正的"法官组成。美国任命的三位法官是参议员亨利·卡伯特·洛奇、前参议员乔治·特纳和陆军部长伊莱休·罗脱。这三个人无论从哪方面讲都谈不上"公正"。加拿大总理打电报给英国政府，认为既然美国没有遵守协议中关于任命"公正"法官的规定，"整个局势需要重新考虑"。但是英国外交部不愿激怒美国政府，劝告加拿大接

① Stephen R. Rock, *Appeasement in International Politics*, Lexington: The University Press of Kentucky, 2000, p. 29.

受。英国甚至都不等加拿大回答，便于3月3日与美国交换协议批准书。为了准备充分，加拿大希望推迟几星期开庭，但遭到美方的拒绝，西奥多·罗斯福一再警告，如果仲裁法庭在11月前尚未裁决，“我将根据我们的理据划分边界”。在美国的压力下，英国再次不顾加拿大的要求，同意美国提早开庭日期。仲裁法庭于1903年9月3日至10月20日在伦敦开庭。其间美国国务卿海约翰威胁说："这是我们最后一次同意将该问题提交任何形式的法院。如果美国不能如愿以偿，西奥多·罗斯福总统将用武力占领争议地区。"[①] 英国首相贝尔福深知英美亲善对英国的重要性，于是努力说服英方委员、首席法官阿尔弗斯顿支持美国人，结果委员会以4票对2票正式做出了有利于美国的裁决。整个海岸沿线的狭长地带以及波特兰运河入口处的两个岛屿归美国所有，加拿大除了得到两个小岛外一无所获。1908年4月，美英签订《罗脱—布赖斯条约》，美加边界问题、捕鱼权问题最终解决。对英国来说，这起纠纷的解决稳定了与美国的关系。1905年，英国海军部长曾指出：“在英国，甚至在大英帝国范围内，没有人不认为与美国的战争会成为英国对外关系中最糟糕的事情。”[②] 对美国来说，美国终于稳定了周边环境，取得西半球的霸权地位。

20世纪初，美英之间还有一些小纠纷，但都得到妥善的处理。如1901年美国烟草公司要买下英国烟草公司，以抢占英国市场。英国方面准备反击。在两国政府劝说下，两家公司达成和解，互不进入对方国家的市场，同时联合建立英美烟草公司占领世界其他地区的市场。在两国远洋轮运公司的竞争中，英国政府给予本国公司一些贷款支持，缓和了双方的关系。

① Charles Soutter Campbell, *Anglo - American Understanding*, 1898 - 1903, Baltimore: Johns Hopkins Press, 1957, pp. 190, 195, 333.

② David Dimbleby and David Reynoles, *An Ocean Apart*, N. Y.: Random House Inc., 1988, p. 38.

二、尝试建立新的国际体系

20 世纪初，美国已是世界的经济大国，美西战争也展示了它的军事实力，而且它的力量还在不断地提升。然而，英国从来没有感到这个崛起国家的威胁。虽然美国坚持门罗主义的要求，一步步地把英国从大半个美洲排挤出去，即便在加拿大这个殖民地，美国的经济影响也在增长，[①] 但美国都是采取外交手段来解决与英国的矛盾，特别是借助仲裁的方法，使英国没有感到美国要把自己的意志强加给英国。事实上，在委内瑞拉边界和巴拿马运河等问题上，美国都做了较大的让步。1909 年，大英帝国国防委员会在研究防卫问题时得到的一个结论是：在决定西太平洋港口的防卫标准时不必把美国的进攻考虑在内。英国方面既认为美国不是威胁，也意识到无力抵御美国的进攻。[②]

美英关系在第一次世界大战爆发前持续平稳发展。在贸易方面，从 19 世纪 70 年代，英国从美国的进口一直占其全部进口的 20% 以上。两国贸易从 19 世纪末开始就是美国顺差。如 1913 年，美国全部出口额为 248400 万美元，其中出口英国 59070 万美元。当年从英国进口 27200 万美元。[③] 1914 年，英国外相贝尔福成为首次访美的内阁成员。美英依然通过外交方法来解决利益纠纷。如 1912 年美国国会决定美国沿海轮运使用巴拿马运河免通行费，1913 年，

---

① 1909 年美国向第一贸易伙伴加拿大出口 2.07 亿美元，几乎是出口第二贸易伙伴英国的两倍。美国在加拿大的投资也在迅速增加，达到了 7.5 亿美元。参考孔华润：《剑桥美国对外关系史》（上），新华出版社，2004 年版，第 500 页。

② Ritchie Ovendale, *Anglo - American Relations in the Twentieth Century*, Macmillan Press Ltd., 1998, p. 9.

③ H. C. Allen, *The Anglo - American Relationship since* 1783, London: Adam & Charles Black, 1959, p. 70.

美国总统在法案上签字。英国强烈抗议这种违背条约规定的行为。1914 年墨西哥发生革命，美国进行干预，支持立宪党人。英国出于保护石油利益的考虑仍支持原来的统治者。为了解决这两组矛盾，特别是为了减少与英国的摩擦，威尔逊总统的顾问豪斯向总统建议，“最好在巴拿马问题上作出妥协，要不会失去英国对我们墨西哥、中美洲和南美洲政策的支持”。① 于是，威尔逊总统努力说服国会取消了那个法令。作为回应，英国停止对墨西哥独裁者的支持。

1914 年，以英、德为首的欧洲两大对立军事集团的矛盾已经不可调和，于是一场酝酿已久的世界大战终于在欧洲爆发。欧洲国家一个接一个地相继在 1914 年 7 月进行战争动员并在 8 月份正式开战。按照孤立主义原则，美国政府 8 月 4 日宣布中立。威尔逊政府在大战期间长期保持中立立场。一方面，受孤立主义外交传统的影响，美国和平主义运动强劲，多数美国人还是希望本国避免参战。另一方面，也出于对现实局势的考虑，大战的发生几乎与美国没有任何直接关系，站在任何一方都不一定对美国有利。随着欧洲战局发展，德国利用陆军优势侵入比利时和法国的工业区，英国则利用海军优势控制着大西洋，两国都妨碍美国与欧洲的经济交往。甚至到 1917 年 2 月德国发动无限制潜艇战导致美德矛盾空前激化时，威尔逊仍在内阁会议上表示，“我不希望看到任何一方获胜。……尽管德国在残暴地草菅人命，而英国也在攫取财富”。威尔逊的主要智囊爱德华·豪斯上校曾说：“如果协约国战胜，这就意味着在很大程度上俄国将主宰欧洲大陆。如果德国战胜，那就意味着在未来几代人的岁月里将盛行坏到无法形容的军国主义的专制统治。”② 看

① Alan P. Dobson, *Anglo – American Relations in the Twentieth Century* N. Y.: Routledge, 1995, p. 25.

② Charles A. Beard and Mary R. Beard, *The Rise of American Civilization*, N. Y.: Macmillan, 1954, Vol. 2, p. 628; Charles Seymour ed., *The Intimate Papers of Colonel House arranged as a Narrative*, Boston: Houghton Mifflin Company, 1926 – 28, Vol. 1, p. 291.

来美国巴不得战争双方两败俱伤，而它在“中立”的幌子下与欧洲的交战双方保持频繁的商业往来，大发战争横财。

大战初期，美国的经济空前繁荣。1917 年美国的外贸顺差达 35 亿美元以上。从 1914 年到 1917 年，军火出口从 600 万美元增加到 8 亿多美元；化学产品、染料、药材等产品的出口由 2200 万美元增加到 1.81 亿美元；钢铁的出口从 2.51 亿美元增至 11 亿美元以上；肉类的出口由 1.43 亿美元增至 3.53 亿美元；小麦和面粉的出口由 8800 万美元增加到 3 亿美元。[①] 美国垄断资本通过贩卖军用物资大发横财。仅 1916 年，摩根的钢铁公司就获利 2.715 亿美元。伯利恒钢铁公司的利润为 5790 万美元。制造炸药及其他化学品的杜邦公司获利 8210 万美元。据统计，大战期间，美国百万富翁增加了 1.7 万人。[②] 正如威尔逊此前 1914 年 7 月 4 日讲的：“没有人比我更关心把美国商人的企业带到地球上的每一个地区。”1916 年 9 月 25 日他在演说中又指出，“和平而体面地征服外国市场，是美国合理的雄心壮志”。[③] 美国还开始向一些国家提供贷款。如美国对英的大量出口不可能由英国对美出口和黄金转移进行冲抵，即便加上英国在美国的资产也同样不足以支付。为此，美国从一开始就给予英国为期 6 个月的短期贷款，接着又实施了长期贷款。美国不仅迅速地扩大了其海外市场，也由债务国变成债权国。联邦金库黄金储备大幅度增加。美国华尔街也变成世界金融中心。难怪在参战前威尔逊得意洋洋地宣称，“美国当下在世界金融业和商业所占有的地位是过去做梦都没想到的”。[④]

---

① 沙伊贝：《近百年美国经济史》，中国社会科学出版社，1983 年版，第 294 页。

② 祖波克：《美国史略，1877—1918》，三联书店，1959 年版，第 565 页。

③ Arthur S. Link ed., *The Papers of Woodrow Wilson*, Princeton: Princeton University Press, 1979, Vol. 30, p. 269；王玮、戴超武：《美国外交思想史》，人民出版社，2007 年版，第 262 页。

④ Arthur S. Link ed., *The Papers of Woodrow Wilson*, Princeton: Princeton University Press, 1979, Vol. 38, p. 264.

然而，这些商业活动的开展也不尽顺利。英国为防止敌国从中立贸易中受益，试图限制美国的商业行为。英国在界定违禁货物品种时非常清楚地指出，其目的在于阻止美国向德国运送物资。因此他们将违禁物品范围界定得非常宽泛，而且将食品和药品等非军用物品也列入其中。1915 年 3 月英国海军授权一个专门的封锁机构负责阻止所有运往德国的货物。当时的国际法允许封锁敌国的沿海，实施封锁的交战国可以使用武力迫使进入封锁区的船只改变其原定目的地，而船上的货物也可以被扣押或收购。但是鉴于中立国（也就是美国）货物还可以通过另一个中立国的码头（譬如瑞典）到达德国，因此英国也禁止这样的行为（即“连续航行”）并阻止美国禁运品抵达其他中立港口。美国政府对英国实施海上封锁十分不满，连连向英国抗议，曾一度建议美国银行小心对外贷款。但它也无意同英国撕破脸。威尔逊曾对他的私人秘书约瑟夫·图马尔蒂说，他“不想在中立权利问题上把英国逼到绝境”。① 为了平息美国的不满，英国不得不将棉花从禁运品清单中删除，但此举并不足以解决双方的分歧。由于掌握着大西洋海上力量的优势，英国皇家海军一直通过封锁德国所有的港口和码头迫使德国就范。此举切断了美国与德国进行海上贸易的渠道。在美国的对外贸易中，英国本来就是美国商品的最大买主，战时的状况又加强了这种联系。1914 年，美国对英法的出口额为 7 亿 5400 万美元，1915 年猛增至 12 亿 8000 万美元，1916 年又翻了一倍多，达到 27 亿 5000 万美元。与之形成鲜明对照的是对德贸易的数字：1914 年，美国对德出口额为 3 亿 4500 万美元，1915 年锐减到 2900 万，1916 年跌到微不足道的 200 万。威尔逊政府批准给协约国方面的贷款总额达 23 亿美元，与之相比，德国仅得到 2700 万美元。这也就不难理解德国人为什么认定美国正在偏袒协约国一方。② 事实上，威尔逊政府曾多次对英国

① Thomas G. Paterson ed., *Major Problems in American Foreign Policy: Documents and Essays*, Lexington: D. C. Heath, 1989, Vol. 2, p. 46.

② 李庆余：《美国外交史》，山东画报出版社，2006 年版，第 90 页。

封锁美德贸易提出过抗议。但英国方面一方面在口头上做出得体答复，另一方面又用上涨后的价格购买大量美国货物，以此来安抚美国。这种聪明的回应不仅换来了美国对英国封锁的默认，而且也进一步切断了美国与同盟国的经济联系。结果，庞大的贸易额以及贷款客观上将美国和协约国绑在一起。如果协约国战败，美国就可能遭受几十亿美元的的经济损失。

另外，由于割舍不断的历史文化联系等因素，以及在一战爆发前美英关系呈现相互接近的趋势，美国人思想上还是比较同情英国。威尔逊政府的官员们几乎没有人能够在思想上保持中立。譬如，威尔逊总统作为政治学学者对英国议会民主政体的赞赏也使他怀有某种亲英情绪，而批评德国的军国主义。他的同僚和下属中，亲英立场表现得更为明显。总统的顾问豪斯上校和国务卿兰辛以及驻英大使佩奇，都是事实上的亲英分子。佩奇热衷于英美合作，以至于有一次在向英国外交大臣递交一份美国反对英国侵犯中立国商人权利的抗议照会后，他居然对美国采取这一立场表示歉意，并坐下来帮助起草一份英国对他本国政府的答复。1916 年初，当豪斯上校赴欧洲撮合调停交战国时，曾在同法国人的交谈中这样轻率地流露自己的亲协约国色彩：他向法国人保证，“在以后的几个月中，若协约国获胜，我想总统一定不会进行干涉。若协约国失败，我想总统一定会进行干涉”。① 美国民众和舆论也如此，在战争开始后义愤填膺谴责德国侵略者的暴行。“铭记拉法耶特”之类的口号也把大多数美国人拉向亲法国的立场。特别是在美国的东北部，有着更多的英国和法国的同情者，从波士顿到华盛顿，他们控制着美国最重要的报纸和通讯媒介，指控德国暴行的报道频频出现。在美国人心目中，德国的形象一天天变坏，对协约国的同情则不断增加。

德国对美国的威胁也确实在日益增加。作为对英国海上封锁的

① 托马斯·帕特森、加里·克利福德、肯尼思·哈根：《美国外交政策》（下），中国社会科学出版社，1989 年版，第 384—385 页。

回应，德国在自身水面舰艇不足以有效封锁英国港口的情况下，1915 年 2 月，德皇命令德国海军开始进行潜艇战。宣布进入英伦三岛周围海域的船只，无论是交战国的还是中立国的，一经发现都将不经事先警告就予以击沉。美国曾因人员损失向德国提出抗议，德国把潜艇袭击对象改为武装商船。然而，1917 年 1 月 31 日，德国又恢复无限制潜艇战的举动，立刻导致德美危机加剧。2 月 3 日，美国断绝与德国的外交关系。2 月末，英国向美国驻英大使佩奇转交了一封截获并破译的电报，是由德国外交大臣齐默尔曼发往墨西哥的。在电报中，德国建议与墨西哥结成军事同盟，一旦同美国发生战争，德国将帮助墨西哥“通过征服收复在 1848 年美墨冲突中失去的领土”，包括亚利桑那、加利福尼亚和新墨西哥的广大区域。[①] 此外，德国还请求墨西哥总统邀请日本也加入新的反美联盟。美国一向对德国势力插手美洲大陆事务怀有戒心，在远东地区也一向视日本为潜在的竞争对手。2 月 25 日，威尔逊阅读了这份电报，认为这是对美国尊严的直接侮辱和对美国安全的严重挑战。美国驻英大使佩奇在他的日记中也明白写道，“这会在几乎任何两个国家之间促成战争”。[②] 2 月 26 日，威尔逊请求国会授权他武装美国商船。3 月 1 日，美国政府将德国电报内容公诸报界，巨大怒潮席卷全国。4 月 6 日，经参众两院批准后，美国终于正式对德宣战。由约翰·潘兴将军率领的美国远征军随即赴欧作战。12 月 7 日，美国向奥匈帝国宣战。英国非常高兴美国参战，一方面要求增加从美国的贷款，另一方面鼓动美国加大造舰力度。美国的参战使战场优势转向协约国一边。

此时世界格局再次发生突变。1917 年俄国爆发了十月革命，以列宁为首的苏维埃政府颁布了《和平法令》，不仅宣布退出战争，

---

① Thomas Frothingham, *The American Reinforcement In the World War*, N. Y.: Books for Libraries Press, Freeport, first published 1927, reprinted 1971, p. 5.

② 托马斯·帕特森、加里·克利福德、肯尼思·哈根：《美国外交政策》（下），中国社会科学出版社，1989 年版，第 390 页。

还要求交战国“立即实现不割地、不赔款的和平”，“废除秘密外交”。苏俄的诞生引起了英、法等主要欧洲国家内部社会党、工人党的反战呼声。与此同时，威尔逊的世界主义思想越来越突出。参战前他就对当年华盛顿的告别词作出新的解释：“它并不意味着我们将避开世界的纠纷，因为我们是世界的组成部分，涉及整个世界的事情我们都不能袖手旁观。”参战后，他表示美国站在英国一边“不是法律的技术原则，而是国家与国家之间正义与博爱的重大原则”。[①] 1918 年 1 月 8 日威尔逊在国会致词中抛出了他称之为“世界和平纲领”的“十四点计划”。这“十四点计划”连同受豪斯上校委托的沃尔特·里普曼等人拟定的“官方解释”，概括了美国争夺世界霸权和构建战后世界秩序的基本方针。这“十四点计划”主要内容是公海航行自由和民族自决的原则以及建立国际联盟的主张。

第一次世界大战结束后，不仅德国失势，而且英、法等主要国家也受到很大程度上的削弱。欧洲经济、社会遭受了巨大的损害：900 多万年轻人失去了生命，2000 万人受伤，整个战争共耗资 4000 亿美元。[②] 战前美国欠英国债务 30 亿美元，战后英国反而欠美国 47 亿美元。美国控制了世界 40% 的黄金，伦敦开始失去作为世界金融中心的地位。法国在战争结束时，也成为美国的债务国，共欠美国战争债款 16.48 亿美元。同时英法国内经济局势日益严峻，需要美国的援助和支持。早在 1917 年 7 月，威尔逊就得意地告诉豪斯，到战争结束后，“别的不说，他们单在财政上就要依仗我们”。他还表示，“我们应当以资本供给全世界，而谁以资本供给全世界，谁就应该……管理世界”。[③] 美国试图利用这个机会取得世界领导权。

1918 年秋天，美国敦促参战各国停战谈判。10 月 5 日，德国同

① 王玮、戴超武：《美国外交思想史》，人民出版社，2007 年版，第 264 页。

② 孔华润：《剑桥美国对外关系史》（上），新华出版社，2004 年版，第 81 页。

③ 库尼娜：《1917—1920 年间美国争夺世界霸权计划的失败》，世界知识出版社，1957 年版，第 217 页。

意以“十四点计划”为基础进行停战谈判。而英国不喜欢“航海自由”这个原则，担心破坏英国的海上霸权。10 月 13 日，英国海军大臣威姆斯在内部会议上表示绝不能接受这个原则，因为“这是大英帝国创立的基础，没有它帝国无法生存”。① 23 日，美国方面询问是否同意以“十四点计划”为基础进行谈判。英方答复原则上可以，但不包括“航海自由”这一条。十四点的第二点宣称“无论平时或战时，必须保持公海航行的绝对自由”。威尔逊的目的除了为自由贸易提供条件外，确实有打破英国海上霸权的考虑。出于对英国海上封锁的强烈不满，1916 年 9 月，美国国会通过增加海军预算的决定。威尔逊指出：“让我们建造一支比英国强大的海军，做我们想做的任何事。”豪斯 10 月 27 日回复英国说：“美国……无论如何也不会再甘心情愿地屈从于大不列颠对海洋的独占统治……我们有更多的钱，更多的人，更多的自然资源。”他建议威尔逊停止向英国派遣军队并削减贷款。威尔逊于是向协约国各方表示：不包括航行自由，他就不参加和会，“因为我们下决心参战不只是为了消灭普鲁士的军国主义，而是消灭任何地方的军国主义”。② 结果，英国不得不同意在和会上讨论这个问题，但暂不作为一项原则确定。虽然威尔逊在这个问题上很强硬，但为了获得英国在巴黎和会上支持其建立国联的计划，1918 年 12 月他表示，“基于英国的地理位置的事实和它的历史传统，在一切海军问题上，必须承认它享有特殊的利益”。③

威尔逊十分重视巴黎和会，亲自率领包括 1300 多名专家在内的

---

① Anne Orde, *The Eclipse of Great Britain*, N. Y.: Macmillian Press Ltd., 1996, p. 58.

② Anne Orde, *The Eclipse of Great Britain*, N. Y.: Macmillian Press Ltd., 1996, pp. 17, 59; Charles Seymour ed., *The Intimate Papers of Colonel House arranged as a Narrative*, Boston: Houghton Mifflin Company, 1926 – 28, Vol. 4, pp. 159 – 160.

③ Charles Seymour ed., *The Intimate Papers of Colonel House arranged as a Narrative*, Boston: Houghton Mifflin Company, 1926 – 28, Vol. 4, p. 251.

美国代表团参加和会。1919 年 1 月 18 日巴黎和会正式开幕。27 个国家参加了会议，英、法、美、意领导人是这次会议的主角。威尔逊最大愿望是建立国际联盟。他曾私下里直言建立国际联盟的目的是“要为世界的其余地区做门罗主义为西半球世界所做的事情”，是“门罗主义应用于全世界的逻辑延伸”。① 很明显，美国的目的在于通过建立世界联盟，取代英国，建立美国主导的霸权体系。英国绝不甘心放弃自己的霸权地位。它联手另一个殖民大国法国极力抵制威尔逊的“十四点计划”。对于威尔逊坚决主张的国际联盟盟约应与和约构成一个有机体，两者不可分开的主张，英法不置可否。英国首相劳合－乔治虽同意将盟约列入和约，但主张分开批准。法国要求先讨论领土瓜分、赔偿等问题，把国际联盟放在议程的最后一项。各方经过紧张的讨价还价，最终达成妥协，同意先讨论国际联盟盟约。4 月 28 日，盟约定稿在大会上获得通过。接着讨论和约内容。各方最后也同意将对德和约与盟约连成一体。1919 年 6 月 28 日，英、法、美等主要参会国签署了《凡尔赛和约》。然而这个和约的内容远远背离了“十四点计划”。

威尔逊在“十四点计划”中主张的“民族自决”，遭到英、法、日等国的坚决反对。它们坚持要求瓜分德国在非洲和亚洲太平洋地区的殖民地和势力范围。意大利则要求根据 1915 年参战时与协约国缔结的伦敦密约，得到曾经许诺给它的领土，并特别提出想得到位于亚德里亚海出海口的埠姆港。威尔逊当然不想承认英、法、意瓜分领土的密约，但是他担心英、法会以此为由反对国际联盟的建立。因此，威尔逊只好暂时放弃其所谓的“民族自决”，同意英法作为委任统治国占领德国的殖民地，并同意日本获得德国在中国山东的一切权益。意大利则得到了原属于奥匈帝国的两块领土。但威尔逊坚决反对意大利占领埠姆港，导致意大利代表团一怒之下退出

① Charles Seymour ed., *The Intimate Papers of Colonel House arranged as a Narrative*, Boston: Houghton Mifflin Company, 1926－28, Vol. 4, pp. 281, 427.

和会。后因担心和会签订不利于意大利的条约，意大利代表才悄然返回。

在德国的政治版图划分问题上，美国也遭到英法的强烈反对。除了对德国殖民地的要求外，法国还要求得到阿尔萨斯和洛林，以莱茵河作为法德的边界。威尔逊认为法国的要求“没有充分的历史根据”，予以拒绝。但克里孟梭威胁说，如果法国不能如愿以偿，他就决不在任何协约上签字，甚至扬言要退出和会。而威尔逊此时正迫于国内的巨大压力，希望对 2 月份通过的国际盟约初稿加以修改，把门罗主义的内容纳入国联盟约。法国表示同意，但以美国在法国边界要求方面做出让步为条件。威尔逊只好答应，同意法国占领萨尔地区 15 年。当威尔逊就这一问题同英国磋商时，英国表示可以认同，但是却以美国放弃海上军备竞赛为前提。而到这时，威尔逊只好全面让步，同意不与英国争夺海上霸权，完全放弃了航海自由的原则。

对于德国的赔款问题，美国同样受到了英法的打压。法国主张严惩德国，美国则反对过分削弱德国。威尔逊呼吁对德国“宽宏大量”一些，否则，“我们的弥天大错将是让德国有充分的理由进行报复”。[①] 他要求减少赔款数额。然而法国从保证国家安全和恢复被德国摧残的工业出发，要求肢解德国，彻底削弱德国的实力，以消除其对法国的安全隐患，同时通过扩大德国赔偿的范围和数量，从德国得到恢复法国经济的资金。相对于法国，英国的态度则比较具有弹性。英国对德国政策的底牌是：使德国保存一定的力量，将惩罚限制在一定范围之内，即不能影响德国的经济恢复、发展和社会的稳定，争取使德国成为抑制法国的重要力量并重新成为英国的贸易伙伴。基于此，英国试图借机要挟美国。英国向美国表示，同意减少德国的赔款数额，但必须将缩减德国的赔款与减少协约国对美

① Jean - Baptiste Duroselle, *From Wilson to Roosevelt*: *Foreign Policy of the United States*, 1913 - 1945, London: Charro & Windus, 1964, pp. 99, 101.

国的债务联系起来。英国提出按德国的全部赔款发行信用券，英法用这种信用券来偿还美国的债务。这是因为英法除了在战争期间欠美国大量贷款之外，在战后还要向美国大量举债。但是美国不仅希望所有的债务都能最终清偿，而且还要保证支付利息。因此美国反对将赔偿与战债挂钩，宣称前者与德国的战争罪有关，而后者则是纯粹的商业行为。威尔逊断然拒绝了英国的要求。于是，巴黎和约没有规定具体赔款数额，只规定建立赔偿委员会来研究这个问题。威尔逊还被迫向英法做出了其他让步。例如，应英法的要求，他同意将“十四点计划”中建议将各国军队“减少到与国内安全相称的最低程度”改为“与国家安全相称”。

美国在巴黎和会上争夺世界霸主的外交努力受挫。那些对“十四点计划”寄予厚望的人们，难以抑制对威尔逊的恼怒。连美国代表团专家组的一些成员也谴责和约。如威廉·布利特以辞职表示抗议。阿道夫·柏里指责威尔逊违背了自己的理想。约瑟夫·富勒也斥责美国“在一系列对帝国主义利益和报复要求的妥协中出卖了自己的原则”。[①] 巴黎和会之后，英国仍然是世界上最大的殖民帝国，拥有世界上最强的海军。法国拥有欧洲最庞大的陆军，且较之战前在欧洲具有更大的战略优势。日本在中国和南太平洋取得了优势地位。威尔逊除了得到一个所谓的“国联创始人”的虚名之外一无所获。国联反而成为英法操纵下的外交工具。

美国外交失败的主要原因在于，一战结束时美国的政治、军事力量尚未对英法形成绝对且全面的优势。美国虽然已是一个经济大国，但是实现称霸世界的梦想单凭经济实力还远远不够。与英、法相比，美国在军事力量和政治影响力方面还处于劣势。如在海军方面，一战后美国只拥有 16 艘重型军舰，英国则有 42 艘。而就世界的影响力论，美国的政治势力范围仍然局限在西半球。即便单单考

① Robert D. Schulzinger, *American Diplomacy in the Twentieth Century*, N. Y. : Oxford University Press, 1984, p. 119.

量经济实力，美国也并不具有绝对优势。尽管美国成为了债权国，威尔逊也打算以此为压力，但过高的债务额使其成为双面剑，美国无法挥舞它。同时，英镑仍是世界经济中的硬通货，伦敦依然担当世界金融中心的角色。欧洲的投资者仍然控制着诸如橡胶、锡和硝酸盐等重要资源。1918 年欧洲国家在加拿大和南美洲持有的债券仍然超过美国，这种情况同样出现在亚洲、非洲和大洋洲。可见，美国在一些关键领域的影响力仍然是非常有限的。可以这样说，一战后美国对英国等国日益形成挑战，但还不足以直接取而代之。

实际上，美国人也意识到了自己的弱点。海军部在 1919 年底就提出了一份海军扩建方案，打算发展一支像英国那样的海军。这不仅是出于同英国及其盟国日本竞争的考虑，更是对日本扩军的担心。1902 年，英日两国签约结成同盟，以同俄国在远东进行竞争。而自 20 世纪初以来日本对门户开放政策的破坏使美国感到威胁。1920 年 3 月，美军制定了两套作战计划，“橙色计划”是专门对付日本的，“红色—橙色计划”是分别在太平洋和大西洋对日英作战。英国和日本都对美国的扩军感到紧张。但此时英国却因为财政困难无法继续与美国进行军备竞赛。1919 年 8 月，英国政府决定不再建造新军舰。1920 年，英国政府提出一强标准，即不能低于任何一个国家的海军力量，包括美国。日本也有同样的困难。

美国的情况也不会太好。庞大的造舰计划遇到了国内和平运动的反对和财政上的困难。拥有广泛群众基础的和平运动要求政府和其他国家合作，裁减海军。和平运动的参加者相信，正是英德两国间的军备竞赛促成了一战的爆发。制止战争的唯一希望在于裁军，特别是裁减进攻性的海军。此外，哈丁政府还面临着财政问题。1915 年以来，美国已经为海军建设耗资 15 亿美元之巨。哈丁上台时就曾许诺要“恢复常态”减少税收，而新的海军建设计划可能会使战时高税收持续下去，这在国内是行不通的。这使得哈丁政府考虑召集一次国际会议，讨论停止美国与英日间海军竞赛。于是，英日等国都同意参加华盛顿会议。

华盛顿会议从1921年11月12日一直持续到次年2月6日。会议经过激烈的争论，达成了《五国海军条约》，规定美、英、日、法、意五国主力舰和航空母舰的吨位比例为5：5：3：1.75：1.75。也就是说，各自的主力舰总吨位不超过52.5万吨，由于现有的吨位大大超过了该数额，实际上要求美国销毁48艘中的30艘(包括建成的或正在建造中的)，英国则从45艘减到20艘，日本从27艘减少到10艘。[①]此外，各国应停止建造主力舰10年。

美国召开华盛顿会议的另一目的就是拆散英日同盟，以削弱英国在远东的优势地位。英日同盟建立初期，美国采取了谅解与支持的态度，因为它担心俄国的扩张。西奥多·罗斯福甚至曾以为英、日两国能共同分担维护门户开放原则的义务。然而随着日本在远东的优势地位不断扩大，英日同盟的存在逐渐对美国构成重大威胁。巴黎和会后美国与日本在亚太地区的矛盾更加尖锐。日本在一战期间把“二十一条”强加给中国政府，企图将中国变为其独占的殖民地。在美国看来，这不仅违反了门户开放政策、直接威胁了美国在华利益，而且最终会把美国人赶出亚洲和西太平洋。此外，在帝国主义干涉俄国革命期间，日本趁机占领了东西伯利亚的全部战略要地。美国据此感到了日本独占亚洲的野心。这是美国决不能容忍的。美国必须拆散英日同盟。与此同时，英国和日本的关系也发生了变化。由于日本不断进行扩张，英国在华利益受到威胁。英国有人甚至认为日本可能成为敌人，更加倾向于美国的门户开放政策。英国考虑到自己在东亚的广泛利益，希望用英、美、日三国同盟代替英日同盟，但是遭到了美国的拒绝，因此英国转而主张将同盟改为互不侵犯公约，并邀请法国参加，形成《四国条约》。这一条约保证美、英、日、法互相尊重各自在太平洋地区的属地，当它们之间发生争端或遇到外来侵略威胁时，进行共同磋商。于是，美国同意接受《四国条约》，终结了

① 孔华润：《剑桥美国对外关系史》(下)，新华出版社，2004年版，第70页。

英日同盟。

华盛顿会议无疑是20世纪20年代国际关系中最重要的一次会议，它突出地表明了美国在世界政治中举足轻重的地位。美国预期的目的几乎全部达到：成功地控制了英国海军扩张，废除了英日同盟。这是继威尔逊的理想主义尝试失败之后，美国对英国霸权体系发动的成功进攻。

由于《五国海军条约》只限定了主力舰，而没有对各主要国的辅助舰只比率和数量做出规定，实际上也就难以有效遏制美英等国间的海军军备竞赛。在华盛顿会议之后，美英两国海军军备竞赛以另一种形式继续发展。英国从1924年开始制造9艘1万吨和7艘8000吨的巡洋舰。美国国会迫于压力于1924年12月批准建造8艘重型巡洋舰和其他舰只的计划。于是美国启动了下一轮裁军。1927年6月，柯立芝总统邀请英、法等国在日内瓦召开会议，希望将华盛顿会议确定的主力舰比率延伸到辅助舰只。会上，美、英之间的争端主要集中在两个问题上：一是巡洋舰的类型，即根据其不同用途，各国提出的巡洋舰排水量上限在3000到10000吨之间不等；二是每个国家海军舰艇总吨位和各舰种吨位的分配。但各方互不相让，达不成协议，导致日内瓦裁军会议无果而终。于是美、英双方继续进行海军军备竞赛。美国前海军部助理部长富兰克林·D. 罗斯福宣称："好吧，如果你们不同意我们削减战舰的计划，我们就让你们看看我们能做什么。我们有世界上所有的钱和资源。我们将建造任何其他国家都不能匹敌的海军。"美国军方迅速于1927年12月通过了一项为期5年的造舰计划，准备建造15艘巡洋舰和1艘航空母舰，而最初的议案甚至提出新建71艘军舰。[①] 而英国干脆抛开美国同法国单独谈判，并于1928年7月达成协议，然后照会各国，有意孤立美国。英法协议主要将主力舰、航空母舰、万吨以下且装备

---

① William L. Neumann, *America Encounters Japan from Perry to MacArthur*, Baltimore: The John Hopkins Press, 1963, p. 176.

6 英尺以上舰炮的水面舰只、4600 吨以上的远洋潜艇列入严格限制之列。作为交换，英国同意不限制法国陆军预备役。英法协议的内容完全是英国在日内瓦会议建议的翻版，它只是对巨型、装载 6 英尺以上舰炮的远洋舰只做出限制，而对轻型舰艇则不做规定。柯立芝总统对英国的做法极为恼火，甚至打算不让凯洛格赴巴黎签署《非战公约》。结果，凯洛格在参加巴黎的签字仪式之后决定中途访问爱尔兰，有意避免在英国停留。

尽管美国憎恨英法间的海军控制协议，但是却未能实现自己的完全扩军目标。这是因为政府内外许多人反对扩军，如国会、和平运动等。最根本的原因还是财政问题。据财政部门估计，重新补充和完成舰队的装备将需要十多亿美元，这在经济危机开始发生的 1929 年是一笔巨资。胡佛总统决定还是要进行裁军谈判。1929 年，美国向英国表示，美国愿意根据早先法国的提议讨论海军军备限制，即在总吨位之外，各舰种的吨位自由分配。而且更重要的是，美国不再坚持要求在所有等级舰艇（包括巡洋舰）上保持数量上的平等。[①] 这就是说，美国同意英国建造更多的轻型巡洋舰；同时美国自己也可以建造更多的重型巡洋舰。美国的让步使得美、英两国在日内瓦会议上的争端得到了初步解决。

鉴于美英矛盾的暂时缓解，美国迅速联合英国来限制英国的前盟国日本，将三国海军军备比例固化。1930 年的伦敦会议就是在此背景下召开的。日本在 1930 年时的巡洋舰数量已经是美国海军的两倍。[②] 日本还公开叫板，已经不再满意华盛顿会议确定的日本在海军军备上对美国的 60% 的比率。它要求将比率提高到 70%，并以此为题大造舆论，将其作为参加会议的目标。这自然引起美国的不满，导致美国联合英国一致对日。经过两个多月的讨价还价，

---

① Gerald E. Wheeler, *Prelude to Pearl Harbor*: *the United States Navy and the Far East*, 1921 – 1931, Columbia: University of Missouri Press, 1963, p. 156.

② Warren I. Cohen, *Empire without Tears*: *America's Foreign Relations*, 1921 – 1933, Philadelphia: Temple University Press, 1987, p. 105.

美、英、日三方最后达成《伦敦海军条约》，规定：在1936年以前，主炮在155mm以上的巡洋舰总吨位美国不得超过18万吨，英国不得超过14.68万吨，日本不得超过10.84万吨；火炮155mm以下的巡洋舰总吨位美国不得超过14.3万吨，英国不得超过19.22万吨，日本不得超过10.04万吨；驱逐舰美英皆15万吨，日本10.55万吨；潜水艇三国一样，都为527万吨。[①] 实际上就是美国可以比英国多建造3万吨重型巡洋舰；作为交换，美国的轻巡洋舰比英国少43，498吨。总之，美国在重型舰船方面超过英国，成功削弱了英国的海上优势，也从根本上动摇了英国霸权的基础。但是由于20世纪30年代欧洲形势日益紧张，这个条约并没有得到真正的贯彻。

与此同时，美国还在经济领域挑战英国的权威。一是“道威斯计划”（将在第10章具体介绍），使美国在金融领域取得主导权。二是争取石油资源。一战以后，各强国都强烈地认识到石油作为燃料的重要性，特别是对海军来说。对石油资源的控制和对定价权的控制都成为大国关切的问题。英国政府当时已在英国波斯石油公司的董事会内具有投票权和否决权，该公司保证按合同向英国提供石油。英国政府还设法以此模式影响荷兰壳牌公司。战后，拥有丰富石油资源的伊拉克成为英国的委任统治地。1920年，英法两国达成协议，由两国控制的土耳其石油公司开采伊拉克的石油，不让其他外国公司进入。当时，美国实际上生产着世界上70%的石油，[②] 但美国人担心在一二十年内美国和墨西哥的石油资源枯竭，而这个地区以外的石油资源都不在美国控制之下。因此，美国指责英法条约是歧视它国。美国政府坚决要得到中东石油资源，支持美国公司参与谈判。双方经过长达7年的谈判，起初英方答应给予美国10%—20%的股份，遭到美国拒绝。1928

---

① 《国际条约集（1924—1933）》，世界知识出版社，1962年版，第473页。

② Anne Orde, *The Eclipse of Great Britain*, N. Y.: Macmillan Press Ltd., 1996, p. 93.

年7月，各有关公司达成《红线协议》，英国波斯、荷兰壳牌、法国和美国公司（实由5家主要美国公司组成）各占土耳其石油公司（后改名为伊拉克石油公司）23.75%的股份，其余5%由土耳其公司创始人古尔本基安获得。它在地图上用红线圈出了四国五家公司的共同开采范围，所以这个条约就称为《红线协定》。其范围包括：埃及以东，波斯以西，除了科威特之外的全部海湾地区。1929年，美孚石油公司还从英国手中得到在巴林开采石油的权利。美国终于打入由英国控制的中东产油地区，为以后美国控制这个地区的石油打下了基础。

三、实力获取英国霸权转让

20世纪30年代，世界局势越来越充满火药味。1935年2月意大利叫嚣着要入侵埃塞俄比亚。3月德国废除了《凡尔赛和约》中限制德国军备的条款。面对一战后构建的“凡尔赛—华盛顿体系”被践踏，美国政府忙于解决国内面临的最严重经济危机和社会问题，国会从3月开始讨论各种不同的中立法案。1935年8月24日，国会通过的《中立法》完全反映了孤立主义者的主张。它规定：第一，对一切交战国实施“武器、弹药和军需品”的强制性禁运，授权总统来确定军需品的品种和实施禁运的时间；第二，禁止美国船只向交战国运送军火。《中立法》通过后仅一个半月，意大利就对埃塞俄比亚不宣而战。《中立法》根本无助于限制美国公司与德国、意大利等国进行战略物资的贸易。

1936年11月德、意、日三国轴心正式形成，不仅对英国而且对美国利益构成最大威胁。于是美国开始重新思考与定位自己的外交政策。1936年11月末，罗斯福在美洲国家间“维持和平会议”的开幕式上宣布：寻求侵略的外部国家“将会发现一个为着维护它们共同安全和共同利益而充分准备相互协商趑西半球正在”。[①] 他是在警告德国不要企图向大西洋彼岸扩张。美国试图联合英国共同对抗法西斯，于是通过多个渠道展开对英工作。1937 年已任英国首相的张伯伦在回复中指出，“美国在当前能对维护世界和平做出的最大贡献，就是修改现行的《中立法》，……目前这个《中立法》包含着对侵略间接和潜在的鼓励。”[②] 1937 年 5 月，美国通过了更加严格的新《中立法》。它规定：第一，美国与交战国的非军火贸易实行“现款自运”，即交战国用现金购买美国货物，然后用自己的船只运走；第二，禁止美国人搭乘交战国船只旅行；第三，在认为向内战国家的出口武器将威胁美国和平时，总统有权将武器禁运适用于内战国家。这种“现款自运”使美国能够在政治上保持隔岸观火地位的同时，在经济上又可大发战争财。自然，英国对此不满。1937 年 7 月下旬，罗斯福邀请英国首相张伯伦到华盛顿共同协商合作方案，但遭到了拒绝。后者还留下了著名的话语：“除了甜言蜜语，最好别依靠美国人任何东西。”[③]

1937 年 10 月罗斯福发表了著名的“隔离演说”，公开呼吁国际合作，抵制法西斯。英国不敢响应，认为美国领导人只是说说而已。英国坚定地奉行绥靖政策。面对美国提出的召开国际会议的提议，张伯伦明确表示“政治绥靖”优先。至于国际会议，“如果事情只是（美国人）参加进来然后再扬长而去，他宁愿（他们）干脆别参加进来”[④]。1938 年 3 月德国吞并奥地利，确立其在中欧的霸权地位。1938 年 9 月，英国对德国的绥靖达到了顶峰——《慕尼黑协

① 孔华润：《剑桥美国对外关系史》，（下），新华出版社，2004 年版，第 142 页。

② 罗伯特·达克莱：《罗斯福与美国外交政策》（上），商务印书馆，1984 年版，第 55 页。

③ 孔华润：《剑桥美国对外关系史》（下），新华出版社，2004 年版，第 144 页。

④ 麦克唐纳：《美国、英国与绥靖，1936—1939》，麦柯米伦出版有限公司，1981 年版，第 23 页。

定》达成。在英国和法国的纵容下，德国吞并了捷克斯洛伐克的苏台德地区。然而在随后的1939年3月，希特勒进一步吞并了捷克的其余大部领土，不但宣告了英国绥靖政策的失败，也使美国更加深刻感受到了德国竞争世界霸主地位的决心。美国首先是加强了与拉美国家的关系，不让德国有机可乘。同时他还加强与北方大国加拿大的关系。20世纪初两国边界最终确定以来，两国之间有一些小纠纷，主要是加拿大作为英联邦国家会积极地维护英国的经济政策，因此在感情上双方有差距。1938年，罗斯福总统在加拿大金斯顿发表讲演。他激动地说："我向你们作出保证，如果有任何其他帝国威胁加拿大对其领土的支配，美国人民绝不会袖手旁观！"听众报以热烈的掌声。舆论认为这是门罗主义向北美的延伸。①

随后，美国开始采取实质行动遏制德国，援助英国。美国首先召回了美国驻德国的使节，并决定向英法出售军用飞机。由于欧洲尚未处于战争，美国此举并未违反《中立法》，但是此举却明确显示了美国的立场：一俟战争爆发，美国必将站在英国一边。1939年9月1日德国进攻波兰。两天后，英国、法国对德国宣战，第二次世界大战爆发。9月5日，美国宣布中立，但与一战爆发时伍德罗·威尔逊的中立声明略有不同。罗斯福强调："我不能要求每一个美国人都在思想上也保持中立。"② 同时，罗斯福要求国会召开特别会议讨论修改现行的《中立法》，便于大力援助英国。罗斯福的支持者们指出现行的《中立法》不仅帮助了侵略者，而且由于该法准许美国船只把军民两用的战略物资运往交战国，反而增加了美国卷入战争的危险。这场宣传战形成了有利于修改《中立法》的强大舆论，推动参众两院在1939年10月和11月废除了《中立法》中的军火禁运条款，把"现款自运"原则扩大到军火贸易，同时还规定禁止美国船只与交战国进行任何贸易，禁止美国人乘交战国船只旅

① Thomas A. Bailey, *A Diplomatic History of the American People*, N. Y.: Meredith Corporation, 1969, p. 686.

② 关在汉：《罗斯福选集》，商务印书馆，1982年版，第227页。

行。修改后的《中立法》为拥有制海权的英、法两国购买美国军火开了绿灯。

德国占领波兰后，英国认为自己能力不足，仍然不愿意与德国开战，于是前线出现了“虚假战争”。随后，法西斯战车疯狂向西欧推进，4 月 9 日希特勒入侵挪威，占领丹麦，5 月占领了荷兰、比利时和卢森堡三个低地国家，然后从比利时攻入法国。英国无奈只能寻求美国的援助。5 月 10 日英国保守党领袖、一贯主张对德强硬的温斯顿·丘吉尔出任首相，组成了保守党和工党战时联合内阁。丘吉尔决心对德抵抗到底，同时向美国呼吁援助。罗斯福命令有关部门搜罗库存，把一战时制造的旧枪炮经由私人团体转卖给英、法。这批包括 50 万支步枪、8 万挺机枪在内的武器运抵英国，及时装备了从敦刻尔克撤退下来的 30 万英、法部队。6 月 10 日，意大利趁人之危对法国宣战。眼看法国败局已定，罗斯福在华盛顿发表声明，明确表示美国将采取两项政策：其一，向抵抗侵略的国家提供一切可能的援助；其二，加强美国的国防，以便能够应付任何紧急情况。同时美国开始备战。一方面增加军费扩充海陆军规模，另一方面罗斯福还邀请著名的共和党人亨利·史汀生和弗兰克·诺克斯分别担任陆军和海军部长，接替内阁中原来两个顽固的孤立主义官员。这一人事变动不仅再次向伦敦显示美国反对法西斯的决心，而且也造成了国内两党合作的局面。

1940 年 6 月 22 日法国战败，希特勒称霸欧洲大陆。德国旋即发动不列颠之战，英伦三岛岌岌可危。英国政府认为：“没有美国的支持，我们无法继续打一场胜利的战争。”[①] 美国政府内部普遍认为英国是美国的第一道防线，必须不惜代价予以支持。丘吉尔请求美国向英国提供驱逐舰，以对付德国的潜艇战，确保其大西洋生命线的畅通。英国对德国空袭的有效抵抗使罗斯福相信，美国的驱逐

---

① Anne Orde, *The Eclipse of Great Britain*, N. Y.: Macmillan Press Ltd., 1996, p. 131.

舰可以出让给英国。但条件是英国必须答应，英国一旦失败，其舰队必须开往美国海岸，并且英国要把其在加勒比海地区的七个海、空军基地租给美国99年。面对穷凶极恶的德军，丘吉尔不得不接受美国提出的条件。9月2日罗斯福以行政协定的方式与英国商定，出让50艘“超龄服役”驱逐舰，换取纽芬兰、英属圭亚那各地海空军基地的使用权。罗斯福得意地声称，这一协议是“自国家购入路易斯安那以来加强我国国防的最重要的行动”。[①] 对英国来说，这不仅对其生存至关重要，而且表明美国事实上已结束了中立。11月美国大选结束，美国民众开始倾向于展开反对德国侵略的斗争。一再强调“我们的目的是防御”的反对党候选人麦迪逊失败了，罗斯福第三次当选美国总统。他在大选获胜后立即宣布，要把刚刚生产出来的包括新式战斗机在内的一半军需品分配给英国。

随着战局的发展，英国的黄金储备枯竭，无力继续使用现金购买美国物资。1940年12月8日，丘吉尔致函罗斯福称，若要英国一直支付现款，英国会“一贫如洗”，他希望美国能改变“现款自运”政策，向英国提供军舰，并在大西洋海面扩大巡逻区，否则英国“就可能中途失败，美国也会失去备战所需的时间”。[②] 罗斯福从驱逐舰交易的经验中，终于找到了援英的办法：“租借”。12月17日罗斯福在记者招待会上把租借政策比作向房子着火的邻居出借花园的浇水管。罗斯福问道：在邻居着火的紧急情况下，“我该怎么办呢，我不会先对他说：‘邻居，我的浇园水管是十五美元买的，你得付给我十五美元来买它’”。在随后的“炉边谈话”中，罗斯福直接向美国公众强调用参战以外的一切方式全力援助英国的重要性。他说，“我们必须尽快把足够数量的这些武器给他们送过去，才能使我们和我们的孩子避免别人不得不忍受的战争悲痛和苦

---

① 杨生茂：《美国外交政策史：1775—1989》，人民出版社，1991年版，第382页。

② 罗伯特·达莱克：《罗斯福与美国对外政策（1932－1945年）》（上），商务印书馆，1986年版，第358页。

难……”因此，“我们必须成为民主制度的伟大兵工厂”。[①] 经过两个多月国会内外的激烈辩论，众参两院分别在1941年2月9日和3月8日通过罗斯福提出的《租借法》。它授权总统可以向他“认为防务对美国国务至关重要的任何国家出售、转让、交换、租借或以其他方法处理……任何国防物资”。总统有权决定接受“用实物或财产”，或以他认为满意的“任何其他直接或间接的利益”作出的偿付。3月底，国会为《租借法》一次拨款70亿美元。到战争结束时，《租借法》的拨款总额高达500亿美元。英国成为此法令的最直接受益国。赫尔在国会听证会上为《租借法》作证时说，援助英国实质上是在保卫“我们自己的制度、自己的家园”。[②]

《租借法》虽然解决了英国的“现购”困难，但它的“自运”仍危在旦夕。1941年的前两个月，德国潜艇每月击沉英国商船吨位多达50万吨，不但远远超出了英国的造舰能力，而且导致大量援英物资未及抵英，便沉于海底。丘吉尔不得不再次求援。于是罗斯福同意在美国船坞修理英国船只，并没收了65艘滞留在美国港口的德国和丹麦船只。4月美国的海军巡逻区延伸到西经25度，从而把格陵兰和亚速尔群岛包括在内。美国为运输租借物资的船只护航以减轻英国海军的护航压力，美国太平洋舰队1/4的军力秘密地抽调到大西洋。美国还得到了丹麦流亡政府的同意，占领了格陵兰岛。5月，罗斯福宣布全国处于有限紧急状态。6月，美国冻结了所有德、意两国在美国的财产。7月，罗斯福又下令，因西半球防务需要，派4000名美军进驻冰岛。

1941年8月9日到12日，罗斯福和丘吉尔就战争目标问题，在纽芬兰附近的大西洋海面举行了战时第一次首脑会议。这次会议制定了《大西洋宪章》。这份宪章提出了八点主张：反对“扩张”；反对违背人民意愿的领土变更；各国人民应拥有主权和自治权；在

① 关在汉：《罗斯福选集》，商务印书馆，1982年版，第259、266—269页。

② World Peace Foundation ed., *Documents on American Foreign Relations*, Boston: Princeton University Press, 1941, Vol. 3, pp. 711-715, 724.

获得原料和进行贸易方面机会均等；消除人类的恐惧和匮乏；公海航行自由；建立更为广泛、持久、普遍安全体制；解除侵略国的武装等。《大西洋宪章》与威尔逊的“十四点计划”有类似之处，是基于美国建立世界秩序的构想而成型的重要文件。但这次英国对公海航行自由和民族自治的原则都不再反对了。到9月15日，有14个反法西斯国家附议了宪章。它的基本原则成为1942年1月1日46个反法西斯国家发表《联合国家宣言》的共同出发点，并为后来《联合国宪章》所采纳。

1941年12月底美国参战后，美国不仅成为英国的盟国，而且基本上承担起领导同盟国的责任。起初，罗斯福认为重要的是开辟西欧的第二战场，以减轻苏联的压力。但英国人更关心英帝国的安危，主张在英军接连失利的北非展开战斗。罗斯福对丘吉尔做出妥协，但拿过了盟军的指挥权。1942年8月，艾森豪威尔被任命为实施北非登陆的盟军最高司令。11月8日，艾森豪威尔率领美英联军10万人分三路在法属北非殖民地成功登陆并进而解放北非地区。1943年，他出任北非和地中海盟军总司令指挥西西里战役，8月收复该岛并进而进攻意大利，迫使意军投降。1943年11月，在美国的坚持下，盟军决定开辟欧洲第二战场，艾森豪威尔又被任命为指挥“霸王”行动的盟军最高司令。1944年6月至8月，盟军成功地进行了诺曼底战役。9月1日，艾森豪威尔将司令部移驻法国并从蒙哥马利手中正式接管地面部队的指挥权，指挥盟军攻占德国。在对日作战方面，美国同样发挥了英国无法相比的作用。1941年底，罗斯福与丘吉尔在华盛顿会晤。罗斯福建议建立中国战区，由蒋介石任最高统帅。丘吉尔大为不满，认为这就把中国地位抬高到与英国一样。但罗斯福坚持这么做，并邀请中国与美、英、苏一道领衔发起《联合国家宣言》。1942年1月，罗斯福任命史迪威为中国战区参谋长。三四月间，史迪威指挥盟军在缅甸抗击日军。这次战役进行不利，英军由中国军队从日军重围中救出。此后，英国政府迟迟不愿意在缅甸进行反攻。1943年10月，在史迪威指挥下，中国驻印军由美英军队配合，在缅北展开反攻。他们与卫立煌率领的中国远征军一起战斗，步步取得胜利，至1945年3月打通滇缅公路。

战争指挥权的变化见证了英国的霸权转移至美国。在战争期间，英国领导人就承认了这种转移。1942年夏天，英国外交国务秘书理查德·劳访美回来报告说："美国在世界上具有了某种东西，它是世界现在所需要的，也是世界未来需要，归根到底，它是世界必须接纳的，不管这个世界是否愿意。"1943年1月，英国首相艾登在内阁会议上指出："我们只能发挥一个欧洲大国或一个世界大国自身的作用。"英国不再能够领导世界。1943年7月，美国陆军部长史汀生访英回来后向罗斯福报告说："理性地讲，我们无法指望能在英国人指挥下越过海峡与我们的敌人德国直接较量。"①

世界反法西斯战争于1945年8月取得胜利，美国赢得了前所未有的国际声望。此后，英国再也无力与美国抗衡，只得唯美国马首是瞻，霸权的转移最终完成。1945年10月24日，联合国在美国旧金山正式成立，总部坐落在纽约。一个由美国领导的国际体系从此建立。

从美国独立到第二次世界大战结束的170多年中，尤其是20世纪的上半叶，美国迅速崛起并最终取代英国成为世界的霸权国。这期间，在美英间发生的霸权转移没有导致两国间的战争，这个现象突破了人们对历史认知的定式：新崛起的国家总要挑战原来的霸权国，最终二者会发生战争。美英霸权和平转移有其客观条件。一是美英两国同文同种。大部分美国移民来自英国，除了第8任总统范布伦（1837—1841年）之外，其他美国总统都是英国后裔。二是两国文化相同。英国人拥有盎格鲁撒克逊文化，美国人至今认为他们的正统文化也是盎格鲁撒克逊文化。两个国家的人都讲英文，尽管有所不同。三是两国意识形态相近。双方都主张个人自由、信仰自

① Anne Orde, *The Eclipse of Great Britain*, N. Y.: Macmillian Press Ltd., 1996, pp. 143, 145, 147.

由和财产私有权。美国实行民主政体，英国虽然保留有王室，但那只是民族的象征，权力仍掌握在议会和内阁手中。正如美国介入一战后，英国内阁一位官员讲："尽管美国人中大多数在起源和思想上都是外国人，但是他们的统治者几乎全部是盎格鲁撒克逊人，并且分享我们的政治理想。"① 四是两国都先后面临共同的威胁。20世纪崛起的另外两个强国——德国和日本都挑战英国的霸权地位，而且都要与美国进行霸权争夺。这二者把美国与英国逼到了一起，共同捍卫它们的共同利益。

当然，和平转移还有主观条件。首先，由于前面列举的客观条件，美国和英国政府在长期相处的过程中逐渐学会了如何谨慎小心、现实主义地处理两国的矛盾。起初，两国发生过战争。但后来，两国政府都会设法摆脱舆论的影响，通过妥协，特别是仲裁的方法来解决两国重大纠纷。其次，美国没有陷入其他帝国主义列强争夺殖民地的怪圈，它是依靠商业扩张来获取自己的利益，这就避免了触动大英帝国的根基，引起英国不安。第三，美国正确的发展政策使自己的实力远超英国。就1937年来说，美国的国民收入为680亿美元，列世界第一位，虽然英国列第二位，但只有220亿美元。② 在美国参战前，英国已经基本依靠美国的财政和物资援助来维持了。最后是美国政府实行了一系列正确的战略。19世纪后，美国凭借门罗主义，利用英国与其他欧洲列强的矛盾，逐步把英国的势力从西半球挤出去。一战期间，美国利用战胜国的地位介入欧洲事务，尝试制衡英国。二战期间，当英国的霸权已被德国打破时，美国才以救世主的面目出现，以美英同盟为基础领导世界反法西斯联盟取得战争胜利，并将领导权自然地顺延到新世界体系的建立，完成了权力在霸权国之间的和平转移。

---

① 韩德：《美利坚独步天下》，上海人民出版社，2011年版，第72页。

② 保罗·肯尼迪：《大国的兴衰》，求实出版社，1988年版，第408页。

第四章　对德国的政策——应对同期崛起的欧洲大国

20世纪初，在世界上迅速崛起的另一个国家是德国。它的实力曾接近或超过了英法等老牌帝国主义国家，有着强烈的掌控欧洲的愿望。这就与美国的利益发生了根本性对立，因为美国一直把欧洲视为其利益重心所在，尽管美国对欧洲实行了孤立主义政策，不愿卷入欧洲强国的纠纷，但如何处理好与德国的关系，从而保证美国的欧洲利益，成为美国政府一项十分重要的任务。两个同期崛起大国的斗智斗力成为20世纪前半叶国际关系的主要内容。这场斗争最后是美国胜出。

一、早期两国利益的碰撞

1870年的普法战争使“铁血宰相”俾斯麦完成了德国统一的使命。从此，德国迅速发展为欧洲的一个强国，并加入了殖民地争夺的行列。到20世纪初，德国的殖民地已遍布亚非。在此过程中，由于美国奉行孤立主义政策，避免与欧洲强国发生摩擦，美国与德国的交锋的机会很少。唯一一场争执发生在南太平洋上的萨摩亚群岛。萨摩亚位于南太平洋，战略地位十分重要。而其中帕果—帕果港的战略价值尤其巨大，美国称之为全太平洋最佳港口之一。英国传教士早在19世纪30年代就抵达了萨摩亚，美国人也曾来这里进行科学考察。19世纪60年代，美国商船把这个港口当做加煤站。1869年，美国横跨大陆的铁路基本建成后，开始增加与新西兰和澳大利亚的贸易，而萨摩亚正好成为运输的中间站。同期，德国人在进行太平洋的扩张时也开始在萨摩亚进行贸易。美、英、德三国的利益竞争日趋激烈。

此时，美国并非一个殖民大国，但美国的海军已在太平洋各地巡游。美国海军非常重视这个群岛，认为如果将萨摩亚群岛变为美国的战略基地，将有助于推进美国的对外贸易。1872年，美国海军中校理查德·W. 米德与萨摩亚土著首领签署了第一项条约。他以美国向萨摩亚提供保护为条件，要求获得该港的租借权。而萨摩亚人出于对英国和德国的担心，采取了以夷制夷的策略，同意与米德缔结条约。然而该条约文本却在美国参议院搁浅。美国参议院只同意利用该港口，但拒绝承担保护国的责任。结果，美国以为对方提供斡旋帮助的条件，获得把帕果—帕果港作为加煤站的权利。尽管美国参议院于6年后才批准这个租借条约，但它的订立奠定了美国向萨摩亚扩张的基础。

在接下来的几年里，英德两国也都想扩大对这个群岛的控制权。1879年德国迫使萨摩亚签署了德萨条约。该条约允许德国在阿皮亚附近的萨留阿法达建立海军基地，并享有治外法权。同时，英国也迫使萨摩亚签署了英萨条约，也获得了建立军事基地的权利。鉴于美、德、英在争夺萨摩亚的角逐中实力相当，为了避免相互冲突，三国于1880年协商同意对萨摩亚实行了联合共管。

但是，德国心有不甘。1884年，德国策动萨摩亚内部叛乱，并在阿皮亚附近的土著政府所在地升起德国国旗。美国驻萨摩亚领事波瑟尔德·格林纳巴姆针对德国的挑战，在萨摩亚的一个政府建筑上公开升起了美国国旗，并宣称萨摩亚已处于美国的保护之下。1885年，美国国务卿托马斯·F. 贝阿德警告柏林，他“不允许任何一个大国获得贸易上的特殊优惠"①。萨摩亚形势骤变，美国要求举行三国会议讨论这一严重事态。但是在会议召开之前，英国和德国刚刚达成了瓜分太平洋和非洲的协定。英国决定在即将召开的三国会议上暗中支持德国，以此报答俾斯麦对英国控制埃及的支持。1887 年，美、德、英三大国在华盛顿举行了会晤，试图达成一项能满足各方要求的协议。美国国务卿贝阿德竭力反对德国谋求对萨摩亚事实上的控制，理由是萨摩亚的港口是美国通往亚洲和南太平洋的重要运输枢纽。由于美、德的立场大相径庭，三方会议一无所获。

于是，德国用借口把萨摩亚国王赶走，扶植亲德政权。美国政府再次向德国提出抗议。傀儡政权遭到当地人的坚决反对。1888 年 12 月，萨摩亚人伏击并杀死数名德国军人，于是德国向当地村庄开火，并宣布实行军管。美国政府针锋相对地派出了 3 艘军舰，与德国军力旗鼓相当。再加上英国的舰只，三方发生对峙。美国的舆论一时沸腾，站在舆论前沿的是诸如旧金山商会这样的商业组织，它们忧心忡忡地警告说，如果萨摩亚落入德国人之手，接下来就会轮到夏威夷。第二助理国务卿阿迪在给贝阿德的一份备忘录中指出："对德国人来说这些岛屿也许偏僻遥远、无足轻重，但对我们来说却非常接近而且相当重要，因为，如果他们被一个海上强国所控制，将对我们的太平洋侧翼构成威胁，实际上，除了夏威夷，还会对整个南美太平洋沿岸构成威胁。萨摩亚与珍珠港地位相当，因此俾斯麦想得到它。"② 克利夫兰总统向国会提交了一份咨文，要求维护美国的权利。美国国会迅速于 1889 年初拨款 50 万美元作为保护美国在萨摩亚利益的经费，同时拨款 10 万美元修缮美国在帕果—帕果的港口。美德双方剑拔弩张。在这种情况下，俾斯麦要求在柏林举行一次会议。会议还未来得及召开，美、英、德三国的军舰就遭

① 孔华润：《剑桥美国对外关系史》（上），新华出版社，2004 年版，第 362 页。
② 同上书，第 363 页。

到了一场强烈飓风的袭击。美德船只或沉没或搁浅，只有一艘英国军舰逃到安全水域。可能出于对自然力量的敬畏，1889 年 6 月，三国在柏林达成协议，该群岛仍由其国王治理，而三国共同提供保护。帕果—帕果港继续置于美国保护之下，危机暂且平息。

1899 年 3 月，为了新任萨摩亚国王的人选问题，英、德、美三国又发生了冲突，但谁也占不了上风，只好再次坐下来谈判。11 月，英国和德国达成交易。英国忙于非洲的布尔战争，同意以其在萨摩亚的“权利”交换德国在非洲及太平洋一些岛屿，从而退出了在萨摩亚的角逐。于是，萨摩亚正式成为美、德两家争夺的场所。这时美西战争才结束，美国得到了菲律宾、关岛、夏威夷等地，萨摩亚作为岛链的一部分就变得更为重要。12 月 2 日，美国政府采取现实主义的态度，与德国达成了瓜分萨摩亚群岛的条约，规定西经 171 度以东所有萨摩亚地区归美国所有。虽然德国得到了两个最大的岛屿，但美国得到了帕果—帕果港。美属萨摩亚群岛的获得是美国出于贸易和战略方面的考虑。尽管个别议员认为这是对主权国家的分割，但参议院还是给予批准。此后很长一段时间，美国和德国偶有矛盾，但没有发生冲突。

二、阻止德国的扩张

进入 20 世纪以后，德国的发展也相当迅速。1913 年时，德国在世界制造业产量中所占的份额仅次于美国，达到了 14.8%，高于英国的 13.6%。1914 年德国的钢产量为 1760 万吨，高于英、法、俄三国的总和。德国煤的产量为 2.77 亿吨，略低于英国的 2.92 亿吨。德国在新兴工业部门电力、光学和化学领域所取得的成绩都超过英国，像西门子和德国通用电气公司控制着欧洲的电力工业，以拜尔和霍奇斯特为首的化学公司生产了世界上 90% 的工业染料。德国的外贸也仅次于英国，拥有世界第二大商船队。德国能力的增长还体现在军事力量上，德国海军的力量仅次于英国，位居世界第二，拥有13艘最先进的无畏舰系列战列舰。同历史上其他殖民大国和崛起的大国一样，德国统治者有着强烈的领土扩张意愿。威廉皇帝宣布：德国“要在旧欧洲狭窄的边界之外完成重要任务”。首相标洛叫嚣：“问题不是我们是否要殖民，而是我们必须殖民”。海军上将蒂尔皮茨强调：德国的工业化和海外征服“象自然法则一样不可抗拒”。①

德国的快速崛起引起周边国家的不安，特别是英国。当时世界上绝大部分地区都已成为列强的殖民地或半殖民地。德国的进一步扩张势必打破其他列强的势力范围，以至与这些列强直接发生冲突，获取自己的优势地位。20世纪初，围绕德国的崛起，欧洲分裂成两大军事集团：以德国为首的同盟国和以英法为首的协约国。双方的摩擦越来越多，都想尽早开战打败对方。1914年7月，奥匈在德国的支持下借萨拉热窝的斐迪南大公暗杀案入侵塞尔维亚，揭开了第一次世界大战的序幕。1915年，经泛德意志同盟主席克拉斯起草和2000多名德国经济界、军界人士讨论的《战争宣言》发表。该宣言提出广泛的扩张要求，如要求吞并比利时和法国北部、让英国让出全部舰队、准备在近东建立殖民帝国等等。同盟国的进攻遭到协约国的抵抗。

对于这场发生在欧洲的战争，美国政府根据孤立主义的原则于1914年8月4日宣布中立。作为当时世界第一经济大国，美国无意加入这种欧洲国家的争霸之战。美国商人继续与欧洲战争各方做买卖。美国领导人没有德国统治者那种建立传统殖民大国的思想，而是要用商品征服世界。为了争取欧洲早日恢复安宁和保证贸易的正常进行，威尔逊总统曾两次派代表前往欧洲游说，但毫无结果。

为了抵消主要对手英国的海上优势，1915年2月，德皇命令德

① 保罗·肯尼迪：《大国的兴衰》，求实出版社，1988年版，第245、255—257页。

国海军开始进行无限制潜艇战，宣布进入英伦三岛周围海域的船只，无论是交战国的还是中立国的，一经发现都将不经事先警告就予以击沉。美国对此的反应是向德国发出警告，称如果美国船只和美国人的生命遭到非法毁灭，德国应承担“严重责任”；同时威尔逊极力说服英国放弃对德食品封锁，无疑是想以此稍加缓和英德之间的战争局势，继续保持美国的中立地位。3 月 28 日，一艘德国潜艇没有发出警告就击沉了美国邮轮“法拉巴”号，一名美国人溺死，这成为美、德纠纷的开端。此后一个多月，美国一直试图制定一种既不引起美、德严重危机，又保护美国中立权利的政策，国务卿布莱恩甚至主张索性“像听任英国违反国际法那样听任德国违反国际法”。最终，威尔逊总统决定忍让，不追问“法拉巴”事件。5 月 7 日，英国邮轮“卢西塔尼亚”号在爱尔兰海面未经警告被击沉，致使 1200 多非战斗人员死亡，其中有 128 名美国人。死亡人数的增加使美国提高了外交调门，为此向德国连发三份照会，呼吁德国停止攻击非武装商船，称美国将把再出现的残忍沉船事件看作“有意为敌”，但同时又表示，如果德国潜艇司令官事先警告并保证乘客和水手安全，潜艇的活动是可以不违反传统规定的。8 月 19 日，邮轮“阿拉伯人”号被击沉，又有两名美国人丧生。这迫使美国政府对德国施加更大的压力。德国此后做出一定程度的让步，德国驻美大使向美方保证，非武装的客轮再也不会在没有受到警告的情况下遭到攻击。[①] 然而在 1916 年 3 月 24 日，德国潜艇攻击法国船只“苏塞克斯”号，又导致 4 名美国人受伤，这一行动破坏了德国曾做出的保证。4 月 18 日，威尔逊总统警告德国：假如他们不保证停止针对乘客和商船的潜艇战，美国将断绝与德国的外交关系。5 月初，德国再次让步，作出威尔逊总统要求的保证，局势再度缓和。

---

① 托马斯·帕特森、加里·克利福德、肯尼思·哈根：《美国外交政策》（下），中国社会科学出版社，1989 年版，第 384 页。

当战争进入1917年，僵持的战局使德国用闪电战取得速胜的指望彻底落空，而美国的中立贸易与贷款则越来越有利于协约国。战事久拖不决，对德国愈加不利。德国认识到，与其让美国有时间准备战争，不如在其尚未准备充分时，迅速击败英国，在美国介入前就结束战争。在法国陷入堑壕战泥淖而无力自拔的德国陆军军官们急切希望采取大胆行动结束当前代价重大的胶着状态。陆军元帅兴登堡称："我们已做好了对付美国参战的一切准备，事情不会比现在更坏。"[①] 德国海军军官们也使德皇相信，现有的100艘潜艇足以阻止美国的军火运输，从而在6个月内使英国退出战争。海军大臣自信十足，认为"从军事的观点看，美国参战无关大局"。军方的自信鼓舞了德国决策层。1917年1月31日，德国宣布，从次日起，所有进入英国水域的船只，不论是敌国的，还是中立国的，德国潜艇将不加警告一律击沉之。2月3日，华盛顿同柏林断绝外交关系。当月，德国又击沉美国两艘商船，虽然没有人员伤亡。但德国的无限制潜艇战使美国商船不再敢往协约国运送战争物资。装载禁运品的美国船或被迫停泊在港口内，或转向欧洲战区以外搞贸易。货物堆积在码头，美国在一战爆发以来享受的贸易繁荣遭到厄运。德国试图通过遏制美国的"中立"贸易掐断协约国生命线的行动似乎初见成效。

1917年2月下旬，德国外长艾尔弗雷德·齐默曼发给墨西哥政府的电报导致美国朝野哗然，直接促使了美国对德宣战。1917年4月4日，美国国会批准威尔逊总统参加战争的提议。美国成为第一次世界大战的参战国。美国对德国开战除了有安全和经济利益的考虑之外，还有两个新的出发点。第一个是明显的意识形态因素。威尔逊向国会提交的战争提案中指出：美国向德国开战的理由是后者对世界和平与文明构成了威胁，只要德国军国主义尚存，世界就难

① 托马斯·帕特森、加里·克利福德、肯尼思·哈根：《美国外交政策》（下），中国社会科学出版社，1989年版，第389页。

保和平；军国主义是长期压制民主的专制主义的产物，只有民主政府才能实施和平的外交政策，而追求民主与和平是历史的必然，美国则有责任来落实这一历史必然；在当前英国和法国等欧洲民主国家自身无力抗击德国军事力量的情况下，美国就不得不站出来干预。他最后强调，美国参战的最重要原因是要确保整个世界的“民主通行无阻”。[①] 威尔逊在1917年12月给国会的文件中明确表示，他不认为德国目前统治者代表德国民众，“我们必须知道，当他们的发言人和我们对话时，他们在代表谁，是议会的大多数，还是军事集团？”[②]

第二个是建立集体安全体系。美国派大兵参战很快就打破了战场的胶着状态，使战争局势朝着有利于协约国的方向发展。然而，美国没有加入协约国，也不认同英国的战争目标。1917年8月，威尔逊提出了战后处理德国的初步设想：“我们认为惩罚性的损害、肢解德国、建立自私的和排他性的经济联盟都是不合适的，到头来不仅徒劳无益而且有害，不能为任何种类的和平提供适当的基础，更别提永久和平了。”[③] 1918年1月8日，威尔逊总统在国会发表了有“世界和平纲领”之称的“十四点计划”，详细阐述了美国的对德处置办法。除了让德国从其占领的外国领土上全部撤军外，“十四点计划”还提出以民族自决原则和委任统治方式处置德国的殖民地；德国要对其由于违反国际法所造成的损失进行赔偿。比利时可以因其中立权遭受侵犯要求赔偿；法国也可以对其东北部所遭受的损失要求赔偿，但不能超出这一范围。

到1918年9月，由于美国的帮助，协约国开始在军事实力上占据绝对优势，德军已无重振旗鼓的可能，同盟国军队已经全面陷入困境。美国的“十四点计划”对败局已定的同盟国来说颇具吸引

---

① 孔华润：《剑桥美国对外关系史》（下），新华出版社，2004年版，第37页。

② Hans Wilhelm, *Germany and the United States: a “special relationship?”*, Cambridge: Harvard University Press, 1980, p. 72.

③ 德怀特·杜蒙德：《现代美国》，商务印书馆，1984年版，第296页。

力。于是，9 月 16 日德国的主要盟国奥匈帝国首先要求以“十四点计划”为基础进行停战谈判，之后保加利亚和奥斯曼土耳其也提出了同样的要求。9 月底，德国政府也向美国表示同意接受以威尔逊的“十四点计划”为基础的和平。威尔逊对德国的举动表示欢迎，并趁机提出在德国完成政府改组和废黜皇帝之后，美国将再助它取得协约国的同意。对于威尔逊的要求，德国表示可以满足。10 月 3 日，德皇威廉二世宣布接受选举的代表进入政府，并任命具有自由倾向的马克斯亲王为帝国首相。当晚，马克斯政府将一项和平协议送达威尔逊，同意以“十四点计划”作为停战协议的谈判基础，请美国充当调停人。威尔逊要求德国进一步明确对“十四点计划”的态度。10 月 12 日，柏林正式宣布，接受威尔逊的“十四点计划”作为谈判条件，并声明德国议会也同意这一决定。[①] 然而，美国却想进一步摧毁德国的帝制。10 月 14 日，威尔逊照会德国，提出作为停战和谈举行的先决条件，德国应该先结束自己的专制政体。迫于美国的压力以及战争对国内造成的巨大损失，马克斯亲王对德皇作了大量说服工作。28 日，德国对帝国宪法进行了一系列修订，准备向君主立宪制转变。

1918 年 11 月 5 日，美国国务卿兰辛受协约国委托向德国发出照会，提出了协约国（主要是法国）对于赔偿的附加条件：“被侵略的领土应予恢复以及撤退和解放，……德国须对其陆海空各方面的侵略对盟国平民及财产所造成的损失做出赔偿”。[②] 德国对这一赔偿原则的修改极为担心，因为这个附加条件实际上扩大了德国的赔偿范围。但是德国也只能无奈复照接受。就在德国代表前往法国媾和的当天，柏林爆发了社会民主党领导的罢工和武装起义，要求德皇在 72 小时内退位。11 月 9 日，德国成立以社会民主党人艾伯特为首的政府。威廉二世退位，军国主义专制崩溃。美国赢得了一次

---

① *FRUS*, 1918, pp. 350, 357 – 358.

② Ibid., pp. 468 – 469.

重大的外交胜利。威尔逊立即要求取消对德国的粮食禁运。

1918 年 11 月 11 日，德国代表与协约国联军代表在巴黎签署了停战协定。德国同意 15 天内从其占领的他国领土，包括阿尔萨斯—洛林和莱茵河左岸等地撤出全部军队，并交出 5000 门火炮等大量的武器装备。这个由德意志帝国魏玛政权所签订的停战协议大大超出了美国的估计，实际将德国置于战败国的地位。

1919 年 1 月 18 日开始的巴黎和会没有德国参加。英法意日等国都想以战胜国的身份从德国得到各种利益。由于威尔逊总统为了保证国联的成立，不得不对这些国家的要求一再作出让步。6 月 28 日会议在凡尔赛宫签署了一项对德和约。和约前半部分是国联盟约，后半部分关于德国领土割让、军备限制和赔款。领土部分如割让阿尔萨斯和洛林给法国，恢复法国在普法战争前的疆界；土石勒苏益格经过公投，回归丹麦；承认波兰独立，并把原属波兰的领土归还，包括中西里西亚、波森省、部分西普鲁士及部分上西里西亚；东上西里西亚予捷克斯洛伐克；但泽由国际联盟管理，称为但泽自由市，以便波兰有个出海口；割让尤本及萨尔梅迪给比利时等等。德国放弃海外殖民地，它们将由国联通过大国委托管理，其中德国在山东胶州湾租界地转让给日本。德国军队限额为 10 万人，军官不得超过 4000 人等。赔款问题将由设在巴黎的赔偿委员会来研究解决。德国以战败国身份被排除在和会之外，英法等国以战胜国的身份得到大量的权益。结果，和约并未能实现威尔逊的“十四点计划”，欧洲大国间的矛盾依然存在。

三、帮助德国恢复

由于美国参议院坚决不批准，美国无法接受《凡尔赛条约》，也就从理论上没与德国恢复正常关系。战后协约国对美国过剩商品的需求减少，美国出口商越来越急切地希望尽快恢复与德国的商业关系，使德国能够重新成为美国的出口市场。因此，美国商人强烈要求政府尽快与德国单独缔结和平条约。哈丁政府的国务卿休斯和商务部长胡佛都认为，在世界政治和经济动荡的情况下迫切需要实现与德国的和平。参议院也支持这种作法。与此同时，德国也抓住时机向美国示好。1921 年 3 月，德国外长瓦特·西蒙斯通过美国驻德国专员德塞莱向美国发出请求，邀请美国总统充当德国与协约国的赔偿纠纷仲裁人。休斯答复说，美国政府与协约国政府持有相同的观点：德国为这场战争负责，因此德国应在道义上履行义务，支付尽可能多的赔偿。希望德国政府在一个新的基础上重新开始谈判，这将会产生一个迅速的解决办法，这个办法不但可以满足协约国的要求，而且能满足德国重新恢复生产活动的要求。[①] 休斯于 7 月 5 日给美国驻德国的专员德塞莱发出指示，与德国恢复外交关系极大地依赖于德国政府对《凡尔赛条约》规定的赔偿和其他权利的态度。美国将不缔结任何没有对它们做出保证的条约。尽管谈判条件苛刻，但德国政府清楚，不与美国建立良好关系，德国重建困难重重，而且美国拒绝《凡尔赛条约》就意味着美国与协约国的矛盾，有利于加强德国的外交地位。因此，德国对美国做出了让步。1921 年 8 月 25 日，美国与德国签署《德国和美国恢复和平条约》，又称《柏林和约》。这个和约充分体现了一战后美国对德政策的基本原则：通过保留驻军向协约国表明美国并不是与协约国彻底决裂，以安抚因美国拒绝批准《凡尔赛条约》在协约国中引起的不满和恐慌，争取协约国在其他国际问题上对美国的支持与合作。同时向德国表明，自己在对德国问题上持不同于协约国的灵活立场。随后，美国向德国派驻了第一位驻德大使，成立了美国主导的美德混合权力要求委员会，为协调美德贸易关系提供了渠道和场所，增强了美国商人在德国投资的信心。美国启动了与德国的贸易谈判，并通过民间途径向德国提供经济援助，防止德国布尔什维克化。

① *FRUS*，1921（II），p. 40.

复兴德国经济的一个棘手问题是德国的战争赔偿。这也是协约国最关心的问题之一。1922 年 12 月 29 日，国务卿休斯向英国、法国、德国、意大利、比利时表达了在这个问题上的态度，即：美国不希望看到一个衰弱的德国，如果没有德国的恢复，就没有欧洲的恢复。如果经济发展上不能让各方都满意，那么就没有持久的和平。[①] 美国提出的解决德国赔偿问题的方案主要包括三点内容：第一，德国的赔偿应该由一个金融专家委员会来确定，而不是由赔偿委员会单独确定；第二，不仅是要确定德国的赔偿数额，而且要紧的是要通过对德国金融体系进行整顿，使德国具有支付能力；第三，美国政府不直接参与，而是由美国专家和专家委员会出面合作。

美国的方案受到了英国和德国的欢迎，但是法国和比利时对此置之不理，坚决要求执行“产品抵押”政策。在1923 年1 月2 日赔偿委员会召开的巴黎会议上，法国、比利时、意大利 3 票赞成压倒了英国的 1 票反对，通过了以鲁尔作为德国赔偿的抵押决议。11 日，法比联军开进了德国鲁尔。13 日，德国古诺政府宣布与法国断交，禁止德国人与侵略者进行任何形式的合作，停止向参与鲁尔占领的国家支付赔偿。法国的回应则更为强硬，宣布在占领和未占领的德国领土之间划界，不允许任何人员和物品经过此线，驱赶、监禁占领区内不顺从的德国官员和工业家，并且成立专门机构来负责从鲁尔工业区的产品中提取赔偿。法国的强硬政策直接酿成了“鲁尔危机”。

危机爆发当天，美国宣布撤出美国在德国的最后一批占领军，间接对法国施压。此外，美国则一直保持着谨慎的观望态度。美国驻德大使霍顿指责国务院举棋不定，要求对法国采取强有力的军事措施或者经济措施。然而，国务卿休斯不但言辞谨慎，而且拒绝对法国直接施压，担心匆忙行事会引起法国的敌视，从而削弱美国将

① *FRUS*, 1922 (II), pp. 199 – 200.

来居中调解的能力。美国政府看清形势后，采取了下面的作法。由于法国的制裁，德国面临严重困难：工业产量急剧下降，中小企业纷纷停工或倒闭，通货膨胀达到了天文数字，整个社会处于严重的动荡之中。1923 年 3 月 4 日，美国通过了温斯洛法案，修正了 1917 年的《与敌国贸易法》，返还了所有被美国政府扣押的价值在 10000 美元以下的德国资产。这部分资产占美国政府扣留的德国资产的 80%。而且温斯洛法案还规定，在以后 5 年里归还被扣留的大部分德国剩余资产。① 美国还提出了《美德友好、通商和领事权利条约》草案。休斯 7 月 25 日对德国驻美大使说："该条约旨在促进美国和德国人民之间的友好交往。"② 这不仅给予德国人所需的心理上、精神上的巨大支持，而且给德国的经济恢复带来了实际的好处。

与此同时，美国拉拢英国以孤立法国，为美国主导赔偿问题做准备。一战结束后，尽管英国在欧洲的利益和对外战略上与法国不同，但是英国一直与法国保持着良好的关系，并默认了法国在鲁尔危机上的作法。因此，对美国来说，争取英国对其方案的全力支持，是逼法国就范的重要环节。1923 年 1 月 31 日，美国邀请英国财政大臣鲍德温访美，与英国达成偿还债务协定。该协定规定，英国在 62 年内还清所欠美国的战债，战债利息由 5% 降到 3.3%，利息的降低实际上将英国的欠款削减了 30.1%。2 月 7 日，哈丁总统要求国会批准该协定。哈丁宣称该协定是恢复世界金融和经济稳定的先决条件。③ 协定的签订使得英国成为美国的债务国中第一个与美国达成债务协定的国家。美国的让步换来了英国在处理德国偿还

① Manfred Jonas, *The United States and Germany: a diplomatic history*, Ithaca: Cornell University Press, 1984, p. 64.

② Ibid., p. 174.

③ Thomas A. Bailey, *A Diplomatic History of the American People*, N. Y.: Meredith Corporation, 1969, p. 663; Melvyn P. Leffler, *The elusive quest: America's pursuit of European stability and French security*, 1919 - 1933, Chapel Hill: University of North Carolina Press, 1979, p. 69.

问题上的支持。1923 年 4 月 20 日，英国外交大臣寇松正式表示，英国支持美国关于建立专家委员会解决赔偿问题的建议。随后英国极力邀请美国参加德国赔偿问题的解决，并就美国介入赔偿问题的条件与美国进行协商。1923 年 10 月 5 日，英国首相劳合·乔治访美，要求美国参与解决德国的赔偿问题，将休斯的建议作为解决赔偿问题的基本原则。随着鲁尔危机的加深，其他协约国逐渐意识到没有美国的介入根本无力解决危机。于是，意大利、葡萄牙、荷兰等其他国家也纷纷呼吁以休斯 1922 年 12 月 29 日公布的建议为基础，解决德国的赔偿问题。

然而法国却迟迟不肯妥协，美国不得不直接对法国施压。1923 年 10 月 22 日，休斯会见法国代办拉布瓦，着重提到了德国局势的严重性。休斯说，目前的局势“可能很快发展到从德国根本得不到任何赔偿的程度。法国的安全不能通过这种方式来取得。美国对法国继续采取拖延解决问题的态度不能理解。”11 月 5 日，休斯紧急召见法国驻美大使朱赛兰。休斯强硬地指出，专家委员会应能不受限制地评估德国的支付能力，那种“相信分裂的德国将保证法国的安全的想法是一种幻想”。他甚至威胁说：“德国将会重新统一，而法国将既得不到安全也得不到赔偿。”[①] 在美国的压力下，法国于 1923 年 11 月 12 日宣布初步接受美国的建议。11 月 30 日，各国最终达成协议，成立两个专家委员会来解决德国的赔偿问题。至此，美国终于在休斯公布方案一年后，凭借其政治和经济影响力，争取到了对其方案的广泛支持。

在如何执行方案的问题上，美国官员认为最好的办法是政府在幕后，而通过私人银行家和商人出面。于是在柯立芝总统的请求下，1924 年，查尔斯·道威斯、亨利·罗宾逊和欧文·杨格三个银行家组成了一个调查德国财政情况的委员会，出使欧洲并提出了关

① *FRUS*, 1923 (II), pp. 79 – 83; Melvyn P. Leffler, *The elusive quest: America's pursuit of European stability and French security*, 1919 – 1933, Chapel Hill: University of North Carolina Press, 1979, p. 89.

于德国赔款计划的一份修正方案，将德国的赔款总数降到了可以支付的水平。这个赔款计划被称为“道威斯计划”。“道威斯计划”主要体现了美国主张的三点赔偿原则。第一，保证德国能够最大限度支付赔偿，而又不危及德国的经济恢复和稳定。第二，推动赔偿支付向商业化发展。将赔款的收集和移交分开，确保德国在赔偿支付前后经济不会发生强烈的反差，从而确保德国经济正常发展和赔偿的继续支付。第三，维护德国经济统一。“道威斯计划”多次强调，整个计划顺利实施的前提是德国经济不受外来干扰。1924 年七八月间，协约国代表在伦敦召开会议。与会者一致同意执行“道威斯计划”。法国和比利时还承诺一年内从鲁尔撤军。德国以“道威斯计划”为契机，走上了经济复兴之路。

协约国尤其是法国，对德国担心的另一个问题是安全保障。法德历来是欧洲大陆两个对立的国家。1924 年 10 月 2 日，法国力促国联第五届大会达成了《日内瓦协议书》，并第一个在协议书上签字，但英国等国犹豫。美国政府担心这个不由自己参与的条约会伤害本身利益，也不支持。在美国的影响下，英国最终拒绝在议定书上签字，导致议定书夭折。但美国知道必须采取另一种方式来满足法国的安全需求。此时，德国外长斯特莱斯曼主张有关国家缔结一项安全保证公约，他清楚法国的安全担心终归是要解决的。这正是美国所希望的，但德国内部其他人反对，法国也提出德国难以接受的要求。1925 年 5 月 4 日，卸去美国驻德大使一职转任驻英大使的霍顿在伦敦发表题为“美国对欧洲的和平通牒”的公开演讲。他警告说：“欧洲人民必须缔造永久的和平。否则，由于美国人对于投资不感兴趣，美国流入欧洲的资金将会停止。”[①] 美国暂时减少了向欧洲的贷款，以配合这一通牒。美国的经济压力马上显现效果。在其压力下，德法两国最终互相妥协。10 月 5 日至 16 日，英、法、

---

① Frank Costigliola, *Awkward Dominion: American Political, Economic, and Cultural Relations with Europe*, 1919 - 1933, Ithaca: Cornell University Press, 1984, p. 126.

德、比、意、波、捷七国代表在瑞士的洛迦诺举行会议，会议达成的文件总称为《洛迦诺公约》。通过这个条约，法国得到了德国对《凡尔赛和约》划定的法德边界，以及关于莱茵非军事区规定的正式承认，德国也得到对其西部安全的保证，经济恢复的障碍基本消除。德国还得到这些国家的支持，于1926年9月加入国联。

然而，一个没有美国参与的《洛迦诺公约》不仅没有切实增强法国的安全，反而伴随着德国经济的快速发展和巨大潜力的释放导致法国领导人更加担心其安全问题。因此，法国外长白里安建议与美国签订一个法美友好条约，使美国成为法国安全的保证者。美国政府担心这样一个条约会被视为美法结盟，与美国的孤立主义原则不符。于是，国务卿凯洛格在1927年12月28日提出将法美双边协定扩大成尽可能多的国家都签订的一个多边协定，“使世界所有主要国家都同意放弃把战争作为执行国家政策的工具”。[①] 美国的表态使得法国处境尴尬。与法国的态度截然相反，德国成为第一个支持美国建议的国家。法国也不得不接受美国的这种安排。1928年8月27日，美国、法国、德国、英国等15个国家的代表在巴黎作为创始国签订了美国拟定的《关于废弃战争作为国家政策工具的一般条约》，简称《非战公约》。该公约主要有两个方面的内容：一是所有公约签字国同意绝不把战争作为推行本国政策的工具；二是所有签字国同意各国之间的争端用和平方式解决。但该公约没有规定对违反者的任何制裁措施，因此以后的发展证明其作用有限。《非战公约》大大增进了美国与德国的友好关系，也提高了一战战败后德国的政治地位。

在美国资本的帮助下，德国实现了生产设备的现代化和技术革新，经济快速恢复。从1926年下半年起，德国经济开始走向繁荣。1927年，德国的工业生产恢复到了战前的水平。1926年，德国出口

---

① *FRUS*, 1927 (II), pp. 626 – 627.

额已超过了战前水平，到1929年，又超过了1926年水平的28%。[①]在德国经济复兴的同时，欧洲国家的经济也从整体上恢复了。这连带促进了美国的经济利益。1919年，美国在欧洲的直接投资为6.94亿美元，到1929年则翻了近一番，达到了13亿美元。[②] 美国对欧洲的投资又促进了欧洲对美国商品的购买力，如美国对德国的出口从1923年的3.17亿美元上升到1927年的4.82亿美元。[③]

虽然“道威斯计划”取得成功，但它只是一个临时性的计划，仅规定了前五年德国的年支付额，没有确定赔偿总额和支付年限，而且在执行中还遇到其他种种问题。如德国总是试图将赔偿问题和协约国提前撤军联系在一起，英国不断地要求赔偿与欠美国的债务联系起来，法国急切希望制订一个新赔偿计划，也坚持赔偿额应该建立在它欠美、英的债务和自身的重建费用基础上，美国关切的是收回协约国所欠债务问题等等。在这种情况下，1929年2月11日，由7个国家的专家组成的专家委员会开始工作，最终于6月提出一个以美国银行家杨格的名字命名的“杨格计划”。该计划主要内容是将德国的赔款减到了90亿美元，分59年付清，利息5.5%；赔款由德国铁路公司和德国国家预算支付；取消了对德国的财政监督，撤销了赔偿委员会、赔偿事务总管和移交委员会，由德国自己负责将赔款兑换为外币；成立“国际清算银行”，负责处理结算赔款事务，但是该银行没有任何政治权力，只是一个纯粹的金融机构等。讨论中，专家们决定赔款数额时实际是把对美国的战争债务联系在一起，认为再减少赔款就只能相应减少债务。1929年8月，

---

① 国际关系学院编：《现代国际关系参考资料（1917—1932）》，高等教育出版社，1958年版，第292、297页。

② Frank Costigliola, *Awkward Dominion: American Political, Economic, and Cultural Relations with Europe*, 1919 - 1933, Ithaca: Cornell University Press, 1984, p. 149.

③ Bureau of Census, USDC, *Historical Statistics of the United States: Colonial Times to* 1970, Washington, D. C.: US Department of Commerce, 1989, part 2, p. 555.

英、法、德、意、比等17国参加的海牙会议又对细节反复争论，于1930年1月批准了修改后的“杨格计划”。此时，美国政府并不赞赏“杨格计划”，只派人作为观察员与会，因为国会不断地批评这种支付战争赔款的方法是将美国债务和战争赔偿直接挂钩，将美国变成了德国实际上的债权国，使得美国不得不分担欧洲的政治责任。美国政府再次明确表示，美国不对“杨格计划”的实施承担任何责任，并否定了赔偿与协约国欠美国债务的联系。以后由于世界经济危机和德国希特勒上台，德国拒绝支付赔款，这个计划并未能执行下去。

四、从中立到消灭法西斯

1929年发生的世界经济危机也对德国构成沉重打击。本来靠美国投资支撑的德国经济由于失去美国的投资和英法两国坚持赔款而遭到重创，跌到19世纪末和20世纪初的水平。工业生产下降了40.6%，出口总额下降了69.1%，失业人数激增，最高时达到612.8万。[①] 在这种情况下，广大民众极为不满，要求实行变革，摆脱《凡尔赛条约》的束缚。面对民众的要求，希特勒领导的民族社会党（纳粹党）不设法解决自身问题，却鼓吹独裁，许诺向一切公民提供强有力的国家保护，借机煽动对它国的不满，提出建立一个以日耳曼人种为基础的新帝国，并成为“地球的主人”。本来就把自身问题归罪于他国、受强烈的民族主义情绪支配的德国民众把纳粹的这种主张看作是德国的美好未来，成了纳粹党的热烈拥护者。德国的政局发生急剧变化。1933年1月30日，希特勒担任了德国总理，2月27日柏林发生国会纵火案，3月5日纳粹党在国会选举中获得了绝对多数席位。随后，希特勒取消民主政体，实行独裁统

① 王绳祖:《国际关系史》(第五卷)，世界知识出版社，1995年版，第90页。

治，扩军备战。他计划建立一个大德意志帝国，再夺取欧洲霸权，进而向海外扩张，打败英美，称霸全球。希特勒对美国的看法根本上是否定的。希特勒对但泽的纳粹党头目赫尔曼·劳施宁说，美国南方在南北战争中打了败仗以后，“腐败的商人阶层”给美国带来了“虚假的”繁荣，但美国已失去了成为伟大国家的时机。美国正处在“一个腐败制度垂死前”的痛苦挣扎之中，只有“真正的主宰阶级”，即“美国人民中的德裔部分”才能拯救这个国家。[①] 同样由于经济困难，意大利法西斯势力也借民众的不满趁机控制政权，试图对外扩张。它与德国法西斯势力联手，对欧洲其他国家构成威胁。然而，就在这个时期进行的 1932 年日内瓦世界裁军会议由于各方争吵不休，没有进展。德国提出军备平等，法国要求安全保证，英国希望限制进攻性武器。罗斯福上台后建议于 1933 年 3 月 14 日休会，并向报界表示，裁军是扭转国际局势的一项重大措施，美国力图使之取得成果。为此，美国带头削减仅为 14 万人的陆军，把省下的军费用于“新政”。[②] 这次会议无果而终。

德国于 1933 年退出国联。1936 年初德军开进非武装的莱茵地区。年底，德国和意大利两国结成联盟——轴心国。欧洲的和平面临威胁，1933 年 6 月美国国务院从柏林得到报告指出：“如果这个政策再执政一年，它将使德国在未来成为世界和平的威胁。”[③] 但美国政府视而不见，认为与己无关。1935 年 8 月 31 日，美国通过中立法，规定当外国国家间发生战争时美国不得向任何一方输出武器和军火。1937 年 5 月 1 日，罗斯福总统签署了国会通过的永久中立法。中立法对欧洲和平局势的危害很快显现。1936 年，西班牙发生

① 阿诺德·A. 奥夫纳：《美国的绥靖政策：1933—1938 年美国的外交政策与德国》，商务印书馆，1987 年版，第 20—21 页。

② 杨生茂：《美国外交政策史：1775—1989》，人民出版社，1991 年版，第 279 页。

③ Richard Leopold, *The Growth of American Foreign Policy*, N. Y.: Alfred A. Knopf, Inc. 1962, p. 516.

内战。在德意法西斯势力支持下的、以佛朗哥为首的军人集团发动叛乱，要推翻民主政府。随后，德意干脆直接出兵支持叛乱势力。美国继英、法之后宣布了“不干涉”政策。尽管1936年《中立法》并不适用于内战国家，但赫尔却要求所有美国人都用《中立法》的精神来对待这次内战，国务院屡次否决了私人公司向西班牙政府出售飞机的要求。出于对民主力量的同情，美国一些民众要求撤销对西班牙武器禁运。参议员奈等人先后三次向参议院提出取消西班牙的武器禁运，实行“现款自运”原则。但罗斯福和赫尔宣称这会改变美国严守中立的政策，增加卷入战争的可能性。参议院外委会否决了奈等人的建议。1937年1月，美国参众两院都通过对西班牙禁运武器的决定。这就大大损害了正在与法西斯进行英勇斗争的西班牙政府和人民的利益，助长了叛军的嚣张气焰。美国政府这么做的主要原因是不想损失美国在德国的巨大经济利益。二三十年代美国曾向德国投放大量资本，总计达70多亿美元。美国大企业与德国保持非常密切的联系。据1937年的一次调查表明，100家美国大企业中有20家与德国有重大协议，其中钢铁业和石油业与德国的军事工业的联系尤为密切。西班牙叛乱势力从美国也得到大量战略物资，如在内战的几年中石油制品的进口达到了184万吨。①

1938年5月，德国唆使捷克苏台德地区的德裔居民进行分离运动，酿成“五月危机”。捷克政府坚决拒绝了分离要求，暂时平息了危机。9月捷克危机再次爆发。美国一方面表示反对德国侵略，另一方面又拒不理睬法国的调停请求。法国被迫转而追随英国绥靖德国。9月26日罗斯福以“美国与此没有政治纠葛”为前提，呼吁英法捷德各方举行谈判。27日，罗斯福向希特勒和捷克总统爱德华·贝尔奈斯再次呼吁在中立地区召开一次广泛的国际会议，讨论苏台德以及与此相关的一系列问题。当他得知张伯伦决定接受希特

① Arnold A. Offner, *American Appeasement: United States Foreign Policy and Germany*, 1933 - 1938, Cambridge: Belknap Press of Harvard University Press, 1969, p. 103；王绳祖：《国际关系史》（第五卷），世界知识出版社，1995年版，第165页。

勒的邀请前往慕尼黑时，罗斯福对其大加赞赏。29 日张伯伦和希特勒共同主持了英、德、法、意四强会议。四国一致同意把苏台德地区割让给德国，并将这一决议强加给了捷克。

德国在慕尼黑的成功标志着它在中东欧霸权的确立。罗斯福开始意识到问题的严重性。在 1939 年 1 月的国会咨文中，罗斯福指出："美国的外部危机大于内部危机"。而在这样一个危机四起的世界中，"我们的《中立法》……可能实际上援助了侵略者，而使被侵略者得不到援助"。[①] 罗斯福在私下里进一步承认，对西班牙的武器禁运是一个严重的错误。陆军部长史汀生也指出中立法事实上帮助了专制者。但美国政府并没有设法改正这个错误。3 月 28 日西班牙共和国在叛军以及德、意干涉军的联合夹攻下灭亡。4 月 1 日继英法之后，美国承认佛朗哥政权。就在法西斯在西班牙胜利的同时，3 月德国占领了捷克剩余地区。4 月意大利占领了阿尔巴尼亚。8 月，罗斯福向德国和波兰政府表示，他可以进行斡旋以维护和平。希特勒 8 月 31 日还表示感谢，9 月 1 日就把军队开进了波兰。

此时，德国还是试图避免激怒美国。希特勒宣称"德国人没有什么反对美国人的地方，因此美国人也没有什么反对德国人的地方"，旨在向美国保证他不想找美国的麻烦，同时也是为了防止美国介入欧洲事务。[②] 但美国领导人已无法再相信他的保证。美国政府调整中立政策，作出了"现款自运"的决定。但在德国没有明确袭击美国公民、货物以及商船的情况下，美国的公共舆论还是反对采取任何超出"现款自运"的方式来帮助民主国家。1940 年 2 月，罗斯福派遣副国务卿韦尔斯出使欧洲了解情况。此次访问使美国确信：如果德国决定使欧洲陷入一场毁灭性的战争，那么美国就必须支持英国和法国。因为美国已经确认德国企图称霸世界，这是美国所不能容忍的。

---

① World Peace Foundation ed., *Documents on American Foreign Relations*, Boston: Princeton University Press, 1939, Vol. 1, pp. 26 – 30.

② 孔华润：《剑桥美国对外关系史》（下），新华出版社，2004 年版，第 160 页。

至1940年6月，德国就征服了西欧大部。9月，美国总统以行政协定的方式把50艘旧驱逐舰转让给英国。就在这个月27日，《德意日三国同盟条约》在柏林签署。世界上两大战争集团阵营分明。1941年1月，罗斯福在国情咨文中明确地反对孤立主义。3月11日，美国国会通过《租借法》，开始以实际行动积极地支持反法西斯主义国家。美国甚至对德国展开了不宣而战的军事行动。1941年9月4日，德国潜艇在冰岛海面袭击了美国驱逐舰“格里尔”号，罗斯福当即给大西洋海军司令下达了“当场开火”的命令，要求他们不能让德国和意大利的船只进入美国的“防御水域”，这片水域包括了西经26度以西的绝大部分地区。罗斯福抓住这一机会告诉美国人民，这一事件“不是北大西洋上的局部军事行动，也不是两国之间斗争中的小小插曲。这是为了在武力、恐怖和屠杀的基础上制造一种永久性世界体制的坚定步骤”。接着罗斯福又一次显示了比喻的才能，称德国的潜艇是“大西洋的响尾蛇”，对此必须“见了就打”。这一度被认为是“不宣而战”的声明，又一次以简单易懂的比喻赢得了多数美国人的支持。“格里尔”事件后，在大西洋上美、德舰艇之间常有冲突。当10月份另外两艘美国驱逐舰遭到德国潜水艇袭击时，国会批准了武装美国商船的提案。战争已经濒临大西洋，罗斯福宣布，“射击已经开始，历史将记住谁放的第一枪”。“希特勒的鱼雷直接对准了每一个美国人，无论他是生活在我们的海岸，还是最边远的角落”。[①] 1941年12月，美国最终对德宣战，并在接下来的四年里，领导了同盟国的军事行动。

凭借其巨大的优势，美国领导人对取得战争胜利充满信心，很早就开始筹划战争结束事宜。1942年5月，美国战后对外政策咨询委员会提出一个要求德国和日本无条件投降的建议。这么做可以避免第一次世界大战的后遗症，它得到了罗斯福的认同。1943年1

① 孔华润：《剑桥美国对外关系史》（下），新华出版社，2004年版，第172页；关在汉：《罗斯福选集》，商务印书馆，1982年版，第313—321页；邓蜀生：《罗斯福》，浙江人民出版社，1985年版，第200页。

月，盟国领导人在卡萨布兰卡开会讨论这个军事行动。会议结束时，罗斯福在记者会上指出："只有把德国和日本的战争力量彻底消灭干净，世界和平才能到来。这就是说，这次战争的目标可以被描述成这样一个简单的公式：要德国、意大利和日本无条件投降……无条件投降并不意味着德国人民的毁灭，也不意味着意大利人民和日本人民的毁灭，而的确意味着那种以征服和奴役别国人民为根据的哲学在德国、意大利和日本的毁灭。"① 这个概念提出后得到英国和苏联等国的认同。

1945 年 4 月，战争即将胜利之时罗斯福总统突然去世。杜鲁门继任美国总统。这时，已经苟延残喘的德国统治者试图利用美英领导人的反苏思想，通过向西方单独投降的方式来挑拨美苏关系，维持自己的生存。5 月初，德国派人与英美指挥部联系向西方大国投降事宜。本以反共著称的杜鲁门清楚地意识到德国的阴谋，明确地向丘吉尔指出："美国只能与苏联和英国一起接受所有战线的无条件投降……我们必将恪守诺言。"德国的计划未能实现。结果，德国军队代表只得在 5 月 8 日在柏林面对美、苏、英、法代表，签署了《德国无条件投降书》。在如何处理战后的德国的问题上，美国反对分割德国的作法。这本是过去列强战争的一种结局。在 7 月召开的波茨坦会议上，美、苏、英三国领导人基本按照美国的提议作出了决定，处理德国的原则是非军国主义化、民主化和肃清纳粹主义。具体措施包括美、苏、英、法分别在其德国占领区内执行最高权力、解除德国全部武装、铲除或控制一切可能被用作军事生产的工业企业、摧毁纳粹党的一切组织和机构并确保其不得以任何形式复活、在民主的基础上重建德国民主生活、支持民主政党的建立等等。②

---

① 王绳祖：《国际关系史》（第六卷），世界知识出版社，1995 年版，第 234 页。

② 同上书，第 360、372 页。

同为20世纪初崛起的国家，美国本来想与德国友好相处，在第一次世界大战初期对德国的战争行动相当克制，并不认为英国对美国更好多少。虽然后来两国成为敌手，但战后美国还想把德国拉入集体安全体系，并对德国经济复兴发挥了重大作用，试图帮助德国建成一个民主的、繁荣的国家。美国这么做显然是为了欧洲的和平，也为了保持那里的平衡。只有这样，美国在欧洲的利益才有最大的保障。然而，一定程度上由于英法等国用旧式强国争霸的方式来处理失败者，造成德国复兴的困难，更由于在希特勒领导下的德国从极端民族主义发展到法西斯主义，德国不仅威胁到英法苏等欧洲国家，也成为美国最主要的敌人。美国不得不与英国等反法西斯国家结盟，一起把德国彻底打垮。作为一个崛起的强国，德国十分错误地同时挑战原霸权国英国和同期崛起但实力大大强于自己的美国。德国的失败和美国的胜利有其历史的必然。令人深思的是，德国在美国取代英国霸权地位的过程中实际扮演了助手的角色，是它最后打破英国霸权体系，为美国取代英国铺平了道路。一个可怜的霸权转换的牺牲者！而美国却凭借其孤立主义的政策得到了这样一个占便宜的机会。

第五章　对苏联的政策——应对意识形态不同的大国

20 世纪大部分时间中，美国与苏联的关系影响着国际政治格局的走向。虽然这两个国家长期处于冷战之中，却从来没有发生热战。这不能不归功于两国在那个世纪前半期做出的安排。在 20 世纪前半期，苏联也是一个迅速崛起的横跨欧亚的大国，从表面上看，这两个国家有着不同的社会制度和意识形态，对美国来说，它本是一个比德国和日本更危险的对手。稍有不慎，美苏两国间发生战争是不足为奇的。事实上，在苏联成立之后的很长一段时间里，美国对其采取了敌视政策，甚至不愿意与苏联建立外交关系。因而，如何处理好与苏联的关系，避免与另一个崛起大国发生战争的问题成了美国政府不得不面对的重大挑战。

一、历史上的美俄关系

美国独立战争期间，为了获取更多的国际支持，北美领导人曾试图寻求俄国的同情与支持。此时俄国对待英国的态度是相当消极的，一方面拒绝了英王请求出兵镇压北美人民的反英起义，也拒绝与其建立同盟关系，另一方面在 1780 年 3 月 10 日发表《武装中立宣言》。这些做法实际上有利于北美人民的反英斗争，同时也令北美独立战争的领袖们对俄国心怀希望。1781 年 12 月 18 日，大陆会议将弗朗西斯·达纳（Francis Dana）选为赴俄代表，派往俄国圣彼得堡，并明确了其主要任务：第一，争取俄国承认和支持美国独立，并与美国建立正式外交关系；第二，争取俄国接受美国加入武装中立联盟；第三，争取与俄国订立政治和商务条约；第四，促进美俄相互了解，并建立友好互助关系。然而，俄国对于援助北美独立运动没有任何计划，更没有承认美国的打算。即便如此，达纳出使俄国的行为可以被视为美俄两国关系的一个开端。

独立之后，华盛顿政府为美国确立了“孤立主义”外交原则，不与欧洲国家发生政治上的纠葛，致力于发展贸易。然而，作为弱势一方的美国，在对外关系中往往处于被动境地，因而其所奉行的原则也常常受到威胁。在英法战争期间，英国、法国均采取了海上封锁政策，这令美国的海外贸易遭受到了重挫。与此同时，俄国也面临着同样的困境。为此，两国有着相似的利益，即保障中立国的贸易权利，这为两国建立正式外交关系提供了难得的契机。1801 年夏，新任美国总统杰弗逊曾考虑委派克拉克作为美国驻俄首位官方代表，但因种种原因最终未能实现。1803 年 4 月 4 日，杰弗逊任命利韦特·哈里斯（Levett Harries）为驻圣彼得堡的领事，并最终在 1808 年与俄皇亚历山大一世就两国“建立外交关系”达成了基本共识。同年 6 月，俄国派安德烈·达什科夫（Andrei Dashkov）为俄国驻费城总领事和俄国驻美代办。1809 年 3 月 6 日，美国总统麦迪逊推荐约翰·昆西·亚当斯为驻俄公使，并于 6 月 27 日得到了参议院的批准。此前，4 月 12 日，俄国政府已经任命了帕连伯爵为驻美公使。1810 年 6 月 10 日，帕连到达费城。至此，两国终于建立了正式的外交关系。

由于地理位置相距遥远，美俄之间并不存在很深厚的交往，也不存在明显的利益冲突。不过，美俄在拉丁美洲问题上存在一定的利益差异。拉美独立革命兴起之时，俄国对其抱有敌视态度，因为俄国当时正致力于在拉美的贸易扩张。1821 年 9 月 16 日，俄国沙皇亚历山大发布了一项敕令，规定从白令海峡到北纬 51°的整个美洲西北海岸，包括阿留申群岛和千岛群岛沿岸地区，只允许俄国臣民在此经商、捕鲸和捕鱼，禁止所有外国船只在这个区域的海岸和岛屿靠岸，甚至不准它们驶入距岸 100 海里以内的海域。显然，这与美国的利益相冲突。1823 年 12 月 2 日，美国发表了“门罗宣言”，要将欧洲列强排除在拉丁美洲之外，显然也包括俄国。这引起了俄国的不满。然而，这些矛盾并未对两国关系构成根本性影响，1824 年 4 月 17 日，俄美两国签署了《关于太平洋和美洲西北海岸的规定》，基本上调和了两国之间的争端。

1854 年 3 月，克里米亚战争爆发。从实力对比上看，俄国显然不是英法两国的对手，因而俄国采取的政策是极力拉拢美国。时任驻美公使的斯捷科利就表示，要想尽一切办法“使美国站在俄国一边”。与此同时，美国也有着自身的顾虑，并不愿意看到其对手英国在欧洲的优势扩大化。时任国务卿马西担心英法在打败俄国之后很可能威胁美国。于是，美国的天平很自然地偏向了俄国这边，对于这一点俄国也是心知肚明的。在美国内战期间，俄国投桃报李，对美国也给予了很大的支持，从而令美国感到俄国是一个值得信赖的伙伴。为此，美国在俄国镇压波兰人起义的问题上采取了“漠然置之”的态度，实际上是对俄国的一种支持。[①] 不仅如此，1867 年，美国还从俄国手中购得阿拉斯加，这对于当时与英国矛盾不断加深的俄国是一种支持，因为俄国想借助美国的力量来牵制英国。美俄两国这种你来我往的互惠协作令两国关系变得紧密、稳固。1871 年，俄国皇子阿列克谢·亚历山多维奇（Alexis Alexandrovich）大

---

① 波兰问题指的是拿破仑对俄战争失败后，1813 年，俄国用武力占领华沙公国，并建立波兰王国，国王由沙皇兼任。1815 年，俄国内的波兰人向俄国政府要求自治，遭到俄国政府的断然拒绝。1830 年，这些波兰人发动武装起义。1863 年的波兰人再次起义，由于沙皇对波兰人采取残忍的报复措施，引起了世界舆论的广泛谴责。在这种形势下，英法对俄国提出严重抗议。虽然大多数美国人对波兰人持有同情态度，但美国政府却并未做出任何反对俄国行为的举动。

公爵访问美国，受到热烈欢迎，而美国卸任总统尤利西斯·格兰特也于1878年访问了俄国，同样受到了很高的礼遇。在1891年至1892年的俄国大饥荒期间，美国给予了粮食援助。因而，从美俄建交至19世纪末两国之间的关系以友好为主。其原因除了没有根本性矛盾，双方还都担心英国的威胁。

1898年的美西战争使美国正式成为亚洲及太平洋竞技场上有力的参与者。美国的这种行为引起了同样在该地区有着重大利益的日本、俄国、英国等国家的高度警惕。正如一位英国学者所指出的那样，美俄两国在发展过程中具有很多的相似性，都具备成为全球性大国的地缘优势与民族主义基础，但同时它们之间的冲突也不可避免，“地理条件加上强大的民族主义动力，确定了两国都将成为全球性的大国，而且一个向东、一个向西推进时，它们注定会迎头相撞”。[①] 美国在亚太地区是一个迟来的竞技者，为了能够在亚洲的殖民过程中分得一杯羹，它需要另辟蹊径，对中国推出了“门户开放”政策。虽然当时其他列强都原则上同意了这个政策，但日本与俄国对于中国东北地区都有着觊觎之心，试图将该地区作为其志在必得的势力范围。1900年以后，俄国利用出兵中国的机会，占领了整个东北地区，并且拒绝从该地区撤军。这种行为严重违背了美国所宣扬的“门户开放”政策的原则。1903年美国向中国政府提出开放“满洲”港口，并允许其在该地区设立领事馆的要求。俄国对此强烈反对，并阻止中国答应美国的要求。俄国在满洲的种种行径令西奥多·罗斯福总统异常愤怒，以至于美国将俄国看作是一个决心建立全球帝国、主宰世界的帝国主义列强。

于是，在1904年2月爆发的日俄战争中，美国的公开态度是保持中立，然而事实上，美国的天平是偏向日本的。在美国人看来，日俄实力对比，俄国要占优势。因而，美国支持日本是为了保持东

① 理查德·克罗卡特：《50年战争》，新华出版社，2003年版，第33页。

亚势力的平衡。另外，从利益威胁程度上来看，俄国对美国的利益危害更大。当时的美国舆论普遍认为，日本是在为美国打仗，日本的行为符合美国利益。美国对日本的支持主要表现在两个方面：其一是阻止他国干涉日俄战争。西奥多·罗斯福总统就曾警告德、法不要介入这场战争，从而有力地防止了法国对俄国的支持；其二，为日本提供财政支持。在美国政府的默许下，美国银行家们共向日本提供了4.5亿美元的低息贷款，并且还帮助日本推销公债。[①] 不过，美国并不希望日本在这场战争中取得大胜，因为美国清楚地认识到，美日在亚洲的利益也存在着冲突。因而，理想的结果便是，日俄两国在战争中两败俱伤。因此，当战争优势处于偏向日本一方之时，美国力图成为“仲裁者”。1905 年 8 月，在美国的调停下，日俄签订了《朴茨茅斯和约》，结束日俄战争。在这次战争中，日俄两国都遭到了一定程度的削弱，而美国借助于充当“调停人”的机会，提升了其在亚洲事务中的影响力。

日俄战争之后，美国没有想到的结果是日俄两国竟然捐弃前嫌，走到了一起。日俄两国 1907 年签订密约，划分在中国东北的势力范围。1910 年，日俄为共同对抗美国而达成秘密协议。主要内容是：两国进一步确认第一次密约所划定的势力范围和两国在各自的势力范围内的特殊利益，并互相担保不以任何方式阻碍对方在其势力范围内巩固及发展特殊利益。如两国特殊利益受到威胁，缔约双方将采取联合行动或提出援助，以捍卫上述利益。由于俄国排斥美国在中国的利益，再加上俄国在对待其境内的犹太人问题上所采取的歧视、压制与迫害政策，1911 年末，美国国会以 300：1 的绝对票数通过决议案，自 1912 年 1 月 1 日起停止 1832 年的《俄美航海与通商条约》，并在次年召回了美国驻俄公使吉尔德。美俄之间的外交关系降到了一个新的低谷。然而，一战的爆发为两国之间关系

① 杨生茂：《美国外交政策史：1775—1989》，人民出版社，1991 年版，第 176 页。

的“解冻”提供了机会。当时美俄彼此存在着利益上的需要：一方面，俄国想得到美国的贷款以及武器，另一方面美国希望利用俄国的军事力量，确保英法同盟能够在对德战争中取得胜利。因此，美国对俄国的政策有所缓和。1914 年 10 月 1 日，俄国响应美国的倡议，最早接受了美国提出的《促进和平条约》，同意用和平手段解决国家间的争端。10 月 24 日，美国驻俄新公使上任，并且开始重谈美俄友谊的重要性。与此同时，美国垄断资本家为了利用俄国战胜德国，也开始对俄国直接投资。1916 年，美国银行界给俄国提供了 8600 万美元的贷款。①

然而，1916 年末，俄国国内形势发生了十分微妙的变化，俄国沙皇统治面临着巨大威胁。为了将俄国绑在一战的战车上，美国政府深切地意识到必须对现政权加大支持力度。即便如此，1917 年 3 月，俄国还是爆发了资产阶级革命，即二月革命，沙皇统治被推翻。到 4 月，俄国出现了资产阶级临时政府和工、兵代表的苏维埃政府两个政权并存的局面。面对这种境况，威尔逊政府所考虑的问题主要包括两点：其一，如何使俄国继续参加一战；其二，如何避免俄国的革命向外部世界扩散。基于上述两方面的考虑，威尔逊政府于 3 月 22 日承认了临时政府，并向新政府派出大使戴维德·弗朗西斯（David Francis），从而成为世界上第一个承认临时政府的国家。同年 6—7 月，威尔逊政府派出以前国务卿罗脱为首的代表团访问俄国，其使命是加强友谊、鼓励俄国民主政权、并寻找能让“两国政府有效合作以开展反对德国独裁政权战争的最佳方式”。其中，防止俄国退出战争是最为核心的一条。如果俄国退出战争，美国将不向俄国提供贷款。不仅如此，美国驻俄大使弗朗西斯还公开主张加强俄国军队，镇压俄国的革命运动，正如当时的英国驻美大使赖

① 瓦里科夫：《苏联和美国——它们的政治关系和经济关系》，三联书店，1965 年版，第 10 页。

斯所言，美国人“非常担心俄国革命”。[①] 然而，临时政府并没有能够稳定国内局势，同时在对德作战中又遭到挫折，这一切使得俄国国内的革命形势更加如火如荼，临时政府的基础被动摇。由于俄国国内的形势不明朗，美国政府不得不重新评估其对俄国的政策，改变了对临时政府的支持政策，而转为“等待与观望”。国务卿兰辛认为俄国的形势会越来越糟，美国目前唯一可以做的是观望，“直到出现一些大人物来结束这一切”。[②] 可见，美国政府在没有确定俄国未来发展走向时表现审慎，但其理想的目标是俄国能够出现一个强势的资产阶级政权。显然，美国对于俄国资产阶级临时政府的支持以及其对于革命的恐惧深深影响了以后的美俄关系。

二、从不承认到承认苏联

1917 年 11 月，俄国爆发十月革命。苏维埃政权控制了这个国家，美国对于新政权的态度十分复杂，但总的来说是疑忌的、敌视的。这一方面源自于意识形态领域的矛盾。美国政府认为，苏俄政府不是一个民主的政府，所奉行的政治价值观与经济制度，如推翻资本主义和实行无产阶级专政等，完全与美国相悖。从 1917 年 11 月开始，苏维埃政府先后颁布了关于银行、铁路、外贸、商船、大工业企业国有化的法令。1918 年初，苏俄宣布废除一切外债，还废除了土地私有制。国务卿兰辛就表示，俄国革命“在野蛮性及对生命和财产的破坏方面要远远超过法国大革命”；苏俄对外输出革命

① 唐纳德·E. 戴维斯、尤金·P. 特兰尼著：《第一次冷战：伍德罗·威尔逊对美苏关系的遗产》，北京大学出版社，2007 年版，第 37—38 页。

② William Appleman Williams, *American Russian Relations*, 1781 - 1947, N. Y.: Rinehart & Co. Inc., 1952, p. 95.

的主张也威胁到美国资本主义的安全。[①] 另一方面，美国基于现实利益的考量，不想得罪苏俄。美国非常关切苏俄政府对大战的态度，再就是担心俄国欠美国的债务问题以及美国人在俄国的投资。

11 月 8 日，苏维埃政府通过了《和平法令》，主张尽早结束战争。随后，苏俄政府下令前线俄军停火，并着手与德国进行停战谈判。28 日，苏维埃政府宣布军事行动停止，并从 12 月 2 日起与德国进行停战谈判。在这种情况下，美国政府担心战场形势发生大变，增加德军对西线的压力。11 月 22 日，协约国驻彼得格勒的外交官在美国领事馆开会，决定不理睬苏俄关于停战谈判的建议。12 月 1 日，美国驻俄使馆武官威廉·贾德森会见了托洛茨基，抗议苏德和平谈判，企图对苏俄与德国的停战协定施加影响。在这种情况下，美国政府不再考虑承认新政府的问题，威尔逊总统甚至认为，苏俄政权是不可能掌控俄国政局的，因而美国应继续支持临时政府。1917 年 12 月 24 日，美国国务卿罗伯特·兰辛通知临时政府驻美大使鲍里斯·贝克赫米特夫（Boris Bakhmetev）：美国政府拒绝和苏维埃政府进行经济方面联系，依旧把贝克赫米特夫看成是俄国政府在华盛顿的唯一合法代表。

面对新生的苏维埃政权，协约国内部并没有形成统一的政策。当时，日本、英国和法国等协约国准备武装干涉苏俄革命，而美国起初对此表示反对。当日本准备在西伯利亚地区开展军事行动之时，威尔逊总统明确表示，这一计划是不明智的，美国“应非常有礼貌地拒绝参与其行动”。[②] 美国起初主张维持现状，并认为俄国的局势在没有外部干预的情况下也会好转。因而，美国试图以间接手段来影响俄国革命，诸如停止与苏俄贸易、对苏俄实行出口禁运等经济手段以及通过留在苏俄的美国官方和非官方代表机关搜集情报、通过英法向俄国南部的叛乱势力卡列金提供秘密的财政支持等

① 唐纳德·E. 戴维斯、尤金·P. 特兰尼著：《第一次冷战：伍德罗·威尔逊对美苏关系的遗产》，北京大学出版社，2007 年版，第 160 页。

② 同上书，第 125、127 页。

等。然而，这种间接方式很快便让位于直接的武装干涉。为了配合协约国的行动，1918 年 5 月，美国巡洋舰“奥林匹亚号”驶入苏俄的北部港口摩尔曼斯克。8 月 16 日，美国第 27 步兵团抵达海参崴，18 日第 31 步兵团抵达该地。在军事干预期间，美国在北俄的兵力最多时达到5710 人，在西伯利亚的美军最多时达到8388 人。[①] 尽管 1918 年 7 月 17 日，威尔逊在给协约国政府的一封备忘录以及 8 月 3 日国务院的声明中还声称，美国坚持不干涉苏俄内政的原则，但在他看来，协约国的政策是支持“俄国人民在重新控制他们自己的事务、领土和命运的努力中能够接受的行为”，[②] 因此这一点还是与美国的原则是一致的。

然而，协约国的敌视行为并没有达到预期的效果，俄国境内的叛乱行动遭到了苏俄红军的有力打击，这使得威尔逊政府开始重新审视其对待苏俄所采取的武装干涉政策的效力。1919 年 3 月初，威尔逊总统委派美国在凡尔赛会议上的代表之一威廉·C. 布利特率领一个考察团到访苏俄。这个考察团的使命主要是探索与苏俄缔约的可能性。为了实现和平，打破在国际上的政治孤立，苏维埃政府明知美国的缔约条件对自己“极端不利”，但还是积极地进行谈判，甚至列宁还亲自参与到谈判之中，最终与布利特共同提出了协约国和苏俄实现和平的建议草案。回国后，布列特向威尔逊、兰辛和豪斯上校报告称：“苏维埃政府已经牢固地建立起来，共产党在政治和精神上都很强大……苏维埃军队正在成长，它有高昂的士气和良好的装备……依我看，现在苏维埃政府是苏维埃俄国唯一的建设力量。”因此，布利特建议美国政府与苏俄政权建立联系，“以便用经

① 唐纳德·E. 戴维斯、尤金·P. 特兰尼著：《第一次冷战：伍德罗·威尔逊对美苏关系的遗产》，北京大学出版社，2007 年版，第 157 页。

② Vera Micheles Dean, *The United States and Russia*, Cambridge: Harvard University Press, 1948, p. 11.

济手段同苏维埃政权作斗争。”[①] 孰知，此时高尔察克发动了向莫斯科的进攻，反对派势力似乎又占到了上风，威尔逊政府乐观地认为苏俄政权很快就会垮台。因此，他没有接受布列特的建议，也没有撤出美国干涉军。由此可见，美国政府严重缺乏与苏俄政府建立正式外交关系的诚意与决心。事与愿违的是，美国政府的如意算盘再次落空，苏维埃政权不仅没有被打垮，反而愈战愈强，使得苏俄政府进一步巩固。美国也不得不面对与一个红色苏维埃政权长期共存的现实。

协约国的武装干涉失败后，美国政府继续对与苏俄建立联系持冷漠态度，但苏俄却多次主动要求与美国建立经济关系。1918 年 5 月，列宁通过美国红十字会代表团的雷蒙德·罗宾斯向美国政府转交一封未署名的文件，其中谈及了苏俄的经济状况以及希望与美国建立经济联系的意愿，同时指出如果美国愿意贷款，将能够占有苏俄大部分市场。此外，这份文件中还就美国商人的安全保障问题作了说明。1919 年 1 月，苏俄代表李维诺夫曾向协约国代表、美国驻伦敦武官巴克勒表示，苏俄愿意偿还外债，保护外国企业并授予特许权。10 月，列宁再次表示，“我们完全同意与美国，与所有的国家建立经济合约，尤其是与美国建立经济合约”。[②] 1920 年 2 月，苏俄政府在给美国政府的电报中说，“苏美两国之间的关系一定会给双方带来极大的好处，双方一定会从这种关系中获得巨大的利益”。[③] 然而，苏俄的努力不仅未能得到美国政府的积极回应，反而在不久之后，美国政府对苏俄采取了更加僵硬的态度。新任美国国务卿班布里奇·科尔比在答复塞缪尔·冈珀斯关于与苏俄展开贸易

---

① 瓦里科夫：《苏联和美国——它们的政治关系和经济关系》，三联书店，1965 年版，第 79 页。

② John Lewis Gaddis, *Russia, the Soviet Union, and the United States: an Interpretive History*, John Wiley & Sons, Inc., 1978, pp. 88, 91.

③ 瓦里科夫：《苏联和美国——它们的政治关系和经济关系》，三联书店，1965 年版，第 94 页。

的可能性问询时表示："虽然本政府无意干涉俄国人民的内部事务，或建议他们应有什么样的政府，但俄国的现行政权并不能代表任何较大比例的俄国人民的意愿和赞同。它拒不接受不论是国家间还是个人间任何和谐和互信关系的原则，并且建立在否定国际法结构赖以存在的荣誉、善意以及所有习俗和惯例的基础之上的。"[①] 1920 年 8 月 10 日，在给意大利驻美大使卡米诺·阿维扎纳的照会中，科尔比再一次明确阐述了美国对苏俄的态度。他指出，苏俄政府不能代表全体俄国人民的意志，该政权运用强力维持其统治地位，同时拒绝履行国际义务，并通过一切手段来鼓动世界革命。美国与苏俄之间有着巨大差异，不存在互信与尊重，因而"美国政府不可能承认现有俄国政权，并与它保持如同其他友好政府一样的关系"。[②] 这一照会标志着美国不承认苏俄政策的正式出台，它不仅成为威尔逊政府对苏政策的最终确定，也成为 20 世纪 30 年代以前美国对苏俄政策的主流。

威尔逊政府之所以最终出台不承认政策，主要原因包括三个方面：（1）在战略层面，美国希望凭借其强大的经济实力，在反对布尔什维克政权方面担负起道义上的领导作用，同时标榜其是西方自由、民主价值体系的坚定捍卫者，从而扩大其在西方世界中的影响力；（2）在国家安全层面，美国担心苏俄对美输出革命，从而危及到美国资本主义政治体制。同时，美国对于苏俄境内的反对势力仍然寄予希望，不承认政策也是对苏俄反对势力的一种支持；（3）在经济利益层面，美国对于苏俄政府拒绝承担前政权的债务相当不满。在沙皇垮台以后，美国政府向俄国临时政府实际提供了 1.87 亿美元的贷款。另外，沙皇时期美国公民购买的俄国债券有 1 亿多美

① 唐纳德·E. 戴维斯、尤金·P. 特兰尼：《第一次冷战：伍德罗·威尔逊对美苏关系的遗产》，北京大学出版社，2007 年版，第 208 页。

② *FRUS*，1920（III），p. 466.

元，美国人在俄国拥有的财产还有3亿多美元。[①] 如果承认苏俄政权，可能会导致临时政府拖欠美国的债务无法兑现，特别是担心苏俄的行为会为英法等国所效仿，从而使这些国家在一战期间欠美国的巨额债务化为泡影。针对科尔比照会，苏维埃政府予以了严厉驳斥，同时强调，尽管两国国内制度根本不同，但建立“正常的关系是可能的”。[②] 可见，从相互依赖的角度来看，在美苏建交过程中，苏俄的意愿更为迫切，因而其主动性更强。换言之，这种严重不对称的依赖关系制约了美苏建立正式外交关系。

1921年3月，美国哈丁政府成立，苏俄政府希望新政府在与其建立外交关系方面有所突破。3月20日，全俄中央执委会第一次向美国建议，两国举行建立官方贸易关系的谈判，并派出了一个专门代表团赴美。但美国国务卿休斯认为，在苏俄社会制度“实行根本改变”、偿还债务并停止鼓动颠覆其他政府的宣传活动之前，不可能在外交上承认苏俄政府。由此可见，在美国看来，美苏建交必须具备三个方面的条件：苏俄社会制度改变、承担债务义务以及终止对外输出革命。11月，美国以“没有统一的俄国政府”、“两国政治制度、经济制度无法协调”等为借口，拒绝邀请苏俄派代表参加华盛顿会议，从而在国际上进一步疏远苏俄。1921—1922年，为了从经济上抵制和从政治上孤立苏维埃俄国，同时为避免协约国逃避战债，美国拒绝以官方身份参加热那亚会议和洛桑会议。可见，哈丁政府完全继承了威尔逊政府所确立的对苏外交原则，在条件未得到满足的情况下不与苏俄发展任何官方关系。

不过，这并不意味着美国没有试图通过其他手段来与苏俄政府保持沟通。1921年，苏俄伏尔加河流域发生了大饥荒，苏俄政府不

① Richard Leopold, *The Growth of American Foreign Policy*, N. Y.: Alfred A. Knopf, Inc., 1962, p. 479.

② Vera Micheles Dean, *The United States and Russia*, Cambridge: Harvard University Press, 1948, p. 14.

得不请求外部援助。8 月，美国救济署与苏俄签订了救助协定，向俄国灾区提供粮食、衣物和药品等物资。在 1921 年到 1924 年期间，美国相关救济机构共募集了 5000 万美元，帮助了近 1000 万苏俄灾民。[①] 为此，苏俄政府释放了 1918 年到 1920 年协约国干涉期间抓获的美国俘虏。

1923 年 8 月 2 日，哈丁总统在任内去世，副总统柯立芝继任，这又为苏联政府建立与美国的外交关系增添了一丝希望。[②] 12 月 16 日，苏联外交人民委员齐契林致电美国总统建议，如果美苏互不干涉内政，在债务问题上互相让步，那么，苏联政府愿意就解决两国间一切有争议的问题以及两国建交问题进行谈判。针对苏联政府的表态，柯立芝总统认为，如果苏联要同美国建立官方关系，必须满足三个条件：第一，苏联政府放弃关于废除一切外债的法令；第二，对美国公民在苏俄被收归国有的财产做出赔偿；第三，停止“苏维埃政权进行的有害宣传”。[③] 针对上述条件，苏联政府表示愿意考虑。但 12 月 18 日，国务卿休斯在参议院的发言中表示，因为美国不打算改变原来提出承认苏联的条件，所以现在还不到谈判的时候。苏联政府试图与柯立芝政府建立外交关系的希望再次破灭。事实上，柯立芝政府并不想改变前任对苏政策的原则立场。

美国政府在政治上态度僵硬，但在经济上却不阻止两国往来。1923 年 12 月 6 日柯立芝总统在国情咨文中表示，美国政府“不打算同一个拒绝承认国际义务的政府建立关系”，但同时，他又表示，

---

① 杨生茂：《美国外交政策史：1775—1989》，人民出版社，1991 年版，第 321 页。

② 1922 年 12 月 30 日，苏维埃社会主义共和国联盟首次苏维埃代表大会在莫斯科召开。由俄罗斯、乌克兰、白俄罗斯和南高加索联邦共同组成的苏维埃社会主义共和国联盟（简称苏联）正式成立。

③ 安·安·葛罗米柯、鲍·尼·波诺马廖夫主编：《苏联对外政策史，1917—1945》（上），中国人民大学出版社，1988 年版，第 250 页。

美国"政府丝毫也不反对美国公民同俄国人进行商业交易"。[①] 事实上，早在1920年，美国就已经取消了对苏贸易禁运。柯立芝政府时期，美苏贸易额更是获得了长足发展。1924—1931年，苏联进入国民经济改造时期，这为美国的工商界提供了很多经济机会，因此，美国对苏联的贸易额有了巨大的增长。1921—1925年，美苏的年均贸易额达到了3700万美元。美国资本还积极进入苏联市场，如美国的哈美尔公司租借了乌拉尔的石棉矿。1929年，苏联与外国签订的70多个技术援助协定中，美国就占了55个。[②] 两国日益紧密的经贸联系为日后改善政治关系提供了条件。

1929年3月，胡佛政府上台。他在对苏政策上仍然没有改变不承认原则，从而使美国成为20年代唯一没有与苏联建立外交关系的大国。但是，这种不承认原则开始显得越来越不合时宜。从某种程度上来说，美国拒绝承认苏联更多的是基于意识形态层面，而非现实利益层面的考虑。这一点可以从美国国务卿史汀生的一段话中得到体现。1932年9月8日，史汀生在给参议员波拉的信中指出，如果美国无视苏联在国际义务方面的坏名声而承认苏联，那么整个世界，尤其是日本将会认为美国是一个为了现实利益而背弃理想原则的国家，"我们将因此失去在与日本论战中一直持有的道德地位。日本将会把我们视为一个机会主义国家，通过采取国际政策的惯常手段来推行自私的反日政策。我认为，在道德立场上的这种损失是非常严重的，我们无法承受这种风险。"[③]

---

① 安·安·葛罗米柯、鲍·尼·波诺马廖夫主编：《苏联对外政策史，1917—1945》(上)，中国人民大学出版社，1988年版，第251页。

② Vera Micheles Dean, *The United States and Russia*, Cambridge: Harvard University Press, 1948, p. 17；王绳祖：《国际关系史》(第五卷)，世界知识出版社，1995年版，第45页。

③ *FRUS*, *The Soviet Union*, 1933 - 1939, p. 2.

然而，在20世纪30年代，美国经济陷入危机当中，国际形势日益紧张，法西斯势力与思想不断增强，美国政府不得不考虑如何应付这场巨大的国际政治和经济危机。胡佛政府采取了典型的贸易保护主义作法，如减少进口，特别是减少从苏联的进口。此时，苏联经济已经获得了较大发展。对于美国歧视性贸易政策，苏联政府也采取了针锋相对的措施，如拒绝使用黄金来支付在美国购买的商品，提高进入苏联港口的美国船只的入港税等。由于美苏之间没有建立起正式的外交关系，这种贸易战难以通过政治途径来解决，从而给两国的经济带来了损失。1930年，美国商品在苏联进口总额中所占的比重为25%，1931年，降到20.8%，1932年降到4.5%，1933年为4.8%。与此相对应，1931年，苏联在美国出口总额中所占的比重也总体呈下降趋势，1929年为4.6%，1933年仅为2.8%。①

与此同时，美国在国际上还面临着日本扩张的危险。30年代世界经济危机爆发后，日本一方面为了倾销剩余商品，在对外贸易中加紧了与英美等国的竞争，另一方面，1931年9月，日本在中国的东北地区发动侵略。由于当时美国在中国的权益主要在关内，而且日本又提出了反苏反共的口号，美国政府起初并不大在意。随着日本军事行动的发展，尤其是日本攻占锦州后，美国政府开始怀疑日本的动机并非北上反苏，而是进一步南下中国内地，这显然会危及到美国的利益。在此情形之下，1932年1月美国国务卿作出了“不承认主义”声明，不承认日本从中国得到的任何有碍于美国利益的特权。

在这种形势下，美国国内舆论开始认识到，与苏联建交符合美国的利益。1932年4月，“斯克利浦斯－霍华德”报系的一家报纸刊载的一篇文章指出，“日本敢于威胁苏联的主要原因之一，是东

① 瓦里科夫：《苏联和美国——它们的政治关系和经济关系》，三联书店，1965年版，第158页。

京政府确信美国政府会欢迎或者至少是不反对进攻苏联”。[①] 同时，众议员萨巴特向外交委员会提交一项决议案，指出：“既然……苏联政府是一个稳固的政府，各个国家都已经承认它并与其建立了外交和贸易关系，既然苏联政府一再表示愿意同美国建立友好关系，而且因为两国没有友好关系，美国公民已经失去了有利可图的贸易往来，那么，参众两院应联合通过决议，请求美国总统指示国务卿就美俄两国建立友好的外交和贸易关系问题同苏联政府进行谈判。”[②] 1932 年 8 月末，参议员波拉也向国务卿史汀生提出，鉴于远东危机，美国政府应该重新考虑不承认苏联的政策。10 月 3 日，参议员波拉进一步提出：“我们签订各项和约，我们鼓吹裁军，我们希望能有普遍和平，但是我们却把占地球面积六分之一和拥有一亿六千万人口的这一和平的好友排除在我们的计划之外，排除在我们的圈子之外，排除在我们的伟大方案之外。”[③] 可见，固守所谓的理想原则对于美国已经弊大于利，但胡佛政府未能及时调整政策。

民主党人富兰克林·罗斯福在 1932 年末成功当选为美国总统。为了应对经济危机，罗斯福政府一方面对美国经济、金融制度进行改革，如颁布《紧急银行法》、《全国复兴工业法》，大力加强基础设施建设，以提高就业率与刺激经济增长；一方面，针对国际环境的现实变化，开始考虑如何与苏联建立正常的外交关系。

苏联对于建立与美国的正式外交关系一直是态度积极，因而美苏建交最主要的障碍来自于美国一方。然而，随着经济危机的深度影响以及苏联在第一个五年计划中所取得的巨大成就，罗斯

① 瓦里科夫：《苏联和美国——它们的政治关系和经济关系》，三联书店，1965 年版，第 176 页。

② 沈莉华：《试析美苏建交的历史背景及成因》，载《史学集刊》，2008 年第 1 期，第 73 页。

③ 瓦里科夫：《苏联和美国——它们的政治关系和经济关系》，三联书店，1965 年版，第 174 页。

福政府意识到，建立与苏联的外交关系有助于美国经济的复兴。罗斯福总统认为，前任政府奉行的对苏不承认政策是一个“失败”的政策，这一政策既没有改变苏联的内部结构，也没有改变苏联的外部行为。罗斯福的经济顾问赫伯特·费斯也提出：“对美国来说，与像苏联这样重要的国家保持距离是非常愚蠢，而且没有益处的。”[①] 美国国内工商业界对于美苏非正常关系表示了严重不满，主张与苏联建立外交关系的美国出口商们不断地向政府施加压力。他们提出，苏联庞大的市场可能被英国、德国所占据，因而“美国拒绝承认显然稳定确立的政府是不现实的”。美国《商务日报》指出，“美国不承认苏联的作法，给美国本身带来的损害比给苏联带来的损害还要大，因为苏联把原来准备给美国的定货，交给了德国和英国”。[②] 当时，英德等主要国家都已经与苏联建立了外交关系。美国舆论此时普遍主张改变对苏政策。美国一家机构对1139家报纸进行调查，结果赞成与苏联恢复邦交的占63%，而反对者仅占26.9%。[③]

除了经济因素之外，安全因素也促使美国政府考虑改变对苏政策。首先，美国面临着日本对中国侵略加深而带来的利益威胁。1933年1月，日本攻占了山海关，打通了向华北进攻的门户，吞并中国的野心昭然若揭。2月，国联大会接受了李顿调查团的报告书和建议，宣布不对伪“满洲国”予以事实上和法律上的承认。3月5日，日本攻陷热河省会承德，平津形势岌岌可危。3月27日，日本退出国联。种种行为表明，日本扩大侵略的意图已经十分明显且

① John Lewis Gaddis, *Russia, the Soviet Union, and the United States: an Interpretive History*, John Wiley & Sons, Inc., 1978, p. 120; Leo V. Kanawada, *Jr, Franklin D. Roosevelt's Diplomacy and American Catholics, Italians, and Jews*, Ann Arbor, Michgon: UMI Research Press, 1982, p. 5.

② Vera Micheles Dean, *The United States and Russia*, Cambridge: Harvard University Press, 1948, p. 16；瓦里科夫：《苏联和美国——它们的政治关系和经济关系》，三联书店，1965年版，第163页。

③ 王绳祖：《国际关系史》（第五卷），世界知识出版社，1995年版，第46页。

异常坚决。其次，在欧洲，希特勒政府不断突破凡尔赛体系的限制，扩军备战，并在国内建立起纳粹独裁统治，成为一支潜在的和平威胁力量。1933年10月19日，德国也宣布退出国联。德日在对外侵略的道路上互相配合，遥相呼应，对全世界的安全构成了威胁，罗斯福开始担心德日在远东和欧洲的侵略会严重波及到美国。事实上，希特勒对于拉丁美洲也有着强烈的觊觎之心，曾扬言："我们要在巴西建立新的德国，通过国社党的宣传，可以很容易地把阿根廷和玻利维亚这两个国家统一起来……墨西哥应当成为德国的墨西哥。美国在垂死挣扎，它永远也不能再干涉欧洲战事。"① 这种形势使美国不得不认真考虑苏联的大国地位和作用。罗斯福在一次演讲中指出，美苏只有"恢复正常关系，全世界和平的前景才能大为增强"。② 与此同时，苏联也面临着来自日本和德国的威胁，苏联继续争取寻求改善与美国的关系。可见，美苏建交的时机已经基本成熟。

罗斯福总统着手改善与苏联的关系。1933年5月16日，在参加日内瓦裁军会议时，罗斯福向与会的52国首脑发出呼吁书，提议签订一个全球互不侵犯公约，以保护世界和平。这份呼吁书也同时送到了苏联最高苏维埃主席团主席米·伊·加里宁手里，这是美国政府第一次直接公开向苏联政府递交政府文件，被世界舆论看成是美国向苏联发出的建交信号。针对美国的这一举动，苏联政府高度重视，并给予了积极回应。7月，罗斯福批准了向苏联提供500万美元的贷款，这种互动为两国加快打破僵局提供了动力。10月10日，美国总统罗斯福在给加里宁的信中建议讨论终结"1.25亿美国人民和1.6亿俄国人民之间的不正常关系"。罗斯福同时表示，美国政府将会高兴地接待加里宁派出的任何代表来探讨两国间所有悬

① 沈莉华：《试析美苏建交的历史背景及成因》，载《史学集刊》，2008年第1期，第72页。

② Robert Paul Browder, *The Origins of Soviet - American Diplomacy*, Princeton: Princeton University Press, 1953, p. 175.

而未决的问题。10 月 17 日，加里宁在复信中赞赏了罗斯福的作法，并指出："两国人民之间当前存在的或者正在产生的一些困难只有在两国人民之间有了直接交往的情况下才能得到解决，而另一方面，如果没有这种往来也就没有任何解决问题的机会。……苏美两国间的不正常状况，不仅对于两国的利益，而且对于整个国际局势都有不利的影响。"①

于是，1933 年 11 月 7 日，在苏联十月社会主义革命 16 周年纪念日之际，由苏联外交人民委员李维诺夫率领的苏联代表团到达了华盛顿。8 日，国务卿赫尔、副国务卿菲利普斯、助理国务卿莫尔、国务卿特别助理布利特、东欧事务司司长凯利、代理财政部长摩根索在国务院与李维诺夫举行了第一次会谈。会谈中，美国方面向李维诺夫提出宣传、债务、宗教权利等问题，希望李维诺夫对上述问题做出承诺，但李维诺夫没有做出明确的答复。11 月 10 日，罗斯福总统与李维诺夫直接就宣传等问题进行协商，很快就政治问题达成一致，只剩下债务问题未解决。事实上，债务问题一直是美苏两国分歧最大的一个问题。在谈判期间，这个问题甚至一度令建交谈判陷入僵局。但是，罗斯福总统深切意识到，如果仅仅因为债务问题而影响到两国的建交事宜，那将是得不偿失的。实际上，美国的所有债务国都赖账不还。因此，罗斯福曾对摩根索谈到："我想同俄国人就这方面的谈判留待高级会谈去解决，俟其他问题一一做出决定后，再谈这类具体问题也不为迟。"② 11 月 16 日，罗斯福在美国白宫与李维诺夫在一系列经过仔细修改的文件上签了字。这些文件是罗斯福和李维诺夫代表两国政府就建立外交关系以及美国非常关心的互不干涉内政、宗教自由、公民权利等问题达成共识的信函

---

① John Lewis Gaddis, *Russia, the Soviet Union, and the United States: an Interpretive History*, John Wiley & Sons, Inc., 1978, p. 121; *FRUS*, *The Soviet Union*, 1933 – 1939, p. 18.

② 罗伯特·达莱克:《罗斯福与美国外交政策》(下)，商务印书馆，1984 年版，第 119 页。

和备忘录以及一个“君子协定”。这些文件统称为“罗斯福—李维诺夫协定”。双方同意：两国政府相互尊重主权，互不干涉内政；严格制止旨在煽动和鼓励对缔约国另一方进行武装干涉的任何行动；双方政府保证不资助、不支持旨在反对对方政治制度和社会制度的任何军事组织和团体。其中，苏联承诺不在美国搞颠覆活动并对共产国际进行约束，苏联政府同意先支付临时政府的债务不少于7500万美元，最终偿还数额以后决定。在“君子协定”中，李维诺夫表示将建议其政府支付1亿美元，而罗斯福总统则表示说服国会同意将债务确定为1.5亿美元。两国政府间的其他债务均被取消。[①]这个协定的达成，标志着美国承认了苏联。

三、对苏联的信任缺失

美国政府出于经济和安全的需要下决心与苏联建交。外交关系的确立对于贸易活动的开展与扩大是大有裨益的。1934年1月21日，罗斯福总统废除了对苏联贸易实行的歧视性政策，例如取消了对进入美国港口的苏联船只征收的歧视税（比通常进港费高出15倍以上）、撤销了不许从苏联北部地区进口木材、黄金、磷灰石、石棉和其他商品的禁令。与此同时，美国财政部宣布撤销反商品倾销命令等。7月13日，驻苏大使布利特和李维诺夫签署了为期一年的贸易协议，这是美国与苏联签订的第一个贸易协议。在协议中，美国同意，由美国总统按照1934年6月12日通过的“1930年关税法修正案”授权，与外国政府和机构签订的贸易协议所宣布的关税让步将被适用于苏联生长、生产或制造的商品。换言之，苏联工农业产品享有了与美国在和其他国家政府签订的贸易协议中所规定的

---

① Richard Leopold, *The Growth of American Foreign Policy*, N. Y.: Alfred A. Knopf, Inc., 1962, p. 517.

同等税率。苏联则同意将采取措施增加从美国进口生长、生产或制造的商品数量。

与苏联签订贸易协议以后，美国方面非常满意。赫尔认为，“目前的协议为发展美苏间的贸易确立了一个圆满的基础”。[①] 但是，由于苏联的资金有限，而美国碍于债务问题未能解决，没有向苏联提供大量贷款，这些都严重影响了美苏贸易的顺利进行。截止到1935 年9 月 30 日的前 9 个月里，苏联除了向美国出口了价值为1306. 3853 万美元的黄金和价值 160. 1058 万美元的白银外，同一时期苏联还对美国出口了1245. 4577万美元的商品，而美国对苏联商品出口总值仅有1592. 8231万美元。虽然美国对苏贸易出现了 1100 万美元的顺差，但是从贸易总额看没有超过 20 年代。[②] 不过，贸易协定的签订对于美苏长远的贸易关系是有利的。1937 年 8 月，美苏两国在莫斯科签订了新的贸易协定，它规定了一直到 1951 年的美苏贸易关系，其最主要的条款是：在关税和各种杂费、纳税手续以及报关手续和费用方面，美国给予苏联以无条件的、不加限制的最优惠待遇。新贸易协定的签订有力地推动了两国的经济联系。1937 年，苏联对美国出口的比例为 7. 7%，到 1939 年，这一比例上升到14%。同样，苏联从美国进口的比例也相应较大幅度提高，从 1937年的 18. 2% 上升至 1939 年的 30. 8%。[③]

虽然两国贸易有所发展，但两国间遗留的债务问题迟迟得不到解决，依然困扰着两国关系。正如 1934 年 4 月，英国驻莫斯科使馆的一名官员所言：“美苏蜜月进行得一点也不顺利。”[④] 1933 年 12 月

① *FRUS*, *The Soviet Union*, 1933 – 1939, p. 210.

② 1934 年 3 月 19 日、4 月 4 日，美国参、众两院分别通过了《约翰逊法》，4 月 14 日正式生效。该法规定，禁止向拖欠美国债务的外国政府贷款，从而为美苏债务问题的解决设置了障碍。*FRUS*, *The Soviet Union*, 1933 – 1939, pp. 217 – 218。

③ 瓦里科夫：《苏联和美国——它们的政治关系和经济关系》，三联书店，1965 年版，第 207 页。

④ Peter G. Boyle, *American – Soviet Relations*: *From the Russian Revolution to the Fall of Communism*, N. Y. & London: Routledge, 1993, p. 30.

21日，美国驻苏大使布利特与李维诺夫的谈话中，李维诺夫就谈到了苏联政府对这个问题的基本态度，那就是先贷款，再赔款。也就是说，把美国给予苏联长期贷款作为苏联赔款和扩大贸易的条件。然而，美国的立场却与此相反，要求苏联先赔款，再贷款。可见，美苏双方在债务问题上的政策是完全相悖的。1934年2月20日，凯利交给苏联驻美大使特罗扬诺夫斯基一份美国国务院关于解决债务要求和信贷问题的草案。草案建议，苏联赔款总额为1.5亿美元，除此以外，还需要缴纳5%的债务利息。苏联偿还债务是以对美国提供的商业信贷支付额外利息的方式进行赔付；从1934年7月1日开始，苏联对美国提供的信贷付10%的利息，以便还清整个债务。[①] 此后，美国驻苏大使布利特和苏联外交人民委员李维诺夫在莫斯科开始了债务问题的谈判。至1935年1月，美苏双方两轮谈判下来，最终因分歧太大，无果而终。债务谈判失败以后，美国非常恼火，它不仅宣布放弃早在1933年华盛顿谈判时就提到的关于美苏缔结互不侵犯公约以及美国舰队访问海参崴的计划，而且还以一系列行动表示对苏联的抗议。1935年2月6日，美国政府宣布撤销驻莫斯科的总领事馆，并削减使馆工作人员。美国政府认为，苏联政府并没有履行它在1933年11月16日发表的联合声明中所许诺的“迅速而且令人满意”地解决债务和赔偿的问题，苏联政府的行为表明其缺乏良好的信誉。罗斯福总统之所以在债务问题上如此强硬主要是受到国内政治气氛的影响，当时美国国内的一些议员向国会提议，中断与俄国的外交关系。虽然苏方李维诺夫2月3日在《莫斯科每日新闻报》发表声明指出，债务谈判的失败“不会影响两国关系包括贸易关系”，[②] 但债务谈判失败还是给美苏关系的发展蒙上了一层挥之不去的阴影。1937年2月到1938年7月，美苏两国再次为解决债务与贷款问题进行谈判，依然没有解决问题。随着欧洲形

① *FRUS*, *The Soviet Union*, 1933 – 1939, pp. 78 – 79.

② *FRUS*, 1940 (III), pp. 226 – 227; *FRUS*, *The Soviet Union*, 1933 – 1939, p. 175.

势因德国扩张而日益紧张，美国政府决定把债务问题搁置起来。

更让美国政府深为忧虑的事情是国际共产主义运动对美国的影响。苏联对共产国际的支持曾是美苏两国迟迟未能建立正式外交关系的主要原因之一。美国共产党是在一战后世界革命的高潮中，在共产国际的直接影响下建立的。共产国际在向全世界传播共产主义、号召无产阶级夺取权力的同时，也在美国散发了500万封列宁“给美国工人”的信。1919年5月，共产国际还在美国建立了分支机构。在它的推动下，以约翰·里德为代表的社会党左派从社会党中分裂出来，并于8月31日成立了美国共产主义工人党，同时创办党的机关刊物《劳动者》，党员人数约为1万人。作为共产国际的下属支部，美国共产党在组织上完全服从共产国际的指导，并公开宣称支持1919年美国工人的罢工。一场更大的革命风暴即将来临。面对苏俄在美国的革命宣传以及美国共产党的出现，美国政府高度警觉。1919年3月，国会成立了一个委员会——奥弗曼委员会，就共产主义在美国的宣传举行听证会，并就俄国红色恐怖的可怕细节进行通报。这样，在1919年夏到1920年，美国掀起了第一个所谓的赤色恐怖浪潮。尽管美国政府对共产主义运动进行了镇压，1923年4月，美国共产党还是宣布与工人党合并，公开进行活动，采用多种形式开展反对资本主义的斗争。1929年资本主义经济危机的爆发使得美国工人运动在共产国际的影响和指导下再次高涨。而在这一进程中，苏联则成为他们向往和获取支持的国家，甚至一些美国知识分子也对苏联产生崇拜。美国共产党的威望迅速提高。在1932年的选举中，共产党总统候选人获得10.3万张选票。1934年以后，美国共产党成员的人数不断增加，到1939年达到了8万人。①

美国政府一方面采取措施来限制美国共产党的活动，另一方面试图切断它与苏联的联系。在美苏建交谈判中，两国曾约定建交后互不干涉内政。美国政府希望，美苏建立外交关系后，苏联将放弃

① *FRUS*, *The Soviet Union*, 1933－1939, pp. 27, 31.

通过共产国际对美国共产党的指导，共产国际将不会向全美国进行颠覆性宣传。但是，建交后，共产国际指导美国共产党的活动一直没有停止。1933 年 12 月，在莫斯科举行的共产国际第 13 次执行委员会全体会员大会上，美国共产党不仅派代表参会，而且这次会议还专门讨论了共产国际的美国分支——美国共产党的政策和活动。与此同时，美国共产党员布鲁德参加了在莫斯科举行的劳联红色国际执行局的一次扩大会议，会议也专门对美国共产党活动提出建议。1934 年 1 月，在莫斯科的共产国际执委会主席团还通过收音机给美国共产党中央机构《工人日报》发布指导。上述种种事件让美国政府十分不满，认为这些行动表明苏联政府根本没有履行李维诺夫所做出的承诺。对于美国政府的抗议，苏联政府表示它没有对共产国际给予指导与支持。

但美国政府根本不相信苏联的解释。1935 年 7 月 3 日，在共产国际“七大”召开前夕，美国驻苏大使布利特预先告诉李维诺夫说，如果在苏联召开的共产国际会议上，讨论美国共产党的政策和活动，采纳了关于美国共产党活动的决议，那么国务院就会认为，苏联违背了李维诺夫在 1933 年 11 月 16 日对美国总统所做的诺言。美国希望与苏联保持友好关系，但是苏联的作法却无助于美苏关系的发展。李维诺夫答复称，苏联不会限制第三国际的行动。1935 年 7 月 25 日—8 月 25 日，共产国际“七大”如期召开，会上主要讨论了法西斯主义对世界人民的威胁以及建立工人阶级统一战线问题。作为共产国际的一个分支，美国共产党也派出代表参加会议。不仅如此，美国共产党人还进入到共产国际的领导层，如布鲁德、福斯特和格林被选进了共产国际主席团。美国代表发表演讲，指出美国广大的人民已经开始行动起来，与旧资产阶级决裂。

在这种情况下，8 月 21 日，国务卿赫尔命令退回所有苏联驻美领事的任命书。25 日下午，布利特在莫斯科把美国政府一封措辞严厉的抗议照会交给了苏联代理外交人民委员科列斯京斯基以及莫斯科的新闻界。照会中对于苏联利用共产国际“七大”干涉美国内政的行为提出最强烈的抗议，指责苏联违背了不干涉美国内部事务的承诺。照会提出，如果苏联政府不愿意或不能够采取适当措施防止进一步发生对这一承诺的蔑视行为的话，美国政府将会预见到最严重的后果。[①] 8 月 27 日下午，科列斯京斯基代表苏联政府拒绝了美国的抗议。科列斯京斯基在照会中表示，苏联政府无论过去或现在都一向最大程度地尊重它所承担的义务，包括互不干涉内政的义务。苏联政府一直不承担对共产国际的任何义务。对此，美国政府应该早已明晰，故苏联没有理由为此负责。最后，科列斯京斯基还指出，进一步发展美苏友好合作，符合苏美人民的利益，而且对世界的和平事业也具有重大的意义。8 月 31 日，美国国务卿赫尔在新闻发布会上发表声明，再次对苏联政府进行强烈的抗议。他威胁说，如果苏联继续干涉美国内政，那么两国间友好的和官方的关系将会被严重削弱。事实上，关于共产主义宣传问题，从根本上来说是难以找到一个彻底的解决方案的，乔治·凯南对此曾有精辟的评述。他指出，美国“几乎不可能从根本上改变布尔什维克领导的政治个性，也不能减缓其反西方民主的强烈偏见，因为它是靠这种偏见成长壮大并取得执政地位的”。[②]

考虑到苏联的实际行为，美国决策层内部在对苏政策立场上发生分歧，有人主张采取强硬手段，另一些人主张继续发展两国关系。美国驻苏大使布利特对苏联的情况较为熟悉，同时也是美国参与对苏决策的重要人物。在 1936 年 4 月 20 日给国务卿的信中，布利特就美国对苏联和共产主义的政策问题进行了深入的分析。布利特认为，美苏之间的关系涉及到国内政策，因此需要从世界共产主义力量以及它对美国民主和生活所带来的现实与非现实威胁的角度来加以认知。由于苏联的目标是在全世界实行共产主义，所以美国

① *FRUS*, *The Soviet Union*, 1933 – 1939, pp. 250 – 252.

② 乔治·凯南:《美国外交》, 世界知识出版社, 1989 年版, 第 67 页。

不能抱有与苏联政府或任何共产党或共产党个人建立真正友好关系的幻想。但是，由于美国的共产主义运动是一个潜在的危险，而非一个现实的危险，所以美国现阶段不需要对它过分紧张。布利特认为，美国具体的对苏政策应该是：在政治上，不仅应该在国内，而且在全世界范围内对共产主义给予毁灭性的打击。在外交上，与苏联保持外交关系。一方面是因为苏联地位非常重要，美国必须时刻了解它的情况，从而制定出合理的政策；另一方面，通过苏联可以获取共产国际运动的信息。在贸易关系方面，美国应该抓紧现在的机会，通过与苏联直接谈判来促进双边贸易。但是，美国不能幻想其同苏联的贸易永远是稳定的。由于政治的原因，两国间的贸易会随时中断。此外，苏联产品和美国产品的互补性将会变得越来越少。因此，美国不应该给苏联贷款或长期信贷。从区域层面来看，在远东地区，美国应该利用苏日矛盾牵制苏联，防止任何一方的强大。在欧洲地区，美国应鼓励法国和德国和解，防止苏联从中渔利。总之，美国应本着务实的态度，从实现最大利益的角度出发稳定与苏联的关系。①

美国总统罗斯福则从战略的高度来审视美苏关系，主张通过更紧密的美苏合作来发展并强化两国关系。随着国际形势的恶化，罗斯福试图改善美国与苏联之间的关系。1936 年 11 月，他任命赞成发展美苏关系的律师兼经济学家约瑟夫·E. 戴维斯（Joseph E. Davies）为驻苏大使。他指示戴维斯研究美、苏陆海军当局之间建立联系和两军交换关于日本、远东和太平洋问题方面的情报的可能性，为在远东找到潜在的同盟者做准备。随着美国驻苏新大使戴维斯的上任，美国对苏联的政策也出现了暂时的缓和。1937 年 7 月 28 日到 8 月 1 日，美国海军上将和美国军舰到海参崴参观。苏联对此非常重视，苏方认为，美军的行动表明了美国对世界事务，尤其是对远东事务的关心，同时也向世界展示了美苏之间关系的友好。7

① *FRUS*, *The Soviet Union*, 1933 – 1939, pp. 292 – 295.

月29日，莫斯科的《真理报》和《消息报》分别对美国海军的参观活动进行了报道，并对美国的行为表示了赞扬。这是从1934年以来，苏联报界第一次出现对美国如此友好的文章。

然而，由于美国国内对苏联存在严重的不信任，美苏关系的发展并不顺利，甚至一度出现了停滞局面。最明显的体现是自从戴维斯卸任美国驻苏大使以后，即1938年6月至1939年8月期间，美国驻苏大使的职位甚至出现了空缺。美国之所以如此行事，其主要的原因还是由于苏联的世界革命目标。美国政府坚持认为，苏联政府最终希望向全世界传播和实行共产主义，而目前的紧张形势从某种角度上说，有助于苏联实现这个目标，苏联已经建设了20年的军备，并非仅仅为了防卫，而是为了在一个合适的时机进攻。正如担任东欧事务处长助理的洛伊·W. 亨德森在备忘录中指出的，从苏联外交政策的指导原则看，“目前苏联领导人头脑中的侵略思想仍占统治地位，他们最终的目的一直是想扩大苏联，把另外的人民和领土包含在苏联的制度之中”。[①] 1939年3月13日，在共产国际成立20周年之际，苏联官员马努伊尔斯基向共产国际代表大会做了关于共产国际工作的报告。马努伊尔斯基首先指出，共产党将会对任何保卫国家独立、反对帝国主义的战争给予支持，同时对于任何加速世界无产阶级革命胜利的战争给予支持。无产阶级的利益和作为所有工人的祖国的苏联的利益是完全、彻底地一致的。此外，他强调指出，任何反对苏联的战争都将引发革命，并导致资本主义的灭亡。在会上，马努伊尔斯基对美国共产党为创造反法西斯无产阶级和人民统一战线所做出的努力和取得的成绩予以了肯定和赞赏。由于共产国际的世界革命目标，尤其是共产国际对美国共产党的指导，美国政府对1939年苏联的外交政策及目标产生了极大怀疑。罗斯福政府尤其担心，苏联试图将美国引向与德、日发生战争的方向，而自己坐收渔翁之利。1939年8月就任美国驻苏大使的斯坦哈

---

① *FRUS*, *The Soviet Union*, 1933－1939, pp. 773, 743.

特（Laurence Steinhardt）就提出，苏联“正在国际政治中玩狡猾的游戏。从利益的角度来说，它们做得既智慧又成功。在欧洲，它们很可能凭借苏联的潜力和用心隐藏的军事力量，在远东地区，当日本实力增长放缓后，苏联则凭借其稳定发展的军事力量，逐步地提高其在世界政治中的作用”。[①] 与此同时，美国社会也出现了如潮水般的反苏舆论。很多美国人对苏联的世界革命行为表示不满，甚至有一些人希望俄国与德国能够互相摧毁。他们提出，“如果德国确实向俄国进攻，世界形势会更好”。[②]

四、走向联盟之路

1939 年 3 月 15 日，德国军队入侵捷克斯洛伐克，欧洲局势迅速恶化。英国对德国采取的绥靖政策根本不能阻止法西斯主义势力的扩张行动。英国不得不与法国建立互助同盟来防范德国的威胁。1939 年 4 月，英法和苏联就合作遏制德国进行谈判。但双方互不信任，在一些问题上迟迟达不成协议，持续 5 个多月的谈判最终失败。与此同时，英德和苏德都分别开展秘密谈判。德国为了在进攻波兰时避免两线作战，曾多次向苏联要求“和解”。1939 年 8 月 23 日，苏联和德国签订了互不侵犯条约。苏联签订这份条约显然是从自身安全利益出发。这种行为被英法等国视为对德国的纵容，也引起了美国的不满。在美国人看来，在扩大共产主义和世界革命的目标下，斯大林希望促使西方大国和德日发生战争，以便苏联从中获利。苏联政府与德国签约后，又利用军事手段扩大苏联的西部边界，以便建立起一个宽阔的缓冲地带。为此，苏联参与了瓜分波兰的行动，并且将波罗的海三国——爱沙尼亚、立陶宛、拉脱维亚纳

① *FRUS*, *The Soviet Union*, 1933 - 1939, pp. 776 - 779.

② Vera Micheles Dean, *The United States And Russia*, Cambridge: Harvard University Press, 1948, p. 21.

入到苏联控制之下。1939 年 11 月 30 日，苏联向芬兰发动了战争。这一行为终于激怒了罗斯福政府。在苏芬战争爆发的同一天，罗斯福总统当即表示，在任何情况下，苏联的武装力量都不能对文明的人类或者对未设防的城市进行轰炸。12 月 1 日，罗斯福在新闻发布会上发表声明，严厉抨击苏联的战争行动，他指出，“苏联对芬兰领土进行海陆军轰炸的消息使美国政府和人民非常震惊。一个大国选择诉诸武力，无视通过和平办法解决争端所做出的努力，且提不出任何理由来反对这种努力。……各国所有爱好和平的人们仍然希望以法律和秩序为基础来维护国家间关系，这些人将一致谴责这种以武力强行处理国际分歧的办法”。[①] 2 日，罗斯福向新闻界宣布，美国政府决定对苏联进行道德禁运。与此同时，美国还向芬兰提供了一亿美元的非军事援助以及 46 架飞机。14 日，苏联被取消国联成员国资格。20 日，美国国务院决定对苏联等国采取进一步的制裁措施：不向苏联提供为生产高质量的航空汽油而需要的方案、工厂、制造权利或技术信息。美国国会的一些议员和公共舆论强烈要求与苏联断绝外交关系。但是，由于担心德国和日本的威胁，尽管美苏合作的现实可能性较小，罗斯福仍尽力避免任何可能导致关系破裂的事情发生。

随着德国在欧洲战事的连连得手，尤其是 1940 年 6 月法国沦陷，英国危在旦夕。在亚洲，日本改变了“北进”政策，而实施“南进”政策，这对美国的利益进一步构成威胁。在此种情境之下，能否争取到苏联，成为扭转战局的关键之所在。有鉴于此，1941 年 1 月，美国取消了自苏芬战争以来的对苏实施的道德禁运。此后，美国继续谨慎地维持与苏联的外交关系，避免与苏联发生冲突。2 月5 日，英国驻美大使哈利法克斯子爵请求美国单方面限制对苏联的出口，遭到了赫尔的断然拒绝。赫尔表示，“苏联不管是活跃还是熟睡，现在而且以后都将成为战争中一个巨大的因素，足以影

① *FRUS*, *The Soviet Union*, 1933 - 1939, p. 799.

响欧洲以及亚洲的整体和平”。[①] 由于美国政府期望与苏联缓和关系，美国外交官非常注意苏联对美国的态度。和美国一样，苏德战争前夕，苏联对美国的政策也是非常谨慎，总体趋向于积极。根据1941年5月7日美国驻苏大使斯坦哈特的报告，苏联报刊上的文章倾向于支持盟国的事业，强调了美国建设国防和美国对英国援助的重要性，没发表可能会冒犯美国的文章。但美国政府还是难以进一步调整对苏政策，因为美国国内对于苏联还存在着很大的疑虑与担忧，主要表现在两个方面：（1）共产国际对美国共产党的指导。1940年10月17日，美国通过了《沃里斯法》（即《反颠覆活动法》）后，11月16日，美国共产党宣布，从1941年1月1日起，美国共产党切断与共产国际的组织联系。不过，这仍然未能消除美国政府对共产国际的担忧。美国驻苏大使斯坦哈特便认为，由于共产国际对各国共产党的领导并非采用公开渠道，“这种表面上组织关系的切断是没有意义的”。同时，美国共产党也公开宣称，他们将继续忠于列宁与斯大林的事业。[②] 可见，美国共产党的目标并没有改变。（2）苏联对周边国家的大国沙文主义行为。1940年10月3日，国务院欧洲事务司的小爱德华·佩奇对苏联的行为进行了历史性回顾。他指出，尽管苏联在1928年加入非战公约，之后还与一些国家签订了互不侵犯条约。但是，自二战爆发以来，苏联先后侵略波兰、芬兰、拉脱维亚等国。苏联的和平政策是骗人的，“这个国家的领导从来没有背离扩大地盘，并把其他的人民和领土置于苏联体制下的最终目的。应该记住的是，共产党国家是建立在革命和阶级斗争原则的基础之上的；克里姆林宫仍然对它所说的‘资本主义世界’持无法和解的敌对态度……。”最后，佩奇认为，苏联的承诺是不可信的，一旦其达到目的，苏联将会毫不迟疑地背弃其原先许下的诺言。[③] 此外，不少美国人还认为，既然苏联对邻国能如

---

① *FRUS*, 1941 (I), p. 603.

② *FRUS*, 1941 (I), p. 597.

③ *FRUS*, 1940 (III), pp. 229 – 230.

此，那么苏联也会“以同样的方式”对待美国。可见，美国对苏联存在着深深的不信任感，这已成为两国关系发展中最大的，也是最难以跨越的障碍。

然而，1941 年 6 月 22 日，苏德战争爆发。此后，美国人对苏联的情绪发生了较大转变，他们对苏联人抗击德国进攻的英勇精神感到无比敬佩。美国总统罗斯福发表讲话，谴责德国暴行的同时表示要对苏联进行积极的援助。不过，也有一些美国人反对帮助苏联。他们认为，美国应当在苏德战争中置身事外，让纳粹和共产党相互摧毁。例如参议员哈里·杜鲁门就说：“如果我们看到德国将要赢得战争，我们应该帮助俄国。如果俄国将要赢得战争，我们应该帮助德国，以这种方式让他们尽可能多地互相残杀。”[①] 但是，罗斯福十分清醒地认识到，如果德国在苏德战争中打败苏联，就会把苏联丰富的资源作为进一步侵略的基础，那将会对英国以至于美国形成为巨大的威胁。事实上，罗斯福和丘吉尔一样，将德国视为最大、最主要的威胁。因此，罗斯福希望给苏联提供帮助，加强苏联的抵抗能力。罗斯福首先撤销了自苏芬战争爆发后对苏联的一些制裁措施。6 月 24 日，罗斯福解除了对苏联 3900 万美元资产的冻结，国务院也同时发布了关于苏联及其国民与美国交易的许可令，并允许苏联使用在美国的资金。26 日，代理国务卿韦尔斯告诉苏联大使，“苏联政府向美国做出的任何物质援助的要求，将会被立即给予注意”。30 日，国务院成立了一个特别部门来处理苏联问题。同一天，罗斯福宣布“为了美国的安全和利益”，不对苏联实施中立法。[②] 美国的政策调整得到苏联方面的欢迎，苏联不再把英美作为帝国主义阵营中的成员而加以反对。7 月 3 日，斯大林在广播讲话中提出，苏联人民反对法西斯侵略者的战争“不仅是自卫，而且是援助所有在德国法西斯枷锁下呻吟的欧洲人民”，他肯定地表示要

① Peter G. Boyle, *American - Soviet Relations: From the Russian Revolution to the Fall of Communism*, N. Y. & London: Routledge, 1993, p. 37.

② *FRUS*, 1941 (I), pp. 769 - 770.

进行“‘欧洲和美国人民’共同创造的事业”。[①]

不过，美国并没有立即向苏联提供实质性援助，其中的一个原因在于美国对苏联是否具备抵抗德国侵略的能力表示怀疑。当时，很多驻苏的外国观察家都认为，由于苏联效率低、交通系统落后和肃反政策对苏联军队领导者的迫害，因此德国可能会很快地打败苏联，结束战争。基于此，罗斯福表示，如果俄国人在10月1日之前挡住德国人，才会在击败希特勒中具有很大的价值，美国才能给予苏联实质的帮助。为此，7月26日，罗斯福总统指示在伦敦的哈里·霍普金斯去莫斯科，考察苏联的实际作战能力以及美国可能提供的援助形式等问题。7月30日至8月1日，霍普金斯以罗斯福总统个人代表的身份访问了莫斯科，并同斯大林进行了两次长谈。8月1日，霍普金斯在给总统和国务卿的信中说：“我感到对前线如此充满了信心。苏联人民的士气异常之好，赢得胜利的决心极大。”[②] 8月2日，代理国务卿韦尔斯通知苏联大使乌曼斯基：“美国政府决定给予苏联一切可能的经济援助，以便加强苏联反对武装侵略的斗争……美国之所以做出这项决定，是因为美国政府坚信，加强苏联的武装力量抗击侵略者的强盗性进攻符合美国的国防利益，因为侵略者不仅威胁着苏联的安全和独立，而且也威胁所有其他国家的安全和独立。”[③] 11月7日，罗斯福亲自宣布保卫苏联涉及到美国的安全利益，因此美国正在考虑向苏联提供租借援助。当时，包括丘吉尔在内的一些人或者怀疑苏联是否能够坚持下来，或者干脆希望苏联失败，但罗斯福在年底明确地对丘吉尔讲：“德国是首要敌人。”[④]

---

① *FRUS*, 1941 (I), p. 628.

② *FRUS*, 1941 (I), p. 814.

③ 瓦里科夫：《苏联和美国——它们的政治关系和经济关系》，三联书店，1965年版，第290页。

④ Richard Leopold, *The Growth of American Foreign Policy*, N. Y.: Alfred A. Knopf, Inc. 1962, p. 598.

此后，为了应对共同的安全威胁，美苏两国将政治争论暂时搁置一旁，而将军事问题列为两国的首要事务。1942 年 1 月 1 日，以美国、苏联、英国和中国为首的 24 个反法西斯国家在华盛顿发表了一份《联合国家宣言》，宣布各国政府将保证使用其全部军事和经济的资源，打败法西斯主义，“并不与敌人缔结单独停战协定或和约”。[①] 这一宣言标志着世界反法西斯同盟的最后形成。至此，美苏两国的军事联盟关系正式建立，它们也成为世界反法西斯同盟中最重要的两支力量。在此背景下，美国也加大了对苏联的援助力度。1942 年 6 月 11 日，国务卿赫尔和苏联驻美大使李维诺夫在华盛顿签订关于在进行反侵略战争中相互援助所适用原则的协定。协定规定：“美利坚合众国政府将继续向苏维埃社会主义共和国联盟政府提供美利坚合众国总统批准转让或提供之防御物资、防御设备与防御情报”；苏联也应“以其所能”向美国提供类似的援助。据统计，自 1941 年下半年到第二次世界大战结束，美国运往苏联的租借援助价值为 108 亿美元，约占美国一切租借援助总额的 1/4，其中大约一半是飞机、坦克、军用汽车和其他军火。[②] 这些援助增强了苏联在反法西斯战争中的力量，同时又令美苏战时同盟具有了实际意义。

当然，在军事问题上，两国之间也存在着分歧，表现最为激烈的是开辟第二战场的问题。第二战场问题是苏德战争爆发后不久提出来的。当时斯大林向丘吉尔表示，对苏联最有力的帮助是尽快在欧洲大陆开辟第二战场，而不仅仅是道义支持和物资援助。1942 年初苏联向在莫斯科访问的英国外交大臣安东尼·艾登再次提出：开辟第二战场；承认苏德瓜分波兰后的边界。对于这两个问题，英国倾向于接受第二点，而美国则表示坚决反对。国务卿赫尔在 1942 年 2 月向罗斯福强调说，美国政府应坚决反对任何“使苏联在东欧

① 《国际条约集（1934—1944）》，世界知识出版社，1961 年版，第 343 页。

② 刘绪贻、李存训：《美国通史：富兰克林·D. 罗斯福时代，1929—1945》（第 5 卷），人民出版社，2002 年版，第 391 页。

（如果不是整个欧洲大陆的话）取得支配地位的协议”。[①] 对于开辟第二战场的问题，英国表示反对，而美国则倾向于支持。事实上，美国军方曾计划在1943年4月美英两国军队在法国北部登陆，并制定一个应急方案：一旦苏联战场难以维持或德国在西欧大为削弱，美英将在1942年9月进行小规模登陆。这个计划得到了罗斯福的肯定。在他看来，这些计划符合“先欧后亚”战略，同时他还认为只有尽快帮助苏联打败德国，才有可能在以后打败日本的战争中得到苏联的帮助。然而，丘吉尔则认为，北非登陆计划远比在西欧开辟第二战场更为适宜，并且他还指出在1944年以前采取任何跨越英吉利海峡的作战行动都是一场灾难。

为了尽快解决最为紧要的军事问题，苏联做出了妥协，暂时放弃了其边界要求。1942年6月初，美苏、英苏分别发表联合声明，声称双方就1942年在欧洲开辟第二战场的任务达成“全面的谅解”。不过，在这一计划中所依赖的力量主要是英国，而丘吉尔对于1942年开辟第二战场的态度是消极的。1942年6月下旬，英国在北非战事失利，这给了丘吉尔一个说服罗斯福推迟在1942年开辟第二战场计划的借口。在此情形之下，虽然美国军方极力反对，但罗斯福还是最终接受了丘吉尔的方案，决定在北非实施登陆作战计划，即“火炬行动”。

1943年2月初，苏联取得了斯大林格勒保卫战的胜利，这一战役成为欧洲反法西斯战场的转折点。同年夏，苏联又在库尔斯克会战中再次赢得胜利。但美英还是不愿意开辟第二战场，甚至在5月间还决定要到一年后才在法国登陆。这使斯大林非常愤怒，撤回了驻美英的大使。随着苏联向德国推进，苏联积极主张在10月召开莫斯科外长会议讨论战后安排问题。这使得美国政府感到，此时是否开辟第二战场已经不仅仅是单纯的军事问题，而且也是一个不容忽

① 杨生茂：《美国外交政策史：1775—1989》，人民出版社，1991年版，第397页。

视的政治问题了。于是，在 8 月的魁北克会议上，罗斯福反对丘吉尔推迟诺曼底登陆的主张。72 岁高龄的国务卿赫尔第一次乘飞机前往参加 10 月的莫斯科会议，表示开辟第二战场的工作正在逐步展开，从而减少了斯大林的猜疑。1943 年 11 月 28 日—12 月 1 日，罗斯福、斯大林和丘吉尔在德黑兰召开了战时第一次三国首脑会议，集中讨论并制定了对德联合作战方针。在本次会议上，罗斯福终于坚定地站到了斯大林一边，并最终确定在第二年 5 月在欧洲大陆开辟第二战场。罗斯福再次拒绝了丘吉尔进攻巴尔干的建议。1944 年 6 月 6 日，盟军在法国北部诺曼底登陆，从此开辟了第二战场。

反法西斯战争胜利在望之时，关于战后的秩序安排问题便被提上日程。在此情形之下，军事问题固然重要，但政治问题的重要性更加凸显。随之而来的是美苏两国之间的矛盾也日益突出，这也为后来的冷战埋下了隐患。

五、从合作到遏制

如前文所言，美苏之间的合作主要是基于对共同安全威胁的认知，但缺乏必需的信任，这一点还反映在二战中美国对苏联在拉美活动的防范上。二战中，拉美国家内部要求同苏联建立外交关系。拉丁美洲劳工联盟号召，“美洲所有政府，首先是大西洋宪章签字国政府……，应立即同苏联建立贸易和外交关系”。与此同时，苏联在拉美的外交活动取得了成效，部分拉美国家与苏联建立或恢复了正式外交关系。例如 1942 年 10 月 14 日，古巴与苏联外交关系的谈判顺利结束；10 月 29 日，墨西哥外长埃·帕迪利亚声明：“墨西哥政府满意地认为，恢复同苏联的关系是对苏联人民英勇抗击纳粹政权的侵略罪行而为民主事业作出巨大贡献的应有赞赏。”对此，美国政府感到十分担心，从 1943 年开始，美国国务院向驻拉美各国代表机构发出文件，要求他们阻止拉美国家同苏联建立联系，如指示美国大使们不要放过“苏联在西半球的积极活动，这种积极活动……会危害西半球的安全并危急西半球政治与经济的稳定和我们自身的利益”。同时，美国还要求其驻莫斯科大使密切关注苏联同拉美国家的关系发展情况，并定期向华盛顿汇报。美国驻苏大使哈里曼在一份电报中指出，苏联想在拉美“弥补所失去的机会”，苏联让尽可能多的外交官熟悉未来工作条件，一旦有机会便将他们派往拉美地区工作。他提醒到，“今后苏联在拉丁美洲的影响可能会有更广阔的前景”，并要求不要忽视苏联想在拉丁美洲开展“政治工作”的意图和决心。[①] 上述种种行为表现出，虽然美苏之间建立了军事同盟关系，但是相互之间并没有建立起某种信任机制。换言之，美国对苏政策必须建立在苏联不妨害美国利益的前提之下，即便这种妨害还仅仅存在于其可能性之上。

随着战场形势的变化，关于战后的秩序安排问题开始引起了美英苏等大国的注意。事实上，德黑兰会议已涉及建立战后国际组织等国际秩序的问题，但它并未成为各国关注的焦点。然而，到了1944年，尤其是欧洲第二战场开辟以后，轴心国在战场上越来越被动，反法西斯战争的军事胜利已经具备了较大可能，在此情形下，战后政治安排问题开始成为各国关心的重点。此时的罗斯福也将目光转向了战后秩序构建。与第一次世界大战所不同的是，此时美国国内对于战后秩序的期待以及美国在其中所发挥的作用有了更新的认识，归结到一点便是需要建立起美国领导下的、可以增进美国利益的世界秩序。需要指出的是，这一秩序不仅能够提升美国的财富与权势，而且也可以将其价值观推广到全世界。为此，美国必须阻止德日强权的复活，同时防止任何可能效法希特勒和日本军国主义分子的其他强权的崛起。不难想象的是，无论是向世界推广价值观，还是要保证美国成为世界领袖，苏联都是一个现实的竞争对

① 基里林：《国际关系和苏联对外政策史（1917—1945）》，中国社会科学出版社，1990年版，第414—415页。

手。因此，罗斯福政府在构建战后秩序中必然要将苏联因素考虑在内，并且将其视为对美国战后利益构成挑战的最强对手。事实上，在 1944 年 9 月的魁北克会议上，美英两国已经开始协调它们的战后欧洲政策。罗斯福和丘吉尔讨论了抑制战后苏联势力扩张问题。罗斯福曾对奥地利的一位亲王说，“我们正在关心的是如何使共产主义者不进入匈牙利和奥地利”。[①] 显然，罗斯福还是采用传统的均势手法，通过援助英国、提升中国地位等手段来制衡苏联的扩张行为。在这次会议上，两位领导人就两国战后为军事和商业目的研究、开发和利用原子能的全面合作达成协议，并保证不许苏联分享有关情报。不难想象的是，美英的这种行为必然会引起苏联的怀疑与防备。可见，以美英为一方，以苏联为另一方的两大阵营开始日益明朗起来。

1945 年初，战场形势进一步有利于同盟国，世界反法西斯战争胜利在望。希特勒在垂死挣扎时试图挑拨盟国之间的关系。他了解到盟国间的重大分歧，下令抛出假文件称：随苏军一起进入德国领土的还有 20 万充满共产主义思想的德国军队。丘吉尔上当了，不再关心希特勒的事，而是念念不忘共产主义的危险。而罗斯福却十分清醒地指出：“要以最严肃的方式来防止敌人的宣传可能造成的危害，并把它看作是德国经常企图在盟国关系中打入的各种楔子。”[②] 美国依然坚持与苏联的合作。同时，美国领导人也在考虑战后秩序安排等政治问题。尽管罗斯福担心苏联的意识形态扩张，但他还是主张大国合作来治理世界。他不认为苏联会主宰欧洲，更指出：“我们不必担心俄国支配世界的问题。”他认为俄国会发生转变，重要的是给予它一定的时间，因此与苏联的合作是可能的。他指出：“我们提出的合作是在公平基础上的合作，……他（斯大林）会参

① 罗伯特·达莱克：《罗斯福与美国外交政策》（下），商务印书馆，1984 年版，第 666 页。

② 王绳祖：《国际关系史》（第六卷），世界知识出版社，1995 年版，第 329 页。

加进来的。”①

1945年2月4日到11日，雅尔塔会议召开。美国政府的主要目的首先是尽快击败德国和日本，并在远东争取苏联早日参战，减少美军的损失。为罗斯福总统准备的备忘录中指出：“为了击败德国，我们应该有苏联的支持。在欧洲结束战争后，为了同日本作战，我们更是绝不可没有苏联。”其次是扫除障碍，尽快成立联合国组织。苏联政府的目的首先是协调盟国的军事计划，尽早击败德国和日本；其次，解决欧洲一些被解放的国家问题；第三，取得德国赔偿和恢复在日俄战争中被日本夺去的权益。为了维护盟国间的合作，这次会议在处理德国的问题上，同意德国无条件投降后由三国对其实行分区占领；同意建立赔偿委员会以苏联提出的建议为基础进行研究，即赔偿总额为200亿美元，其中一半归苏联。关于波兰问题，同意东部边界基本按照苏联的主张以寇松线为准，做一点有利于波兰的调整，波兰新政府将在苏联支持的临时政府的基础上吸收波兰内外民主领袖组成。关于苏联参加对日作战问题，美苏领导人私下里秘密商议之后，又邀请英国参加，一起签署了《雅尔塔协定》。它规定千岛群岛、库页岛南部及附近一切岛屿须交与苏联，苏联在大连港拥有优越地位并租用旅顺港为海军基地，苏中合办中东铁路，外蒙古现状须予以维持等。苏联同意出兵进攻关东军并承认中国的蒋介石政府。关于组建联合国问题，美国与苏联在原则上是持一致立场的，即双方都认为需要建立一个战后机构以保障国际和平与安全。不过，在具体的问题上，例如否决权问题，美苏之间是存在分歧的，最终苏联做出了妥协，放弃了绝对否决权的要求，接受了美国方案，即安理会常任理事国只对实质性问题拥有否决权。苏联方面还撤回了在联合国大会上拥有16个席位的要求，而美英则同意白俄罗斯和乌克兰拥有联合国大会的正式代表权。最后，

① 李庆余、任李明、戴红霞：《美国外交传统及其缔造者》，商务印书馆，2010年版，第272页。

斯大林同意罗斯福的建议，1945 年 3 月 1 日前对德宣战的所有国家均可以加入联合国。会议还讨论了南斯拉夫等问题。

从雅尔塔会议的成果看，美苏两方有斗争有让步，美国显然对苏联做出了更大的让步，如在波兰问题上，罗斯福叹息道，“我只能为波兰人做到这些了”，似乎苏联方面收获更多。就这次会议做出评价，中国人无法不谴责美苏两国在雅尔塔会议上为了它们的利益而牺牲中国的利益的作法。但如果分别站在美苏两国当时的角度看，结论则是不同的。苏联肯定会把从美国和国民党统治下的中国取得的特权视为对反共反苏势力斗争的胜利；而美国方面的看法则复杂些。一方面，罗斯福虽然有遗憾，但事后总结说：“我肯定，有了雅尔塔达成的协议，欧洲在政治上将比过去任何时候都更稳定。”参加这次会议的罗斯福亲信霍普金斯以为由此能够同苏联“一起生活而且和平共处”。另一方面，美国舆论一度纷纷抨击罗斯福对苏联让步太多，牺牲了美国的利益。有的人甚至认为雅尔塔会议是失败的，是罗斯福投降了苏联。但更多的政治家和军事家认可这次会议的结果，认为这是在当时条件下只能做出的选择。1951 年，原美国驻苏大使哈里曼在国会证词中指出：“在雅尔塔进行的讨论和达成的谅解，是我们与苏联在整个战争期间所举行的谈判的一个不可分割的部分、是为了使这场殊死斗争早日胜利结束，并寻求出一种美国、英国与苏联可以和平相处的方式。”这就清楚地说明，在雅尔塔会议上美国领导人的着眼点是美国的全球利益，试图以满足苏联大国沙文主义要求的方式求得均势，以保证对德日战争的早日胜利，并推进战后由两大国维护世界和平的结构。从这点出发，美国领导人的决策无疑是成功的。雅尔塔会议不仅保障了早日打败德国和日本法西斯，而且为建立战后国际新秩序奠定了基础。正因为如此，有人把 1991 年前存在的国际关系体系称为雅尔塔体系。这次会议的结果及其影响使战后的世界形成两极格局，即以美国为首的资本主义阵营和以苏联为首的社会主义阵营。这个格局具体体现在东西德、东西欧和远东势力范围的划分，尽管当年罗斯福不喜欢势力范围这个词，而更愿意用合作一词来表示与苏联和其他大国的关系。雅尔塔会议在建立联合国方面所取得的一致体现了罗斯福的思想。这个1945年10月由美、苏等50个国家共同建立的国际组织，基本维护了战后世界的和平。

美国方面清楚雅尔塔协议对中国的伤害，迟迟不愿意把内容通知中方，毕竟国民党领导下的中国将是它在亚洲可依靠的最大盟国。对伤害自己盟友的后果美国是清楚的。在苏联的催促下，美国才在1945年6月把部分内容正式地通知中方。对此，蒋介石在日记中写道，这“已经是足以置我们中华民族于万劫不复的境地”。[①] 事实上，正由于雅尔塔协定和以后的内战失败，蒋介石一辈子拒绝访问美国，尽管他不得不依赖美国的支持求得生存。

雅尔塔会议也没有解决美苏之间的根本分歧。1945年4月12日，罗斯福总统因脑溢血去世，这为美苏关系的未来带来了更多的不确定性。其继任者杜鲁门是一个十分敌视苏联和共产主义的民主党人。上台之初，杜鲁门便表示，“我们要顶住俄国人”。[②] 5月11日，杜鲁门发布一道命令：“供应苏联的货物停止装船；已开赴俄国港口的船舶，应在海上扣住。”驻苏大使哈里曼得知此事后，当即劝说杜鲁门收回成命。杜鲁门听从了劝告，开赴俄国的船只继续装货，航行也很快恢复了，但两国间的矛盾此后越来越凸显。1947年3月，杜鲁门在国会发表演说，提出要“遏制共产主义”。这个被称为杜鲁门主义的政策表明美苏两国进入冷战时期。如果说，罗斯福希望在战后以温和的政策来继续保持美苏合作和联盟关系，甚至为此不惜对苏做出一定妥协，那么杜鲁门便是反其道而行之，通过与苏联的针锋相对来保证美国的利益和影响，美苏双方武装割据世界。尽管如此，由罗斯福与苏联领导人一手建立起来的雅尔塔体

---

① 陶文钊：《中美关系史》（上），上海人民出版社，2004年版，第278、351、279页。

② 杨生茂：《美国外交政策史：1775—1989》，人民出版社，1991年版，第430页。

系保持了下来，它避免了第三次世界大战的发生。

美俄两国地理相距较远。在沙俄时期，两国关系时好时坏，完全取决于一时的利益需要。但苏维埃政权建立之后，美苏关系发生了质的变化，两国在意识形态和政治制度上是相互对立的。美国对苏联采取了敌视的态度，到1933年才与苏联建交，是世界主要国家中最后一个承认苏联的国家。当欧洲和苏联面对世界法西斯主义威胁，美国起初的反应似乎并不积极。然而，当法国沦陷、德国入侵苏联、英国危在旦夕、欧洲陷入空前危急之中，美国政府认识到，苏联将是反法西斯战争的一个坚固堡垒，不能被攻破。在这种认知之下，美国调整了其对苏政策，摆脱了意识形态的支配，政治考量逐步让位于军事考量，美苏终于在第二次世界大战当中成为了盟国。虽然双方根深蒂固的互不信任以及咄咄逼人的霸权意图使得40年代后期美苏冷战不可避免，然而，同为20世纪初崛起的大国，美国与苏联的关系没有落入美国与德、日关系的命运，双方没有发生战争。其原因是值得注意的。从美国的角度看，首先是因为美国领导人在二战期间做出的准确决策判断：一是德国的军事扩张行动和日本的直接侵略是美国的最大威胁。二是苏联虽然与美国陷于激烈的意识形态斗争和政治斗争，但苏联没有直接对美国构成军事威胁。其次，美国决策者没有英法老牌帝国主义那样的独霸世界的野心，尤其是罗斯福。他从大国合作的原则出发，现实地接受与苏联共管世界的两极格局。这个决策保证了美国能够尽早地战胜法西斯并顺利问鼎。即便后来美国领导人背离了罗斯福的设想，但仍以遏制政策而不是战争政策来与苏联较量。

第六章　对东亚的政策——应对日本在华扩张

美国从建国起就重视亚洲的市场作用。实际上，亚洲是指东亚，特别是中国和日本，因为亚洲的其他大部分地区在 19 世纪都沦为欧洲列强的殖民地，而中国仍保持作为一个独立的国家，一个人口众多地域辽阔的国家；日本虽然是个不大的岛国，但在 19 世纪后期迅速发展成为亚洲的强国，并且有极强的扩张倾向。20 世纪上半叶，这两个国家成了美国在亚洲的外交重点，特别是日本在中国的扩张更成为美国头痛的问题。

一、面对衰退的中国和崛起的日本

自建国以来，美国的利益重心一直是在欧洲，但从 19 世纪初、甚至更早时日起，美国人就意识到亚太地区的重要性，特别是中国。美国早在殖民地时代就通过茶叶贸易与中国发生了联系。当时，北美殖民地的居民同其宗主国的人一样都喜欢喝茶，而与中国的茶叶贸易控制在英国商人手中，北美居民对此不满，十分之九还是买自己人贩运的“私茶”。随着北美居民对英国的殖民统治越来越反感，特别是英国把与法国争夺殖民地的负担部分转嫁给北美殖民地，二者间的矛盾开始突出。1773 年，英国政府为倾销东印度公司的积存茶叶通过了救济东印度公司条例。它给予东印度公司到北美殖民地倾销积压茶叶的专利权，免交高额的进口关税，只征收轻微的茶税。该条例明令禁止殖民地民众贩卖私茶。这样，东印度公司就能垄断北美殖民地的茶叶运销。尽管这样输入的茶叶价格较私茶便宜一半还要多，但破坏了美国人自己的茶叶贸易。这年 12 月，北美殖民地波士顿的居民为反对英国东印度公司垄断中国茶叶的贸易，把当时停泊在港口的三艘英国商船装载的 342 箱茶叶都倒入大海。这起倾茶事件直接导致了后来的美国独立战争。美国独立后，1784 年美国的"中国皇后号"商船首航中国。该船的大班（即船货管理员）山茂召通过中国商行把大批的西洋参、棉花、皮货等商品售出，又购入大批茶叶、瓷器和丝绸等中国商品。同年 12 月 28 日，"中国皇后号"启程回国，1785 年 5 月 11 日回到了纽约，以 13 响礼炮结束了这次航程。这一创举历时 15 个月，总投资额为 12 万美元，获纯利 3 万多美元，约为投资额的1/4。山茂召在日记中称赞中国商人"富有才智，计算精确，交易守时"，并有"良好的品德"。中国市场给美国商人留下深刻的印象，此后来华贸易的美国商人络绎不绝。但在双边贸易中，由于中国的小农生产经济和清政府的闭关政策，中国长期处于顺差地位。

中国原本是亚洲强国，出于"普天之下莫非王土"的理念，以中国为中心建立了以封建等级制为基础的宗藩体系。然而，这个体系从 17 世纪起就受到西方国际体系的威胁。因此，在 18 世纪中叶，清政府对外采取了闭关政策，以求自保。在 1842 年的中英鸦片战争中，清政府惨遭失败，不得不签订了不平等的《南京条约》。中国被迫重新打开门户，并从此走上衰败的道路。尽管那时美国也不是什么强国，但美国政府在 1844 年也要求享有与英国在中国同样的权利。清政府根据传统的"一视同仁"的政策，与美国政府签订了《望厦条约》，给予美国包括最惠国待遇和领事裁判权在内的诸多特权。1845 年，美国国务卿布坎南指出："要使中国成为西方国家的共同市场以保持中国的现状，促进美国对华通商。"[①] 这个指示反映出美国人很早就有市场开放的理念和美国政府也高度重视中国的市场。1861 年，美国向中国派出了第一任常驻公使蒲安臣。1862 年 2 月，美国国务卿西华德指示蒲安臣："美国的在华利益，按我的理解，是和我所提到的两个国家（指英国和法国）一致的。无疑，英、法公使已按促进所有西方国家利益的态度行事。国务院指示你，要与他们协商与合作，除非有充足的理由，在个别情况下可不与他们联系。"美国打算通过搭便车的方法在中国谋取更多的利益。

1862 年 7 月蒲安臣到达北京后，先后拜访了其他列强的使节，争取与各国合作。1863 年 6 月 20 日，蒲安臣向西华德提出自己对具体落实这一政策的设想。那就是（1）西方各国利害一致，所以必须相互合作；（2）不采取有损中国领土完整的行动；（3）由于中国文化古老，自视甚高，不要指望中国能很快地接受西方文化；（4）由于中国存在势力雄厚的排外集团，所以总理衙门办外交的官员常有困难，各国应予理解。蒲安臣的主张使合作不仅局限于与英法等列强，也包括同清政府的合作。他的这项主张得到西华德的赞同。1864 年 6 月，蒲安臣在给驻上海领事的一份文件中也谈到"合作政策"的内容。他说，在中国，同其他国家"对于一切重大问题要协商合作；在维护我们的条约权利所必需的范围内保卫条约口岸；在纯粹的行政方面，并在世界性的基础之上，支持在外国人管理下的那个海关；赞助中国政府在维护秩序方面的努力；在条约口岸内，既不要求，也不占用租界，不用任何方式干涉中国政府对于它自己的人民的管辖，也永不威胁中华帝国的领土完整"。[②] 这个政策与欧洲列强对华政策大不相同。

由于美国在华实行这种既与欧洲列强合作又与清政府合作的政策，蒲安臣在职期间帮助清政府处理了一些难题，如镇压太平天

① 阎广耀、方生：《美国对华政策文件选编》，人民出版社，1990 年版，第 64 页。

② 熊志勇：《中国与美国》，河南人民出版社，1995 年版，第 44 页。

国、解决商业纠纷等等，获得清政府的好感。1868 年，清政府委派即将卸任的蒲安臣为“办理各国中外交涉事务大臣”，率领第一个中国政府代表团出访欧美。在访美期间，他擅自与美国政府签订了被称为“蒲安臣条约”的文件。但这个条约还是被清政府所接受。其主要内容是：中美两国人民前往对方国家“或愿常住入籍，或随时来往，总听其自便，不得禁阻为是”；中国人和美国人都可到对方国家上学，并且“美国人可以在中国按约指准外国人居住地方设立学堂，中国人亦可以在美国一体办理”；以及宗教信仰自由、中国可向美国各通商口岸派驻领事等。这个条约后来为美国利用华工、扩大对华教育和宗教影响打下了基础。

从那以后到 80 年代，中国有二三十万华工前往美国，为美国修建中央太平洋铁路、开矿、西部的农业开发等做出了重要的贡献。为了推进洋务运动，清政府决定派学生留学美国。1872 年 8 月，30 名年龄在 12—20 岁的少年乘美国远洋商船离开上海港，前往美国留学。这是中国政府第一次向外派遣留学生。从此，清政府每年选派 30 名，到 1875 年共派出了 120 名官费留美学生。与此同时，美国大批传教士来到中国，不仅进行传教，而且兴办了一批学校和传播美国文化。虽然在 19 世纪后半期，中美之间也因为在中国发生的教案和商业问题以及在美国发生的排华问题出现一些纠纷，但它们都没有妨碍两国关系的发展。实际上，清政府相当依赖美国。中法战争期间，清政府几次通过美国公使杨约翰请美国政府在中法之间进行调解。

美国凭借“合作政策”扩大了在中国的影响，其主要目的还是经济利益。1869 年，国务卿西华德向驻北京公使馆发出指示，必须促使中国尽快在贸易、铁路建设和电报业等方面“做出所有让步”。[①] 80 年代初担任驻华公使的杨约翰把维护美国在华利益当作其主要任务。他在中法战争期间热心地进行斡旋，并趁机依照一家美

① 孔华润：《剑桥美国对外关系史》（上），新华出版社，2004 年版，第 283 页。

国公司的建议，劝李鸿章把中国招商局的轮船卖给美国，以免落入法国人之手。事成后，杨约翰得意洋洋地向国务卿报告说：他们现在有了一支在沿海贸易中最大的船队。杨约翰还多次向总理衙门官员强调“中国若有铁路，即可强盛起来”，而美国可以帮助中国修铁路。杨约翰如此不遗余力地推销其主张，连李鸿章都怀疑他是商人而不是外交官。德国驻华公使巴兰德也指出：“杨约翰不过利用调停为借口，试图为美国的商行获得特殊的利益和特权。”杨约翰热心调解的另一个原因是担心战争会损害美国人的既得利益。清政府曾经担心法军会袭击广州，打算对沿海地区实行封锁。杨约翰闻讯后极力反对。他说：“你们今天既能封锁广州，左总督明天就能封锁上海，李总督后天就能封锁天津。这样一来，受到条约保护的数以千百万计的外国在华资产，在一日内就要萎缩。”后来，清政府未采取这项措施，此事才作罢。

1885年出任美国驻华公使的田贝原来就是一位铁路企业家。他按照美国国务院的指示积极地接近清政府官员，为美国商人打入中国市场提供方便，特别是推动中国的铁路建设。国务卿奥尔尼曾要求田贝利用其个人和职务上的影响为美国企业获得合同和投标。在他和田贝的帮助下，由摩根集团支持的美国华美合兴公司曾取得粤汉铁路特许权。19世纪末的10年间，美国商人不断地努力进入这个市场。美国对华贸易额由738万美元增加到2374万美元，增加了两倍。其中对华输出的棉纺织品占了近一半。在最后的5年间，美国在中国设厂81家，共投资1750万美元。[①] 美国就是把中国当作一个巨大的市场来开发。

相比之下，日本对美国来说起初并无多大作用。19世纪初，日本只是东亚的一个小国，曾经遭受美国、英国等列强的欺负。1854年，美国舰队强迫日本开国，两国间签订了不平等条约。19世纪中叶，日本实行明治维新。它的改革不仅体现在实行宪政，建立内

① 熊志勇：《中国与美国》，河南人民出版社，1995年版，第79页。

阁，推行殖产兴业的发展政策上，而且大量吸收西方先进的理念，推行文明开化，迅速与国际社会接轨，其中包括依据当时的国际法理念来处理国家关系。1876 年 2 月，它强迫作为中国藩属的朝鲜订立《江华条约》，但条约第一款开头称：“朝鲜为自主之邦，保有与日本平等之权。”这场大规模的维新活动为改善日本与西方国家的关系提供了条件。日本的经济发展非常迅速，国际地位也相应提高。70 年代初，日本开始提出修订不平等条约的问题。日本承诺以开放内地和其他有利于外国人旅行通商的措施来换取废除领事裁判权和恢复关税自主权。在 70 年代中期曾担任美国驻日公使的宾厄姆意识到日本的崛起，对日本提出关税自主的要求表示同情。在 1878 年的一项美日条约中，美国允许日本享有较大程度的关税自主权，引起欧洲列强的不满。但在日本不懈的努力下，1889 年美、德、俄等国皆与其先后签订新约，承诺将放弃各自在日本所享有的特权。1890 年，英国也改变反对日本修约的态度，同意定期废除它在日本享有的领事裁判权。

随着日本实力的增长，它的扩张主义思想抬头。1885 年 3 月，日本思想界著名人物福泽谕吉发表“脱亚论”，主张：“对待中国、朝鲜之方式，亦不必因邻国之故而特别和善，应按西洋人之对待之法予以处置。”10 月，柴四郎的国权主义小说《佳人之奇遇》成为畅销书。作者主张：“当今燃眉之急是，与其内张十尺之自由，不如外伸一尺之国权。”虽然日本对韩国和中国的贸易在不断增长，但由于日本资本相对弱小、技术落后和资源匮乏，它无法同西方列强在东亚展开竞争。面对日本崛起的困境，日本精英们普遍认为要保证获取大陆的市场和资源，只有建立排它性的贸易圈，甚至要把日本变为大陆国家。1891 年 4 月，《东京日日新闻》提出：“要知我国人口多于土地，已经进入社会生存竞争的最困难地步。”1892 年，自由党总裁板垣退助发表《殖民论》，声称日本的人口不久即将过剩，因此推进殖民是当务之急，日本为了同世界富国进行竞争，也必须取得海权与商权，为此也有殖民的必要。日本国内支持政府推行军国主义的呼声日渐强烈。1878 年，日本建立军队参谋本部。参谋本部长与政府首脑一样直属天皇，不受政府控制。1879—1880 年，参谋本部派遣 10 余名军官以学习语言为名到中国各地进行调查。这些人归国后写成《邻邦兵备略》、《与清朝斗争方策》等报告。这些报告成为日本军国主义扩充军备的根据。此后，日本不断地派人来中国进行调查。1885 年，日本把陆军的编制确定为常备队、预备队和后备队，使陆军兵力事实上扩大了一倍半。1883 年，日本制订了 8 年内建造 48 艘军舰的计划。1886 年，日本开始建设吴和佐世保两军港。针对清政府的北洋舰队，日本建造了火力凶猛的严岛、松岛和桥立 3 舰。1893 年，又在天皇的支持下，政府进一步扩大造舰规模。在 1886—1894 年间，日本中央政府的财政预算每年支出总额在 8000 万日元上下，而每年的军费开支一直保持在 2000 万日元以上。其中 1892 年的军费开支占到国家预算的 41%。到 1893 年，日本已拥 12.3 万人组成的陆军和 28 艘军舰及 24 艘鱼雷艇组成的海军。[①] 早就主张强兵优先、历任陆军要职的山县有朋 1889 年 12 月出任内阁首相。他在 1890 年第一届帝国议会的施政报告中提出国家“主权线”和“利益线”的概念。“主权线”指国家的疆域，“利益线”指与主权线的安全紧密相关的区域，即邻近的国家。他宣称，要维护国家的独立，只守护主权线是不够的，“必须保卫利益线，经常立足于形胜之地位”。他在此前的一篇文章中已明确地指出日本的“利益线之焦点在朝鲜”。当美国在 19 世纪末以一个世界经济强国出现在国际舞台上时，在亚洲出现了一个地区性的军事强国——日本。1893 年，美国的亚洲舰队指挥官向政府报告说：“日本有可能使夏威夷问题更加复杂化”，因为日本“非常渴望扩充自己的地盘”，想成为太平洋上的英国。[②] 美国人很早就看到日本力量增长可能带来的问题。

---

① 万峰：《日本近代史》，中国社会科学出版社，1981 年版，第 290—291 页。

② 孔华润：《剑桥美国对外关系史》（上），新华出版社，2004 年版，第 377 页。

1894 年，中日战争爆发，清政府试图采取以夷制夷的办法来约束日本。10 月底，清政府请美国驻华公使田贝出面调处。虽然美国政府宣布对这场战争采取中立，但在商议调处一事时，田贝却当场教训恭亲王等人说，中日战争是由于中国在朝鲜坚持宗主权所引起的，过在中国；又说若总理衙门希望由美国调停，须先交出书面保证，承认朝鲜绝对独立。恭亲王答应照办。31 日，田贝将中方的请求电告国内，建议美国总统抓住这次调停机会以扩大在东亚的影响。11 月 3 日，总理衙门又给美国公使田贝一封公函，信中引用 1858 年《天津条约》的第一款，请美国“惠然出面干涉，阻止战争，重建和平”。美国政府为了保护在华商业利益和侨民安全，同意介入。6 日，美国国务卿格莱星姆一方面指示驻中国公使田贝向中国表示：美国随时可以在双方都体面的条件下出面调停，以结束眼下的对日战争；另一方面指示驻日本公使谭恩征求日本政府意见：出于对日本的友谊，并谋求中日之间的和平，美国愿尝试调解。17 日，日本外相陆奥宗光交给美国驻日公使谭恩的备忘录说：由于中国政府尚未向日本政府乞和，战争的目标还没有达到，所以目前不能接受调解。但“将来中国如果愿意开始媾和，而美国也愿意为彼我周旋交换双方意见的便利时，我国政府深愿倚赖美国的厚谊。”显然，日本只愿意美国作为中间人传递信息，而不是作为调解人。

从 11 月下旬开始，美国驻华公使田贝和驻日公使谭恩二人开始在中日两国间传递信息。22 日，田贝电告美国驻日本公使谭恩：清政府建议以承认朝鲜独立和赔偿军费作为讲和的条件。日本外务省通过谭恩明确予以拒绝，同时又要求清政府派遣具备资格的全权代表进行双边会谈，而在两国全权代表会谈时，日本才能讲出其条件。可是，清政府仍然急于知道日方的条件，便又通过田贝电告东京，请日本方面通告谈判的大体要求。日本方面担心在正式谈判前把条件泄露出去，会导致第三国的干预。因此，日方又通过谭恩警告说：在双方全权代表会商之前，日本不能宣布媾和条约，“若中国政府对此不能同意，则此次之商议，即可暂告中止”。于是，美国方面劝告中方派全权代表与日本议和。在日本的强硬要求和美国的劝说下，清政府决定派尚书衔总理各国事务大臣、户部左侍郎张荫桓和头品顶戴署湖南巡抚邵友濂为全权大臣，以上海为和谈地点。同时，中方要求日方通报其代表的官衔和名字，并建议在日本任命全权代表之日起停火。然而，日本方面拒不接受这项建议，还提出和谈地点必须在日本的广岛。

中方不得不让张荫桓和邵友濂前往日本。为了便于同日本的谈判，清政府决定聘请美国前国务卿科士达为中国使团的顾问，因其曾在中国驻华盛顿公使馆担任过法律顾问。科士达向美国国务院作了汇报。国务卿同意他接受聘请，但要求他对外说明此行与美国政府无关。科士达同日本方面也关系密切。他接受清政府聘请后，去向日本驻美公使栗野辞行，表示尽力斡旋，以使日本政府满意。科士达先于清政府代表到达日本。陆奥宗光在报纸上发表声明，欢迎他的到来。

在清政府代表离京前，田贝为他们起草了一份国书，但内容不符合清政府的规矩，因此没被接受。田贝极为不满。他在 1895 年 1 月 22 日电告谭恩通知日本政府说：“中国国书中全权字样是有的，但实际有无全权，应由日本全权委员自己评断。”此话中的含义显而易见。2 月 1 日，中日两国代表在广岛会晤。日方代表伊藤博文和陆奥宗光一上来就指责张荫桓等全权不足，拒绝谈判。张荫桓第二天以书面形式声明拥有全权，但日方根本不理会。7 日，清政府照会日本方面，表示愿意按日本的意图修改全权委任状，请求准许张、邵两人留在日本谈判。日方的态度更加蛮横，表示决不容许张、邵两人呆在日本，要求清政府另派“携带正当全权委任状之有名爵资望之全权委员”。

就在日本政府拒绝谈判的同时，日本海陆军对山东半岛的威海卫军港和港内的北洋舰队发起猛烈攻击。日本政府私下里派人把这个情况告诉给科士达，并说待攻下威海卫，日本处于更有利的地位时才进行和谈。日方还解释说，中国所派代表职位太低，“假若中国派恭亲王或李鸿章带着适当的委任状，他们是可以受到接待的”。

当时执掌清政府大权的慈禧太后对中国代表被驱逐一事感到愤怒。2月6日，她召见群臣，主张中止谈判，免得受辱。但恭亲王转述田贝的看法：“若决绝，则居间人亦无体面。”清政府犹豫不决。17日，日军占领刘公岛，北洋舰队全军覆没。当天，谭恩转来日本方面的要求，让中国派可以“定立办理交涉能以画押之全权”的大臣来谈判。清政府当即托田贝电告谭恩：中国政府已任命李鸿章为全权大臣。李鸿章出发之前，到各国驻华公使馆请求帮助。他最先拜访了美国公使田贝。田贝对李鸿章说，除了割地外，中方还要准备赔偿巨款。

3月20日，李鸿章会见日方代表伊藤博文和陆奥宗光，出示了他的全权证书。21日，日方提出停战的4个条件：(1) 日军占领大沽、天津、山海关；(2) 上述各地的清军向日军缴械；(3) 天津至山海关铁路由日本军务官管辖；(4) 休战期间由清政府负担日本一切军事费用。总理衙门在获悉这些苛刻无理的条件后又忙向田贝求助，期望他能劝日本减轻条件。而田贝却说：“问题在于中国是否希望和平。如果它的确盼和，就应该接受日本提出的条件。”清政府极为失望。结果，在日本的压力之下，中日签订《马关条约》。

中日战争期间，虽然美国是应清政府的请求进行斡旋，但美国的作法明显地倾向于日本。其原因在于当中国日薄西山之时，日本崛起成为亚洲强国。1895年底，《费城通讯》报称“日本的确是东方的太阳”。美国只把中国当作一块市场，而把日本视为有可能为其保卫东亚利益的伙伴。

二、门户开放与对日关系

19世纪末当欧洲列强和日本都在中国争夺势力范围时，美国正集中力量与西班牙进行战争。为避免遭到排挤，1899 年美国政府向列强提出了“门户开放”政策。此后，美国千方百计地维护这项政策。清政府于 1899 年 11 月指示驻美公使伍廷芳向美国政府询问“门户开放”的政策内容。海约翰写给伍廷芳一封私函进行解释，力图把美国说成是中国主权的维护者，希望中国认同这项政策。1900 年，美国为保护自己利益，加入八国联军，对中国发动了战争。6 月 21 日，清廷不得不发布宣战上谕。当时整体形势对中国非常不利，担任湖广总督的张之洞期望得到美国的帮助以保持长江流域的安定，当天电示中国驻美使馆：“请美国转商各国，勿派兵舰入江。大沽之战，美舰未开炮，知其仗义，故请驻美伍使以此意商之。”但美国政府拒绝了这一请求，反而要求清政府与列强合作，迅速镇压义和团运动。毕竟，奉行排外主义的义和团对门户开放政策构成威胁。与此同时，美国政府也担心在战争中列强乘机结束清朝的统治，把势力范围变为各自的殖民地，于是在 7 月 3 日向各国发出了第二个“门户开放”照会。这个照会强调维持中国和清政府的存在。因为没有中国的存在，美国的门户开放政策便失去了意义。19 日，美国总统又收到清廷的来函。信中表示美国是主持正义的，清政府不支持危害外国人的骚乱，请求美国进行斡旋。美国总统答复：如果清政府能同联军合作解救公使馆、保护外国人和恢复秩序，美国政府愿意在其他列强的同意下，进行友好斡旋。

8 月 14 日，八国联军攻入北京，清廷逃走，留下李鸿章等大臣同列强议和。这时中国存在被瓜分的危险。因为 8、9 月间，俄国以保护中东铁路免遭义和团袭击为名，派军队大举入侵，很快控制了东北三省。它的这种作法遭到其他列强的不满。为此，俄国 8 月 29 日声明：这只是防御性措施，俄国无意占有中国的领土。美国以备忘录形式做出答复，重申美国的“门户开放”政策。其他列强也想趁机扩大势力范围，但也怕相互间发生冲突。由于列强间的相互牵制，联军占领北京后没有发生把中国瓜分的情况。

尽管如此，美国还是担心在中外谈判期间发生有损其利益的事情。着眼世界市场而非殖民地土地是美国与其他老牌帝国主义国家的主要不同点。就中国来说，无论从人口或领土面积上看，中国都是美国最大的一块潜在市场。如果中国沦为列强的殖民地，即便美国也取得一块，但市场就被割裂了。美国要打入其他列强属地的市场，难度显然大得多。为此，美国在12月要求清政府："不要与任何一个强国做出将永远损害中国领土完整、或损害合众国的合法利益、或损害中国履行其国际义务能力的任何安排。"在谈判条约的过程中，列强间矛盾重重。大量的时间花在它们之间协调立场上，直至1901年9月7日，清政府才同美国等11个国家签订了空前屈辱的《辛丑和约》。这个条约不但使美国从中国得到新的权益，更重要的是它推行"门户开放"政策有了现实可能性，即中国市场保持了完整和开放性。

然而，中国东北实际上处于俄国军事控制之下，门户开放政策受到损害。1900年11月，美国副总统西奥多·罗斯福在一封私人信件中就明确地指出："我们的政策一直最强调的是反俄，而不是反对英国。"美国非常担心其他国家仿效俄国。1902年2月，美国向俄国重申门户开放的原则，并严正指出：俄国"为自己的国民获得排他性特权，同俄国外交部一再向合众国政府提出的保证是矛盾的"。[①] 1903年10月，中美签订了《续议通商行船条约》。美方对这份条约非常满意，因为成果之一就是中方同意开放东北的奉天和安东两地。当时美国对东北地区的贸易额还是较大的。1899年美国输华的棉制品为524万美元，其中五分之四进入了东北的市场。由于美国视俄国为破坏门户开放政策的敌手，它就想拉拢日本来对抗俄国。西奥多·罗斯福曾在一份文件中指出："我愿意看到日本占有朝鲜，它将对牵制俄国起作用。"害怕俄国扩张的还有英国，它干脆在1902年与日本结盟，共同对抗俄国。虽然美国没有加入，但

① 熊志勇：《中国与美国》，河南人民出版社，1995年版，第86页。

英国有人把美国视为“影子盟友”。

1904 年 2 月，日俄两国为争夺中国东北和朝鲜的势力范围而诉诸战争。这场战争是在中国土地上进行的，但清政府无力保护自己的领土，只能声明中立。美国立即向日俄两国和中国发出照会，要求交战双方尊重中国的中立，并对战区做出限制。美方担心战争的扩大会损害它在中国的利益。美国对这场战争的态度十分微妙。一方面，日本进行战争得到了美国人的支持。日本全部战争费用约 10 亿美元，一半以上靠举借外债，其中 4 亿多来自美国。美国对日本在日俄战争中击败俄国舰队感到高兴。西奥多·罗斯福总统曾指出：“日本人无意中帮了我们的大忙，……如果日本获胜，我们或许可以提供真诚的帮助，防止别国进行干涉，夺走她的胜利果实。”[①] 另一方面，美国也不想看到日本取得绝对的优势。1904 年 3 月 20 日，西奥多·罗斯福总统对德国驻美公使说：“我们的利益是：俄日间的战争应拖下去，使两国尽量消耗，而且在缔结和约后，它们在地理上的摩擦地区不致消灭。至于它们的势力范围，它们应仍对立，使它们保持战时状态，而消减它们对其他领土的野心。”[②] 显然，美国并不把自己的利益与任何一方绑在一起，它希望通过实现日俄两国势力的平衡来保持东北地区以及整个中国的门户开放。

经过一年多的战斗，日俄两国都打得筋疲力尽。虽然日本占上风，但也没有取得绝对胜利的把握。这种局面最符合美国的利益，即有可能在远东保持均势。于是，美国政府从 1905 年初开始通过不同渠道向两国主动表示调停的愿望。8 月 9 日，在美国的朴茨茅斯，日俄两国代表坐下来谈判。在谈判期间，美方建议俄方做出领土的让步，同时让日方放弃高额赔款要求。在美方的帮助下，日本获得半个库页岛的土地，并得到俄国原来在旅顺口和大连的特权，而俄

---

① 阎文耀、方生：《美国对华政策文件选编》，人民出版社，1990 年版，第 425 页；孔华润：《剑桥美国对外关系史》（上），新华出版社，2004 年版，第 488 页。

② 熊志勇：《中国与美国》，河南人民出版社，1995 年版，第 87 页。

国也继续留在东北北部地区。在日俄正式谈判开始前，清政府曾声明一概不承认未经中国同意的条款。然而，日俄双方都不理睬这个声明，美国也明确地支持日俄和平条约的规定。西奥多·罗斯福总统指示驻华公使柔克义说："和平条约把俄国在旅顺口和大连的权利转让给日本人。依我判断，中国按照礼节不能怀疑这次转让的效力或者不愿承认俄国人过去行使的所有权利都转让给日本人。如果中国对争议中的转让制造麻烦，你要在适当时候向中国政府强烈地声明这一点。"① 在美国的压力下，年底中日签订条约，中方同意日本继承俄国在南满的权益。在日俄战争期间，美国表示中立，但并不置身度外。它密切关注战争的进展，并适时出手干预。美国成熟的外交运作成功地调解了日俄两个强国的冲突，再一次在国际舞台上展示了它的外交影响力。1906 年，西奥多·罗斯福总统因此获得诺贝尔和平奖。当然，中国成了牺牲品。

就在日俄谈判期间，1905 年 7 月，美日双方达成一项备忘录。美国实际上接受日本把朝鲜变成保护国，而日本承诺不侵犯美国在菲律宾的权利，并在一年后重新开放南满的对外贸易。西奥多·罗斯福对其国务卿讲："我们不可能因针对日本而干预朝鲜事务。"② 他认为日本会支持美国对华的门户开放政策，因此没必要干涉日本在朝鲜的扩张。美国关闭了在朝鲜的使馆。当 1910 年日本最终吞并朝鲜时，美国连抗议都没提。

然而，美国这次失算了。日本实际上并不认可美国对华的门户开放政策。日俄战争之后，日本取得了对南满地区的控制权，美国也想乘俄国被削弱之机打入东北。美国"铁路大王"、联合太平洋铁路公司董事长哈里曼试图建立一个环球运输系统，包括一条连接日本、中国东北三省、西伯利亚与欧俄的铁路，这条铁路东与太平

① 阎文耀、方生：《美国对华政策文件选编》，人民出版社，1990 年版，第 485 页。

② Richard Leopold, *The Growth of American Foreign Policy*, N. Y.: Alfred A. Knopf, Inc. 1962, p. 271.

洋航线、西与大西洋航线相衔接。他的计划得到美国昆洛公司的支持，这家公司在战争期间通过收买日本的债券，曾给予日本在财政上很大的帮助。1905 年 10 月 12 日，哈里曼与日本首相桂太郎拟就一个备忘录。日本允许哈里曼按照日本法律组织一个银行团，出资购买南满铁路及其附属设备，铁路的经营权日美各半。然而当哈里曼兴高采烈地回到美国时，日本领事转来公函一件，内称日本政府对10 月 12 日交换的备忘录中所议诸事，发现有再加慎重考虑研究之必要，希望把它看作为尚未决定之事。1906 年 1 月，日本兴业银行总裁以当事双方中间人的身分通知哈里曼，这项协议作废。哈里曼的计划失败了。为此，美国政府一再提醒日本别对美商实行限制。而日本由于要向美国购买大量铁路器材来改建南满铁路，不得不做出让步，表示会遵守门户开放政策。

1906 年 10 月，根据哈里曼的推荐，美国政府任命司戴德为驻奉天总领事。在司戴德临来中国之前，哈里曼和他商谈了建设铁路的计划。哈里曼认为，虽然收购南满铁路计划失败了，但可以另从中国方面取得让与权，在南满铁路以外建筑新线。于是，司戴德上任后立即向东三省总督徐世昌和奉天巡抚唐绍仪建议，在新民屯至法库门之间修建一条铁路，作为京奉铁路的支线。这两位地方官正希望招引美国的资本，借以抵制日本对南满的控制，因此同意司戴德的建议。唐绍仪还建议由美国贷款 2000 万美元，成立一个东三省银行，经营铁路和其他实业的投资活动，并在东三省实行币制改革。1907 年 8 月 7 日，唐绍仪和司戴德拟就了一项备忘录。1908 年，司戴德再次同唐绍仪谈判建立银行一事，并达成了协议。随后，唐绍仪出使美国。他表面上是答谢美国退还部分“庚子赔款”，实际上要拉拢美国金融巨头，让他们支持东三省银行计划。唐绍仪出使美国的消息传出后，日本政府立刻决定同美国政府进行磋商。11 月 30 日，美国国务卿罗脱和日本驻美大使高平以换文形式达成了《罗脱—高平协议》，其主要内容是两国同意维持太平洋地区的现状，互相尊重对方在该地区的属地，维护该地区工商业机会均等的原则；两国以一切和平手段维护中国独立与完整，维护各国在华工商业机会均等的原则。这份协议的内容虽然抽象，但实质含义是很清楚的。日本表明对菲律宾和美国在太平洋的其他属地没有野心，而美国容许日本在中国东北保持其势力范围。美国这么做同其总统西奥多·罗斯福的看法有关。他认为，“如果日本人选择继续我们所反对的行动路线，我们无法制止它，除非我们准备打仗。在满洲打一场胜仗需要像英国那样的海军，再加上德国那样的陆军。”① 日美矛盾逐渐凸显。由于美国没有强大的军队，自认不是日本的对手，不敢与日本对抗，哈里曼计划失败了。孤立主义原则的影响在这里也显现出来。美国为了避免与欧洲列强的对抗而不愿意卷入欧洲的纠纷，同样在东亚也不愿意与亚洲强国日本发生冲突。

1909 年 2 月，塔夫脱就任美国总统。他不仅在拉丁美洲，也在中国推行“金元外交”政策。他在就职演说中指出，美国有保护远东利益的必要，“在远东国际争议中，由于门户开放以及其他牵涉而发生的各问题，美国原有能力达到它的要求，保持它的尊严，维护它的利益，只凭口头抗议和外交公文不能达到目的，美国必需用其他手段为后盾。”他给国务卿诺克斯的一项指示中说：“供给中国的大铁路和其他企业以资金的国家，在中国事务中必具有优先地位，美国资本参与这样的投资，将给予美国在该国的政治争端中以更具有权威性的发言权。”② 在他的推动下，一个庞大的银行团于 6 月份组成，参加者有摩根银行、第一国民银行、花旗银行和昆洛公司等。这个银行团的目标是扩大对华投资，同日本竞争。它派司戴德为代表，前往中国交涉。

---

① Thomas A. Bailey, *A Diplomatic History of the American People*, Meredith Corporation, 1969, p. 533.

② 陶文钊：《中美关系史 1911—1950》，重庆出版社，1993 年版，第 34 页。

清政府历来把东三省看作是“龙兴之地”。面对日俄的威胁，清廷于8月19日给东三省总督锡良等人发出一道谕旨：要他“广辟商埠，俾外人麇集，隐杜垄断之谋，厚集洋债，俾外款内输，阴作牵制之计”，以挽救东三省危机。[①] 锡良和奉天巡抚程德全也都认为“非借外人之款不足经营东省，尤非借外人之力无由牵制日俄”。清政府正想借助美国的力量。当时，清政府有意建造一条自葫芦岛经锦州、齐齐哈尔到达瑷珲的铁路。司戴德对此很感兴趣，双方谈判非常顺利。10月2日，锡良与司戴德订立了《锦瑷铁路借款草合同》。它规定铁路公司由中美英三国人组成，在借款期间铁路由公司经营，只受邮传部节制，铁路收入除应支付本息及公司开销外，如有余利，公司可提10%为酬。美方想拉拢英国人，借其影响来压日本。11月，美国政府提出了一个更为庞大的计划。国务卿诺克斯提出两个方案。第一，由有关列强共同贷款给中国，赎回东三省所有铁路，铁路由借款各国共同管理；第二，如以上计划不能实施，由英美两国联合支持锦瑷铁路计划，一同邀请其他国家参加此条铁路以及将来其他铁路的投资，并供给款项与中国，使中国能够收买“可以包括在此铁路系统中的其他现有铁路”。这个计划打着中立化的招牌，目的是借机扩大美国在中国东北的利益和影响。美国向英国、德国、法国、日本、俄国和中国都提出了这个计划。只有德国和中国支持这项计划。清政府外务部认为“以现在东省情形而论，计亦无有逾于此者”，欢迎这项中立化的计划。然而，日本和俄国都在1910年1月照会美国，拒绝这个建议。同时它们还警告清政府在这个问题上应与两国协商，否则有碍两国与中国的关系。作为日本盟国的英国不愿为在东北的一点利益而得罪日本，也对此方案表示反对。法国对此不感兴趣。结果，美国同日本的较量又遭到失败。塔夫脱政府从强硬立场上后退，最终放弃了这个计划。

---

① 王绍坊：《中国外交史1840—1911》，河南人民出版社，1988年版，第360页。

20世纪初，美国极力在中国推进门户开放政策，并试图借助日本的力量来平衡俄国，以维持中国的开放。然而，日本并不真心支持门户开放政策。它凭借对华、对俄战争中获取的胜利果实，以及利用美国人的帮助，迅速壮大自己。到第一次世界大战爆发前，日本已发展成为亚洲的第一强国，在世界上取得了与列强平等的地位。1914年时，日本的国民收入达到20亿美元，人均36美元，两者都位居世界第八，列在欧美强国之后。虽然日本的经济实力不如美国，但它的军事力量却与美国不相上下。日本的陆海军人数为30.6万人，几乎是美国的两倍，日本战舰的吨位是70万吨，略低于美国。[①] 美国政府已意识到对日政策的失误，但没有力量很容易地阻止日本的崛起。

三、"不承认"政策的提出

1911年辛亥革命后，中国陷入混乱。一些列强试图趁机扩大或巩固其势力范围。为了维护门户开放，进一步推进它在中国的利益，1913年5月，美国政府不顾其他强国产生不满，率先承认中华民国政府。威尔逊总统认为：门户开放是"一扇友谊和互利的大门……是唯一一扇我们想进入的大门"。[②] 随后，他派遣了后来成为霍普金斯大学校长的古德诺教授担任袁世凯总统的顾问。他还鼓励美国银行家向中国投资建设铁路和工业。美国的政策使其得到中国新政府的信任。

1914年7月底，第一次世界大战爆发。中国政府宣布中立。中国外交部同时向美国和日本政府请求说服欧洲各国不在中国领土领海内作战。美国方面表示不愿意为此卷入国际纠纷，而日本则指责

① 保罗·肯尼迪：《大国的兴衰》，求实出版社，1988年版，第296、247页。

② George Herring, *From Colony to Superpower*, N. Y. : Oxford University Press, 2008, p. 384.

中国为什么在只涉及远东国家的问题上请求美国的帮助。8 月，中国政府私下里希望美国增加在中国的驻军，以防止日本借口保护外国利益而占据南满和直隶。美国拒绝了。当德国政府考虑到日本对胶州半岛的野心，打算将胶州湾租借地归还中国时，中国政府希望由美国先接过来再转交中国。美国同样拒绝了。于是 11 月，日本对德国宣战，占据青岛，并控制了胶济铁路全线。中国政府非常希望美国能出手加以阻止，但美国依然拒绝。美国国务院顾问兰辛在给驻华公使芮恩施的指示中说："美国如因中国领土完整的问题而卷入国际争执之中，那真是愚狂之极。"① 由此可以看出，"门户开放"政策不是要保护中国领土的完整，关键是要保持市场的开放。一旦这个政策会导致美国与其他强国产生尖锐矛盾，美国还是依据孤立主义原则，回避矛盾。

1915 年 1 月中旬，日本政府对中国提出了二十一条要求，双方展开秘密谈判。参与此项谈判的中国外交部参事顾维钧与美国公使芮恩施频繁接触，通报情况。中国方面希望美国政府能出面干涉，因为美国一是没有卷入世界大战，二是日本行为破坏了美国推行的门户开放政策。芮恩施建议中国在谈判中拖延时间，以争取世界舆论的同情，在一些具体的小问题上可以让步，但坚决反对第五条要求。2 月 17 日，中国驻美公使将二十一条全部内容通知美国政府。美国决策者获悉后竟然认为日本对满洲的要求可以减轻日本移民浪潮对美国西海岸的压力（20 世纪初美国出现了排斥日本移民的风潮）。美国政府准备了一份长达 20 来页的文件，先于 3 月 13 日以照会形式将其内容告诉中日双方，然后把全文交给两国政府。美国重申门户开放政策，表示反对第五条中有关聘用日本顾问和合办警察等要求，理由是它们有损于中国的政治独立和行政完整；还反对第五条中有关中日合办军械厂和福建省需用外资时先同日本商量的要

① George Herring, *From Colony to Superpower*, N. Y.: Oxford University Press, 2008, p. 385.

求，理由是“美国公民可能要求分享不仅福建省而且其他各省的商业发展的利益。如果把让与权方面的优先权给予某个国家，则可能引起对美国工商企业的许多严重不利，对此美国不能置若罔闻”。然而，美方却同时“坦率地承认，版图的接近造成日本”同山东、南满和东蒙有“特殊关系”。[①] 美国试图用承认日本的势力范围的让步来换取市场的开放，但是狂妄自大的日本根本不理睬这个照会。

3月23日，袁世凯总统亲自接见芮恩施，再次表示希望美国能进行干预。芮恩施报告美政府说，如果继续原来的政策，可能使中国在感情上发生反美的转变，美国就会失去在华影响。27日，美国国务卿布赖恩召见日本大使珍田舍已，表示对日本增兵中国的不满，并指出日本坚持要求日中合办汉冶萍公司是没有道理的。布赖恩还指示芮恩施对中国政府抵制日本要求的作法表示同情。日本方面对美国的告诫根本不理睬，仍然我行我素，5月7日竟然向中方提出最后通牒。13日，中国外交部不得不向各国通报中日交涉的始末，再三指出中国政府的原则是“保全自国主权之完全、各国在华条约上之权利及机会均等之主义”，但在日本的胁迫下对其要求只得妥协勉从。[②]

于是，美国不得不于5月11日分别照会中国和日本，指出“美国政府不能承认中日两国政府间已订或将订的任何有损美国及其公民在中国的条约权利、中华民国的政治或领土完整、或一般称之为门户开放政策的关于中国的国际政策的协定或成约”。这是美国采取不承认主义政策的开始。这种“不承认”的态度既不会让美国马上与日本的利益冲撞，也为美国以后同日本在中国进行争夺留下了政策依据。15日，美国政府还令驻华公使向中国政府声明：如果中日条约中有任何改变外国人在华地位的条款，应通知美国，以便

① *FRUS*, 1915, pp. 107 - 111.

② 吴东之：《中国外交史（中华民国时期）》，河南人民出版社，1990年版，第47页。

“美国政府得分享按照最惠国待遇而得享受的任何特权”。[①] 美国不失时机地为自己捞取利益。25 日，中国被迫与日本签约，接受了二十一条中部分内容。

随着大战的进展，美国的利益受到德国的损害。1917 年 2 月 3 日，美国同德国断交，4 月 6 日对德宣战。美国参战后，公使芮恩施多次拜访黎元洪总统、段琪瑞总理和其他高级官员，试图说服已同德国断交的中国参战。他指出：中国若参战，就可以参加战后的和会，并取得一个战胜国的地位。芮恩施认为这样便可以争取到美国影响中国的主动权，挤掉日本。他向美国政府指出：如果对日本的扩张不加限制，那么美国和协约国在中国的地位和利益将遭受重大损失。但他的做法遭到美国政府的反对，因为它担心会因争夺在华主导权同日本发生冲突。国务院负责远东事务官员威廉斯指出：“对整个世界来说中国不落入日本的控制是十分重要的。但是，只要日本的盟国愿意让那个政府在中国自行其事，那么因中国利用美国的帮助去努力发展军事力量而激怒日本，看来就是不明智的。”[②] 于是，芮恩施改变了他的立场。是否参战的问题在中国政府内部引起激烈的斗争，5、6 月间，芮恩施多次告诉段祺瑞和其他中国官员：中国内部的团结比参战更重要。美国也把这一想法告诉日本、英国和法国，请它们也向中国提出同样的建议。然而，日本却大力鼓动中国参战，试图借机通过借款和军事合作等方式进一步加强对中国的控制。日本反对美国的主张，并向美国提出了抗议。6 月 15 日，日本在给美国的照会中称：日本在中国拥有最高的政治和经济特权。英法两国正需要日本的帮助，不愿妨碍日本在中国的行动。结果在日本的压力下，中国在 8 月 14 日正式对德国宣战。美国非常担心日本借机操纵中国政府。9 月 28 日，美国照会中国要求“中国之一切军备、军需，将完全由中国政府支配、管理。任何对于此次

① *FRUS*, 1915, pp. 146 – 147.

② 吴东之：《中国外交史（中华民国时期）》，河南人民出版社，1990 年版，第 54 页。

战争的军事措置，将由中国政府自行处理”。

为了解决日美之间的矛盾，日本政府派前外务大臣石井菊次郎为特使前往美国谈判。谈判从9月6日持续到11月2日，美国谈判代表是国务卿兰辛，讨论重点是中国问题。11月2日，双方用模棱两可的外交辞令达成了协议，即“兰辛—石井协定”。它包括一个秘密的备忘录和一份互换的照会。前者的内容是美国和日本都保证不于战争期间谋取在华优势；后者包括两项原则：第一，两国承认，“领土的接近产生国与国间的特殊关系，因此，美国政府承认日本在中国，特别在中国之与日本属地接壤的部分，有特殊利益”。第二，两国政府都表示“永远遵守所谓门户开放或在华工商业机会均等的原则”。11月6日和8日，日本和美国政府分别照会中国政府，并附有这个协定。日本照会中指出：“美国正式承认日本在中国之特别地位”。美国照会的解释是：日本在华的工商业比其他国家的“占有某种便利”。[①] 表面上看，这个协议反映了美日之间的矛盾，是双方妥协的结果。但与“不承认”的态度相比，美国显然后退了一步，公开地承认了日本所谓的“特殊利益”。

在美日谈判期间，美方把谈判情况转告了中国驻美公使顾维钧。顾维钧一再提醒美方注意日本的真正意图。中国政府担心美日协定会导致列强对中国的进一步瓜分。11月9日，中国政府分别照会日美两国，声明“中国政府对于各友邦皆取公平平等之主义，故于各友邦基于条约所得之利益无不一律尊重。即因领土接壤发生国家间特殊关系，亦专以中国条约所以规定者为限。并再声明，嗣后中国政府仍保持向来之主义，中国政府不因他国文书互认，有所拘束。”中国政府还向美国政府提出抗议。对此，美国国务卿兰辛对顾维钧解释说：“地理上的毗连必然使一个国家对其邻国具有特别

① 吴东之：《中国外交史（中华民国时期）》，河南人民出版社，1990年版，第55页。

的利益，把这个说出来只是说明一个明显的道理。”① 美国此时正集中力量在欧洲战场上对付德国，不愿为保护在华利益而与亚洲强国日本作对。它甚至不惜在“门户开放”政策上后退，放纵日本的大陆扩张政策。

1918 年 11 月第一次世界大战结束。作为战胜国的中国派出庞大代表团与会，期望能收回原来被德国在山东获取的权益。1919 年 1 月 27 日，最高会议讨论德国的殖民地处理问题。日本代表提出德国应无条件地向日本让与其在太平洋上赤道以北的岛屿和在中国山东的一切权益。中国代表顾维钧针锋相对地指出：根据和会所承认的民族领土完整的原则，胶州湾租借地、铁路和德国在山东的其他权益应当直接交还中国。他的雄辩震撼了与会者。会后，美国总统威尔逊对中国代表表示祝贺，并愿意帮助中国实现这个目标。但他后来食言了。

在巴黎和会上，根据威尔逊总统的设想，美方提出建立国际联盟的建议。日本是作为大国参加和会的。它借机对美国施加压力。1 月 29 日，日本代表拜访美国国务卿兰辛，声称如果和会同意把胶州直接交还中国，日本将唯美国是问，因为这是美国不支持日本之故。2 月 13 日，日本代表在国际联盟委员会上提出一个“种族平等”的原则，要求把它写入国联盟约。日本这么作是想与美国等搞种族主义的国家为难。4 月 11 日，日本的提案在该委员会上遭到否决。日本便趁机制造日本将因此拒绝参加国联的气氛。为了缓和日本的敌对情绪，美国改变了在山东问题上的态度。美国全权代表会议本来在 4 月 10 日做出决定，完全同意将山东直接交还中国的规定列入和约。但在 15 日的五国外长会议上，美国代表兰辛却提出了将胶州交由五强托管的建议。美国的这一让步仍遭到日本的反对。21 日，日本代表拜会美国总统威尔逊时强调指出，山东问题必须按日

① 王芸生：《六十年来中国与日本》（第 7 卷），三联书店，1981 年版，第 107 页；*FRUS*, *Lansing Paper*, p. 452.

本的主张办理。22 日，日本代表在最高会议上又明确表示：日本政府已有训令，如果山东问题不能圆满解决，日本将不在和约上签字。于是，威尔逊改变了原来的立场，在发言中干脆站到了日本一边。他竟然说：中方早已通过条约和照会同意了日本在山东的权利，所以中国对德宣战一事不能取消中日间的成约。他还强调条约的神圣性。4 月 24 日，日本方面提出书面要求，山东问题必须尽快解决。在第二天举行的美英法三巨头会议上，威尔逊竟为日本辩护说："日本大部分领土都是不毛之地，因而日本得为其人口寻找空间。他们在朝鲜和满洲已经找到了一些空间，现在他们又在中国寻找更多的空间。"[①] 28 日，威尔逊表示，只要日本放弃在山东的军事权利，仅保留经济权益，美国可以同意日本的条件。同日下午，在全体大会上通过《国际联盟盟约》时，日本放弃了其所主张的"种族平等"原则。30 日，日本同意口头声明：日本的政策是将山东半岛的完全主权交还中国，只保留原来给予德国的经济利益，并在青岛建立一个居留地。于是，美英法三国通过了对德和约中关于山东问题的条款，承认日本继承德国在山东的权利。这一次美国政府为了其整体利益，特别是威尔逊总统为了实现其理想——建立国际联盟，不仅不顾中华民族的根本利益——山东主权，而且也放弃了自己的原则——门户开放，竟然支持日本继承德国在山东的权益。日本和美国等大国的这种作法激起中国人民的义愤，"五四"爱国主义运动爆发了。

四、从《九国公约》到"不承认主义"声明

巴黎和会上美国代表团的作法没有得到国内的认同。由于理念的差异和党派之争，美国国会并没有批准对德和约。美国代表团在

① 陶文钊：《中美关系史 1911—1950》，重庆出版社，1993 年版，第 56 页。

巴黎和会上对日本的让步也在其国内遭到激烈的批评。由于日本不断地破坏“门户开放”政策和扩充海军，威胁到美国在东亚的利益，美国舆论已大量谈及“不可避免”的美日战争，如出版的书籍《日本的威胁》和《我们必须对日本开战吗》等。日本方面也意识到同样的问题。日本海军上将佐藤在1921年撰写了《如果日本同美国发生战争》的著作。美国政府不能不认真地考虑这种严峻的形势并找出对策。为了应对日本的威胁，也为了减少各国军备竞赛所带来的财政压力，1921年经美国提议，召开了华盛顿会议。这次会议不仅是一次国际裁军会议，而且是一个保护美国在远东利益的会议。美国要扭转过去一些年中不断对日本让步，特别是“兰辛—石井协定”带来的不利局面，但它不想单独面对日本，试图利用国际的力量来阻止日本继续在华扩张。美国国务卿许士对参加会议的美国代表团主要成员讲：“本国决不会由于日本对中国的任何侵略而走向战争，因此最多只能做到使日本住手。”日本非常敏感。当美国在这年7月提出召开一次国际会议讨论裁军和远东问题时，日本政府就担心这次会议对其不利，但见其他国家对这次会议采取积极态度，日本也不得不勉强同意与会，并提出会议应“审慎避免讨论只涉及某些特定国家的问题和已被认为事实的问题”。8月，美国向8国正式发出邀请时明确地表态：“美国政府无意对太平洋及远东问题的讨论划定范围。”[①] 美国拒绝了日本对在会前严格限定议题的要求。

这次会议先以美英法日的《四国公约》结束了英日同盟，而这个同盟是日本十分重视的。日方清楚地意识到美国这么做是要孤立日本。会议再以《五国海军条约》决定了美、日等国海军主力舰总吨位的比例。在前往参加会议前，日本代表团得到的指示是“日本海军力量必须保持与其他强国可以使用的力量一样，至少在东海”。会议上，日本军方的代表要求与美英的吨位比例不能低于10:7。但

① 陶文钊：《中美关系史1911—1950》，重庆出版社，1993年版，第67页。

最终日方不得不接受美国提出的比例10:6。日本代表团团长、海相加藤友三郎指出："这个比例肯定是美英已经商量好的了，如果我们拒不接受就会与它们发生冲突。"[①] 这个规定限制了日本海军的发展规模，但美国也做了让步，同意不在菲律宾等地设立海军基地。更重要的是会议在中国问题上通过了《九国公约》。中国代表团本以为这次会议可以解决一些不平等条约的问题，但会议主持者——美国关心的是以法律形式重申门户开放的原则。中国代表团在会上提出处理中国问题的十项原则，其他代表团担心有碍于它们在中国的利益。于是，美国代表罗脱提出了处理中国问题的4原则。它成了会议讨论新条约的基础。日方受到了美英施加的压力。1922年2月6日，与会各国签订了《九国公约》。其第一条明确了4项原则：尊重中国之主权与独立及中国领土与行政之完整；给予中国完全无碍之机会，以发展并维持一有力巩固之政府；建立和维持各国在中国全境商务实业机会均等；不得因中国现在状况乘机营谋特权或优先权，而减少友邦人民之权益。后面各条则具体规定了门户开放的要求。会后不久，美国提出"兰辛—石井协定"与《九国公约》的原则不符，迫使日本在1923年同意废止。

会议期间，中国代表团一再建议在会议上讨论中国收回山东主权问题，但美国方面不同意在会上讨论，而可以在会外由中日双方进行谈判，并由它和英国共同斡旋。尽管中国政府对此表示失望，但还是接受了这个建议。从1921年12月1日起到1922年1月31日，中日两国代表在会外就山东问题进行谈判。美英两国分别派代表作为观察员。在谈判中，中日双方都原则上同意把胶州湾租借地归还中国。争论的焦点是日本要尽量多地保持日本的特权，特别是在胶济铁路问题上。美英出面调解，并提出它们的方案。美方不仅国务卿甚至总统出面做中方的工作。美国国务卿许士对中方讲：日

① Ian Nish, *Japanese Foreign Policy in the Interwar Period*, Praeger , 2002, pp. 36 – 37.

方的立场极为强硬，如果失掉这个机会，将时不再来。1月25日，哈丁总统对中国代表施肇基讲：日本至今坚持中日合办铁路，若不是美国的反对，日本不会让步的，因此中国应趁此机会解决山东问题，“亦恐中国于5年内未必即能逐出日本”，“或致失去山东，亦属可能”。中方不得不妥协。2月4日，中日两国代表签署《解决山东悬案条约》，基本内容是：日本将胶州租借地归还中国，中国将其全部开为商埠；日本将胶济铁路及一切附属产业移交中国，中国以国库券付给日本，支付期最长为15年，在未偿清前中国聘用一日本人为车务长，一日本人为会计长。山东问题的解决基本是依照美国的方案。

美国利用华盛顿会议这种多边形式巧妙地对日本在华扩张做出限制，而尽量避免二者直接发生矛盾。《九国公约》矛头显然是日本，但没有点日本的名，而且没有规定对违背承诺的行动如何处理。《解决山东悬案条约》迫使日本交回山东。但美国也对日本的利益加以关照，迫使中方同意以发行国库券的方式赎回在山东的铁路。虽然美国要维护自己在华利益和坚持门户开放原则，但对日政策还是很温和的。尽管如此，日本军国主义者对日本代表团在会议上的表现极为不满，大骂这些人卖国，指责美国以日为敌。1922年，日本陆海军对日本的国家防卫计划重新研究，最终确认最有可能与日本发生战争的国家是美国、苏联和中国。美国第一次被列在首位。美国军方也认为“对日战争实际上总有一天将不可避免”。1923年，美国海军军事学院的作战演习模拟上总把日本作为假想敌。一位海军军官1924年告诉陆军军事学院听众说：“我们主要的战争计划就是（针对日本的）橙色计划，橙色战争被认为是最有可能发生的一场战争，对海军来说，它是最难打的。它要求付出任何一个国家迄今所付出过的最巨大的海战努力。”①

---

① Russell F. Weigley, *The American Way of War: A History of United States Military Strategy and Policy*, Indiana University Press, 1973, pp. 265, 245.

华盛顿会议未能满足中国对收回主权的要求，爱国主义运动在20年代的中国声势浩大，但军阀当政，国家四分五裂，局势动荡。1928年，南京国民政府完成北伐，基本上统一了国家。南京政府一再提出修约的要求。7月25日，美国率先同中国南京政府签订《整理中美两国关税关系之条约》，同意中国在关税上拥有完全自主权，并得到中方将停止征收厘金的承诺。尽管美国先前做了许多损害中国利益的事情，但在南京政府渴望得到国际承认之时做出这个果断决定，成功地把中国新政府拉到美国一边。签约当天，南京政府首脑蒋介石在日记中写道："此乃美国对华政策先占一着之胜利"，"以言平等待我之民族，当以美国为嚆矢也"。外交部长王正廷则称此事"开两国外交上之新纪元"。美国这一举措不仅提高了其在华的声誉，而且减少了美国商品在华流通的障碍。第一次世界大战以来，在中国影响最大的国家首先是日本和美国，其次还有苏俄。美国显然想抢占先机。

第一次世界大战之中和之后的一段时间，日本经济发展依然迅速。但1923年的关东大地震给日本带来重大损失。日本政府为救灾发行了大量债券，而且两度延期偿付，引起民众不安。东京渡边银行的破产更进一步导致金融恐慌。1927年3月后，日本连续有24家银行倒闭。紧跟着1929年以后日本经济又受到美国经济危机的严重影响，出现持续衰退。日本政府采取减少公共开支的方法，并于1931年恢复金本位制。但效果并不好，农产品价格大跌，原料丝出口大减，工业品价格也下跌，工厂倒闭。1929至1932年间失业人数增加了50万。民众收入随之下降，社会上怨声载道。政治上，日本政坛本来就争斗激烈，此时各派势力的角力更使局面相当不稳，极端分子不断制造事端。1932年2月9日，曾担任藏相的立宪民政党副总裁井上准之助遇刺身亡。5月15日，首相犬养毅在官邸遇袭身亡。特别值得注意的是，许多日本军人来自农村，那里的萧条景象对他们影响巨大。一些军国主义分子开始宣传日本的出路在于扩张。日本关东军主任作战参谋石原莞尔提出了"满蒙领有论"，认为占领满蒙有助于缓解日本的“昭和恐慌”。在这种背景下，日本关东军在1931年9月发动了“九一八事变”。

日本军占领中国东北的胜利消息加速了军国主义思想的传播。1932年5月，日本组成了超党派的内阁，也就是由前朝鲜总督、海军大将斋藤组阁。新政府得到各界广泛支持。在军队的要求下，日本国会一致同意把满洲地区置于日本的统治之下。当国联决定对日本入侵东北一事进行调查时，日本政府决定采取强硬立场，走武装抗争的道路。日本政府还就外交政策展开了辩论。日本内阁召开一系列会议，陆军省、海军省、大藏省和外务省的首脑都参加了。军方的声音越来越占上风。此前在1930年的伦敦会议上，日本代表曾要求与美国在重巡洋舰上的比例是10∶7，但会议决定是10∶6。实际上，当时日本的重巡洋舰已远多于美国，但日本海军对这个规定极为不满。他们认为无论建造多少军舰都未必能保证日本的安全，因为日本没有其他强国那样的资源。1930年11月14日，滨口首相在东京被右翼分子刺杀。日本海军借口与美国的紧张关系使得它需要建造更多的军舰，主张退出海军条约；而陆军也借口苏联在远东军力发展太快需要加强陆军以抗衡。增加军费的主张与日本的财政力量发生了矛盾。为此，1933年11月，陆军部长主张：“为了得到在战争期间可能紧缺的原材料，我们应该计划获取和使用我们预期的势力范围内的外国资源，如萨哈林、中国和南太平洋。”① 在这样的形势下，1934年，日本政府决定扩大海军，使其达到与英美两强相当的规模。1936年，日本海军军事学院的一份研究报告称，“一旦敌人（美国）的主要舰队停泊在珍珠港，对付的办法应该是空中突然袭击”。这一报告精确地预言了5年之后的珍珠港事件。

1931年的“九一八”事变是日本大规模侵略中国的严重事件。日本军队控制了中国大半个东北地区。中国政府再三请求美国进行

① Stephen Pelz, *Race to Pearl Harbor*, Harvard University Press, 1974, p. 18.

干预。10 月 10 日，美国国务卿史汀生对中国驻美代办讲："我们不想去探究谁是谁非……我们保持不偏不倚。"他要求中国政府保持克制。日本的行动无疑破坏了《九国公约》，美国政府非常清楚这一点，派了吉尔伯特领事参加国联对中国东北危机的讨论。作为非国联成员的美国主动参加国联活动，这种作法非常罕见。但美国方面仍只是同意向东北地区派调查团，并派了一名将军参加调查团的活动。1932 年 1 月初，日军占领锦州，形势日益严峻。国务卿史汀生在 1 月 7 日分别照会中日两国称："美国政府不能认可任何事实上的情势的合法性，也无意承认中日两国政府或其代理人间所缔结的可能有损于美国或其在华国民的条约权利，包括关于中华民国的主权、独立或领土及行政完整，或关于通称为门户开放政策的对华国际政策在内的任何条约或协定；也无意承认以违反 1928 年 8 月 27 日中日美均为缔约国的巴黎公约的条款与义务的方法而导致的任何局势、条约或协定。"[①] 这就是后来被称为"史汀生主义"或"不承认主义"的声明。连这么个不痛不痒的声明，胡佛总统都担心连累美国。他当时正忙于处理由于严重的世界金融危机给美国带来的种种问题。按史汀生的话来说："这时如果有人打算发动满洲事变而免受别国的干涉，那么选择这个时机确实是十分合适的。"在舆论方面，美国公众广泛支持政府谴责日本在中国东北的侵略行动和"不承认主义"政策，但普遍反对过份对日本实加压力，害怕导致战争和损害经济。如 1932 年 2 月头两周，总统每天收到 35—100 封民众来信。多数人要求政府不要介入中国冲突，特别是最担心军事卷入。他们认为"没有什么实质性利益值得去冒这种风险"。相比之下，日本的反美情绪越来越激烈，一些极端的军国主义分子鼓吹对美战争，"他们明确地把美国视为最大的绊脚石和潜在的敌人"。1932 年 3 月国务院远东司给国务卿的报告认为：日本当时的目标和政治观类似 1914 年以前的普鲁士。面对日本的挑战，美国总统不能

---

① *FRUS*, *Japan*, 1932, Vol. 3, p. 8.

不考虑必要的军事准备。胡佛曾让其军事顾问就对日作战问题进行可行性研究，结论是准备工作需要四至六年时间。就海军而言，虽然当时美国海军整体比日本多六艘战列舰，但是在远东，日本拥有的巡洋舰和航空母舰都比美国多。况且，由于经济危机的影响，美国政府财政很困难，无力在远离本土的地方支持一场战争。所以，美国政府坚持孤立主义原则，不愿意同日本发生冲突。

但这并不表明美国会牺牲自己的重大利益。1932 年 1 月底，日本在上海制造事端，甚至炮轰上海。这就直接触及美国的在华利益。美国在华投资的 2/3 在上海，包括远东最大的电力公司和电信公司。美国在上海的侨民最多，达到 3500 人。美国远东司司长霍恩贝克指出：若日军占领闸北，“长江流域的整个形势将发生变化”。31 日，总统召集了有国务卿、陆军部和海军部部长、总参谋长等高级官员参加的会议，决定从菲律宾马尼拉调兵和舰只前往上海，使在上海的驻军达到 2800 人。2 月 1 日，史汀生国务卿提出五点建议：双方停火、停止新的军事集结、从冲突地区撤军、设中立区和谈判解决两国所有的争端。日本不同意最后一点，反而建议在上海、汉口等地的贸易港周围 15—20 英里建立非军事区。这使美方十方反感，詹森认为美国若支持这一建议，那将损害美国的在华地位。3 日，美国通知日方：美英决心保卫公共租界，决不容许日本利用其作为进攻中国人的基地。8 日，国务院批准詹森的建议，由他前往上海协助中日双方进行和平谈判，以防战火蔓延伤害美国侨民的生命财产。13 日，詹森把日本方面的建议转告中方，即双方都从交火地区撤军。这个提议没有被中方接受。当时全国各阶层民众要求抗战、要求保卫上海的呼声极为强烈，十九路军进行着殊死搏斗。由于日本借谈判之机增派部队继续向前推进，史汀生国务卿在 23 日有意公开了它给参议院外交委员会主席博拉的一封信。在信中，史汀生回顾了门户开放政策形成的历史，他确认：《九国公约》“构成了门户开放这一对华政策的法律基础”，并进一步得到凯洛格公约的支持，多年来美国一直根据门户开放的原则来同其他国家打交道，“我们认为没有理由放弃这些条约中所包含的开明的原则”；他强调：“必须记住这个条约是华盛顿会议上有关各国达成的若干条约和协议中的一项，它们之间是相互关联和相互依存的”，美国之所以同意军备限制，就是希望能通过《九国公约》来解决远东的问题；他指出：“若这些条约得以严格遵守的话”，中国东北和上海问题本可以避免的。[①] 这封信对日本构成了压力，而受到中国方面的欢迎，但美国不同意对日本实行经济制裁。在中国军民的顽强抵抗下，日本终于在5月同意撤出占领区。

1932年3月9日，日本扶植的傀儡政权满洲国在长春成立。美国政府下令不许驻哈尔滨和沈阳的总领事参加成立仪式，事后也未理睬伪政权的通报。6月间，日本放风它将率先承认。这个势态使中国政府感到不安。中方向美国政府提出，承认满洲国的作法是违背《九国公约》的，希望美国能明确地对这个问题表态，以阻止日本的企图得逞。起初，美国政府的态度冷淡，7月份美国政策开始明朗化。8月4日，美国副国务卿向日本大使表示反对承认满洲国。10日，日本大使约见国务卿，请求美国不要去管满洲的事。史汀生说：美国不会同日本在满洲争夺政治影响，也注意到了日本在那里的权益，但日本在满洲的行动违背了中国的意愿，在满洲造成“独裁、混乱和敌对”。美国还反对其他国家同伪满发生关系。8月下旬，听说法国、波兰、伊朗等国将同伪满建立一定的关系，美国国务卿立即指示其驻日内瓦代表：若此事有据，应提醒国联秘书长杜吕蒙，指出这么做是违背国联大会的决议，国联成员不能承认有悖于其宪章和巴黎公约的形势、条约和协定；在国联得到李顿调查团的报告并做出决定之前，其成员不应采取任何行动。美国还把自己收集的关于日本控制伪满的证据交给英国等国家。12月6日，国联全体会议讨论李顿调查团的报告书，中小国代表的发言都支持中国，而法英德等大国的口气则不同，想延长调解阶段而避免对不承

① *FRUS*, *Japan*, 1931 – 1941, Vol. 1, pp. 83 – 87.

认满洲国做出决议，甚至不仅徧袒日本，还攻击中国。美国驻瑞士公使戴维斯听说这个情况后立即向英国代表西蒙指出：其主张可能使国联在坚持原则问题上表现软弱。这个作法得到史汀生的赞同，因为美国政府认为报告书是全面客观的。12 日，美国通知英国政府：国联首先应该采取的步骤是“通过李顿调查团的报告和不承认的决议”，英国方面表示愿与美国持同一立场。1933 年 1 月 16 日，十九国委员会复会，美国指示其驻欧洲各国使节向驻在国提出：鉴于目前调停失败，要求他们在国联采取果断行动反对日本。国联大会终于在 2 月 24 日通过了根据调查所提出的最终报告书。的确，报告书关于东北问题的分析存在着严重错误，但它明确地指出国联盟约和《九国公约》应得到遵守，满洲的主权在中国。美国支持这份报告书，而日本拒绝接受报告书，并于27 日宣布退出国联。在中国东北问题上，美国与日本进行了有理有节的斗争，虽然没能有效地制止日本扩大侵略，也无法使中国人满意，但明确了美国的态度，也避免了美国与日本直接发生冲突。美国政府的政策选择受到了国内困境的限制。

罗斯福总统上台后在 1933 年 3 月 7 日召开的第一个内阁工作会议上就议论了与日本可能的战争。他估计在短时间内打不过日本，甚至可能还要输掉菲律宾，因为美国舰队无法在这么远的地方展开攻势，大量的舰只必须用来保障给养和通讯。但从长远看能够战胜日本，美国舰队可以从夏威夷和阿留申群岛开始逐步包围日本，“我们可以用饥饿击败日本，但这么做需要三到五年的时间”。[①] 罗斯福的顾问们和一些官员也认同这个观点。他们把 5 月间驻日大使格鲁发回的一份电报给罗斯福看。格鲁认为日本虽然看起来非常强大，不许任何人干预它的东亚政策，但日本没有力量支持一场持久战。副国务卿更明确地指出：日本缺乏石油。这些人相信只要美国具有了相当的海军力量，迟早可以把日本困死。因此，美国领导人

① Stephen Pelz, *Race to Pearl Harbor*, Harvard University Press, 1974, p. 75.

从战略角度出发，认为当务之急不是对付日本。当时，众议院海军委员会主席和一些海军将领不断地向罗斯福要求增加海军军费，但都遭到他的反对。罗斯福通过助理海军部长发出指示，强调政府工作的重点是发展经济。但同时他设法用化整为零的办法，从国会争取到用于海军发展的一些费用。

一战以后，美国和日本都遭遇到严重的国内困难。日本试图通过扩大对外侵略，称霸东亚来解决问题；而美国却集中力量通过改革来解决国内问题。美国的东亚政策受到孤立主义原则的支配，它对日虽有抗争但更多是妥协。但值得指出的是，即使在美国对日本妥协的时候，美国政府都为未来的斗争留下伏笔——作出明确自己利益的“不承认主义”声明，而没有掩饰或讳言自己的利益。

五、从制裁日本到联华抗日

1937 年 7 月卢沟桥事变后，日本开始全面侵华。1937 年底，日本军用飞机炸沉美国从南京向上海疏散外交官和其他人员的军舰“帕奈号”，美国人死伤 30 余。虽然日本方面表示道歉，美国政府还是意识到美日即将发生冲突的风险。罗斯福总统派海军情报处负责人英格索尔与英国海军部门进行秘密会谈，探讨联合对付日本的可能性。双方甚至协商由美英两国军舰对日本实行封锁。11 月，美、英、法等国一起对日本封锁长江提出抗议。日本继续向南进攻，试图控制整个中国。1938 年 10 月，日本先后占领广州和武汉。这就从根本上颠覆了美国的门户开放政策。

1938 年 11 月，日本宣布建立大东亚“新秩序”，宣称旧的秩序不复存在，呼吁亚洲国家与日本建立一个新的地区体系，该体系将代表亚洲的价值观和原则，不再受西方人的控制。12 月 22 日，日本首相近卫向中国公开提出“中日亲善”、“共同防共”和“经济合作”三项原则，并希望中国参加“东亚新秩序”的建议。面对日本的严重挑战，美国政府不得不马上于30日严正声明：美国政府知道由于日本的行动造成形势的改变，“但是美国政府不承认任何一个国家有必要和有理由，在一个不属于它主权范围的地区内，规定一个‘新秩序’的条件和状况，并自命为这个‘新秩序’的掌权者和代言人。”[①] 赫尔国务卿公开否认日本有权自行创建新秩序，声明美国坚决反对日本的单边主义，除非通过协商与合作的方式，否则美国不会接受对地区现状作出任何形式的变动。然而，日本继续坚持其立场。1940 年 8 月 1 日，日本外相松岗洋右说：“作为我国现行的外交方针，其目的在于本着这一皇道精神首先确立以日满支为其一环的大东亚共荣圈。”被列入这个“共荣圈”的国家和地区最终包括中国、朝鲜、印度支那、缅甸、泰国、马来亚、菲律宾、荷属东印度（今印度尼西亚）、新加坡、澳大利亚、新西兰、英属印度（今印度、巴基斯坦、孟加拉国）、阿富汗以及夏威夷群岛等。日本试图利用人种上相近、地理上相依、文化上相通等因素，利用历史上日本与这些民族共有被西方殖民者侵略和压迫的经历，统帅这些国家来与欧美各国抗衡。日本这么做显然就是要控制亚洲和澳洲，并把美国从西太平洋赶出去。

中国展开了英勇的抗日战争，并向美国发出请求援助的呼吁。美国政府也开始采取针锋相对的措施。1937 年 10 月，罗斯福发表了针对日本的“检疫隔离”侵略者的演说。1938 年初，美国决定不再向日本提供贷款，同时决定从 6 月起对日本实行“道义禁运”，也就是不以立法形式禁止军火出口日本，而由国务卿出面，以人道主义为由，劝告军火商不要再出售飞机和军械给日本。赫尔表示：“政府强烈反对把飞机和航空设备售给世界上任何对和平居民进行轰炸的国家。”至 1939 年 1 月，美国各厂商都接受了政府的劝告，不再向日本提供军火。1939 年 7 月，美国政府采取了第一个对日本正式的贸易制裁措施，宣布在来年 1 月废除美日商约。9 月 26 日，

① 陶文钊：《中美关系史 1911—1950》，重庆出版社，1993 年版，第 197 页。

美国政府要求各有关企业停止向日本出口11种原料。随后，禁运的范围逐步扩大到制造飞机的主要原料和生产航空汽油的设备、技术等。此间，日本方面一直请求美国恢复两国贸易关系，不要宣布废除条约。但美国方面坚信只有这样才能迫使日本收敛。1941年1月26日，美国宣布废除两国的贸易条约。到8月1日，美国对日本实行了全面禁运。受禁运的影响，日本大量企业无法正常开工。

美国为了帮助解决财政困难，从1938年下半年到1940年10月先后向中国提供合计7000万美元的三笔贷款："桐油借款"、"华锡借款"和"钨沙借款"。1940年11月日本承认南京的汪精卫伪政权，美国立即宣布只承认按照宪法程序产生的重庆政府。1941年3月11日，美国国会通过了《租借法》。15日，罗斯福总统发表演说："千千万万的普通中国人民，在抗拒中国被敌人宰割中显示出同样伟大坚强的意志。中国通过蒋介石委员长要求我们提出帮助，美国已经答复，中国毫无疑问地将得到我们的帮助。"① 5月，美国同意中国取得租借援助（从1941年到1945年，美国对中国的租借援助达13亿多美元）。7月，罗斯福派拉铁摩尔来华，担任中国政府的政治顾问。8月，美国志愿飞行员在陈纳德的指挥下，正式成立飞虎队，作为中国空军的一个单位，在中国西南承担防空任务。10月，美国军官团抵达重庆，中美两国的军事合作正式开始。美国军官团的主要任务是训练国民党军队和指导使用根据《租借法》从美国获得的物资装备。

1940年美国大幅度增加国防预算，达到15%以上。美国国会决定要在1948年之前完成建立两洋舰队的任务。1940年4月后，美国一支舰队在完成训练后没有返回大西洋，而是留在珍珠港。1941年，美国任命麦克阿瑟为美国亚洲战区司令；威慑日本的战机被运往中国和菲律宾。然而那时，美国不具备两洋作战的能力。根据美国的彩虹5号计划，美国的军事资源只能先集中用于大西洋，解决

① 李长久、施鲁佳：《中美关系二百年》，新华出版社，1984年版，第106页。

欧洲的问题。因此，美国政府希望上述措施会对日本起到威慑作用。为了拖延与日本的摊牌的日期，美国与日本展开秘密谈判。美国一直小心翼翼地不去激怒日本，甚至准备与日本达成一个临时协定。但日本希望用部分撤出印度支那来换取逗留中国的条件遭到美国的拒绝。1941 年 11 月 26 日，赫尔向日本代表发表声明，强调日本若想要和平就必须遵守相互之间以及任何国家的主权与领土完整和不可侵犯的原则；不干预其他国家内部事务的原则；平等的原则，包括商业机会和待遇的平等；和平解决争端的原则。美方具体要求日本从中国全面撤军，而且要求日本不得支持蒋介石政府以外的任何政权。日本自然不会接受这些要求，并把这个声明视为最后通牒。日本政府认为占领中国是日本用生命和金钱换来的成果，关系到日本的生命线，日本不会轻易地放弃。日本领导人还希望美国能承认日本在西太平洋的优势地位。

虽然当时日本海军在西太平洋的力量高于美国（见下表），[①] 但日本海军意识到从长远看他们无法与美国展开军备竞赛，他们必须利用现时的优势。日本政府也认为美国的禁运将摧毁日本的经济。1941 年 9 月下旬，日本陆海军将领都要求日本政府在 11 月对美国采取行动。在 11 月 5 日的帝国会议上，日本政府就做好了谈判破裂的准备。它决定如果 12 月 1 日前不能与美国谈判成功，日本就准备对美国展开陆海军事行动。鉴于日本无法进行一场长期的战争，这将是场速战速决的战争。日本海军内部认为这就意味着对美国基地进行突袭。

	战列舰	航空母舰	巡洋舰	驱逐般	潜艇
美国	9	3	24	80	56
日本	10	10	36	113	63

① Stephen Pelz, *Race to Pearl Harbor*, Harvard University Press, 1974, p. 221.

1941年12月7日，日本军队对美国在夏威夷的海军基地珍珠港发动突然袭击。第二天，美、英等国对日本宣战。9日，中国政府也对日正式宣战。不久，根据美国的建议，建立了中国战区（包括越南和泰国），由蒋介石出任最高统帅，美国的史迪威将军任参谋长。美国还邀请中国与美、英、苏一道领衔发起《联合国家共同宣言》。1942年1月1日，共有26个国家在这个宣言上签字，表示各国将联合起来，尽其兵力与资源，与共同的敌人战斗到底。美国凭借自己强大的经济力量和绝对的军事优势，再加上盟友的合作，在太平洋战争中打得日本无还手之力。

从前面的历史回顾可以看出，美国人十分重视中国的市场，美国政府通过“合作政策”和“门户开放”等政策不断地扩大在中国的影响和利益。美国也相当重视日本的作用，曾一度拉日本来平衡俄国在东亚的势力。然而由于日本对中国的领土野心，从20世纪初开始，美国就与日本围绕中国展开了争夺。尽管在第一次世界大战之前，美国已是世界上经济最强的国家，尽管在第一次世界大战之后，美国也成为世界上军事最强大的国家，但在与日本的斗争中，美国对日本妥协退让居多。美国的政策无疑是受了孤立主义的影响。从美国利益的角度分析，虽然日本的扩张破坏了美国所倡导的门户开放政策，但起初毕竟是局部的，况且美国有大量的其他国际问题和国内问题更急需解决。1937年以后，日本扩张势头从局部转向全面。一方面，它试图建立大东亚共荣圈体系，推翻门户开放政策，独霸中国，从西太平洋挤走美国。另一方面，日本与德意等法西斯国家结盟，在全球范围挑战美国。这就直接威胁到美国在中国、在亚洲、在全世界的利益和地位。结果，美国对日政策逐渐强硬。美国必然要捍卫“门户开放”所代表的自由贸易原则和以中国为代表的在东亚的利益。剩下的只是什么时候出手的问题。

这里要指出的是，日本的能力显然不如美国，却去挑战这样一个巨人。尽管30年代初日本经济发展非常迅速，速度仅次于苏联而位居第二位。然而，日本政府却投入巨资发展军力。日本军费在政府开支中所占的比例由1931—1932年度的31%上升到1936—1937年度的47%。日本藏相高桥是清意识到这种作法持续下去对经济发展不利，主张限制军费增长。1936年2月，军国主义分子刺杀了他。随后，日本军费占政府开支比例实际高达70%。相比之下，1939年，美国的国防开支才占政府预算的11.7%。1938年日本的军费开支为17.4亿美元，而美国只有11.31亿美元。换个角度进行比较，1937年日本的国民收入为40亿美元，其中的28.2%用于国防开支。而美国的国民收入为680亿美元，只有1.5%用于国防开支。

在高速发展军事力量的过程中，日本海军建设超过了《五国海军条约》对它的限制，如重型巡洋舰的排水量接近1.4万吨，比规定多8000吨。其大和级巨舰，吨位居世界之首。它的军舰航速快，火炮装备威力大。日本海军航空兵拥有3000架飞机，集中于10艘航空母舰上。到太平洋战争之前，日本陆军已超过100万人，还有200万训练有素的预备队。陆军也拥有2000架作战飞机。日本依仗它的军事力量发起了侵华战争。相比之下，美国政府一直致力于经济发展。1938年时，在能反映一个国家军事实力和工业实力的钢铁产量上，美国是日本的4倍；美国的工业潜力更是日本的6倍。在经济恢复之后，美国依然不遗余力地巩固经济基础。到1941年时美国的钢产量是日本的5倍，煤产量是日本的7倍，机动车的产量是日本的80倍。在拥有坚实的经济和财政基础之后，国会才于1938年通过法令，允许海军大规模扩充。凭借着巨大的生产能力和财政能力，美国在1940年海军战舰增加了一倍，陆军航空兵拥有7800架作战飞机，并迅速建立起一支近百万人的陆军。美国的军力迅速超过日本。日本海军战舰力量1941年末为美国的70%，1942年为65%，1943年为50%，1944年下降到30%。[①] 简单地就军事实力做

① 保罗·肯尼迪：《大国的兴衰》，求实出版社，1988年版，第364、370—371、243、244、407—409页。

比较，日本在太平洋战争中失败有其客观上实力不足的原因。战争爆发时，日本海军将领山本五十六等就意识到这是一场打不赢的战争。

美国孤立主义的东亚政策把同日本发生军事冲突的时间推迟了一二十年。在这段时间里，它取得了对日本的绝对经济和军事优势。但因此美国政府牺牲了一些在中国和东亚的利益，它的“软弱”也遭到国内外许多人的批评。为了扭转国内的孤立主义思潮，罗斯福总统甚至没有发动先发制人的战争行动而遭到日本对珍珠港的打击。珍珠港事变对美国的打击是沉重的，但是在国内它唤起了美国的公众，全民同仇敌忾，在国际上它让美国取得了对日本的绝对道德优势——反侵略。由于此前所奠定的坚实的经济和军事基础，这起事变并没有对美国造成伤筋动骨的破坏。而由这次事件导致的太平洋战争对日本的后果却是致命的。肯尼迪教授评价说：“如果日本军事领导人在 1937 年不发动对中国的战争，如果他们在 1941 年不发动更具有灾难性的太平洋战争，那么，人们可能会得出这样的结论，即日本也许提前许多年就实现了它到 60 年代中期才实现的超过英国产量的这一目标。”①

① 保罗·肯尼迪：《大国的兴衰》，求实出版社，1988 年版，第 369 页。

第七章 对外贸易政策的转变——从保护主义到自由贸易

美国是一个以贸易立国的国家。它在宪法中第八款就明文规定由国会“管理与外国的、州与州间的，以及对印第安部落的贸易”。[①] 这条规定不仅保证贸易作为纽带把合众国各州团结在联邦的体制内，而且为促进美国迅速成长奠定了基础。其中，对外贸易是美国经济发展的一个重要来源。如何保证对外贸易政策符合美国的利益是美国建国两百多年来国会的一个重要议程，当然也是总统的重要任务。在这段时间里，美国走过了从保护主义到自由贸易的转变过程。美国不仅自己顺利地完成了这个历史任务，而且把自由贸易作为一个理念推向全球，在世界上建立了多边自由贸易体制。

一、从贸易保护走向自由贸易

在西方资本主义刚刚起步阶段，重商主义占据了主导经济思想的地位。重商主义重视货币财富的积累，也就是通过各种手段增加资本。在国际贸易中，贸易顺差成为积累财富的主要手段。通过征

① 刘杰：《美国政治》，社会科学文献出版社，2001 年版，第 371 页。

收保护性关税和鼓励民族工业的方法，重商主义指导下的国家经济政策极大地促进了资本的原始积累，为之后的发展奠定了物质基础。早期的主要资本主义国家（如西班牙、葡萄牙、荷兰、英国等国家）的扩张大多依靠重商主义思想所带来的巨额财富。由于重商主义指导下的国家经济需要广泛的海外市场为国内的产品提供销路，因此大力拓展海外殖民地就成为实现这一经济政策的重要工具。北美殖民地就曾是英国财富的主要来源之一。

1783 年英美巴黎和约签订后，英国承认了北美殖民地的独立地位。随后，英美的贸易恢复正常。由于英国在制造业水平和资本上对美国具有压倒性优势，英国的工业品继续控制着美国市场。贸易的巨大逆差引发了美国的货币流失和工商业的萧条，并对农业造成极大的损害。经济的萧条继而引发了社会动荡，甚至爆发了 1786 年的谢司起义。为了保护国内的幼稚制造业，美国需要一种强有力的政策工具来保护仍处在摇篮中的合众国经济。1789 年担任美国首任财长的亚历山大·汉密尔顿是美国的治国元勋。他上任后提出整顿财政和发展经济的纲领，清理了债务，建立了比较完善的财政管理制度，很快稳定了美国的财政收入。他意识到正在英国进行的工业革命的重要性，于 1791 年提出了《关于制造业的报告》。其中，他全面阐述了利用进口关税保护美国工业的观点。汉密尔顿认为，制造业的发展除了能够提高生产力之外，还能够促使建立一套有效的社会分工体系，并能够提高国家的工业水平、扩大就业并鼓励外国移民、激发个人才能、开发并稳定农产品的市场。那些已经建立起完备工业体系的国家享有很大的优势，那么对于美国这样的后进国家来说，若想与那些成熟的工业国进行竞争，就必须依靠政府对其制造业进行保护。为此，汉密尔顿提出向对本国市场构成竞争关系的外国商品征收保护性关税、限制进口数额、对工业原料的出口进行限制、政府对工业进行补贴等 11 项政策主张。此后一些学者和政治家也都主张保护主义的经济政策，如乔治·梯比斯、马修·凯里和斯图尔特等等。在这些人的思想指导下，美国之后的百余年时间内基本上都实行贸易保护政策。

1789 年 7 月 4 日，美国国会通过了第一部关税法，奠定了美国对外经济政策的基调。这部关税法的主要目的是“支持政府、偿还合众国债务及鼓励制造业”。该税法详细地规定了征收关税的货物种类和税率。它带有明显的歧视性保护主义色彩，例如：对于中国进口的红茶（bohea tea）每磅征收 6 美分关税，而对于欧洲进口同类型红茶每磅征收 8 美分关税。[①] 这一方面是因为美国为了抵挡欧洲（特别是英国）产品对美国市场的冲击，一方面是为了增加政府的财政收入。从建国初期一直到 20 世纪初，购买商品和服务的消费税就几乎成为了美国联邦政府收入的重要支柱，而关税就是购买国外商品的一种重要消费税。特别是 1862 年《宅地法》出台后，美国公民可以公平并且低价购买美国的土地，因此联邦政府不能依靠“土地财政”的方法来增加政府收入，关税就更成了联邦政府的重要财政来源。

为了完善美国的关税征收体制，以亨利·克莱为代表的政治家推动了 1816 年关税法案，首次明确地将“保护”作为关税的主要目的写入法律。1816 年、1824 年、1828 年、1842 年和 1870 年，美国先后通过了一系列重要的保护性关税法案。到 1890 年，美国政府通过了《麦金莱法》，将进口商品的平均税率提高到 49.5%，其中部分纺织品的税率甚至高达约 60%。这部关税法的提议者威廉·麦金莱是共和党重要的众议员，并担任国会筹款委员会的委员。这部法令使美国的贸易保护主义几近极致，而麦金莱也得到美国工业资本家的青睐。尽管随后的克里夫兰总统在任内曾经短期减低关税，但是 1897 年，麦金莱作为总统主政期间又恢复了麦金莱法的关税率。

19 世纪末的这段时期是美国贸易保护的历史顶峰。高关税政策

---

① Richard Peters, ESQ eds., *The Public Status at Large of the United States of America*, Boston: Charles C. Little and James Brown, 1845, Vol. 1, pp. 24 – 27.

极大地限制了进口商品的竞争力，促进了美国本土工业的快速发展，并带动美国的自由资本主义经济向垄断资本主义过渡。贸易保护政策或多或少惠及了19世纪末左右形成的众多大型垄断工业集团。钢铁企业巨头卡内基秉持“剩余法则”的理念，建立起一套满负荷运转生产的体制，从生产资料的快速流转和劳动者的满负荷劳动中“挤出”利润，形成了自己的价格优势。然而，他自己却承认，是1870年的关税法首次为钢铁生产者提供了保护伞，这是他涉足钢铁行业的主要原因。生产商给那些提倡贸易保护主义的政客们提供了丰厚的报酬，而在政府的协助下，钢铁企业家每年获得了700万—2500万美元的额外利润。[①]

随着美国工业生产的迅速发展，美国出口的产品也逐渐由原材料为主过渡到工业制成品为主。以汽车、工业机械为代表的现代工业产品逐渐成为美国出口的重要组成部分。1897年之后，美国每年的贸易顺差平均约为5亿美元。到1914年为止，美国无论在国民收入和人均收入上都超越了世界主要国家（参见表7—1）。同样，就劳动生产率而言，美国也在这一时期确立了领先地位。美国的经济呈现了快速和高质量的发展。在短短三十年左右的时间，就赶超了欧洲经过上百年才积累起来的经济优势。同时，美国的经济增长没有像其他工业国（如英国）那样依靠海外市场的扩展。美国自给自足的程度使其对外依赖的程度远远低于其他工业国。在这一过程中，以电力工业、石油工业、钢铁工业、汽车工业大发展为主要特征的第二次工业革命让美国成为了高度机械化的国家，连处在第一次工业革命发源地的英国人也对此大为吃惊。美国正逐渐完成自己成为经济大国的任务，为走向政治大国并成为世界第一强国奠定了坚实的经济基础。

① 孔华润：《剑桥美国对外关系史》（上），新华出版社，2004年版，第298页。

表 7—1 1914 年各大国国民收入、人口以及人均收入对比表①

	国民收入（亿美元）	人口（万）	人均收入（美元）
美国	370	9800	337
英国	110	4500	244
法国	60	3900	153
日本	20	5500	36
德国	120	6500	184
意大利	40	3700	108
俄国	70	17100	41
奥匈帝国	30	5200	57

贸易保护所造成的顺差现象固然会带来大量的货币财富，但是，过度的顺差会导致本国的产品外流和国内通货膨胀，最终导致价格上涨。从长远来看，这一现象就会造成国内消费市场缩水，从而阻碍国家经济发展。因此，西方自由主义经济学鼻祖亚当·斯密和大卫·李嘉图先后利用绝对成本和相对成本的概念系统地揭示出，自由贸易可以给国家带来除货币财富之外的利益。自由贸易的基本假设是，商品在交换过程中并不是只有赚取货币资本一个功能。通过自由交换，各种贸易活动可以对生产资源进行优化配置，从而形成国际分工。由于市场优化配置提高了生产率，且每个国家可以利用自身条件优先选择优势产业进行发展，因此，国家在自由贸易的情况下可以比在贸易保护的情况下用更少的生产交换到更多的产品，最终更加有利于财富的创造和国家经济的发展。然而在现实中，各国政府采取何种贸易政策，往往与其发展阶段相关。英国的例子就可以说明这种趋势。起初，为了反对西班牙等国以殖民地体系为基础建立封闭的国际市场，英国曾经提出过自由贸易的诉求。然而当英国着手组建属于自己的世界性殖民帝国时，它也在

① 保罗·肯尼迪:《大国的兴衰》，求实出版社，1988 年版，第 296 页。

自己的殖民体系内实行《航海条例》等保护措施，用来保护英帝国的商业利益，如规定只有英国或其殖民地所拥有、制造的船只可以运装英国殖民地的货物。不过，当英国成为世界头号资本主义大国，经济实力与生产力达到世界顶峰时，它又开始主张自由贸易。19 世纪中叶先后废除用于贸易保护的《谷物法》和《航海条例》，取消埃及的贸易垄断，允许直辖殖民地新加坡开辟成自由贸易港等。

虽然美国在 20 世纪以前主要实行的是贸易保护政策，但是这并不等于美国就缺乏自由贸易政策的支持者以及有相当深远洞察力的政治家，如乔治·华盛顿、托马斯·杰斐逊、约翰·亚当斯等人在美国建国初期都表达过对自由贸易的向往和支持。亚当斯认为国家在国际贸易中应该享受平等的待遇，并且在同等地位的前提下互相开放自己的市场。1776 年，亚当斯和富兰克林起草了一项商业协议提交大陆会议审议，其内容是希望能得到欧洲（及其附属殖民地）市场的最惠国待遇。19 世纪 20 年代中期担任美国国务卿的著名政治家亨利·克莱是相当长一段时间内贸易保护政策的重要推手，发起并主导了美国多部保护性关税法案。然而，他并不完全反对自由贸易的主张：他一度致力于互惠贸易的实践。他在国务卿任内着手部署商业的互惠工作，曾与中美洲国家进行自由贸易的谈判。1824 年的关税法案尽管保护本国工业的发展，但是英国出口到美国的纺织品仍然具备一定的价格优势，而美国国内的工业并没有多大起色。这一现象在 1827 年引发了一场关于保护主义是否有效的辩论。不少人认为有必要重新考虑高关税的利弊。

到 19 世纪末，随着经济迅速发展，批判保护主义的观点也越来越多。如耶鲁大学的教授萨姆纳成为了自由贸易的一个积极的倡导者。他反对国家设立关税门槛来保护国内的工业，认为国家的功能不能只是为产业提供帮助，还应该为企业的竞争扫除障碍，而关税则是自由竞争的障碍之一，竞争的消失会导致美国经济失去发展的动力。另外，经济学家肖恩·霍夫根据计算工资与劳动生产率和成本之间关系，认为美国的高工资水平会进一步让劳动者有条件进行更高阶段的培训从而提高自身的劳动技能。这样，社会整体生产力就被大幅提高，生产成本会大幅降低。从国际贸易角度来说，如果美国持续这种高水平的工资，那么这些工资收入不能仅仅依靠国内市场，而需要来自国外市场的销售，进一步开放的国际市场就需要降低关税，鼓励自由贸易与廉价原料的进口。与此同时，美国对外贸易也碰到实际问题。长期奉行的贸易保护政策虽然能保护国内产业，却不利于扩大出口。19 世纪末，由于美国坚持高关税壁垒，以英国为代表的欧洲资本主义国家也逐渐提高对美国商品的关税。这样一来，美国国内的大量商品的价格优势也就被缩小，制造商对外销售所获得的利润逐渐缩水。高额关税制造了一个相对封闭的国内竞争环境，也同时限制了美国在国际市场的利润空间。国内市场的日趋饱和更加促使美国国内的企业主向政府索要优惠政策以保证他们能够将产品销往广大的海外市场。连曾受惠于贸易保护政策的钢铁业巨头卡内基在 1895 年都表示希望关税能更低一些，以便美国能够从那些因此相应地降低美国产品进口关税的国家那里获得更廉价的原料。

于是，如何让美国的商品和服务走向世界就成了美国对外贸易政策的核心问题。美国政府起初在其势力范围拉丁美洲呼唤降低关税并推动自由贸易的实施。1881 年，首次担任国务卿的詹姆斯·布莱恩启动了与墨西哥的谈判。此后，美国又与多米尼加共和国、西班牙（就古巴和波多黎各）、萨尔瓦多、哥伦比亚和英国（就西印度群岛）等国进行双边贸易谈判。在重返国务卿一职的布莱恩的积极倡导下，1889 年 10 月，美国召集美洲国家国际会议讨论了国际冲突的仲裁、商业协定、关税同盟、建立美洲铁路网等议题。会议的成果之一是决定建立名为美洲共和国局的机构，目标是建立共同市场。在国内立法方面，1890 年，在本杰明·哈里森总统的支持下，国会通过《麦金莱关税法》。虽然该法规定了极高的关税，但它提出了一个关键的互惠原则：如果其他国家降低美国商品的进口税，美国总统也有权降低外国商品（尤其是原料）的进口税。如果其他国家（主要是拉丁美洲国家）不能对美国进口到该国的商品进行关税优惠，那么美国将依据此法对这些国家出口到美国的原材料商品课以惩罚性关税。后来在1896年当选总统的麦金莱曾表示他“最大的雄心”就是让美国取得世界市场的霸权地位。其办法就是他对朋友讲的：“我相信实用主义的互惠政策”。[①] 他推翻了降低甚至免除部分商品关税的1894年《威尔逊—戈尔曼关税法》，推动国会通过1897年的《丁利关税法》。虽然这个关税法重新提高了关税税率，平均达到47%，而实施的第一年居然高达57%，但它还是保持了互惠原则，并授予总统进行贸易谈判的权力。拥有这项权力后，总统可以自主与外国进行经贸谈判，不过国会还掌握着批准条约的权力。根据互惠的原则，美国曾与外国谈判了11个有关的条约，但直至1901年麦金莱遇刺去世，国会一个都没有批准。尽管如此，美国开始对东亚提出市场开放的要求，也就是“门户开放”政策。

1909年，国会各派经过一番斗争之后通过了《佩恩—阿德里奇关税法》（Payne - Aldrich Tariff Act）。它首次对最高和最低的关税税率进行了界定。1913年，威尔逊就任总统。在他的努力下，国会通过了著名的《安德伍德关税法》（The Underwood Tariff Act）。该法令一共降低了900多种货物的关税，平均税率比1909年的《佩恩—阿德里奇关税法》的税率降低了11.2%。新的关税法使美国的总体关税水平降到了历史新低。其中，钢铁、机械等产品均在免税清单之中，也就是说，进入美国市场的外国产品的竞争力被大幅提升。这是美国关税政策一次重要转折。

然而，自由贸易的措施却由于第一次世界大战的爆发而遭到破坏。战争开始后，作为中立国的美国似乎希望能够在战争中保持自己与欧洲的商业往来，但交战双方都采取军事措施阻挠对方与美国

① 孔华润：《剑桥美国对外关系史》（上），新华出版社，2004年版，第411页。

的贸易。结果，美国被迫加入战争。

二、退回到保护主义的末路

第一次世界大战结束后，威尔逊总统“十四点计划”之中的第三点就是希望建立一个平等的贸易原则。在他看来，国家需要开放国内市场以换来出口的增加，并且希望美国可以带领世界走向他所设想的自由贸易之路。尽管由于国会内反对派的反对，他未能实现让美国领导国际联盟的理想，但他在离职前的最后时间为理想中的互惠自由贸易体系作了最后一次抗争。当时，美国国会通过增加关税的“紧急关税法案”。威尔逊在否决国会法案的决定中写道：“我决定退回并否决为了应对目前税收紧缺而针对相关农产品征收临时性关税的议案。……除了作为我国农业贸易中的重要组成部分的食糖和纺织材料，议案中所涉及的其他商品的进口显然对我国国内市场的商品不构成威胁。……我们已经非常成功地建立了强大的商业航运体系并且通过一系列贸易法律和成立境外银行机构成功地开辟了国外的市场，但是我们现在要做的却是全部或是部分地放弃这些已有的成就。……很显然，我们现在不应在贸易上树立壁垒。这些壁垒将会破坏我国工业业已做出的巨大成就并动摇出口的基础。这也将阻碍我们在全世界建立一个正规且公正的贸易环境，而这一贸易环境将对我国和世界其他国家的福祉产生至关重要的作用。美国应承担其对本国和全世界的责任，并且应该致力于扩大（而不是缩小）其在世界的市场。……”① 然而，1920 年共和党人哈丁当选总统，上述法案在 1921 年获得通过。

---

① Ruhl J. Bartelett, *The Record of American Diplomacy*: *Documents and Readings in the History of American Foreign Relations*, N. Y: Alfred A. Knopf Inc. 1954, pp. 501 – 502.

出现这种状况一方面可归咎于第一次世界大战导致了国际贸易活动遭到严重破坏和交战国经济的衰退。由于出现了大规模的失业，欧洲各国不得不采取鼓励国内产业的保护主义措施。在这种情况下，美国与欧洲的贸易也受到冲击。1910 至 1914 年间，欧洲国家加起来共占美国出口和进口贸易总量的 62% 和 49%，但是到了战后，年平均比例已经分别降到了 45% 和 30%。[①] 20 世纪 20 年代中期美国经济发展势头不减，工业已经强大到不再需要高关税的保护，而工业产品的出口实际上更需要进口国降低关税，因此在对外贸易萎缩的形势下，美国本来应该主动自降关税实现互惠，或至少维护自由贸易的政策，以争取它国早日放弃保护主义。但是，美国却依然奉行高关税的贸易保护政策。这一方面是因为美国人民饮食习惯的改变以及欧洲市场的萎缩，美国的农业一直处于衰落的境地。农业集团不断地游说政府通过提高农产品关税来保护农民的利益。一些其他利益集团也有类似呼声。另一方面，由于一战之后，美国孤立主义重新盛行，在经济上带来保护主义和经济民族主义的思潮。美国虽然在经济、政治和军事上的实力都居世界首位，但美国人并没有完全做好接替英国领导世界的准备。以英国为首的欧洲大国虽然开始衰落，却余威尚在，美国并非一枝独秀。当时世界的政治经济秩序还没有摆脱英国主导建立的体系。美国在对外政策上还需要与英国协商，争取它的合作。在经济上，英镑仍然占据着国际货币的地位，各国以英镑为主要的外汇储备，伦敦仍然是世界的金融和结算中心。据统计，1928 年世界各国的外汇储备中，英镑占 29%，美元占 7%，1933 年，英镑占 12%，美元占 1%，迟至 1938 年，英镑仍占 12%，而美元只占 5%。[②] 美国不认为自己能成为救世主。

在这种环境下，美国政府出台了一系列保护主义的贸易政策。

---

① 孔华润：《剑桥美国对外关系史》（下），新华出版社，2004 年版；第 88 页。

② 徐振伟：《美国对欧经济外交 1919—1934》，知识产权出版社，2009 年版，第 267 页。

其中包括上述1921年的《紧急关税法》和1922年的《福德尼—麦康伯关税法》。根据前者的规定，以小麦、玉米、肉类、食糖、羊毛等为代表的诸多农产品和原料被课以重税。根据后者的规定，针对部分重要工业品的关税（如钢铁、纺织品）大幅提高了，并将关税水平逐渐恢复到1909年的水平。尽管这些法令主要是针对农产品的进口，但高关税并不能帮助农业复兴，因为农产品的国内外需求依然是不断萎缩。

即便保护主义在美国抬头，威尔逊的路线并没有被完全抛弃，美国政府逐渐在对外贸易政策的处理中增加关于无条件最惠国条款的规定。1923年8月，美国国务卿休斯曾指示美国驻外使节："美国政府长期以来的立场是"，如果一国能够保证给予美国不低于现时或将来给予任何第三国的优惠，那么美国政府就可以据此给予对方同等待遇（也就是最惠国待遇）。美国政府之前与一些国家签订的条约也包含这一原则，例如1778年与法国以及1911年与日本签订的条约。在能保证美国获得无条件的平等地位的前提下，国务院决定在进行新的商业条约谈判时推动最惠国待遇的条款。美国政府也将保证在与其他国家的商业往来中兑现这一条款的实施。①

事实上，美国奉行高关税政策并没有带来任何好处，相反却制约了美国的进一步发展和欧洲的经济恢复。战争期间和战后，欧洲国家从美国贷款103亿美元以上。1920年，国外私人欠债也有近30亿美元。在这种情况下，合理的作法是美国主动取消政府间债务，哪怕只是一部分，或者是降低关税，让欧洲国家能够向美国多买些东西，赚到钱后来还债。然而，美国采取高关税政策，欧洲国家的商品很难竞争过美国商品，因此欧洲国家无法通过销售产品所得偿还美国的债务，只能再借美元来买美国的商品。换句话说，美国向欧洲出口大量商品，但是欧洲人买这些商品的钱还是从美国那里借来的。就1928年的情况看，美国的贸易顺差为

---

① *FRUS*, 1923 (I). pp. 131 – 132.

8.8亿美元，而海外投资和贷款却达到9.7亿美元。[①] 这表明在资金流向上，美国借出去的钱比挣来的钱要多。这个差值需要依靠美国国内创造的财富来弥补。当然，情况还不是完全这么糟。美国人出国旅游花了5亿美元，在美国的移民也向欧洲汇回2亿美元。这些美元可以让欧洲国家用来还债。尽管如此，美国需要保证国内经济的稳定高速发展，以消化美国对整个世界的贸易顺差和保证世界经济的运转。在这个过程中，一旦美国国内经济出现衰退导致市场萎缩，那就将连累整个世界的经济。偏偏历史就真的发生了这种事情。

1929年开始的资本主义经济危机是历史上规模最大、波及范围最广、持续时间最长的经济灾难。关于这场危机的起因和过程，经济史学家的论述都有不同的侧重。但来自贸易保护主义的原因特别值得关注。20年代，美国的国民生产力大幅提升，生产投资也大幅增加。但由于各国间都采取高关税的保护，美国产品无法充分地进入国际市场。而在美国国内，虽然经济发展，但财富分配极不合理，造成作为消费主体的广大工薪阶层的购买力不足以支撑如此大规模的生产和投资，美国国内的生产和投资都出现了相对过剩的现象。同时，一些工薪或是中产阶层为了满足日益增长的生活需求而大量采用分期付款的方式进行消费，并禁不住财富的诱惑进入了投机行业，以此满足自己逐渐膨胀的幸福感。这种寅食卯粮的做法以及由此产生的对未来经济的盲目乐观与投机心理让巨额资金涌入证券市场，制造了大量泡沫。

从国际背景来说，美国实行保护主义，减少进口，依靠对外贷款和投资支撑自己的顺差地位。尤其是，欧洲的战争赔款和贷款尚未偿清，欧洲对美国的新债务导致美元和美国资本成为维系国际贸易平衡的唯一纽带。从1928年开始，作为美国主要的投资目的地，

① 孔华润：《剑桥美国对外关系史》（下），新华出版社，2004年版，第91页；阿瑟·林克、威廉·卡顿：《1900年以来的美国史》（上），中国社会科学出版社，第400—401页。

欧洲和拉丁美洲国家相继出现了高额外债，超出了这些国家的实际偿付能力。加之这些国家的黄金资源即将耗尽，美国对这些国家投资和贷款的风险大幅增加，1928 年，嗅到危机的美国资本开始从欧洲撤出。

1929 年 9 月，膨胀过热的美国证券市场成为即将到来的经济危机的第一块多米诺骨牌，而推倒这块骨牌的恰恰是欧洲人。欧洲国家（特别是英国）为了稳固本国货币，开始减少黄金的外流并提高再贴现率和利率（英国将银行利率提高到 6.5%，并从美国回撤资金），美国的证券市场出现大幅下跌。之后的短期回稳预示着更大规模灾难的到来。到 10 月 24 日，纽约证券市场出现了恐慌性抛售，短短半个月的时间就有超过 300 亿美元的财富蒸发，相当于美国参加第一次世界大战的开销。随后，美国证券市场的悲剧直接带动金融业的崩盘，大批民众排队在银行门口挤兑现金，多家银行倒闭。资金的短缺导致物价下降和生产的萎缩，制造了大批失业人口。一场连锁反应逐渐在美国扩散开来。

由于美国经济绑架了世界经济，这场危机迅速蔓延到其他国家。各国为了稳定本国的经济局势而纷纷采取保护性措施：除了提高关税以保护本国产业之外，还纷纷加强对本国货币的稳定措施，特别是防止黄金的外流从而引发恶性通货膨胀。即便这样，一些国家（如日本和英国等等）由于黄金储备不足而被迫放弃金本位制。面对这种倒退，美国不但未能表现出积极的态度，反而继续采取保护主义政策。当时，美国国内形成了以工商业巨头为代表的一方和以劳工与农业组织为代表的一方，前者强调应该降低关税税率以扩大美国出口从而刺激国内生产，缓解国内的失业和经济低迷；后者则主张继续采取高关税措施以保护本国产业和工农业就业形势。由于保护主义政策的见效相对较快，而且能带来实实在在的收益，而自由贸易政策往往需要一段时间才能体现出效果，并且有赖于投资的跟进与消费信心的重建而存在不确定性，因此保护主义者的主张更容易为更多普通民众所接受。胡佛总统本人是一位经济国际主义者，坚信美国在国际经济中的作用。在担任商务部长期间，他为美国资本和商品的海外扩张不遗余力。但迫于国内政治压力，他也赞成高关税政策。在他看来，高关税政策可以维持高工资，维持国内就业和经济繁荣，并不会严重妨碍国际贸易。

在一片争议声中，1930 年美国政府通过了《斯穆特—霍利关税法》。该关税法提高了绝大多数商品，尤其是糖类和纺织品的进口关税，将平均税率提高到约 40%，涉及 75 种农产品和 925 种工业产品。关税法的通过虽然受到农业集团的欢迎，却立刻遭到来自银行家、大企业家和经济学家的反对。当时摩根财团的代表拉蒙特几乎要跪下来求胡佛总统否决该法案。1000 多名经济学家联合签署请愿书，谴责新关税将会带来的灾难："……越是收紧进口政策，就越会减少我们的出口。这一现象可以在铜矿、汽车、农机设备、打字机以及其他商品的出口中得以体现。上述企业将会因高额关税而面临困境。……1927 年，美国曾经在国联的支持下出席了世界经济大会，而这次大会的决议之一就是要停止并扭转进一步增加关税的贸易保护行为。我们的立法机构制定的高额关税违反了上述决议内容，并直接导致其他国家争相抬高贸易壁垒，而贸易战对于世界和平有害无益。"① 美国的高额关税迅速遭到了其他国家的报复，外国政府向美国提出的抗议有 30 多起，英联邦国家、法国、意大利、西班牙、瑞士、古巴、墨西哥等都提高了关税来进行报复。美国的进口额则从 1929 年的 44 亿美元降到 1933 年的 14.5 亿美元，出口额从 51.6 亿美元降到 16.5 亿美元。②

---

① "1028 Economists Ask Hoover To Veto Pending Tariff Bill," *New York Times*, May 51930, pp. 1, 4.

② Bureau of Census, USDC, *Historical Statistics of the United States: Colonial Times to* 1970, Washington, D. C.: US Department of Commerce, 1989, part 2, p. 884.

美国的高关税政策不仅加重了自己的经济萧条，也使美国经济危机进一步蔓延到全世界。由于高关税使得购买美国商品的成本大幅提升，欧洲国家无法获得美元也不可能用黄金或商品来偿还美国的贷款。这样就加速了欧洲的债务危机，从而进一步引发了金本位的崩溃。美国历史学家霍夫斯塔德这样评价，“向世界销售货物，向世界各国贷款，但又拒绝从世界各国购进货物，这种做法最后不可能不引起灾难”。[①]

三、确定自由贸易的方向

大萧条期间的保护主义贸易政策所带来的灾难性后果让美国人进行了充分的反思：保护主义贸易政策不能继续下去了。1930 年的国会中期选举预示着大变革的到来，民主党代表的改革力量悄然成为了国会的主导者。然而，由民主党起草的旨在改革保护主义关税政策的《克利尔关税议案》却在 1932 年被胡佛总统否决。不过，胡佛总统的保守立场最终被美国国民所抛弃，1932 年民主党人富兰克林·D. 罗斯福当选美国总统，为美国之后的改革开辟了新的一页。但 1933 年 3 月 4 日，罗斯福在就职演说中宣称：“尽管我们的国际贸易关系问题事关重大，但就其时间性和必要性来讲，较之建立健全的国民经济，就显得次要了。”他说：“我将不遗余力地通过调整国际经济来恢复世界贸易，但是处理国内问题急不可待，决不能等到此事完成之后再动手解决。”[②]

刚上台时，罗斯福曾建议国会授权他与外国谈判关税问题，但

---

① 徐振伟：《美国对欧经济外交 1919—1934》，知识产权出版社，2009 年版，第 212 页。

② 罗伯特·达莱克：《罗斯福与美国对外政策》，商务印书馆，1984 年版，第 33—34 页。

后来他犹豫了。显然他担心在这个问题上承担国际义务会妨碍国内的利益。他的政府集中精力实施一系列新政措施，以挽救危机中的美国。罗斯福要求国会通过紧急银行法，加强对货币和金融领域的政府监控，并宣布放弃金本位制，实行有控制的通货膨胀政策。为了协调国内工农业和对外贸易政策，罗斯福筹备建设商业政策执委会并成立了两个新部门：农业调控管理局和国家复兴管理局。为了促进生产，罗斯福提出以工代赈的方案，解决国内的失业问题。罗斯福的“新政”基本上是国内政策，再加上孤立主义的影响，刚上台的罗斯福对国际事务不是很积极。4 月末，英国首相麦克唐纳和法国前总理赫里欧等人访问美国，就召开国际会议解决经济问题与罗斯福会谈。会谈中，罗斯福表示他需要国会授权才能讨论暂停偿还战债问题，还含糊地表示可以参加伦敦会议讨论降低关税和稳定货币的问题。而战争债务正是欧洲当时难以摆脱经济危机的一个关键问题。

1933 年 6 月 12 日至 7 月 27 日，由国际联盟召开的世界经济会议在伦敦开幕，66 个国家的政府首脑或外长、财长率团与会，主导者是英国。大会的主题一是要清除国际贸易的障碍，二是要稳定国际金融形势。英法两国试图借助美元的雄厚实力保持国际货币金融的稳定，消除国际贸易结算上的障碍，恢复由英国占据主导地位的世界经济秩序。

对于这次会议，美国政府内有不同的声音。罗斯福总统尚未想承担拯救世界的责任，他的期望仅限于通过国际会议提高商品价格、振兴国内经济，为美国的商品扩展国际贸易市场。早在会议召开之前，罗斯福的经济顾问、助理国务卿莫利于 5 月 20 日在广播演说中声称，世界经济会议除了就各国国内经验交换意见外，不会有多少结果。他指出：“可能会有许多人认为，由于萧条是世界性的，所以它完全是国际条件造成的；或者说，要解决这种世界范围的萧条，只能依靠国际性的办法。……其实，每个国家经济上出现的不幸，相当大的部分是国内问题。……它们主要是国内问题，而不是外来的问题。因此，救治的办法主要应当在于这些国家自身的所作所为。”[①] 但国务卿赫尔却是一名执着的威尔逊主义者。他曾指出：“国际贸易不仅大大有助于每一个国家的复兴和繁荣，而且它也是人类经验中最伟大的文明教化者与和平缔造者”。如果各国能达成关税协定实现自由贸易，那么就能实现各国之间的善意与和平。赫尔终其一生都致力于关税减让和自由贸易的理想。他是美国形成战后自由贸易体系的奠基人。

赫尔亲自率领美国代表团参加伦敦世界经济会议，并对此次会议抱有很高的期待。在会上，他提出了《全面降低关税公约草案》。其要点为（1）各国自 1933 年 6 月 12 日起将现行关税普遍降低 10%；（2）限制给予外国的特惠条例，缩小优待税率的差额；（3）废除关税以外的进口限额和其他限制进口的措施等等。然而，罗斯福总统对此不热心。赫尔收到的电报称，总统不会将降低关税的法案提交当前国会的特别会议，这就意味着代表团在会议上的成果难以得到国会的支持。与此同时，其他国家的代表团认为美国在关税问题上只是做表面文章，参会国中有 61 个原则上同意关税的休战，但这个问题很快就被会议搁置。会议重点讨论金融问题，但美国政府又不愿意在稳定汇率问题上合作，结果这次国际会议无果而终。美国在经济政策上的孤立主义显然无助于世界摆脱经济危机。

罗斯福本想通过有控制的通货膨胀和减少生产来解决经济问题，但这个政策只暂时增加企业主的票面收入，并没有增加就业和产品销售。他逐渐地意识到美国经济的恢复和发展还需要靠增加出口，也就是扩大国际市场。这方面，美国需要与其他国家合作。1933 年 11 月 11 日，罗斯福接受建议，成立了跨部门的商业政策执行委员会，主席由国务院委任，其他参加的部门有财政部、商务部、农业部、关税委员会等。该委员会的第一任主席为副国务卿菲

① 金卫星：“1933 年伦敦世界经济会议探析”，载《淮阴师范学院学报》，2004 年第 4 期，第 514 页。

利普斯，很快就由助理国务卿弗朗西斯·B. 赛尔接任。值得注意的是，赛尔是威尔逊总统的女婿。

自由贸易政策首先在拉丁美洲取得突破。这与罗斯福在第一任期内奉行对拉美的“睦邻政策”密切相关。在大危机期间，为了扩大商品和资本输出，欧洲各国，尤其是英国与美国在拉美的争夺日趋激烈。而美国原来在拉美实行的“大棒政策”引起了拉美各国的强烈不满。从胡佛总统开始，美国政府就着手开始改变干预政策，到罗斯福时代，睦邻政策得到了进一步加强。罗斯福的睦邻政策谋求的是一种政治和经济上的集体安全，试图从政治和经济上将美洲国家捆在一起。

1933 年 12 月 3—26 日，第七届泛美会议在乌拉圭首都蒙得维的亚召开。美国代表团团长赫尔一再声明美国参加此次会议的唯一目的是推行睦邻政策，美国愿意同所有拉美国家合作。[①] 作为自由贸易的信徒，赫尔当然不忘在会议上推动关税互惠减让的计划。在旅途中，他起草了一个“全面的经济解决方案”，其中包含关税休战，旨在消除贸易限制和实行关税减免的双边和多边谈判以及无条件最惠国待遇原则。他将此草案发回国内，总统表示了有保留的支持。对此，赫尔已经非常满意，他写道：“我非常高兴，我现在的处境比上次伦敦会议好多了。”[②]

由于此前美国奉行“大棒政策”，赫尔率领的美国代表团一开始遭遇拉美国家代表的普遍敌意。通过大量的工作和努力，赫尔成功地劝说拉美国家相信，美国的睦邻政策是真诚的。会议在比较融洽的气氛中取得了积极的成果。赫尔提出的“全面经济解决方案”得到了以阿根廷外长拉马斯为首拉美国家的支持。方案中提出的原则对后来互惠贸易协定的谈判十分有帮助。由于方案得到拉美各国

① 徐世澄：《美国和拉丁美洲关系史》，社会科学文献出版社，2007 年版，第 97 页。

② Julius W. Pratt, *Cordell Hull* 1933 - 1944 *Vol.* 1, N. Y: Cooper Square Publishers, Inc., 1964, p. 156.

的一致支持和美国国内的赞扬，当赫尔从蒙得维的亚回到华盛顿时，总统对赫尔的互惠贸易计划给予了更多的青睐。

与此同时，在国务卿赫尔和财政部长亨利·摩根索的领导下，商业政策执行委员会开始了紧张的讨论工作。1934 年 2 月，委员会起草了第一份有关互惠贸易协定法的草案。3 月 2 日，罗斯福向国会递交了这份草案并作了解释。与刚上台时相比，罗斯福对国际贸易的作用有了积极的认识。他指出："全面和永久的国内复兴一定程度上取决于国际贸易的复苏和加强。美国不可能永远只增加商品出口而不增加进口"。他强调这是一项长久的计划，美国政府将谨慎地行使权力并仔细权衡每一个协定，"保证任何美国的正当和重要的利益不会受到伤害。"① 4 月，赫尔在参议院作证时说，该法案是为应对经济大萧条，为美国的剩余产品寻找出路。经过激烈辩论，众参两院分别于 1934 年 3 月 29 日和 6 月 4 日通过该法案，要求《互惠贸易协定法》期限为三年，并且每个协定签署前必须经过听证。6 月 12 日，罗斯福总统签署《互惠贸易协定法》。

《互惠贸易协定法》的目的是扩大美国商品的海外市场，它对美国的贸易政策和此后的贸易协定谈判影响巨大。首先，它第一次明确地把谈判贸易和关税的权力交给总统和行政机构，且谈判成果无需国会批准。为此，这个法令特别规定将来与外国达成的有关文件是行政协定（executive agreement），而不是条约（treaty），这让总统可以不受宪法约束，并完全摆脱国会决策程序的影响，因为宪法规定条约需要得到国会的批准才有效。根据该法令的规定，总统可以不经国会批准而最多将任何一种进口商品的关税降低 50%。该法令的通过使得 1930 年的《斯穆特—霍利关税法》成为了国会制定的最后一部关税法。美国从此进入了总统主导贸易政策的时代。这也为美国贸易政策全球化，最终建立关贸总协定制度奠定了基

① Edgar B. Nixon, ed., *Franklin D. Roosevelt and Foreign Affairs*, *Volume II*: *March* 1934 – *August* 1935, Cambridge: The Belknap Press of Harvard University Press, 1969, pp. 1 – 2.

础。其次，它为美国的贸易和关税谈判确定了两个重要的原则。一是选择性关税削减原则，即美国在关税减让上的范围和程度要根据美国不同产业部门的竞争能力、受保护程度以及对关税减让的承受力等综合因素才能做出。这也意味着美国的自由贸易并非完全自由放任，而是在保护自身利益的基础上的自由贸易。二是无条件最惠国待遇原则。美国与外国将相互给予最惠国待遇，这可以使美国的产品不会受到其他市场的歧视，从而利用自身的实力拓展世界市场。这两条原则共同构成了后来关贸总协定的指导思想。不过，该法令也有一定的妥协性，即总统只获得了为期三年的授权，而之后的授权仍需要向国会申请。①

美国政府于 1934 年制定的《互惠贸易协定法》给自由贸易政策奠定了牢固的基础，不仅它自己踏上了自由贸易之路，而且通过后续谈判把这个理念和机制逐渐推向全球。

四、与英国争夺自贸体制主导权

为了具体实施《互惠贸易协定法》，美国政府成立了跨部门的贸易协定委员会，负责美国与各国的贸易协定谈判。委员会仍由助理国务卿赛尔负责。1934 年到 1945 年期间，美国陆续与包括英国在内的 28 个国家进行了谈判并缔结了《互惠贸易协定》。② 这些国家与美国的贸易占美国对外贸易总额的 65% 以上。这个成果与罗斯福总统的努力分不开。在 30 年代的经济危机中，罗斯福总统为了应付大萧条的当务之急，起初站在了贸易保护主义一边，但随着大环境的改变，他越来越支持赫尔的自由贸易政策。1936 年在与英国谈判过程中，赫尔收到罗斯福总统的信，信中将互惠贸易政策称作

① 关于《互惠贸易协定法》的介绍可参考舒建中：《多边贸易体系与美国霸权——关贸总协定制度研究》，南京大学出版社，2009 年版，第一章。

② 与日本的贸易协定在 1941 年取消。

“您的，也是我的政策”。[1] 也许，赫尔并不这样认为。但是，总统显然已经对自由贸易政策给予了积极的认可。罗斯福总统为实现自由贸易做了大量的工作。他经常呼吁降低关税，支持互惠贸易。1940 年 1 月向国会发表的年度讲话中，罗斯福指出：第一次世界大战之后包括美国在内的许多国家实施了自私的贸易政策，采取种种限制，阻碍了各国间商品的流通。“这个政策的确是造成当前战争的原因之一。它阻碍了大量的没有销路的产品向外流出，进一步导致失业，致使美国和许多地方的人民受苦受难。”他指出美国要推行“一种让各国享有平等待遇和贸易互利的政策”。[2]

在这种形势下，美国国会的态度也逐渐发生变化。1937 年，当《互惠贸易协定法》需要得到国会延期批准的时候，罗斯福总统提议给予它永久延期。当时，国会的投票结果仅以赞成票多出五票的简单多数支持通过延期，时间为三年。而到 1943 年的时候，国会以绝对多数票通过延期的决定，虽然出于战争的考虑将时间定为两年。《互惠贸易协定法》的延期在国会得到越来越多的人的支持。从这个现象看，自由贸易的制度也得到了国会的接受。因此，从 30 年代中期起，在罗斯福的领导下，美国本着国际贸易互惠互利的原则和各国协调进行合作的思想，开始着手建立以美国为主导的多边自由贸易体系。

美国倡导多边自由贸易政策的直接动因是拓展海外的市场和保证世界经济的健康发展。虽然美国本身有广大的国内市场和丰富的资源，但是美国仍然认为世界经济的良好状态对美国有着重要意义，因为为了取得经济繁荣和增加就业机会，仅靠美国的国内市场是无法满足需要的。作为多边自由贸易体系的积极倡导者，国务卿赫尔就曾指出：“在寻求对战后经济进行重新调整之际，我们确实

---

① Julius W. Pratt, *Cordell Hull* 1933 – 1944 *Vol.* 1, N. Y: Cooper Square Publishers, Inc., 1964, p. 124.

② *The Public Papers and Addresses of Franklin D. Roosevelt*, Vol. 1940, N. Y.: The Macmillan Company, 1941, p. 5.

需要从美国自身利益考虑出发，在创造有利于互惠贸易以及充分就业……的环境条件的进程中切实发挥应有的作用。只有通过国内外扩大了的市场机会，我们才能将美国在和平时期的经济增长规模、就业水平和生活标准建立并维持在令人满意的程度之上。”[①] 美国倡导多边自由贸易政策的主要间接动因是加强美国与各国的联系，扩大美国的国际影响。第一次世界大战后美国成为世界最强大的国家，越来越多的人考虑通过加强国家间经济联系来增进美国的影响力。胡佛在担任总统之前就曾指出：美国的发展和稳定不是靠政府的权威，而是依赖于美国人的私利观念和公民精神，这两者结合起来就能增加整个国家的财富，它不仅能用于美国，也可用于世界其他地区。美国汽车工业大王亨利·福特认为美国有很多东西可以输出给其他国家，如机械化和泰勒的管理制度等。他在著作中提到：“外国的土地上都感受着我们美国的进步、感受着我们美国的正确思想”，“政治边界和政治观念都不再重要，真正带来改变和推动进步的是经济条件”。曾为威尔逊和平蓝图未能实现而感遗憾的外交事务评论家李普曼则相信，像美国这样经济极端强大而不愿使用军事力量的国家是处在界定国际秩序的最佳位置，美国与其他国家的经济纽带能够变成将整个世界连在一起的粘接剂。[②] 建立国际自由贸易体系将为扩大美国与其他国家的联系创造条件。

美国政府在决定推行多边自由贸易体系之后，迅速地同各国展开谈判。至1935年12月2日，已有7个国家与美国签订了互惠贸易协定，它们分别是古巴、比利时、海地、瑞典、巴西、哥伦比亚和加拿大。但对美国来说，最关键的谈判是与英国。它需要和英国协调，以期新的国际经济秩序规则得到主导现有体系的老牌霸权国

---

① Leland M. Goodrich and Marie J. Carroll, eds., *Documents on American Foreign Relations*, Vol. V, 1942 – 1943, N.Y.: the Council on Foreign Relations, 1944, p. 632.

② 孔华润：《剑桥美国对外关系史》（下），新华出版社，2004年版，第89—90页。

的认可和接受。当时，英国实行的是帝国特惠制（英国殖民地先后独立后改称英联邦特惠制），即英国与其自治领殖民地1932年在渥太华签订的《帝国特惠协定》（也称《渥太华协定》）。这个协定规定英国和其自治领殖民地之间的贸易享有多种优惠条件，如对英国产品削减关税，对英国以外的国家出口到英国殖民地的商品提高关税，特惠制集团成员国贸易一律用英镑进行结算等等。英国恢复贸易保护政策是因为1932年资本主义世界处于严重的经济危机之中，各国争夺世界市场的斗争十分激烈。本来就严重依赖国际市场的英国此时却面临着由于经济上和技术上日益落伍，商品的竞争能力越来越弱于自己的主要竞争对手的困境。在经济危机中，英国的出口贸易额下降了一半以上。它不得不走回头路。奉行帝国特惠制这个以英国为首的排他性经济体系不仅会将美国产品拒之门外，而且也会与美国新建多边经济贸易体系的战略意图发生冲突。

美国与英国的第一场较量是谈判两国的互惠贸易协定。1935年到1937年底，美英就贸易问题进行了非正式谈判。美国采取了主动的态度，一是为了避免帝国特惠制给美国贸易带来损失，二是美国的互惠贸易需要英国的支持。美国的基本思路是通过瓷器、陶器和棉毛织品等76项产品对英关税的减让换取英国在猪肉、烟草、大麦等农副产品和一些工业产品的关税优惠，并且制定了“对渥太华协定必须修改”的目标。英国对美国的自由贸易提议的态度是复杂的。一方面，英国的决策层不乏对多边自由贸易政策的支持者。英国国土面积狭小，人口稠密，资源有限，无论是战时还是战后，经济的发展与稳定都需要国际贸易的支撑。英国能够在18世纪称雄世界后保持自己的地位，就是依靠从重商主义传统转向自由贸易政策。某种意义上讲，美国的自由贸易主张还是对英国政策的继承，包括美国在中国推行的门户开放政策。当然，英国从自身利益出发，更倾向于削减关税而非取消歧视待遇。另一方面，英国对美国的多边贸易体系更多地持有怀疑和反对的意见。反对的焦点就在于要维护帝国特惠制上面。英国认为战后的贸易体系应该是英国人的能力能够掌控的贸易体系，既能提供必要商品和原材料的供给，又能让英国占有贸易中的有利地位，而特惠制正好满足了这个要求。1937年，当英美两国就贸易协定进行商谈的时候，英国帝国行业协会国会委员会的150名成员就表示，决不能因为某些为恢复经济国际主义而建立的不切实际的项目而削弱国内关税和特惠制的有效性，也不能因之而牺牲英国国家和大英帝国的生产。[①] 鉴于美国长期维持的高关税，即使两国之间进行互惠贸易，英国方面并不认为有足够的获利空间。因此，英国政府起初对美国的提议反应冷淡。随着美国方面的提议逐渐清晰，英国方面也调整了立场。1936年底，英国官员沃尔特·罗森曼告诉美驻英大使："英国政府不会同意一个违背渥太华协定条款的协议，但英美政府可以达成一个类似美加政府协议的协议。"罗森曼不仅认为此事可以办，甚至应该办。[②]

由于欧洲局势越来越紧张，英国急于加强与美国的关系以平衡德国的压力。它的态度变得积极起来。1938年2月，英国代表团抵达美国开始正式谈判。3月，德国吞并奥地利，5月捷克斯洛伐克危机发生。即使如此，两国的谈判也还是争吵不断。英国认为美国在纺织品、陶器和瓷器等方面的关税减让不够，而美国要求英国在自动工具等工业产品以及木材和烟草等产品的关税减让又被英国认为不可能。英国担心美国所列的产品清单太多，将从根本上冲破帝国特惠制。两国谈判的裂痕变得越发不可调和。当时，英国甚至着手加强与德国的贸易联系，以对抗美国的贸易竞争。在这种情况下，为了能够达成协议，也为了保持美英的合作关系，美国被迫在关税减免的产品范围上做了让步，基本满足了英国的要求。

最后在1938年11月17日，两国在华盛顿签订了"美英互惠贸易协定"。两国就农业、矿产、家畜、林木和机电等400多种产品

---

① Richard Gardner, *Sterling - Dollar Diplomacy: Anglo - American Collaboration in the Reconstruction of Multilateral Trade*, Oxford: the Clarendon Press, 1956, pp. 31 - 32.

② FRUS, 1936, Vol. I, pp. 702 - 703.

达成减税和不再增税的承诺，为扩大两国贸易提供了基础。但是，这份协定并没有得到认真的贯彻。由于互惠贸易协定打破帝国特惠制，动了英国的奶酪，再加上英国政府对德国的绥靖政策，英国没有因为协定的缔结而停止与德国的贸易联系，英国方面就没有具体落实协议承诺。对英国态度的不满使得美国也没有修改其原有的重要产品征税计划，如纺织品的税率仍高达50%。

与英国下一场也是更重要的较量是关于《大西洋宪章》的谈判。本来美国总统罗斯福和英国首相丘吉尔在1941年8月会晤主要是为了协调两国政策以反对法西斯主义的侵略。但美国负责经济贸易的高级官员非常急切地希望能够趁此机会将关于多边自由贸易的原则明确地写入《大西洋宪章》中。罗斯福总统也在会晤中谈到要把“机会均等”、“自由贸易”和“航行自由”等原则写入文件，并声称要用“20世纪方法”让“各国作健康的竞争”。他要求英国放弃帝国特惠制，开放市场。丘吉尔首相指责美国要摧毁大英帝国，声称：“他当英国首相的目的，并不是来主持大英帝国解体的。”经过一番较量，罗斯福认为《大西洋宪章》的政治目的高于经济目的，当务之急是让美国摆脱孤立主义，帮助协约国打败德国为首的轴心国，赢得战争的胜利。他主张不必过于详细地在宪章中强调经济条款，避免凸显两国的分歧，而应突出英国人也在为美国人所信仰的自由和正义而战。英国方面由于在战争中急需美国的支持和帮助，也决定作出妥协。

在宪章具体起草工作上，美英两国官员在双方领导人正式会晤之前在技术层面上已有多次交锋。8月9日，随同罗斯福总统参加大西洋会议的美国副国务卿韦尔斯与英国副外交大臣卡多根进行了首次讨论。韦尔斯明确要求将非歧视原则写进会议声明中，强调战后的世界“需要充分自由的经济交往，即没有歧视、没有外汇管制、没有用于政治目的的经济特惠制、没有纷繁复杂的经济壁垒”。面对美国咄咄逼人的态度，丘吉尔连夜起草了一份联合声明，其中第四条指出“两国将力求公正和平等地分配各自管辖领土内以及世界各国间的基本生产要素”，这等于回避了美国期望的非歧视原则。美国方面则坚持非歧视原则的立场，但在措辞方面，罗斯福为了让英方更容易接受，亲自将第四条修改为“两国将致力于各国在非歧视和平等待遇的基础上进一步享有获得对其经济繁荣所需之世界市场和原材料的权利。”该修改意见中采用了“两国致力于”的字眼，这意味着非歧视原则并不具有正式和立即的约束性，因而给予了英国接受该条款更多的弹性和空间。为了尽快达成协议，罗斯福总统甚至建议丘吉尔对该条款进行润色。丘吉尔加进了“在适当尊重其现有义务的情况下”，删去了“非歧视”，用“贸易”代替了“市场”，期望能藉此捍卫特惠制。经过一番博弈，8月12日双方签署了《两国国策中某些共同原则》的声明，史称《大西洋宪章》。它的第四条最终规定“在适当尊重其现有义务的情况下，两国将致力于所有国家，不论大小和成败，在平等条件下进一步享有对其经济繁荣所需之世界市场和原材料的权利。”[①] 虽然“在平等条件下”可以看作是“非歧视待遇”的另一种表述，但以赫尔为首的美国官员还是感到失望。英国方面还做出了另一项让步，在第七条中接受了美国提出的“所有人能够在公海上不受阻碍地自由航行”原则。在这次谈判中，美国方面为了避免因贸易政策的分歧而破坏与英国的合作，表现出了耐心和克制，暂缓继续对英国施压，但结果明显还是朝美国主导的多边贸易体系又迈进了一步。

与此同时，美国政府正在与英国政府谈判实施《租借法》。这又给美国政府将削减关税和取消非歧视待遇原则写进国际协议提供了契机。1941年5月16日，罗斯福总统要求国务院根据《租借法》就美英间的租借物资补偿做出全面的安排，并强调补偿将主要采用现金方式。负责金融事务的副国务卿伯利将租借补偿和战后对外经济政策结合起来，起草了三条补偿原则：英国政府必须与美国达成最大限度的自由贸易协议；英国必须限制《渥太华协定》；英国政

① *FRUS*，1941（I），pp. 353－354，361，368.

府能够明确承诺参加消减关税壁垒的有关谈判。[①] 可以看出，美国是以租借为筹码，将租借援助与贸易原则挂钩，压迫英国放弃特惠制，接受美国对战后世界贸易体系的安排。

在与美国进行租借协定谈判时，凯恩斯代表英国提出租借协定及补偿条款应该将特惠体系排除在外。英国的立场遭到美国的强烈反对。两国谈判因分歧太大而毫无进展。为打破僵局，美国采取了更强硬的措施。7 月 28 日，美国向英方递交了由美方单方面起草的“临时租借协定建议草案”，其中第七条规定“经双方最后决定，英国从美国接受防御援助以及美国由此所获得的利益应当以不为两国间的贸易造成负担为条件，而是应当促进两国间彼此互利的经济关系以及世界范围内经济关系的改善；英美两国将禁止任何针对原产于对方国家产品的进口歧视；双方将为实现上述目标而采取相关措施。”在谈判中，美国助理国务卿艾奇逊向凯恩斯强调说，罗斯福总统已批准了此草案，需要以此为租借协定谈判的基础。英国自然是不同意的。英方指出第七条是行不通的，应该予以禁止。美方当即予以反驳：“当英国政府从美国得到大量援助之后，英国就不应理所当然地认为可以自由地采取任何歧视美国的贸易措施，而应当选择同美国合作制定相关规则以消除歧视待遇，促进公平的互利关系。”[②] 英国对美方的提议采取了拖延的态度。美英租借协定谈判陷入僵局。

但是因为英国有求于美国援助，租借协定为美国提供了一个逼迫英国就范的绝好机会。美国不想错失良机，于是采取了主动。9 月，国务卿赫尔亲自致电驻英大使怀南特，指示他立即与英国外交大臣艾登联系，要求英国政府尽快对美国的租借协定草案正式表态。英国仍然采取保留态度，首先要求第七条的行动应限定在“目前经济条件允许的范围内”，其次要充分考虑英国战后国际贸易收

① *FRUS*, 1941 (III), p. 5；舒建中：《多边贸易体系与美国霸权——关贸总协定制度研究》，南京大学出版社，2009 年版，第 42 页。

② *FRUS*, 1941 (III), pp. 10 – 15.

支平衡，再次，仍然将特惠制排除在“歧视待遇”之外。美国当然对英国的态度非常不满。但美国也考虑到英国的困难处境，不得不对第七条进行了修改。12 月 2 日，美国递交英国经其再次修改后的第七条。修改稿把贸易和关税政策放置到扩大生产、就业以及商品交换和消费的大背景中，取消歧视待遇的一般规定也没有特别提及特惠制，这样就没有把英国逼到墙角。但同时艾奇逊要求，帝国特惠制的含义必须包含在第七条中，一旦有人公开质疑，美英双方都必须承认这一点。他还对英驻美大使哈利法克斯施压，指出罗斯福总统将于 1942 年 1 月向国会提出增加租借拨款，在此之前，两国签署租借协定是非常重要的。①

面对英国的拖延，美国的态度是当英国拖延时，积极主动与英国协商，适度给英国调整的空间，当英国想谋求保留特惠制时，利用英国有求于美国援助的弱点，原则上绝不妥协，必要时态度坚决。罗斯福总统多次致函丘吉尔进行最高层面的磋商。最后，为了结束两国漫长的第七条争论，罗斯福总统于 1942 年 2 月 11 日亲自致函丘吉尔，声称美国并没有要求英国必须先废除帝国特惠制才能得到美国的援助，并且第七条也没有包含这样的承诺。当然，他又强调了在讨论战后经济政策时，“任何问题均不应排除在外”。②

美国允诺不立即废除帝国特惠制，在一定程度上满足了英国的要求。而战事趋紧，英国也越来越希望获得美国的援助。在这个背景下，1942 年 2 月 23 日，美英两国在华盛顿签署《租借协定》。协定的第七条基本按照 1941 年 12 月美国修改稿的文本，具体如下：“根据 1941 年 3 月 11 日国会法令所给予的援助以及美国由此获得联合王国的回报的最终决定，其条款和条件不应给两国的贸易造成负担，而应该促进两国间互利的经济关系和世界范围内经济关系的改善。为了达到这一目的，两国将为下述规定采取共同行动，两国也

① *FRUS*，1941（III），pp. 43 – 45.

② *FRUS*，1942（I），pp. 535 – 536.

欢迎其他持赞同意见的国家参加。通过适当的国际和国内措施，致力于生产、就业及商品交换和消费的扩大，使之成为所有人民自由与福祉的物质基础；致力于取消国际贸易中一切形式的歧视待遇和削减关税及其他贸易壁垒；总之，致力于美国总统和英国首相在1941 年 8 月 12 日达成的联合声明中所设定的所有经济目标的实现。两国政府应尽早开始谈判，以便在目前经济条件下确定一致行动以实现上述目标并寻求其他有同样目标的国家采取共同行动的最佳方法。"[①] 之后，美国又和其他国家签署了相似的《租借协定》。于是，美国坚持的战后国际多边自由贸易的原则正式体现在国际协议中，得到了以英国为首的诸国的正式承认。

如何具体贯彻《租借协定》第七条？美英两国的谈判同样是困难重重。刚开始，美国方面主要因为等待国会对《互惠贸易协定法》新一轮延期的批准而迟迟未能拿出具体计划。于是，英国政府1942 年 10 月召集各自治领代表在伦敦秘密磋商战后贸易和金融安排，11 月又计划同流亡伦敦的各盟国政府举行会谈。在这种情况下，美国感觉到英国试图抛开美国建立战后多边自由贸易体系的设想。为扭转被动局面，美国立即邀请英国就第七条进行非正式会谈。当英国表示会谈应是美英双边范围内的时候，美方明确表示，既然《租借协定》是与英、苏、中等国家签订的，关于第七条的谈判就不应局限在双边，而应在多边的框架下进行。显然，这是把关于第七条的谈判和美国建立多边贸易体系的设想联系在一起了，宣示着美国要发挥主导作用的志向。

1943 年 9 月 20 日至 10 月 18 日，美英在华盛顿就第七条进行非正式会谈，联合起草了"第七条备忘录"。10 月 19—30 日，美、英、苏三国在莫斯科就战后安排举行了三国外长会议。会议期间，国务卿赫尔向英、苏递交了"国际经济合作计划的基础"备忘录。两个备忘录标志着美国战后多边自由贸易原则有了具体的计划。然

① *FRUS*, 1941 (III), pp. 45 - 46.

而，在此之后，美英两国的非正式磋商仍然不容乐观。美国建议成立一个指导委员会拟定多边贸易谈判程序。英国由于战争、国内政治以及与自治领的协调等多方面原因迟迟不肯答复。丘吉尔指出，鉴于英国政府尚有大量纷繁复杂的政治问题需要考虑，英美恢复“第七条”计划的会谈在现阶段是不可能的。

尽管美国对英国的态度十分不满，美仍然保持了与英国就“第七条”计划进行非正式磋商的机制。美国政府通过这种方式，一方面给英国一定的灵活空间，仍然拉住英国，一方面也可以随时了解英国的政策走向。与此同时，美国也为进一步实施多边自由贸易体系的设想做了铺垫工作。1944 年 4 月，罗斯福总统下令成立了“对外经济政策执行委员会”。该委员会先后制定了“国际卡特尔计划草案”、“国际商品安排计划草案”和“贸易政策多边公约草案”（该草案首次提出建立一个国际贸易组织的构想）。

美国于 1944 年 9 月派霍金斯任驻英公使衔经济参赞，加大与英国“第七条”非正式磋商的力度。赫尔还建议罗斯福总统利用租借援助和战后经济援助压英国恢复“第七条”计划谈判。但是，罗斯福总统考虑到需要劝说英国在欧洲战争结束后最大限度参与对日作战，尽快全面结束战争，否决了赫尔的建议。同时，罗斯福批准了给予英国第二阶段租借援助的计划。赫尔还被排除在第二阶段租借援助委员会美方成员名单之外。为此，赫尔愤然辞职。美国试图恢复的“第七条”计划谈判的努力暂时停顿，直到一年之后。

在罗斯福总统任内，虽然美国决心建立起美国主导的战后国际经济秩序，但在与英国的博弈中，不难看出政治上的合作更居于首位。为了实现赢得战争的政治目的，经济安排不得不一再延迟和让位。同时，美国仍然不放弃自己的原则和设想，只要有机会，就要借自己财大气粗的地位逼迫英国让步。当英国一再拖延的时候，美国不惜采取主动，迎合英国的要求，但目的是把英国最终拉入美国主导的国际经济贸易体系中来。美国为了实现长远的目标，灵活地做了一定的妥协和让步。

1945年5月，欧洲的战争随着德国的投降而结束。秋天，美英两国举行了关于财政和贸易的谈判。财政协定谈判的核心问题是第三阶段的租借援助问题。此时，美英两国的政局也发生了重大改变。美国罗斯福总统去世，杜鲁门总统继任。他关注战后世界格局的安排。英国工党政府上台，首要任务就是改善国内的生活水平，迫切希望得到美国对英国战后经济重建的援助。1945年9月7日，美国对外经济政策执行委员会正式拟定了《关于建立国际贸易组织的计划》，作为与英国贸易谈判的基础。此计划正式提出了建立国际贸易组织的问题。

谈判中，美国将贸易政策与对英援助进行挂钩。美方非常强硬地要求英方完全废止特惠制。但同时美国的态度也是务实的。美方意识到此次谈判是迫使英国接受美国贸易政策的好机会，于是在一些确实难以一步到位的问题上做了让步。最后两国达成了“华盛顿方案”。在此方案中，美国明确了削减或取消特惠关税的阶段性目标，将特惠制的最终取消与关税和其他贸易壁垒的削减相联系。美国从英国那里获得的是英国正式承认削减和取消帝国特惠制的原则和最终取消特惠制的政策目标。根据美英贸易政策谈判的结果，美方于11月5日起草了“供贸易和就业国际会议审议之计划”，基本形成了美国具体的多边自由贸易计划。12月1日，美英贸易政策委员会举行最后一次会议，通过两个文件；一个是《供贸易和就业国际会议审议之计划》；另一个是《供贸易和就业国际会议审议之计划的程序》。至此，美英贸易政策谈判宣告结束。

12月6日，《美英财政协定》在华盛顿签署，美国向英国提供利息2%的贷款，共计37.5亿美元，英国承诺本协定生效后一年内实现英镑自由兑换，美英两国政府可在一定条件下实施进口数量限制，但其适用必须是非歧视的。同一天，美国政府公布了《扩展世界贸易和就业计划》。该计划指出，世界贸易的稳定增长和扩展只有通过有关国家共同采取切实有效的集体措施才可实现，所以在贸易领域应建立一个永久的多边机制——国际贸易组织，以协调有关各国的贸易政策和展开国际合作。而协调各国贸易政策的基础就是美国倡导的削减贸易壁垒和取消歧视待遇原则。《供贸易和就业国际会议审议之计划》是美国政府就多边自由贸易政策推出的第一个完整的计划，标志着美国主导的多边自由贸易计划正式确立。

美国把财政援助和贸易政策挂钩，迫使英国最终明确承担了多边自由贸易的义务并公开支持美国的多边自由贸易协定。美国对英国的这些贷款的意义非凡，它不仅具有短期经济援助的意义，更具有长期的政治经济效益。美国将其在走向世界经济霸权道路上最大的障碍——英国搬开了。

五、最终建立多边自由贸易体系

然而，前进的道路并不平坦。美国政府一方面在世界上推进多边自由贸易体系，另一方面又要与国内的逆流进行斗争。在公布《扩展世界贸易和就业计划》的同时，美国政府向英国、苏联、中国、加拿大等15个核心国家发出邀请，拟在1946年筹备召开贸易和就业国际会议。为此，美国进行了一系列外交努力，与苏联和其他欧洲大国进行了贸易政策计划方面的沟通。

1946年1月10日，联合国第一届大会在伦敦举行，会议正式组建了联合国的所属机构，其中包括经济和社会理事会。美国政府希望能够通过经社理事会来倡议召开贸易和就业国际会议的筹委会，以避免让别国认为美国在强推自己的贸易计划。美国驻联合国经社理事会的代表怀南特认为，美国需要避免强加于人的印象，而且也可以给他国提出建议和方案的机会，但关键在于必须要把建议和范围限定在美国政策允许的范围内。2月6日，美国政府完成了“关于贸易和就业预备性国际会议的准备工作”的备忘录。该备忘录进一步确定了削减关税壁垒的立场，确认了通过选择性关税削减进行多边关税减让谈判。备忘录进一步细化了“多边自由贸易计划”的内容和实施步骤，为以后关贸总协定制度打下了基础。

为了让各国能够顺利地接受美国的贸易政策，霍金斯提出筹委会会议应该先就美国计划的一般原则达成一致，然后再制定关税减让表。这就是“霍金斯方案”。它的关键在于将多边关税谈判和“多边自由贸易计划”中的一般条款的谈判分开进行。这种方法的好处是降低工作难度，争取早日取得成果。其实，以英国为首的很多国家本想通过一揽子方法，利用接受美国政策为条件争取美国做最大限度的关税减让。尽管如此，筹委会的程序最终按照霍金斯的建议进行。

1946 年 9 月，美国公布了“联合国国际贸易组织宪章建议案”。宪章强调了美国设计的多边自由贸易政策的基本原则，即削减关税贸易壁垒和取消歧视待遇；提出了实行最惠国待遇、削减或取消特惠关税等等。10 月 15 日—11 月 26 日，联合国贸易和就业国际会议筹委会第一次会议在伦敦举行。18 个成员国参加了会议。会议中，美国接受了澳大利亚提出的不发达地区的工业化条款，允许不发达国家为促进本国工业化而自由使用进口配额。美国通过这一让步换取澳大利亚对美国的另外两个规则的支持。这两个规则一个是一般取消进口配额及进口数量限制，一个是多边关税减让自动适用于特惠关税的削减和取消。在讨论就业和国际收支平衡方面，美国确认了当一国出现收支平衡的困难时，可以有限度地限制进口。最后，伦敦会议承认了美国宪章建议案的地位，也确认了美国设计的谈判程序的安排，并正式发起了多边关税谈判。

就在美国不断地和其他国家进行较量的时候，美国政府还要应对国内的孤立主义及贸易保护主义势力的阻挠。1946 年美国国会中期选举中，主张贸易保护主义的共和党赢得了多数席位。1947 年初，就在关于宪章谈判和关税谈判的日内瓦会议即将召开之时，美国共和党国会议员对《互惠贸易协定法》发难，要求停止关税减让，中止总统的关税谈判授权并规定对外贸易协定须经参议院批准方可生效。为了阻止倒退的势力，杜鲁门政府紧急与国会进行密切磋商，最终避免了中止总统的关税谈判授权的结果，并与国会达成了“米利金—范登堡妥协案”。按照妥协案的要求，杜鲁门总统2月25日下达了“关于互惠贸易协定计划的实施程序的规定”，即《总统行政命令》第9832号。行政命令提出，为了避免关税减让对国内经济造成损害，今后美国根据《互惠贸易协定法》签订的每一个贸易协定都应包含一项所谓的“免责条款”（escape clause），即“如果由于为可预见的发展与美国对产品给予贸易协定所规定的减让，使此种产品进口的数量增长导致美国国内相同产品的生产者受到严重损害或损害威胁，那么，美国应可自由根据避免此种损害的必要程度和阶段全部或部分地撤回该减让或修订该减让。”① 相对国会提出的免责条件，《行政命令》免责条款的规定显然是一个妥协的产物。它对免责的条件已经没有那么苛刻了，仅提到在外国产品进口数量增长造成损害时撤回或修订关税减让。这是美国为了保护国内企业，单方面强制性采取的贸易保护措施。但《行政命令》并不完全是美国从自由贸易政策的大倒退。②

美国国内贸易保护主义的影响还体现在“羊毛法案”中。二战以来，美国国内积压了大量羊毛。羊毛利益集团非常担心如果美国减让关税的话，大量进口的国外羊毛将对美国的羊毛产业产生冲击。从1947年4月中旬开始，美国国会就开始酝酿通过充满农业贸易保护主义色彩的《羊毛法案》。该法案规定提高对进口羊毛的关税。6月中旬，美国国会通过“羊毛法案”。这个法案显然是与美国倡导的以关税减让和非歧视待遇为目标的多边自由贸易体系背道而驰，而且也极大地妨碍了在日内瓦的关税谈判。当时，世界上主要的贸易国家正云集日内瓦参加联合国贸易和就业国际会议筹委会第

① Dennett and Turner, eds., *Documents on American Foreign Relations*, Vol. IX, 1947, Princeton University Press, 1949, pp. 442 - 445.

② Richard N. Gardener, *Sterling - Dollar Diplomacy: Anglo - American Collaboration in the Reconstruction of Multilateral Trade*, Oxford: the Clarendon Press, 1956, pp. 352 - 353.

二次会议。会议上争论的热点一个是英联邦特惠制和非歧视待遇，另一个就是“羊毛法案”。主要的羊毛生产国对美国非常不满。英国、澳大利亚等国代表团威胁说，如果该法案通过成为法律的话，将退出日内瓦会议。作为一种报复，英联邦国家在削减和取消特惠制方面采取极其不合作的态度。澳大利亚甚至还鼓动不发达国家抵制国际贸易宪章。谈判进入僵局。

在巨大的压力之下，美国代表团团长，负责对外经济事务的副国务卿克莱顿飞回华盛顿，告诉总统如果通过“羊毛法案”则日内瓦会议危在旦夕，美国整个推行自由贸易政策的努力将功亏一篑。为了国家的长远利益，1947 年 6 月 26 日，杜鲁门总统对“羊毛法案”行使否决权，并发表声明“值此美国主导日内瓦会议以寻求削减贸易壁垒和制定国际贸易组织宪章之际”，“羊毛法案”的实施“将是一个悲剧性错误，它对美国在世界事务中的领导地位将是一个沉重的打击”。[①] 美国政府的这一关键性决定使得日内瓦会议得以为继。

然而，美国国会改变策略，参众两院先后通过新法案，规定对美国的羊毛生产者给予价格支持。在这种情况下，1947 年 8 月 5 日，杜鲁门总统不得不签署了这项法案。这样，美国用羊毛价格支持计划取代了“羊毛法案”，同样起到了保护国内羊毛产业的效果。为了克服这个障碍，杜鲁门事后授权美国赴日内瓦会议代表团向澳大利亚提供25%的羊毛关税减让。

美国方面在日内瓦会议上遇到的棘手问题是削减和取消英联邦特惠制。二战之后，英国的经济一直低迷不振，1947 年的财政危机更是将英国推向了破产的边缘。在这种形势下，英国更加依赖英联邦国家的原材料和市场，也就更需要特惠制来维护英联邦的团结和稳定，因为当时英联邦内部的民族独立运动此起彼伏。

---

① 舒建中：《多边贸易体系与美国霸权——关贸总协定制度研究》，南京大学出版社，2009 年版，第 148—149 页。

英国代表团哈罗德·威尔逊声明，鉴于英国的经济困难，至少在一段时间内，英国是无法承担更多的多边贸易的责任。他还强调了英国捍卫特惠制的决心："就英联邦的情况而言，我们有必要也很期望能够和英联邦的其他国家有更加紧密的经济合作。"[①] 在这种情况下，美国代表团左右为难。一方面，美国国会一直期望日内瓦会议能够让英国放弃特惠制。况且为了推动国会通过马歇尔计划（英国将是主要受益国），美国方面也需要英国在特惠制问题上作出积极的表态。另一方面，英国看来是不会答应放弃的。于是，美国代表团调整要价，做出了一系列努力。起初，美国为了让英国立刻启动削减特惠制的行动，把特惠制削减的任务进行了分解：设立了必须调整的特惠项目；在5年内应逐步取消的特惠项目；应予以削减特惠差额的项目；应予保留特惠差额的项目。英国予以拒绝。随后，美国又再次送交了新的方案：允许英联邦国家部分削减特惠关税，允许英国享受的特惠关税延长3年。但是英国仍然拒绝。

随着时间的迅速流逝，国际环境已经发生了重大的变化。冷战开始，应对苏联及其领导下的共产主义阵营才是美国政府的政治重点。以支援西欧遏制苏联的马歇尔计划已经出台。作为美国冷战中最重要的盟友，英国的稳定和合作是非常关键的。美国政府意识到：如果为了特惠制而中断与英国的谈判是很不妥当的，过分削弱的英国也不是美国所希望看到的。美国方面最终得出结论，不能因特惠制而冒政治上的风险，也不能因为特惠制而放弃战后多边贸易体系的建立。美国做了重大但又不违背原则的让步，牺牲了美国在关税谈判中本想得到的利益，但保证了关税谈判的继续进行。在国内，美国国务院标榜美英特惠制谈判取得了重大胜利。实际上，虽然在英联邦内部英国之外国家原享有的优惠被

---

① Richard N. Gardener, *Sterling – Dollar Diplomacy*: *Anglo – American Collaboration in the Reconstruction of Multilateral Trade*, Oxford: the Clarendon Press, 1956, p. 357.

削减，而英国产品在英联邦内仍享受诸多特惠，70% 的产品的特惠关税仍然维持在原有的水平。相比而言，美国的关税实实在在地降到了 1913 年的水平。

在日内瓦会议后期，各国代表对伦敦会议上曾准备过的一份草案进一步地细化和系统化，使《关税和贸易总协定》基本成型。有关国家还订立了《临时适用议定书》。10 月，美国在《临时适用议定书》上签字，其他国家也相继签署《临时适用议定书》。1947 年 11 月 18 日，联合国秘书长赖伊公布了《关税和贸易总协定》和《临时适用议定书》。

《关贸总协定临时适用议定书》的签署标志着美国主导的多边自由贸易体系建立起来。其中关于关税减让、削减贸易壁垒、非歧视待遇、国民待遇以及对农产品的限制和保护条款都体现了美国的利益，同时它从制度规则设计上尽量保证体系的稳定，以维护美国的贸易霸权。正如著名学者基欧汉所说："关贸总协定有一套适当的制度设计，着重于减少不确定性和实施分散化的协调措施，而非集中统一地执行规则，这有助于它避免与其成员国政府的权力机关进行象征性的权威竞争。"①

美国是个以贸易立国的国家。但贸易保护主义一直在这个国家有着深厚的基础。虽然 20 世纪初美国已从英国那里学到了自由贸易的理念，甚至提出了门户开放政策，但它要完全变成美国人自己的理念还走了 30 来年的路。从 30 年代中期开始，美国把自由贸易的理念机制化，不仅自己身体力行，而且从周边开始，一步步地开始向世界推行。经过十几年的奋斗，包括在战争期间的不懈努力，它目标坚定，策略不失灵活，特别是利用各种机会并作出一定的妥协以争取英国的支持，终于建立了多边自由贸易体系。虽然由于各成员国间以及美国内部各利益集团间在限制性商业措施及补贴方法等

① 罗伯特·基欧汉：《霸权之后：世界政治经济中的合作与纷争》，上海世纪出版集团，2001 年版，第 180 页。

等大小问题上难以达成共识，世界贸易组织未能如期在40年代末建立起来；虽然由于冷战的影响，这个贸易体系一时未能包括全球绝大多数国家，然而，随着《关贸总协定》的生效，美国主导的世界自由贸易体系开始运作。它成为美国世界霸权重要的经济支柱之一。

第八章　美国对外金融政策
——建立美元霸权

今天，美国作为世界的超级大国，在引领国际经济的时候它不仅可以通过多边自由贸易体系，而且非常喜欢使用国际金融体系，因为这两个体系都是它在第二次世界大战结束前后建立的。然而在历史上，在美国建国以后的很长一段时间里，它的对外经济关系就只有贸易关系，调整这种关系的手段就是关税政策。那时，美国自身都没有一个完善的金融管理体系。随着经济的快速发展，美国政府意识到一个完善的金融体系的重要性。从 19 世纪末到 20 世纪初，它在建立国内金融体系的时候，也开始通过对外金融政策，保护和扩大自己的海外利益，并逐渐建立一个由它主导的国际金融体系，从而产生了它对世界经济的支配力量。

一、国内建立中央银行和金本位制

在 19 世纪末之前，尤其是建国早期，美国的金融货币体系经历了相当多的混乱和争吵。1874 年，耶鲁大学的萨姆勒教授就曾如此批评美国的货币体系："如果我们没有研究过我国如此糟糕的货币和税收产生的有害效果，我们将无法体会自第一批殖民者开始以来我们浪费了多少这个国家丰富的自然资源。"①

在建国之初的很长一段时间里，美国的货币体系比较混乱，而且货币一再经历贬值的动荡。建国之前的13个殖民地各使用各的货币，相互间不能通用。英国不允许清教徒们移民时带走金属货币，这造成了殖民地的货币十分缺乏，以至于各殖民地曾经使用过印第安人的黑白珠子作为货币，也曾经使用过物物交换的方式。独立战争期间，由于大陆会议没有财政税收权，只能通过其自身的信用发行货币，结果到战争结束之前，大陆货币的价值就已经所剩无几了。建国之后，美国多年也没有属于自己的货币，流通的都是外国的硬币。国会在1782年批准了罗伯特·莫里斯提出的建立铸币局的计划。1787年宪法生效，规定只有国会才有铸币权。而铸币局本身却一直等到1792年4月2日颁布的《铸币法》时才正式成立。联邦政府具有铸币垄断权，但实际上各州有权向银行颁发发行钞票的执照，这就不可避免地出现了腐败、诈骗以及所谓的"野猫银行"。

美国货币金融体系的一个致命弱点就是自建国伊始一直没有一个持续稳定的中央银行来保障国内货币的稳定供应。英国能够在1689年之后在金融、经济和军事上惊人的表现，很大程度上正是因为英格兰银行的成立。亚当·斯密称英格兰银行为"国家发展的巨大的引擎"。英格兰银行实行的垄断性经营和集权式的监管，使得英国其他的银行无法与之抗衡，但同时，它也创造了极高的政府信用。作为国家的银行，它为政府提供了持续的货币供应，为英国的崛起保驾护航。相比之下，美国的央行命运多舛，迟至20世纪初才正式建立。历史上美国曾经两次建立具有央行性质的国民银行，但它们都先后关闭。其背后的深刻原因在于中央集权和自由竞争之间的辩论以及利益上的矛盾。美国政府于1791年2月通过了《美国银行组建法》。美国第一国民银行成立，特许期限20年（1791—1810

---

① William G. Sumner, *A History of American Currency*, New York: Henry Holt and Company, 1874, p. 226.

年）。到期时，第一银行没有重新获得特许，只好于 1811 年关闭。在随后 1812 年的美英战争期间，美国的银行体系陷入一片混乱。美国政府不得不同意美国第二国民银行于 1816 年成立，但它到 1836 年也关闭了。第二银行结束之后，1837 年到 1863 年美国进入了"自由银行"时期。这是美国历史上银行货币体系极为混乱的时期。在此期间美国出现了无数资本不足、经营不善、滥发纸币、投机贷款过度的州银行。到南北战争爆发，全国约有 1600 家州立银行，共发行货币 7000 多种。[①]

内战是美国国内货币金融体系改善的转折点。鉴于自由银行时期金融市场的混乱无序，要求统一货币和恢复联邦政府对货币银行监管的呼声越来越大。而内战所激发的爱国主义情绪也使得联邦政府的权威得到了公众的更广泛认同。在这种背景下，1864 年国会通过了《国民银行法》。《国民银行法》使美国初步有了一部央行性质的法律，将国家银行体系的监督管理权渐渐收归联邦政府。时任财政部长的蔡斯曾指出《国民银行法》的"第一个目标是满足战争的广泛需求，第二个目的是用国民银行货币取代州银行券，实现硬币兑换"。可见该法的目的是统一监管，协调货币流通，保证金融稳定。[②] 但由于这部法律仍是向所谓的公正民主进行妥协的产物，它存在众多缺陷，如对其他银行监管不力、准备金分散、通货无弹性等，致使美国发生多次大的金融危机，其中以 1907 年的金融危机为最。

恰恰在这个时候，也就是 19 世纪末 20 世纪初，美国正处于工业经济的腾飞阶段，它逐渐成为世界上最具实力的经济体，但是它却时常受到金融危机的困扰。因此，无论是金融界、工商界还是政界都认识到必须彻底改革银行体系，实行货币银行体系的集中管

---

① 陈明：《美国联邦储备体系的历史渊源》，中国社会科学出版社，2003 年版，第 64 页。

② 胡越云："美国《国民银行法》及其评价"，载《金融经济》，2010 年第 6 期，第 104 页。

理。在西奥多·罗斯福总统1906年和1907年对国会的年度咨文中，他都非常明确地提出了银行改革的必要性，呼吁修改银行法。他指出，现有的货币立法（即《国民银行法》）不完善，必须立即予以修改。1908年，他再次重申“我们的货币体系并不完善，因此我们热切地盼望货币委员会能够提出一个完美的体系，消除现有的弊端和缺陷。”①

另外，长期缺少央行，对美国在国际货币金融体系的地位产生了消极影响。由于美国国内货币金融体系的不稳定，使得美元几乎没有出现在国际金融事务中。1914年美联储正式成立之前，美国是世界上唯一一个本国货币不是国际货币的重要贸易国。

1908年，《奥尔德里奇—弗里兰法》产生。该法规定两党成员共同成立一个国家货币委员会。共和党参议员奥尔德里奇任主席。1911年，该委员会建议成立一个高度集中化、与政府相对独立的“全国储备协会”，实质上就是一个高度集中的中央银行。但是，当时的美国社会正处在进步运动的高潮中。人们普遍仇视华尔街的大银行家，反对垄断和集中。于是，这个方案遭到了人们的反对。当威尔逊总统上台时，一方面他必须顺应民意，毕竟他能够当选也得益于大众对其反垄断态度的支持；另一方面，他也深知建立全新的银行体系的重要性和必要性。1913年，威尔逊总统签署了《联邦储备法》。美国联邦储备系统，或称美国联邦储备局正式成立。美国真正意义上的中央银行体系从而得以建立。与奥尔德里奇方案不同，《联邦储备法》体现了平民主义的特点，是集中控制与分散管理之间的平衡，但两者的目标是一致的，即监督和规范银行金融业机构、管理国家的货币供给、保证金融稳定。美联储建立以后经历多次改革，以适应国家与社会的需求。不断完善的联邦银行体系为美国的崛起提供了内在的稳定性和动力。

为了稳定金融秩序，美国政府不仅建立了中央银行——美联

① *FRUS*，1906（I），pp. XXXVI – VII；1907（I），pp. XVIII – XIX；1908，p. IX.

储，而且进行了货币本位的改革。1792年成立第一国民银行时，美国建立了金银复本位制。当时，美国的白银产量比较稳定，复本位并没有产生问题。到了19世纪下半期，美国西部发现了大量白银，白银产量激增。然而，世界对白银的需求却在减少。银矿主要求美国政府多铸造银币。与此同时，农场主们认为农产品价格下降是因为货币太少，要求增加货币供给。于是，利益互补的银矿主和农场主们联合掀起了"白银运动"。迫于压力，国会先后于1878年和1890年通过了《白兰德—艾利森法》和《谢尔曼购银法》。这两个法律都要求财政部增加收购白银用于铸币。尽管如此，金银复本位制依然保持。与金本位相比，复本位有一个重大缺陷：只有在两种金属自由铸造成硬币的价值比接近它们在国际金银市场上的价值比时，它才能顺利运转。当白银价格急剧下降时，继续实行复本位将导致货币体系的不稳定。

在白银运动的同时，另一个要求改革本位制、实行金本位的呼声也日益高涨。在这些人的眼中，金本位是美国在海外市场实现扩张，与其他大国建立更为紧密的经济关系的基础。因为当时的国际金融和贸易体系的主导货币英镑是以黄金为本位的。在国际贸易和金融往来中，绝大部分的国际支付是用英镑通过伦敦这个金融中心进行结算的。从金融角度看，19世纪90年代的美国虽然经济实力强大，但是美国人还是不得不接受这样一个事实：即在金融上美国依然依赖于欧洲。欧洲的主要国家基本上在1878年后都采用的是金本位，白银已经不再是一种国际价值本位了。美国如果不采用金本位，将破坏美欧在货币市场上的信任关系，也就无法从欧洲市场上获得资本满足美国的发展需求。另外，白银价格的不稳定，将会导致美元汇率不稳，直接影响美国在海外市场的利益。从贸易角度看，随着美国工业生产的迅速发展，美国产品越来越依赖于海外市场。美国需要进行大量的国际结算。如果使用银币，将大大降低美元和美国产品在国际市场中的竞争力。1893年，克利夫兰政府抛弃了1890年购银法。其财政部长卡莱尔明确指出："黄金是唯一的国际货币，所有的贸易平衡都是由黄金进行的。”①

金本位捍卫者和自由银者之间的斗争最终在1896年大选中分出胜负。代表白银势力的布莱恩竞选败北，代表金本位势力的麦金莱当选总统。麦金莱总统雄心勃勃，要使美国取得世界市场的霸权地位。他一是要在国际贸易中推行互惠贸易制度，二是要在美国实现金本位制。1897年底，美国政府曾向英国建议讨论复本位制，遭到英方的拒绝。不仅英国银行业强烈反对这个建议，而且美国的银行业也一致反对。1893年时美国外贸还是逆差，但到1897年时，随着美国出品额超过10亿美元，美国取得了2860万美元的顺差。第二年，外贸顺差又增加了一倍。随着美国对外贸易出现越来越大的顺差，美国的货币体制急需与国际接轨。1900年，麦金莱总统签署了《金本位法》，确定了货币的金本位制。财政部长莱曼·盖奇解释说，金本位制“使我们能够在商业事务中使用我们强大的商业对手所使用的同一尺度。”他指出，如此“巨大的经济价值”，“如果确有必要的话，是值得以巨大的代价来维持的。”② 从某种意义上讲，盖奇的话可以被理解成美国通过金本位的确立站上了与世界强国争夺世界市场的同一平台。

二、对外推行金本位制和金元外交

从19世纪末开始，美国的经济一步步地超过其他强国。在第二次工业革命的推动下，美国的制造业迅猛发展，成为最大的工业国。美国的外贸结构由原来的原材料出口为主转向工业制成品出口为主，并在一战前赶上英国，成为贸易大国。随着美国经济的迅速发展，美国人越来越有钱。在1896年以前，美国基本上是净债务

① 孔华润：《剑桥美国对外关系史》（上），新华出版社，2004年版，第384页。
② 同上书，第412页。

国。其中1881—1890年资本净流入就超过13亿美元。其中大部分投资来自英国，其余为法国和荷兰等国。到1900年，英国投资占外资的比例高达74.5%。而从19世纪末开始情况发生变化，美国变成了净债务国。美西战争前，美国在国外的投资只有68450万美元，到1914年达到351380万美元。对外长期投资的75%是投向美洲国家，其中的近80%流入加拿大和墨西哥。[①] 于是从那时起，美国一方面要为其资本在世界上寻找投资机会，另一方面要保护它的投资。为了扩大在其势力范围和其他地区的经济利益，美国政府出台了一套对外金融政策。

1900年美国本身确定了金本位制之后，麦金莱总统和其继任者西奥多·罗斯福总统就开始在实行银本位的拉美和东亚国家推行，其中就包括中国。1898年美国战胜了西班牙，获取了西班牙在加勒比海的殖民地波多黎各和在亚洲的菲律宾。这两个银本位制的国家为美国推行金本位制提供了契机。在这两个国家以及加勒比海其他国家和地区推行金本位制对美国来说是有利的。首先美国要解燃眉之急。新殖民地的银本位货币价值不稳定，造成美元与当地货币兑换汇率的波动很大。以菲律宾为例，当地的汇率是由英国的汇丰和渣打两家银行控制，而亚洲周边银本位国家局势的动荡，尤以中国突出[②]，造成银价的巨大波动。为了稳定货币和金融体系，美国需

---

① 阿瑟·林克、威廉·卡顿：《1900年以来的美国史》（上册），中国社会科学出版社，1983年版，第43页；休斯、凯恩：《美国经济史》，北京大学出版社，2011年版，第433页。

② 菲律宾当时的主要流通货币为墨西哥银币和西班牙殖民政府时期发行的菲律宾比索，都为银本位货币。菲律宾比索的票面价值与墨西哥银币面值相当。1900年中国天津义和团起义，各国军队参与镇压。大量军费开支推高银价，造成菲律宾的银币大量流向中国，菲律宾的货币极度稀缺。起义被镇压后，大量银币回流，又造成货币贬值，人们纷纷窖藏价值高而稳定的黄金本位的美元，市面上几乎看不到美元的影子。参见 Charles A. Conant, "The Currency of the Philippine Islands," Annals of the American Academy of Political and Social Science, Vol.20, Finance (Nov., 1902), pp.44 -46。

要采取措施。第二，从经济利益的角度，统一的货币本位有利于将殖民地和势力范围的经济与美国自身的经济更紧密联系在一起，有助于美国在这些地区的贸易和投资。更重要的一点，通过金本位制可以把当地货币与金本位的美元挂钩，这些国家地区的外汇交易要通过美国的银行结算，黄金储备在美国，有利于形成以美元为主导、以纽约为中心的金本位国家集团。金本位外交显示了美国要在国际货币金融体系中发挥领导作用的雄心。1898 年，全国制造商协会主席曾这样表示："长期以来，我们一直是世界的粮仓，而如今我们渴望成为世界工厂，然后我们还要做世界的结算中心。"① 如果说"门户开放"政策是美国在贸易上开始和列强分取杯羹的外交手段，那么，金本位外交则是在货币金融领域扩大自己掌控经济的措施。同吸收英国人的"门户开放"主张一样，美国跟随英国实行金本位的同时又寻求自己的利益，即形成一个以美元为中心的货币体系，这样就可以既与英镑主导的国际货币金融体系并行不悖，又可让纽约抗衡伦敦。

当时负责殖民地事务的美国战争部下属的岛国事务局（Bureau of Insular Affairs，BIA）将改革殖民地货币本位作为了工作重点，目的是更好地将波多黎各和菲律宾的经济与本国经济结合在一起。但是，在当地推行货币本位改革的过程中，美国遇到了问题。在波多黎各，虽然大多数商业集团对金本位表示欢迎，但是种植园主们，尤其是蔗糖种植园主，是非常不满意的。因为他们以金本位标价出口蔗糖，却用银本位的货币支付工人工资。金本位改革会直接导致利润的下降。工人们也走上大街抗议，因为改变本位造成汇率变动导致了工人的工资下降。在菲律宾，美国政府首先遇到的问题是来自国内的质疑。在波多黎各推行金本位似乎更合情合理，毕竟波多黎各离美国很近，经济的联系更加密切。但是菲律宾是在遥远的亚洲。国会中支持复本位制的议员们认为应在殖民地维持银本

① 孔华润：《剑桥美国对外关系史》（上），新华出版社，2004 年版，第 389 页。

位，甚至还有支持在本国实行金本位的议员觉得没必要在菲律宾实施金本位。而菲律宾人长期使用的都是墨西哥银元，并不愿更换新币。菲律宾的经济规模和美国比起来非常小，如果直接使用金本位的美元，货币价值过高，无法满足当地的经济需求。1900 年菲律宾殖民政府给美国战争部部长（Secretary of War）的年度报告中指出，“通过与诸多菲律宾的商界领袖沟通，这些商界人士一致认为如果直接使用金本位制，将对岛内的商业产生损害”。[1] 这个问题同样出现在波多黎各。为了克服阻碍，美国政府把技术专家顾问送往菲律宾和波多黎各指导当地的货币改革，如科南特（Charles A. Conant）、金克斯（Jeremiah Jenks）、霍兰德（Jacob Hollander）和肯莫勒（Edwin Kemmerer）等等。这些顾问并非政府官员，都是政府聘用的金融专家。科南特曾是《商业杂志》的财经记者，是麦金莱总统的财长盖奇的朋友；金克斯曾在康奈尔大学和纽约大学教授政治经济学；霍兰德是约翰霍普金斯大学的政治经济学教授；肯莫勒是金克斯在康奈尔的学生，后来先后在康奈尔大学和普林斯顿大学工作。他们在货币改革方面都多有著述，并且很有影响。作为专家，他们参与了美国在多个国家进行的金本位改革工作，为当地的货币改革提供了思路和计划，发挥了重要的作用。

科南特为菲律宾货币改革提供的方案是金汇兑本位制。[2] 在菲律宾发行一种与美元挂钩的新银币——比索。但是此新比索的银含量要比面值与黄金的实际比价低，其中白银为90%，其余为铜。这样就可避免人们在银价上涨的时候将银币融化，然后用白银换取黄

① Charles A. Conant. “The Currency of the Philippine Islands”, *Annals of the American Academy of Political and Social Science*, Vol. 20, Finance (Nov., 1902), p. 48.

② 金汇兑本位制又称虚金本位制。实行这种货币制度的国家，货币单位仍规定有含金量，但没有金币流通，本国货币与另一实行金本位制的国家的货币保持固定比价，在该国存放外汇准备金，通过无限制供应外汇，以维持本国币值的稳定。这种币制本质上是一种附庸的货币制度。

金。铸造新币的铸币税将存放在纽约的银行，作为一笔基金以稳定货币的黄金价值。比索下还设有更小的货币单位——分（centavo）。一分含95%的铜和5%的锡和锌。五分则含3/4的铜和1/4的镍。[①] 金汇兑本位制尽可能地避免了直接应用金本位所造成的政治和经济动荡，给予了当地经济相对的灵活性和空间。科南特的方法在菲律宾取得成功。

这就激发了美国政府在其他国家推行金本位制的热情，期待着早日建成以美元为中心的货币体系。1903年，罗斯福总统任命科南特、金克斯和休·汉纳组成三人国际汇率委员会。委员会的使命是向墨西哥和中国推行金本位制。同期，美国政府还在古巴、巴拿马以及多米尼加推行金本位制。美国的努力在墨西哥、巴拿马和多米尼加都获得了成功。但是，在古巴遭到了反对。由于古巴强烈反对成为美国的殖民地，因此金本位制改革变得极为敏感。美驻古巴军队司令莱昂纳多·伍德为了平息骚乱，向古巴承诺不改变货币本位。古巴总统也断然拒绝了金融顾问们的建议。美国无法在古巴实施金本位的另一个重要因素是因为牵动了美国在古巴的经济利益。金本位制影响最大的是古巴的蔗糖种植业，而在古巴蔗糖种植园的大笔投资都来自美国。美国在中国推行金本位更是碰了一鼻子灰。美国人认为原因在于谈判的中国对象是没有实权的技术官僚；而中国人则认为美国是在想方设法榨取中国的财富。在中国的失败直接导致了国际汇率委员会的解散。

美国在其他国家推行金汇兑本位制，是将具有相应稳定黄金价值的基金存放在纽约，铸币的形式和价值与美元挂钩。这种作法不仅可以简化国际交易，而且可以建立起以纽约为中心的金本位美元集团。尽管美国的方法不是处处成功，美国的货币仍然逐渐开始对其他国家产生影响。这些国家使用的是与美元挂钩的货

---

① Charles A. Conant, "The Currency of the Philippine Islands", *Annals of the American Academy of Political and Social Science*, Vol. 20, Finance (Nov., 1902), p. 56.

币，国际交易通过纽约进行，而且这些国家的黄金储备也存放在了纽约的银行。美国正一步一步地在其可影响的范围内确立美元的中心地位。在这个过程中，1900 至 1905 年期间美国政府挑选的那些货币顾问们为美国制定对外金融政策打下了知识和实践的基础。

1909 年开始执政的塔夫脱总统进一步通过“金元外交”来为美国资本寻求投资的地方。在他任内，先是媒体后是官员都把他的外交政策描绘成“金元外交”。当塔夫脱总统最后一次向国会提交国情咨文时，他才正式使用了这个说法。塔夫脱时期金元外交的第一个特点是美国政府开始把投资当成对外扩张另一个手段。美国没有把传统的夺取殖民地的方法当作它的主要扩张方式，尽管在美西战争之后它获得了对菲律宾和古巴等国的控制权。这是因为美国奉行孤立主义政策，它要尽力避免与大国发生冲突，而当时帝国主义列强已把世界上可被殖民的地方瓜分殆尽。美国政府采取了经济方法来对外扩张。美国先提出“门户开放”政策，与其他国家争夺商品的国际市场，又采取“金元外交”来影响他国的金融财政。美国的“金元外交”正如塔夫脱所说是借助了所谓“正确政策的引导和合法的商业目的”。作为“金元外交”执行者的国务卿诺克斯认为，强有力的金融支持可以降低军事干涉的需要。他曾说：“真正的稳定不在于军事力量而在于经济和社会的力量。中美洲的某一地区常年为革命所困……，一些最落后国家的财政时时被巨额外债压得喘不过气来，而金融管理不知节俭更是让他们陷入债务中无法自拔。好的政府必然经济繁荣，金融财政健康；与其他因素比起来，金融财政的稳定更能保证政治上的稳定。”① 塔夫脱任内，金元外交被推行到了墨西哥、尼加拉瓜、洪都拉斯、中国和加拿大等国。

第二个特点是力图控制他国的经济命脉。美国通过与依附国之

---

① Emily S. Rosenberg, *Financial Missionaries to the World: The Politics and Culture of Dollar Diplomacy*, 1900 - 1930, Cambridge: Harvard University Press, 1999, p. 63.

间的条约和合同，获得控制该海关的权力。在尼加拉瓜和多米尼加，海关的负责人由美国任命，美国掌控海关的税率决定权、人事权和监督权。这些国家的关税被用来专门偿还外国贷款。在洪都拉斯，虽然该国的国会拒绝了美国干预和控制海关的要求，但是，洪都拉斯仍然在经济上受制于美国。美国联合波士顿水果公司通过投资生产，把洪都拉斯变成了香蕉共和国。塔夫脱以门罗宣言为由，对海地施加压力。美国在海地的金融资本份额得以加大。美国人和法国人共同出任海地国家银行的经理。美国还获得了海地国家铁路的控制权。在中国，美国则试图通过资本的参与，控制中国的铁路建设和其他事业。1909 年美国策划在满洲修建锦瑷铁路。诺克斯还有更大的目标，即满洲铁路中立与国际化。但是，由于日本的反对，诺克斯的计划失败了。此后，美国又通过参加六国银团染指湖广铁路的修建。

第三个特点是私人投资银行的积极参与。美国的投资银行在 19 世纪末 20 世纪初已经颇成气候，并早在欧洲市场上投资获利。美国投行之所以开始对外国投资感兴趣，一方面是因为国内的证券和债券市场逐渐饱和，利率下降；国内银行之间的竞争加剧。另一方面，政府愿意为投行的国外投资提供政治上的保障，降低了投资的风险。况且政府找投行帮忙也不是一次两次了。最典型的例子就是 1907 年摩根公司帮助政府度过了严重的经济危机。除此之外，美国国会对政府直接与依附国之间签署条约，向依附国提供贷款的做法并不赞成。这也使得政府不得不寻求投资银行的帮助，以私人商业合同的方式控制那些国家的经济。很多大投行和金融集团参加了美国的外交努力，如 JP 摩根、库恩－洛布、第一国民银行（First National）和国家城市银行（National City）等等。1909 年，这四家银行组成了对中国贷款的银团。后来，这四家银行也组成了北美银团为拉美融资。洪都拉斯自 1873 年以来长期无力偿还英国的债务，在塔夫脱的眼中是一个“无望的债务国”。1909 年，美国国务院尝试联系愿意出资的银行，JP 摩根很快给予了回应。经过谈判，北美银团向洪都拉斯提供贷款，签订贷款合同。洪都拉斯和美国两国政府签订了条约，由美国政府管理海关关税，用关税偿还银团的贷款。但由于该国国会的反对，这个条约未能通过。1911 年，以同样的方式，美国银行家为尼加拉瓜提供了总额不超过 2000 万美元的贷款。

第四个特点是金元外交往往要与大棒政策相配合。虽然美国力图通过表面和平的方式实现政治和经济上的稳定和控制，而在这个过程中美国却往往使用了武力。1909 年尼加拉瓜爆发起义，诺克斯立刻派出了 500 人的海军陆战队，名义上是保护美国人，实际上却通过干涉其内政来保护美国在该国的经济利益。美国后来又派出舰队，迫使其统治者塞拉亚流亡西班牙。1912 年，尼加拉瓜又发生了反对总统迪亚斯的起义。为了支持这位总统，塔夫脱派遣了 2600 人的部队前去镇压，而这支部队直到 1925 年才撤出尼加拉瓜。在多米尼加，美国通过控制海关进而控制该国财政金融之后，又开始涉足政治上的干涉。1911 年，多米尼加总统遇刺，成立了新的临时政府。第二年秋，塔夫脱派了两名特使前去调查。这两名特使由载有 750 名海军士兵的军舰护送。结果是，临时政府的总统辞职。但是，此次干涉导致了多米尼加爆发革命。美国又派海军陆战队进行干预。1914 年，为保护美国在墨西哥的利益，美国竟然出动 5 艘军舰和六七千士兵，攻击在韦尔塔统治下的墨西哥，扶植新政权。

在塔夫脱总统时期，金元外交在美洲取得了显著的经济成果。对外贸易从 16 亿美元上升到 25 亿美元，美国控制了拉美国家对外贸易的 28%。美国对外投资从 20 亿美元上升到 25 亿美元，其中一半在拉美，1/4 在加拿大。①

到了威尔逊总统时期，金元外交继续得到贯彻，以加强对依附国的控制。如美国对海地的要求变本加厉，1914 年到 1915 年美国六次要求控制海地关税。在遭到海地的反对之后，1914 年底，美国海军陆战队直接从其国家银行抢走 50 万美元。1915 年，美国借口

① 王玮、戴超武：《美国外交思想史》，人民出版社，2007 年版，第 237 页。

海地局势混乱，出兵占领海地，屠杀当地居民3000人。美国还用军队控制选举。新选出的政府与美国签订条约：美国提名任命海地总税务司和政府金融顾问。没有美国的同意，海地政府无权修改关税税率和举借外债。[①] 1916年多米尼加爆发起义，美国海军陆战队登陆镇压。美国要求新总统同意美国控制关税财政以及军队。在遭到反对后，美国对多米尼加实行了军事管制，直到1924年多米尼加接受美国的条件。

与此同时，美国开始致力于建立泛美汇率体系，通过货币单位的统一促进美洲政治上的统一。其倡导者美国金融顾问肯莫勒在1916年撰文指出，统一简单好用的货币单位，将促进贸易和投资，简化外汇操作，避免反复熔化黄金，[②] 有利于改善中小贸易商和投资人的竞争力。更加重要的是它可以稳定货币。稳定的货币是经济发展和道德进步的前提。在当时，美洲的大多数国家都在法律上实行了金本位制，但是它们流通的还是贬值的纸币。只有古巴、尼加拉瓜、巴拿马、多米尼加和加拿大是完全的金本位，且货币单位的价值与美元一致。肯莫勒希望能够在拉美其他国家推行和这几个国家一致的体系。肯莫勒的建议首先得到了泛美联盟总干事罗维的支持，并将其文章向拉美各国散发。1916年在布宜诺斯艾利斯召开的泛美联盟的金融会议上，[③] 肯莫勒的建议得到了拉美各国的支持，主要是因为各国在战争中对美国资金和贸易的需求。战后，美国开

---

① 杨生茂：《美国外交政策史：1775—1989》，人民出版社，1991年版，第274页。

② 在没有通用货币的情况下，一国流入另一国的货币将会被熔化再铸造成当地货币。这样会造成黄金损耗和铸造成本。

③ 1915年5月24日，第一届泛美金融会议在华盛顿召开，由美国财长威廉·麦克杜任主席，旨在建立美洲国家之间更紧密的金融关系。会议上建立了美洲国家间特使团（Inter - American High Commission），各国财政部指派代表参加。1916年4月美洲国家间特使团在布宜诺斯艾利斯召开会议，议题之一是稳定国际汇率。1920年第二届泛美金融大会在华盛顿召开。参见John Basset Moore，“The Pan - American Financial Conference and the Inter - American High Commission”，*American Society of International Law*，Vol. 14，No. 3（July. 1920），pp. 343 - 355。

始全面在拉美推动所谓西半球的共同货币体系。1920 年的第二届泛美金融大会上讨论了成立国际黄金清算公约的问题。但是，哈丁政府的财政部并没有对此表示出过多的兴趣。后来，肯莫勒也逐渐放弃统一货币体系的想法，认识到货币问题难以超越主权国家，因而仍然转向单个国家的货币财政改革。

虽然放弃了统一货币体系，但是美国并没有放松对拉美的金融控制和监督，继续向更多的拉美国家推行金本位制。其特点是金融顾问与政府更密切的合作，政府推行金本位制的主动性增强。金融顾问的作用得到了进一步发挥，肯莫勒的地位尤为突出，被称为"国际货币医生"。经过多年的经营，金融顾问们除了自己直接参与拉美国家的货币改革，他们的学生们也开始接班。肯莫勒的学生阿瑟·杨担任了国务院新成立的经济顾问办公室的主管。阿瑟·杨的兄弟也是肯莫勒的学生，担任了参议院金银调查委员会的专家。如果有拉美国家寻求美国的资金帮助，国务院往往会推荐肯莫勒为该国提供一个金融改革方案。而肯莫勒常常会推荐自己的学生或助手参与。在肯莫勒周围的朋友和学生织就了一张金融顾问网，进一步推动了拉美各国的金本位改革。在这一时期，美国政府积极向拉美国家推广控制性贷款，在各国建立金汇兑本位的货币体系，各国的黄金储备则存放在纽约，用海关关税甚至军事力量为贷款作保，其做法与塔夫脱时期如出一辙。阿瑟·杨在 1921 年拟定了针对洪都拉斯的国家金融改革备忘录，建议通过金融改革稳定洪都拉斯的政局，并防止英国此时插手。同年，在萨尔瓦多，美国联合果品公司希望能够获得美国银行家们的资助，以进一步拓展其在该国的利益。银行家的贷款当然需要政府的保障。于是，国务院采取了积极措施。贷款合同中规定，萨尔瓦多的海关负责人由银行挑选两名候选人，再通过美国国务卿办公室转给萨尔瓦多政府，从中确定一名。当时的国务卿休斯对银行的贷款合同表示了支持。

虽然美国政府仍然躲在私人投资的背后，但是政府通过制定相关政策进一步鼓励了私人资金流向拉美和欧洲国家。1922 年 3 月，在国务卿休斯的授意下，阿瑟·杨起草了“总贷款政策”（general loan policy）。这项政策是国务院针对商务部提出的政府直接监管对外贷款意见所制定的具体措施。根据这项政策，只要银行的对外贷款满足一定的政治要求，就可以通过审批。这个政策对美国私人资本的对外贷款起到了推波助澜的作用。

20 世纪 20 年代，美国还向多米尼加、海地、尼加拉瓜等国推行控制性贷款。1923 年到 1931 年期间，肯莫勒带领金融顾问团队前往南美五国：哥伦比亚、智利、厄瓜多尔、玻利维亚和秘鲁，推行金融货币改革，取得了一定的成果。在这五国中，外国投资主要来自英国和美国。1913 年英国在这个地区的投资为 53135 万美元，美国的投资仅为 7200 万美元。到 1929 年，英国在该地区的投资的增长仅为 13.6%，而美国的投资增长率达到 1241%，超出英国投资 36000 万美元。①

美国在国外推行金本位制和金元外交，其意图之一是建立一个以美元为主导的体系。但是，这种通过私人投资、政府和金融专家三角模式推广金本位制和金元外交的方式受到了各方的诟病。美国国内认为，政府成了私人投资利益的保护伞；用军队或控制海关关税保护投资的做法本质上还是殖民主义。拉美各国则对来自美国的资本控制本国经济命脉感到十分不满。比如，1922 年多米尼加和海地曾经爆发起义。尽管如此，金本位外交和金元外交是落实门罗主义的关键。从政治角度讲，美国加强了对自己后院的控制。从金融角度讲，拉美各国货币或多或少与美元建立了内在的联系，美元使用的规模得到了扩大，美国实现了对拉美国家金融货币体系的影响，逐渐建立起以美元为中心的金本位美元集团，大大提升了美元的国际地位。

① Robert N. Siedel, “American Reformers Abroad: The Kemmerer Missions in South America, 1923–1931”, *The Journal of Economic History*, Vol. 32, No. 2 (Jun. 1972), p. 526.

三、推动制定道威斯计划

第一次世界大战带给欧洲2900多万人伤亡和4000亿美元的经济损失，国家间货币兑换机制混乱。战后的欧洲满目疮痍，经济萧条，政治混乱，社会动荡。相较之下，美国虽然也遇到一些困难和麻烦，但在国际金融市场上的地位却发生了变化，成为了最大的债权国。到1919年时，外国人在美国的投资总额下降到近40亿美元，而美国人在海外的投资则增加到近70亿美元。欧洲的盟国在战争期间向美国大量借债，满足战时的物资采购和进口供应品所需。停战后的几个月内，这些国家政府继续向美国贷款以恢复经济。结果，这些政府从美国的全部贷款达到103亿以上。其中，英国政府对美国政府的债务达41亿美元。[①] 与此同时，欧洲市场资金短缺，欧洲各国更加依赖美国的资金。20世纪20年代，尽管总的来说伦敦仍然是全球的金融中心，但是纽约的银行已经成为世界上新借款的最大来源。在美元的影响下，1924年之后，许多欧洲国家陆续采纳了金本位制。

与欧洲的匮乏相比，战后初期的美国出现了生产过剩，产品积压，失业率上升和物价上涨。严重的经济危机使美国急需海外市场来消化国内的生产过剩。经过各方的共同努力，到20世纪20年代中期，美国经济恢复，特别是金融业发展惊人。美国银行的总资产在1929年达到720多亿美元。[②] 大商业银行纷纷到工商业之外寻找游资的出路，甚至不顾一切地进行股票和债券的投机活动。

---

① 阿瑟·林克、威廉·卡顿：《1900年以来的美国史》（上），中国社会科学出版社，1983年版，第400页；查尔斯·金德尔伯格：《西欧金融史》，中国金融出版社，2007年版，第312页。

② 阿瑟·林克、威廉·卡顿：《1900年以来的美国史》（上），中国社会科学出版社，1983年版，第310页。

在这种背景下，一方面，看到欧洲急需资金进行战后经济重建的商机，美国的银行家们跃跃欲试；另一方面，战争使美国积累了过多的债权和黄金储备，银行家们也担心这种国际收支的极不平衡会带来问题。于是，他们向政府建议出台为欧洲战后恢复融资的政策。

但是，美国孤立主义的回潮限制了美国政府的行动。欧洲各国希望美国能够免债或减债，还想借新债，美国国内政治的压力却使美国政府无法做到。旧债未还，新债如何借出？美国不仅要求还债，还要求继续支付利息。债务问题使得美国在稳定欧洲的国际金融和货币问题上鲜有作为。1920 年夏，国联在布鲁塞尔召开国际金融会议。美国仅派一名观察员参加，并且在发言中指出，美国不愿意提供贷款或其他形式的援助。他说："很难有大批美国人使自己深信，目前情况下的欧洲值得冒实业上的风险。我请各位先生记住：美国人整体说来从不习惯把自己的钱送到外国去。"① 1922 年春召开的热那亚会议是欧洲各国试图解决战后欧洲经济复苏问题的一次努力。会议倡导金汇兑本位制，协调欧洲各国中央银行的货币政策。此次会议特别希望美国的参与，但美国再次缺乏热情。热那亚会议上的金汇兑本位制实际上是英国希望将黄金与英镑挂钩，各国货币再与英镑而非黄金挂钩。这样等于把英镑作为各国的外汇储备，伦敦继续保持世界金融中心的地位。这当然不是美国想要的。而且，美国也担心在会议上各国会要求美国在战债赔偿问题上让步。因此，美国对外宣布不参加会议，但同时又派美驻意大利大使作为观察员列席会议，向美国政府汇报会议情况，以便哈丁政府做出相应的决策。同年，胡佛对美国商会的讲话中也明确指出："在经济领域最不可能发生的事就是美国政府会再次参与任何政府借款

① 查尔斯·金德尔伯格：《西欧金融史》，中国金融出版社，2007 年版，第 351 页。

事宜。”①

为了讨回债务，美国甚至对欧洲各国无心还债的做法采取了相应的措施。1922 年 2 月，美国国会建立世界大战外债委员会，计划与欧洲债务国谈判把战时债务转为长期贷款。英国方面担心自己在金融方面的信誉日益下降，不得不在 1923 年 6 月同意支付本金加 62 年的利息，共 46 亿美元。但法国和意大利方面都拒绝还债，声称无论从道德上讲或财政上讲它们都不欠美国的债。结果，美国国务院不得不采取报复措施。1922 年，美国国务院要求银行家在贷款之前先通知国务院，由国务院审查是否满足要求。国务院将不能批准的贷款和投资分为六类，其中包含禁止任何私人向不偿还债务的国家和个人贷款、禁止向未承认的国家贷款（苏联）和禁止为日本在满洲扩张提供融资等。于是，法国和意大利分别于 1925 年和 1926 年屈服了，同意向美国还钱。其他小国只能低头了。但问题是这些国家真的没有钱支付债务。

然而，欧洲债务和德国赔款问题给世界秩序带来的冲击却是显而易见的。当时，不仅欧洲国家欠美国的债务，它们之间也有债务问题。如英国曾向 17 个国家贷出 40 多亿美元，法国也向 10 个国家贷过款。这些国家因为战后重建，不仅都无心偿还有关国家的债务，而且它们急于从德国得到战争赔款。

德国赔偿则是欧洲政治经济稳定的核心问题。1921 年 5 月 1 日，协约国赔偿委员会向德国提出了 330 亿美元的赔偿要求。德国起初虽然答应了赔偿，但由于它的财政和经济状况恶化，也根本没有这个偿还能力，很快就不得不违约。作为报复，法国和比利时出兵占领鲁尔，使赔偿问题的争议白热化，欧洲局势岌岌可危。英国 1922 年 8 月 1 日发表“贝尔福宣言”，提出英国“准备放弃对德国赔偿的一切未来权利和对战债偿付的一切要求。只要这一放弃成为

---

① Emily S. Rosenberg, *Financial Missionaries to the World: The Politics and Culture of Dollar Diplomacy*, 1900 – 1930, Cambridge: Harvard University Press, 1999, p. 100.

一项使此重大问题能作为一个整体来处理的总计划的一部分”。言下之意就是要求美国放弃战债的赔偿。

战债问题造成了欧洲局势的动荡和一个极不稳定的德国，这不符合美国在欧洲的政治经济利益。仅从美国在欧洲的投资受损情况来看，1919 年到 1922 年 4 月受损额达到 5 亿美元，而且随着通货膨胀加剧此数额还在成倍增长。1922 年下半年，以马克进行投资的美国投资商普遍遭到致命打击。①

稳定的德国和稳定的欧洲对美国的政治利益和经济利益都是至关重要的。鉴于此，美国决定介入欧洲局势，主导赔偿问题的解决。国务卿休斯表示“美国的繁荣极大地依赖欧洲经济问题的解决，而后者的关键是赔偿问题”。② 商务部长胡佛则指出，稳定欧洲货币的前提是解决赔偿问题。1922 年 12 月 26 日，协约国在巴黎开会决定对德国实施制裁。29 日，休斯在康涅狄格州纽黑文对美国历史学会发表重要演说，指出应由一个“公正的”国际专家委员会来研究德国的赔偿问题，包括对德国的偿付能力做出新的估计。他还表示，美国公民将会参加这个委员会的工作。他的主张作为美国政府的立场提交英、法等国考虑。

为了不破坏美国政府不介入欧洲内部事务、不对欧洲承担政治责任的原则，美国采取了由半官方的金融财团和与官方来往密切的私人财团出面的方式，形成了政府在幕后、财团在幕前的经济外交模式。

美国实际上主导了德国赔偿问题。协约国赔款委员会于 1923 年 11 月增设两个专门委员会：一个研究平衡德国预算和稳定德国金融的方法；一个调查德国资本外流情况并设计引回的方法。这两个专

---

① 王宏波：“从道威斯计划看 20 世纪 20 年代美国经济外交”，载《首都师范大学学报（社会科学版）》，2002 年第 3 期，第 108 页。

② Frank Costigliola, *Awkward Dominion: American Political, Economical, and Cultural Relations with Europe: 1919 - 1933*, New York: Cornell University Press, 1984, p. 59.

门委员会都以美国银行家查尔斯·道威斯为主席。美国通用电气及无线电有限公司总裁欧文·杨格也参加了该委员会。两人的身份和能力都极为胜任该项工作。12月，国际专家委员会赴德调查，研究德国赔款问题。1924年4月9日，委员会拟定一项解决赔款问题的计划，也就是把赔款降低到可支付的水平，史称“道威斯计划”。主要内容是：由协约国监督改组德意志银行，实行货币改革，并由协约国贷款8亿金马克（折合1.9亿美元）以稳定其币制，在赔款总数尚未最后确定的情况下，规定德国赔款年度限额，即由第一年（1924—1925年）10亿金马克开始，逐年增加，到第五年（1928—1929年）增至年付25亿金马克；德国支付赔款的财源来自关税、烟酒糖专卖税、铁路收入及工商企业税；发行110亿金马克铁路公债、50亿金马克工业公债；德国的金融外汇、铁路运营以及税捐征收事务受国际监管。德国以法、比两国从鲁尔撤军作为接受赔款计划的条件。7月16日—8月16日，美国与英、法、意、日、比、希、葡、罗、南等国在伦敦开会讨论并通过该计划，同年9月1日计划生效。

美国对赔偿的主导不仅表现在主要负责了赔偿计划的安排，而且也表现在负责大部分流入德国资金的筹集。美国承担了计划实行初期对德国1.1亿美元紧急贷款筹集的大部分，主要由摩根财团负责。刚开始的时候，摩根财团因该计划过于庞大有些犹豫。国务卿休斯亲自写信给摩根财团的代表称：“我相信道威斯计划是必要的。……如果此次计划失败，以我的判断，我们的海外秩序必定混乱且人人皆会深感绝望……我们希望，当美国政府无法提供贷款或其他形式的保障的时候，美国的金融家们应该清楚地认识到，你们的参与是世界对你们的期许，也是此次贷款成功与否的关键所在。”① 美联储则通过降低利率来吸引投资者，并在债券发行上推广

① Emily S. Rosenberg, *Spreading the American Dream: American Economic and Cultural Expansion* 1890 - 1945, New York: Hill and Wang, 1982, p. 151.

造势。结果，德国债券在发行当天就售罄，这标志着美国对外贷款的一次突破。

道威斯计划的实施对20世纪20年代后半期德国经济的恢复起了重要作用。德国获得外国各种贷款约50亿美元，仅美国私人从1924年至1930年就向德国中央政府、各州、各市和各公司贷款约25亿美元。在此期间，德国经济好转，财政支付能力加强，按照道威斯计划支付前协约国赔款近20亿美元。而前协约国再偿付美国战债26亿多美元。[①] 也就是说，通过这种循环，战后美国人借给德国人的钱又转回到美国。尽管这个计划并不能很快使美国收回全部战债，实际上后来连德国的债务都未能收回，但道威斯计划有助于欧洲国家的经济恢复，成功地稳定了欧洲的局势。它带动了美国对欧洲国家的大规模投资。到1929年，美国在欧洲的直接投资高达13.52亿美元，间接投资达到30.3亿美元。[②] 这也促进了美国设备和技术的出口。这种经济联系造成欧洲国家对美国的金融依附关系，显著地扩大了美国对欧洲的影响力。对美国来说，投资的政治和经济利益从长远看都是丰厚的，尽管短期局部是有亏损。此外，美国向欧洲国家，尤其是向德国放债的另一个目的是要稳定美国倡导的金本位制和世界的金融秩序，促使德国、英国等欧洲国家实施金本位制。

虽然美国政府没有直接参与稳定欧洲经济的活动，但它发挥了关键的作用。值得一提的是，作为半官方的机构，美联储不仅参与这项工作，还承担了稳定国际金融秩序的任务。在这期间，美联储通过与以英格兰银行为首的各国中央银行之间的协调与合作，为各国的稳定提供贷款，并与其他国家协调国内货币政策，试图发挥世界各国的国际中央银行的作用。通过道威斯计划，美国以及美元在欧洲的影响力得到了很大的提升。

---

① 阿瑟·林克、威廉·卡顿：《1900年以来的美国史》（上），中国社会科学出版社，1983年版，第405页。

② 孔华润：《剑桥美国对外关系史》（下），新华出版社，2004年版，第84页。

但是，道威斯计划并不是万灵药。它虽然帮助德国恢复经济，但由于战胜国列强对德国的严厉控制和德国对外国资本特别是美国资本的严重依赖，决定了德国经济发展的基础十分脆弱。道威斯计划是用美元支撑德国的经济。当世界经济出现问题，美国资金链条断裂的时候，一切又都回到了原点。从1920年中期开始，美国经济出现了所谓的“柯立芝繁荣”。大量的资金进入股票投机领域，美国社会出现了股票投机的狂潮，导致了美国对外投资减少。1929年初，华尔街处于股票投机的狂热之中，造成大量黄金从欧洲流向美国，美国结束了所有的对外贷款。[①] 这种状况的出现影响到德国经济的发展，降低了它的赔偿能力。另外，道威斯计划只规定了前五年德国的年支付额，没有确定赔偿总额和支付年限。

1929年2月11日，美英法德等7国专家组成的专家委员会开始工作。6月，专家委员会提出了一个以美国银行家杨格的名字命名的“杨格计划”。这个新方案对德国赔款的支付重新做了安排，关键内容是将德国的赔款减到了90亿美元，分59年付清，利息5.5%；赔款来源为德国铁路和政府预算收入；取消了协约国对德国的财政监督，撤销了赔偿委员会、赔偿事务总管和移交委员会，由德国自己负责将赔款兑换为外币；成立“国际清算银行”，负责受理和结算赔款事宜，但是该银行没有任何政治权力，只是一个纯粹的金融机构。

8月，英法德等17国代表在海牙开会，讨论这个计划以及相关的协约国从莱茵占领区撤军问题。美国政府只派代表作为观察员参加。这些年来，美国国会不断地批评这种支付赔款的方法是把这些国家对美国的债务和赔款挂钩，将美国变成了德国实际上的债权国，加大了美国债权人的风险，而使得美国不得不分担欧洲的政治

① William C. McNeil, *American Money and the Weimar Republic*: *Economics and Politics on the Eve of the Great Depression*, New York: Columbia University Press, 1986, p. 219.

责任。因此，美国政府再一次否定了战争赔偿与协约国欠美国债务的联系，并表示美国政府不对“杨格计划”的实施承担任何责任。1930 年 1 月 20 日，这个计划经过调整后在海牙会议上通过，并于 5 月生效。当新战争赔偿计划达成时，协约国从 1929 年 12 月和 1930 年 6 月 30 日分别从莱茵河占领区撤军。然而，20 世纪 30 年代初随着世界经济危机的深化和德国法西斯上台，德国拒绝支付赔款，杨格计划被放弃。

四、从缓债到恢复金融合作

当 1929 年经济危机爆发之时，对国际经济保持正常运转起到核心作用的美国资金锐减，使依靠多边贸易、国际货币兑换和各国间资本流动的战后国际金融体系陷入了混乱。如德国的资本输入在 1928 年为 9. 67 亿美元，但 1929 年仅为 4. 82 亿元，1930 年又进一步跌至 1. 29 亿美元。到 1932 年美国实际上已经全部停止了其海外投资活动。这场危机对欧洲金融界的最大打击发生在 1931 年之后。这年 5 月 1 日，奥地利信贷银行破产事件；7 月 13 日，德国三大银行之一的达姆斯达特银行宣布倒闭；其他国家也都陆续发生银行破产事件。在这种情形下，货币疲软，兑换黄金成了潮流。在世界金融中心的英国，黄金从伦敦的银行外流。7 月下旬，黄金每天以 250 万英镑的速度减少，到 9 月已达 2 亿多。英国再也无法按固定价格由英镑兑换黄金。9 月 21 日，英国宣布放弃金本位制。几天内，英镑贬值 25%。结果，到 1932 年 4 月，有 23 个国家放弃金本位制。起初，共拥有世界黄金储备 59% 的美国和法国依然坚持金本位。然而到 1933 年 3 月初，美国也通过禁止黄金出口和收藏，实际放弃了金本位制。法国于 1936 年也最终放弃了。美国曾积极推行而在战后建立起来的金本位的世界金融体系全面瓦解。[1]

在金融危机时，美国人更加渴望欧洲国家还债以应付经济困难，而处于危机中的德国再加上失去美国投资的持续支持，无力继续支付赔款。德国国内的仇恨情绪上升，认为德国人已经赔偿够多了，他们抛弃了“杨格计划”。没有德国的赔款，欧洲国家又有理由没钱还债，作为债权人的美国无可奈何。国际金融秩序陷入一个恶性循环当中。它还增加了国家间的矛盾。根据美国在 1923 到 1930 年与债务国达成的协议，美国在一战中和战后借给欧洲国家的债务连本金加利息达 221.43 亿美元，分 62 年还清。这个数额是实际借贷数的两倍。一批有识之士提出，为了维护和稳定世界的经济，美国应该勾销或是减免战债。这样做对美国是有好处的，因为欧洲国家和美国之间的债务是一个循环债，美国如果逼债压垮了欧洲，最终还是对自己不利。胡佛总统的国务卿史汀生就希望能够免债。后来罗斯福总统的国务卿赫尔也主张调整债务，认为战债已经“变成了一匹死马”。[2] 但是，作为政治家，胡佛和罗斯福显然更加关注的是国内政治的形势。在敏感的国内政治背景下，没有一个政治家敢于提出免债的主张。

但胡佛总统还是希望能够对战债问题和国际货币体系的混乱有所作为，认为稳定的国际经济体系对美国是有好处的。他指出，“各国经济的衰退会导致其对美国出口产品购买力的下降，也在一定程度上导致美国的失业率上升和农产品价格持续走低”。美国进一步索债，只能恶化自己的经济问题。在这种思想的指导下，胡佛总统和国会进行了大量的沟通，对外也和战争赔偿大国——法国进行了磋商。1931 年 6 月 20 日，就在美国政府收到德国总统兴登堡财政告急电的第二天，胡佛发表了缓债宣言，提议所有政府间的战

---

① 王绳祖：《国际关系史》（第五卷），世界知识出版社，1995 年版，第 6—10 页；孔华润：《剑桥美国对外关系史》（下），新华出版社，2004 年版，第 109 页。

② Julius W. Prart, *Cordell Hull* 1933 - 1944, Vol. 1, New York: Cooper Square Publishers, Inc., 1964, p. 35.

债和赔偿支付延期一年。在宣言中，胡佛呼吁美国人做一个“明智的借债人”，美国政府要有“远见”，“认清世界的局势……为世界早日恢复繁荣做出贡献，因为这也是美国的切身利益所在”①。可见，缓债对美国人来说也不是件容易接受的事情。这个宣言得到欧洲国家的普遍欢迎。

缓债宣言的结果并不令人满意。缓债的目的之一是要恢复人们对经济的信心。但就在缓债宣言发布不久，7 月 13 日，德国第二大私有银行就倒闭了。几天后，整个德国的银行体系几乎全部崩溃。9 月份，英国决定脱离金本位。1932 年 6 月，欧洲国家在洛桑召开会议，达成削减德国赔偿的协议，但前提是美国就战债问题同意重新谈判。胡佛总统只是同意将缓债期限延长 6 个月。当延付令到期时，法国拒绝支付。到 1933 年 6 月，英国、意大利、拉脱维亚等国只是象征性地偿还了少量白银，而比利时、法国、匈牙利等则赖账不还。德国希特勒上台后，索性取消了赔款义务。缓债没有解决经济问题，更没能给美国带来好处。于是美国国会在 1934 年通过了《约翰逊战债法案》，拒绝向欧洲欠债国借贷。缓债政策行不通。

其实，胡佛也只把缓债宣言当作一个临时性措施。为了解决美国的经济萧条，胡佛总统希望通过国际合作的方式来解决。与此同时，欧洲各国也希望召开国际会议，解决战债、赔款、关税和货币稳定等一系列问题。1931 年 10 月，胡佛总统与法国总理赖伐尔就此问题进行过讨论。1932 年 6 月，英国首相麦克唐纳与胡佛总统商议召开一次国际会议。美国表示同意，但表示不在会议上讨论战债问题。在此背景之下，国联出面组织了一个由货币和经济两个委员会组成的筹备委员会，负责国际经济会议的准备工作，目的是恢复国际经济秩序，削减战债以换取国际金本位的恢复和货币稳定。美

① Herbert Hoover: *The Moratorium*, The President's News Conference of June 20, 1931, Pub, Papers 321.

国政府决定参加此次会议。虽然美国不是国联的成员，但是美国经济学家参加了筹委会的工作。

1932 年胡佛在大选中失败，稳定世界经济秩序的宏愿只好寄托于下一任总统。胡佛大选失败后，会晤新当选的罗斯福总统，期望新任总统能够支持世界经济会议的工作。但是二人的会谈不欢而散，因为与胡佛总统注重国际合作相比，刚上台的罗斯福总统主张各国从内部来解决经济问题。而且，他认为战债和国际经济合作是两码事，不能为了国际合作而在战债方面让步。刚刚上任的罗斯福总统将全部的精力都放在了通过新政解决国内问题上，在对外经济政策上一时鲜有作为。

1933 年 1 月，候任总统罗斯福设立了一个会议政策委员会，由纽约银行家詹姆斯·沃伯格领导。3 月，罗斯福邀请英法以及其他国家的代表到华盛顿讨论世界经济会议的议题。但此时提高商品价格是他最关心的事情，任何有可能妨碍通过新政恢复美国货币稳定的措施都必须避免。为了提高商品价格，增强对外贸易的竞争力，美国决定放弃金本位。对于稳定国际汇率，罗斯福表示了担忧。“仓促重返一种国际黄金本位只能将国家经济置于由外国货币摆布的境地，最好还是坚持能够年年保持相同的国内购买力的美元货币，以防止国内物价的急剧下跌。”[①] 就在英国首相麦克唐纳和法国前总理赫里欧前往华盛顿参加讨论世界经济议题的途中，4 月 19 日，美国单方面将美元贬值 15%，并宣布放弃金本位。

沃伯格为接下来的准备会议准备了一份提议，即英、法、美三国的中央银行合作建立一个统一标准的中央银行准备金，相当于一个三国汇兑平准基金，准备金比率统一在 25%，取消国内通货与黄金的自由兑换，协商确定再贴现率。沃伯格方案希望在较低的汇率

① 孔华润：《剑桥美国对外关系史》（下），新华出版社，2004 年版，第 131 页。

上稳定美元和英镑，两种货币汇率保持在 3.9 到 4.0 比 1 的水平上。[①] 但是此提议遭到了英国的反对。法国则不满于为稳定英镑和美元提供资金。尽管罗斯福与英法首脑一道呼吁“重新建立国际汇兑平衡”和“恢复金融稳定”，但沃伯格方案的失败使华盛顿预备会在关键的货币政策和汇率稳定问题上并没有达成有约束力的协议。这个结果使罗斯福对货币问题兴趣索然。

1933 年六七月召开的伦敦世界经济会议是各国试图恢复和稳定国际经济秩序、解决各国之间矛盾的一次努力。对于国际贸易问题，美国的赫尔国务卿主张全面降低关税，但英国带头坚持“帝国特惠制”，其他国家也都想靠关税来保护自己。所以这次会议在贸易问题上没有成果。对于国际金融问题，英法代表都认为应该稳定各国货币，首先是美元，毕竟美国是当时最有经济实力的国家。在会议召开期间，英格兰银行、法兰西银行和美国联邦储备银行 6 月 15 日达成一项稳定货币的初步协议。但这遭到总统罗斯福的反对。他派特使前往会议，向美国代表团指出，罗斯福坚持在国际上的首要目标是全世界提高物价。6 月 22 日，美国代表在会上表示：“华盛顿的美国政府认为，暂时稳定货币的措施在目前是不合时宜的。”[②] 会议中，英法等国提议通过一个货币稳定宣言，希望美国能够签字。此宣言指出了金本位作为国际汇兑工具的重要性，金本位国家重申它们将保持金本位，已经脱离金本位的国家表示将“在条件适合时”重返金本位，而货币汇率和具体调整汇率的时间由各国政府选择。但是 7 月 3 日，罗斯福却致电伦敦会议，拒绝稳定美元，坚持应有比单纯稳定货币更广泛的目标。“由仅仅几个大国赢得一种暂时的、大概是人为的外汇稳定，这种似是而非的论点是不会使全世界长期泰然处之的。健全的内部经济体制，对一个国家的安宁

① Patricia Clavin, *The Failure of Economic Diplomacy: Britain, Germany, France and the United States*, 1931-36, London: St. Martin's Press Ltd., 1996, p. 91.

② 王绳祖:《国际关系史》(第五卷)，世界知识出版社，1995 年版，第 33 页。

来讲，是比它的货币与其他国家货币的比值更为重大的因素。”[①] 罗斯福的这封电报被称为“炸弹”消息。当时，美国经济正在逐渐恢复。罗斯福担心货币稳定政策会妨碍美国根据本国的需要来调整货币数量和价值，给经济恢复带来不利的影响。5 日，美国代表团向会议秘书处提交了一份解释：“按照美国商品来确定美元的价值是美国政府和人民坚定不移的目标。我们希望非常清晰地表达这一点。我们关心的是美国商品的价值，至于美国与其他货币的比价不是也不可能是我们目前关切的东西。”[②] 由于美国，或者更准确地说，由于罗斯福的自私主张，伦敦经济会议无果而终。

伦敦经济会议后的两年中，欧洲的政治局势越来越恶劣。希特勒德国重新武装、进军莱茵河并延长义务兵役制已经严重威胁欧洲的安全。而英法两国的经济形势不断恶化，欧洲均势面临被打破，其结果会直接影响美国的经济和政治利益。相比之下，美国的经济形势有了好转。1935 年，美国财长摩根索在罗斯福的同意下，用美元分别购买法郎和英镑以稳定汇率。值得提及的是，由于法国仍实行金本位，美国把买到的法郎都换成黄金运回。1936 年，为了避免出现大量黄金外流、外贸不平衡加剧和财政不稳定的状况，法国政府考虑还是让货币贬值为好。但这个举措需要得到英美的配合。6 月 23 日，罗斯福会见作为特使来访的法国驻英财政专员莫尼克。双方商讨法郎贬值问题。莫尼克希望在法郎贬值时美元能维持现有价值。他表示，若美国政府能给予一个肯定的答复，“与英国政府接触并得到其支持就是很容易的事情了”。可见，在法国人心目中，美国已经是金融领域的主导力量了。但罗斯福谨慎地指出，“英国政府和人民对伦敦是世界金融中心坚信不疑”。为了照顾其“自尊”，法国政府最好是向伦敦和华盛顿同时发送相同的请求，然后伦敦便会通知华盛顿来自巴黎的请求并要求美国表态。这样，法国

① 关在汉：《罗斯福选集》，商务印书馆，1982 年版，第 40—41 页。

② *FRUS*，1933（I），p. 692.

很快就会得到美国和英国的看法。[1] 这个建议得到法国代表的认同。在莫尼克也与英方协商之后，9月4日，法国财政部分别向英国和美国财政部提出一份有关法郎贬值的协议草案。由于三国间还是有些分歧，最后大家接受美方的建议，即三国同时各自发布一份声明。经对声明内容再三调整，9月25日，美英法三国各自发表了内容相似的声明，即《三方货币稳定协议》。美国声明指出，“美国政府经与英法两国政府协商，愿意和他们一起表明共同的愿望，即为保障和平和有效地恢复国际经济关系的秩序创造条件”。对于法郎贬值的决定，该声明指出，“美国政府以及英国政府欢迎这项决定，期望它能为国际经济关系的稳定奠定更坚实的基础。美国政府，以及英国和法国政府，宣布它将继续使用各种适当的资源来尽量减少这次建议中的调整可能给国际汇兑基础带来的任何波动”。[2] 11月，比利时、荷兰和瑞士也加入了三方协议。三方货币稳定协议是伦敦经济会议以来多国第一次就货币稳定和国际金融体系安排进行的国际合作。它也是美国在对外金融政策方面重新发挥积极作用的象征。但是，三方协议并非真正意义上的货币协定，只是美英法在平抑货币汇率波动协调合作的一个宣言，是一个“暂时性的安排”。三方都有所保留。罗斯福在一份关于“三方协议”的备忘录中指出：三方协议不意味着重返金本位，每个国家的国内价格水平在受到不利影响时都可以自由行动。

然而特别要指出的是，当年10月在该协议的基础上，三国同意黄金价格将围绕35美元兑1盎司黄金的金价浮动。虽然这种把美元和黄金挂钩的规定只是临时性安排，但它在某种程度上代表着英法开始接受美国对国际货币体系的主导。以美国主导的这种简单合作从1936年一直持续到1939年战争爆发。

---

① *FRUS*，1936（I），pp. 539－541.

② Ibid.，pp. 560－561.

五、布雷顿森林体系的建立

第二次世界大战之前的一个多世纪中，英国是世界的金融中心，英镑一直是各国贸易结算的主要货币。大战爆发后，在德国的冲击下，英国步步被动，不得不依靠美国的援助来求生。显然，它不再具有领导世界的实力，包括在经济方面。英国的衰退给竞争者带来了领导世界的希望。1940 年夏，德军横扫西欧大陆。为巩固对欧洲的统治并进而与英、美抗争，1940 年 7 月 25 日，德国经济部长和帝国银行行长冯克在柏林举行记者招待会，提出建立“新秩序”。冯克的设想包括建立多边贸易体系，同时以马克代替黄金，其他国家的货币与马克挂钩，建立以柏林为中心的多边清算体系。德国的挑战遭到英国的还击，英国不会轻易地放弃它在金融领域的领导地位。当时担任英国财政部顾问的经济学家凯恩斯正在研究建立新的国际汇兑体系来保持各国市场开放的问题。在这种情形下，凯恩斯加紧工作并于 1941 年初访问美国。此时，美国尚未参战，政府内部有人也在考虑利用欧洲战后重建的机会，建立国际金融机构以扩大美国影响的问题。经过一系列准备和讨论，凯恩斯于 1941 年 9 月 8 日提出“战后货币政策”和“关于国际货币同盟的建议”两份备忘录。这份计划几经修改后于 1942 年初作为财政部政策建议提交战时内阁重建问题委员会。

凯恩斯提出了建立国际清算联盟计划。国际清算联盟就是一个多边的国际清算机构。联盟的资金总额被设定为 260 亿美元。清算联盟不干预各国经济主权，但各国中央银行都要通过清算联盟进行货币的自由兑换和结算。为此，他设计了以黄金为基础的“班柯”作为国际结算单位，各国货币钉住班柯的价值。清算联盟各国不需要向联盟机构交纳基金，但“班柯”的份额是按二次大战前三年各成员国进出口平均总额的平均值来计算。这样，英国可得到 16% 的份额，而英联邦可共占35%的份额。于是，英国就可以与贸易大国美国一道主导国际金融体系。凯恩斯计划的一个特点是清算联盟可以允许成员国的透支，即逆差国可以向联盟借债，而顺差国则应将顺差存入联盟或购买逆差国的商品。按他的解释，这种方法可以促进国际贸易，避免因外汇不足而限制外贸。这个功能对英国的好处就是可以支持英国的国际收支平衡。当英国因国内需求扩大出现赤字的时候，清算联盟就是英国的一个巨大的透支机构。凯恩斯计划设想曾遭到了英国政府内部的强烈批评。许多政府官员认为不应该将英国的经济主权交给国际组织。但是以当时英国的处境，如果不想全盘美国化，就只能国际化。凯恩斯计划是唯一能够更加符合英国利益的计划。经过反复讨论，凯恩斯计划最终被认可为英国的战后货币计划。

就在1941年12月珍珠港事件爆发的7天后，美国也加入了这场竞争。美国财政部长摩根索指示由哈里·德克斯特·怀特担任助理部长并着手设计一项“盟国间平准基金”（Inter - Allied Stabilization Fund）计划，“旨在战争期间用于援助潜在的以及实在的盟友并牵制敌人的货币计划，提供一种战后‘国际货币’”。[①] 由此可见，美国人对赢得战争的信心和对未来主导世界的期望。美国战后货币金融体系设计的推手就是摩根索。摩根索是一名“新政主义者”，不主张自由放任，而主张国家政府在经济生活中的监管作用。在他的眼里，战后国际多边主义的经济秩序仍然是要受到一定约束的，需要有一定的机构来监管国际的经济秩序，稳定各国货币，降低金融风险，鼓励投资和发展。而从哈佛大学获得国际金融专业博士学位的怀特进入财政部后得到了摩根索的重用并秉承了摩根索的思想。他曾经参加过1936年英、法、美货币稳定协议的起草，还参加过美洲交换平准基金等一系列活动，试图建立美国对国际金融事务

① 张振江：《从英镑到美元：国际经济霸权的转移（1933—1945）》，人民出版社，2006年版，第221—222页。

的主导地位。1942 年 3 月，怀特推出了《联合国家平准基金和联合国家及联系国家复兴银行的建议方案》(Suggested Plan for a United Nations Stabilization Fund and a Bank for Reconstruction of the United and Associated Nations)。该计划最主要的目的是稳定战后的经济和汇率稳定，支持各国战后的经济发展和就业，实现各国之间的经济合作，避免重蹈 20 世纪 30 年代大萧条和两次世界大战的覆辙。怀特在提交稳定基金的早期草案的时候，曾经宣称“国联的失败致使一代人就经历了两次大战，所以，在未来的十年，如果具有领导地位的国家之间在经济上不能实现高度的合作，那么，结果将不可避免地导致经济战，而经济战则是更大规模的军事战争的序曲”。[①] 5 月 15 日，财政部长把这个计划提交给美国总统。摩根索指出这个计划是为了解决战后可能面临的金融和信贷问题，“以确保恢复对外贸易和为国外的解困、重建和经济发展提供巨额资金”。但目前研究这个计划还具有战略意义，因为亚欧的敌国正利用其一时的胜利，鼓吹建立国际“新秩序”，而美国就需要通过宣布正在为国际经济“新政策”制定条款和筹备新机构来显示对“势头正在扭转”的坚定信心。[②] 罗斯福指示财政部与国务院和其他有关部门对此进行研究。

怀特计划包括成立两个国际机构：国际平准基金和复兴开发银行，前者用于稳定国际货币，保证战后世界货币的自由兑换和流通，后者用于提供战后重建的资金和援助。这两个机构后来成为国际货币基金组织和世界银行的蓝本。它们正好反映了摩根索监管战后金融货币体系的设想。

怀特设计的平准基金有以下几个特点。首先，在资金构成方面，各成员国必须以黄金、自由外汇持有量、国际收支的持有量和波动率以及国民收入等因素计算出向基金缴纳的份额。计划规定各

---

① Richard Gardner, *Sterling - Dollar Diplomacy*: *Anglo - American Collaboration in the Reconstruction of Multilateral Trade*, Oxford: the Clarendon Press, 1956, p. 8.

② *FRUS*, 1942 (I), p. 172.

国需全额缴纳其份额，其中必须有一定比例的黄金。基金的总量为50亿美元，总量并不大。这一个特点显示出美国作为债权人的心理：担心成为各国的提款机。因此怀特计划相对比较保守谨慎，要将自身的义务限定在一定范围。其次，重大决策通过投票决定，每个成员国除拥有固定的100张票以外，还可以向基金缴纳额外的资金以获取额外的投票量，每100万美元增加一张票。怀特建议美国缴纳的资金量足可以占到总量的25%，再加上拉美国家35%的票数，美国足以操控局势了。第三，贷款条件十分苛刻。如果成员国要借入某种外汇，首先要增加其在基金账户上的本国货币。一国贷款最多与缴纳的美元额度持平，如仍不能消除赤字，要求更多贷款时，必须满足一系列条件，如不能擅自调整汇率，不能管制货币兑换，不能与他国订立双边清算条约，不能擅自进行国内通货膨胀或紧缩，必须承诺关税减让等。对上述条件的改变必须获得4/5票数的同意。而美国已经占了1/4了。[①] 这些条件意味着加入基金就必须向基金也就是美国让渡一定的经济主权。第四，在调整逆差方面，怀特计划还规定，基金对一国货币持有量不能超过其份额的150%（第一年），此后不能超过200%。否则，超出部分要求该国存入抵押品，如黄金、外汇等。美国对逆差国的约束比较严格。对于顺差国的调整，怀特计划出台了“稀缺货币”条款，可以看作是美国为争取国际合作而做出的让步。第五，怀特计划中新创了一个国际货币叫“尤尼他”，尤尼他的价值由一定的黄金价值规定，各国货币与尤尼他联系。尤尼他只是一个单纯的统一记账单位，不会对整个货币交易机制产生影响。各国货币与尤尼他的初始比价按该国货币1943年7月1日与美元的比价确定。要改变尤尼他与黄金的比价，需85%以上的票数。可见，怀特计划十分看重汇率的稳定，而且美元已经被看作是各国钉住的主导货币。

---

① 张振江：《从英镑到美元：国际经济霸权的转移（1933—1945）》，人民出版社，2006年版，第228页。

怀特计划推出之后也面临着美国内部大量的反对意见。一方面，国内的经济保护主义势力认为美国向战后的世界提供重建资金无异于把美国的资源向全世界开放；另一方面，各个政府部门之间权力的争夺和博弈也导致怀特计划迟迟不能确定。赫尔领导的国务院认为货币稳定和战后重建是国务院的管辖范围，摩根索的手伸得太长了。赫尔指示有关人员制定自己的战后货币计划，还对怀特计划消极应对。摩根索不得不亲自写信给赫尔就怀特计划递交的国家名单征求国务院的意见。不过，摩根索领导下财政部的作法也有些独断专行。美联储主席伊克尔斯（Eccles）就曾抱怨在就怀特计划与国会参众两院议员沟通的过程中，摩根索对参议院银行货币委员会不够重视，而且也没有邀请美联储的人员出席表达美联储的意见。这些人都担心这个计划会对美国国内经济状况造成不利的影响。于是，怀特计划反复修正后直至 1943 年才成为美国战后货币计划。

德国作为敌国当然不参与盟国对经济计划的讨论之列。那么，凯恩斯计划与怀特计划相比，一个重要的差别就是清算联盟的盘子大，达到 260 亿，可以帮助贸易赤字国稳定国内经济和就业。相比之下，怀特计划只提供 50 亿美元，数额小了很多。可以看出，美国既希望从出资比例的方面在基金中占有主导地位，但又不愿承担类似清算联盟的透支功能，用自己的钱无偿地替人消灾。特别是凯恩斯计划强调顺差国必须增加进口，以花掉这些顺差额，这不是头号贸易大国美国所乐见的，因为美国凭借强大的生产能力肯定会导致大量贸易顺差。除非美国减少出口，但那又对美国发展不利。

因此，对于英国的“凯恩斯计划”，美国在开始时采取了若即若离的态度。原因有二：一是财政部出台的怀特计划还没有得到赫尔领导的国务院以及其他部门和国会的支持；二是英国想和美国分取杯羹，美国不想让英国占便宜。为了争取就“凯恩斯计划”与美国会谈，英国于 1942 年 8 月 28 日将计划非正式送交美国政府，呼吁进行包括战后货币计划在内的全面经济会谈。与此同时，英国已经开始游说英联邦国家及在伦敦的法国流亡政府接受该计划。南非、加拿大等国也劝说华盛顿不要再拖延。1943 年 2 月怀特计划几经修改定稿后，美国才将计划送交英国，准备讨论这个问题。同时，美国还把此方案递交了苏联和中国。可见，美国并不想把国际货币问题只当成是美英两家的事。2 月，美国开始内部协商确定公布计划的国家名单，准备向世界各国兜售自己的计划。到 3 月份，美国已将“怀特计划”递交给了包括英、中、苏在内的 34 个国家，并邀请各国派代表到华盛顿，以此计划为基础讨论战后的货币合作问题。摩根索在介绍美国计划时强调说：“大家普遍地认识到，实现货币稳定和反对歧视性货币行为是国际商业和金融的复兴的关键基础。”①

主要的谈判是在美英两国之间展开。谈判颇为艰难，主要的分歧在于美国想用最小的资金换取对货币体系最大的权力，包括管理和监管甚至可以涉及成员国的经济主权；而英国则希望得到最多的资金的同时保持最大的自由，并且不要干涉成员国的经济主权。从 1943 年春天开始，美英两国已陆续进行了多次非正式会谈，但都未果。英国催促美国早日就两个计划进行正式磋商。英国曾建议在 3 月 26 日伦敦召开的盟国财长会议上讨论两个计划。赫尔则表示讨论应予以推迟，直到双方对各自计划进行充分解释后再公之于众。5 月到 8 月间，美国相关政府部门（包括财政部、国务院和美联储）和专家都对怀特计划进行了讨论，并做出了一些修改。美国实际上还是相当重视“凯恩斯计划”的，而且美国充分地理解争取到英国对“怀特计划”支持的重要性。怀特采纳了“清算联盟”中的合理成分。这主要表现在“稀缺货币条款”上。战后各国经济肯定会普遍发生困难。如果按照怀特计划，这些成员国的国际收支出现不平

① David Andrews, *Orderly Change*, Ithaca: Cornell University Press, 2008, p. 34.

衡时只能用自己的份额来解决问题，但若出现根本性不平衡，有关国家可能不得不改变汇价，这就可能使其经济陷入困境。由各国自己完全负责调节自身国际收支平衡的规定不符合实际。凯恩斯希望美国能够和逆差国共同承担保持收支平衡的责任。战后各国需要各种物资却缺乏美元购买物资，则会导致各国美元荒。如果美国不能承诺提供足够的美元，美国的怀特计划也势必不可能得到各国的支持。基于此，怀特增加了“稀缺货币条款”：当基金持有的某种货币低于该国认缴额的15%并继续下降时，这一货币就成为“稀缺货币”，基金将与该国一起采取措施予以纠正，同时其他成员国特别是逆差国有权对该国贸易进行一定范围内的歧视。这也就是说，如果美国成为主要顺差国，对美元的需要势必大增。如果基金所储备的美元不能满足成员国需要，成员国就可以对美国商品采取歧视政策，迫使美国自己作出调节，如增加进口等。这一条款显示了美国愿意为贸易失衡承担共同的责任。这个调整可以看作是美国对英国的让步，但它更是美国保证战后货币金融体系稳定所做的理性选择。作为主导大国就必须担当相应的责任，否则别人为什么要接受你的主导呢？

在此期间，美国对“怀特计划”不停地修改，并一次一次地把修改稿送交英国。9月，英国经济代表团到华盛顿，两国开始就包括货币政策在内的战后经济问题进行磋商。从9月到10月，双方经过了十多次的谈判。此时，虽然双方表面上争执不下，实际上英国已经基本接受怀特计划为讨论的基础，特别是在美国同意承担国际收支平衡的责任以及增加稀缺货币条款等之后。1944年，双方公布了“建立国际货币基金专家联合声明”。此声明后来仅作了很少改动就纳入了《国际货币基金组织协定》（Agreement of the International Monetary Fund）的条款中。随后，双方还就复兴与开发银行计划进行了拉锯式的争论，以凯恩斯为首的英国代表团认为银行贷款条件过于苛刻，反对以国际收支平衡为贷款前提；而以怀特为首的美国代表团则坚持保证贷款必须偿还的原则。

1944 年初，由于美国国内政治保守势力回潮，摩根索非常担心建立国际货币体系的努力会功亏一篑。于是，美国大力呼吁英、苏等各国赶快召开正式国际金融会议。1944 年 7 月 1 日，在美国新罕布什尔州的布雷顿森林召开了联合国家货币金融会议。44 个国家 730 名代表参加了此次会议。罗斯福总统向会议发来贺信。他把会议议程的重要性提高到“为保证一个有序与和谐的社会”，并指出：“每个国家的经济秩序都是它远近邻居所关心的重要问题。”① 他的这个态度与 10 年前伦敦经济会议期间的态度截然不同，不再把经济稳定和发展看成是一个国家自身的事情。

为了避免英国在国际货币基金问题上再添新麻烦，美国让凯恩斯充当银行组的主席，由怀特担任基金组的主席。凯恩斯当时身体十分衰弱，银行问题已经牵扯了他的主要精力，分散了他对基金的关注。这样，美国在谈判中的主要对手都是其他小国，谈判的工作更多的是说服教育而非争论。会议讨论了战后货币本位、货币汇率、顺差和逆差国的责任、流动性水平和货币的自由兑换，尤其是战后过渡期的兑换问题等。与会者对原有方案作了些修改，如为了满足中小国家的需要，最后协定中增加了基金将“以会员国生产资源的发展作为经济政策的首要任务”。经过 22 天的紧张工作，各国在会议上最终形成了《联合国家货币金融会议最后议定书》，及两个附件《国际货币基金组织协定》和《国际复兴开发银行协定》。它们被一般统称为《布雷顿森林协定》。

《布雷顿森林协定》最终把要成立的负责国际货币体系运转的机构定名为国际货币基金组织，与怀特的平准基金只相差一个词，可以看出这个国际机构基本是以怀特计划为基础的。基金的总盘子最终在布雷顿森林体系协定中被定为 88 亿美元，美国交纳 31 亿美元。新的国际货币体系建立起了各国货币与美元和黄金挂钩的“双

① United States Department of States, *Proceedings and Documents of United Nations Monertary and Financial Conference*, Washington: Governmental Printing Office, 1948, p. 71.

挂钩”金汇兑本位制。协定规定各成员国货币的法定价值应用黄金或1944年7月1日所用成色重量的美元表示。美元与黄金的兑换比例固定在35美元一盎司。美元成为了国际支付和交易的基准货币。在汇率调整方面，各成员国汇率调整在10%以内的，基金不得予以否定。若要超过这个比例，其前提是出现国际收支的根本性失衡，有关国家要向基金申请和磋商。在对逆差和顺差国的约束方面，解决逆差的首要办法主要是使用自己的黄金和外汇储备或者通过货币基金组织购买所需的货币，其次是靠“稀缺货币条款”的调节，但是该条款更多的是道义的，没有实施的硬性规定。实际上，协定对逆差国的压力更大。在管理机制上，执行董事会有12人组成，由理事会选举产生，但其中5名由所占份额最大的5个国家指派。执行总裁由执行董事会任命。每个国家有250个基本投票权。在此基础上，根据各成员国向基金的贡献增加投票权。国际货币基金的总部设在了华盛顿。

这个协定的产生最主要的争议者是美国和英国，因为它涉及国际金融主导权的转换。为了达成协议，双方都做了让步。如基金的总盘子大于怀特计划，这是英国争取到的结果。各成员国汇率调整在10%以内的，基金不得予以否定，这是英国争取的结果。但超出这个比例就要向基金申请和磋商，又是美国坚持的最终结果。基金组织总部放在华盛顿也是美国建议的。投票方法也符合了美国的利益。对此，有人甚至戏称为“一美元一票”制。[①]

《布雷顿森林协定》成立的另一个组织国际复兴开发银行后来变成世界银行。其主要宗旨是由发达国家集中其可能的财力（最初设想是100亿美元）来帮助那些不发达的国家和依赖援助的国家来发展经济。对这家银行美国肯定要大量注资。经历过20世纪30年代大萧条的美国懂得了要在经济领域奉行世界主义，就得对全球经

---

① Hans W. Singer, “Bretton Woods and the UN System,” *The Ecumenical Review* (July 1995), p. 348.

济发展作出贡献，特别是带领大家脱困。

根据规定，如果1945年底前获得2/3以上参与国的批准，《最后协定》即可生效。美国最积极。1945年7月，美国国会批准了这个协定。布雷顿森林协定显然最有利于美国，英国的态度就成了它是否成功的关键。战后英国处境困难，急需援助。在美英财政谈判中，美国对其采取了两手政策，如强硬地不同意提供50亿美元的贷款，要求它放弃帝国特惠制和实行英镑自由兑换等，同时又在其他方面作了让步，如接受英国承诺削减并最终取消帝国特惠关税的目标，同意英镑自由兑换的过渡期等等。12月6日，《美英财政协定》在华盛顿签署，美国向英国提供利息2%的贷款共计37.5亿美元，英国承诺本协定生效后一年内实现英镑自由兑换等。随后，英国批准了《最后协定》。美国将其在走向世界经济霸权道路上最大的障碍——英国搬开了。

这里需要介绍另一个战后大国苏联的态度。美国希望在战后与苏联进行合作。美国在向苏联提出怀特计划之后，怀特本人曾于1944年3月建议给予苏联50亿美元的优惠贷款。布雷顿森林会议前，美国政府答应把苏联的基金份额增加到12亿美元以体现苏联的经济实力。[①] 尽管苏联政府对成立国际货币基金组织有不同的看法，它还是派代表团参加了这次会议，也承诺要向基金组织交纳相应的资本份额。但苏联最后还是没有批准这个协定，因为它认为美国在战后会利用这个机构来控制苏联和东欧国家。由于苏联在国际经济活动中所占的比重较小，所以它的缺位并不影响这个基金组织的运行。

在金融领域，美国的视野长期放在自身和拉美地区上，20世纪20年代它开始关注欧洲，但政策上还有起伏。直到20世纪30年代中期美国才有了稳定的建立国际金融体系的观念。但它通过研究非常迅速地将这个观念机制化，如同它对自由贸易理念的机制化，甚

① 王绳祖：《国际关系史》（第五卷），世界知识出版社，1995年版，第50页。

至在战争年间也不放松这方面的努力。这不但说明美国人对打胜军事战争的信心，也表明美国人还要同时打赢另一场战争，即从霸权国英国手中接过金融领域的主导权。军事战争还远未结束，美国政府就率先与大批国家讨论通过《布雷顿森林协定》，可见它多么看重经济领域的胜利。这个会议的成功再一次体现了美国对世界的领导力。一个以美元作为主要国际货币、一个以美元作为国际结算单位、一个把美国首都华盛顿作为总部的国际货币基金组织显然成为美国霸权的另一根经济支柱。

第九章　军事力量的发展和战争——战胜所有挑战者

历史上，大国兴衰的转换交替往往伴随着新兴大国与原有霸权国家之间的战争。美国在孤立主义原则下奉行的对英政策使其避免了与英国的军事冲突，减少了它崛起的障碍。然而，在美国的崛起过程中，它依然无法摆脱战争的困扰。从 19 世纪末到 20 世纪中叶的 50 年间，美国依次经历了美西战争、第一次世界大战和第二次世界大战。在这三次战争中，无论美国参与的动机是什么，其结果都为美国奠定世界霸权地位发挥了重要的作用。

一、发动美西战争

美国从建国伊始到美西战争之前，基本都保持着一支小规模的军队，甚至一度成为几乎没有军队的国家。在北美独立战争中，大陆军从未被欧洲人视为正规军，其成员全部为民兵。独立战争后，美国立刻开始裁撤军队。1783 年 9 月 24 日，《巴黎和约》签订仅 4 天，在英军还未撤离的情况下，国会便命令华盛顿让大陆军复员；1784 年，大陆军裁减到仅剩 80 名士兵和几名军官，用于守备军事仓库；1785 年，联邦卖掉了原大陆海军的最后一艘船只。这样，美国变成一个几乎没有军队的国家。1789 年，华盛顿总统上台后，反复强调必须在节约的原则下“适当地”建立军队。华盛顿担任总统期间，美军人数最多时是1793—1794年，藉由对西北部印第安人作战的契机，正规军增加到4000余人。1812年，第二次美英战争爆发，美国陆军正规军人数仍不足7000人。1816年，国会通过法令规定按100万人口有1000名正规军的比例征召常备军。这样，平时陆军人数都在1万人上下。到1846年美墨战争爆发时，美国常备军人数也仅有不到7000人，而对手墨西哥这时则拥有大约32000人的常备军。[①] 在1861—1865年的美国内战中，美国军队数量最大，南北双方参战军队总人数超过200万，但战后的大规模裁减又使美国陆军在1867年仅剩约5.7万人，随后还进一步缩减。1897年之前，美国陆军总人数一直没有超过3万人。[②]

美国之所以长期保持一支规模小的军队，原因之一是它“南北无强邻，东西两大洋”的地缘优势。美国可以充分利用这种地缘政治优势，将其人力和财力资源用于国内建设。原因之二则是美国民众对军队的戒备心态。特别是1783年3月，驻扎在纽堡的军队哗变，一度占领邦联议会，这更加深了民众对常备军的恐惧和疑虑。因此，美国民众倾向于建立一支小规模的常备军，能够维护基本的国家和领土安全即可。这种对常备军的怀疑态度还催生了美国文官领导军队的传统。作为大陆军总司令和美国第一任总统，华盛顿就坚定地笃信文官治军，深信“军队是台危险的发动机，绝不能掉以轻心”。[③] 但值得注意的是，美国军队长期维持规模小的水平，是基于对和平和战争状态的明确区分。一旦遇到紧急情况，美国往往能够利用丰富的国内资源迅速扩充军队，全力投入战争。1783年，华

---

① Vernon Pizer, *The United States Army*, Frederick A. Praeger, 1967, pp. 9, 11, 13-14.

② Bruce D. Porter, *War and the Rise of the State: the military foundations of modern politics*, The Free Press, 1994, p. 267.

③ 阿伦·米利特、彼得·马斯洛斯金：《美国军事史》，军事科学出版社，1989年版，第81页。

盛顿在其《关于和平时期军队建设的意见》中，就将军队设计为一支“可以扩大的军队”。他建议在军队中保持相当高的军官比例，一旦战争爆发，便可迅速扩编。1820 年，时任陆军部长的卡尔霍恩应国会要求起草一份文件，明确提出在和平时期建立一支“弹性”陆军，可在战时随时扩充而不影响其战斗力。卡尔霍恩的建议虽未被国会采纳，但这份文件却被视为美国历史上最重要的军事文件之一。① 在 1846—1847 年的美墨战争中，美国军队就曾在短期内从 7000 人扩充超过 50000 人，并最终取得战争胜利。

19 世纪末，美国经济发展取得了显著成就，成了世界上第一制造大国，也是重要的出口国。美国国内出现殖民扩张和反殖民扩张的争辩。但大家有一点共识，就是需要发展海军力量来保护美国的海外航运和对外贸易。在 1896 年总统选举中，获胜的共和党的竞选纲领明确主张“保护海外航运业和美国船只”。19 世纪 90 年代初，时任海军部长的本杰明·特雷西深信“海洋将是未来霸主的宝座，我们一定要确确实实统治海洋”。军事史学家马汉提出了“海权论”思想，主张海军的目标应该是通过一场决战打垮敌人的舰队，夺取“制海权”，一支“具有进攻能力的舰队，仅仅依靠它就能使一个国家向外扩展影响”。② 因此，19 世纪末，美国政府非常重视发展海军。1898 年，美国陆军正规军人数只有 28000 人左右，装备更新也较为滞后。但美国海军从 19 世纪 80 年代开启现代化进程，一批用蒸气机及钢铁装备的军舰陆续下水，主力战舰还装有当时世界上威力最大的 13 英寸主炮。1898 年，美国海军已位居世界第三，仅次

---

① 阿伦·米利特、彼得·马斯洛斯金：《美国军事史》，军事科学出版社，1989 年版，第 120 页。

② 杨生茂：《美西战争资料选辑》，上海人民出版社，1981 年版，第 42 页；阿伦·米利特、彼得·马斯洛斯金：《美国军事史》，军事科学出版社，1989 年版，第 255 页；Russell F. Weigley, *The American Way of War: A History of United States Military Strategy and Policy*, Indiana University Press, 1973, pp. 177 - 178。

于英法。[①] 1884 年，美国还在纽波特建立了世界上第一所海军军事学院，对海军的重视程度日益提高。

在扩张主义者看来，加勒比海地区和太平洋是美国实行扩张政策的最适合的地方。在门罗主义的影响下，拉美地区基本成了美国的后院。在这里，最主要的欧洲势力来自西班牙。为了赶走它，1896 年，威廉·金布尔海军上尉就完成了一份《与西班牙的战争》的文件。美西战争的导火索是 1895 年的古巴起义。1895 年，古巴人起义，反抗西班牙殖民者。古巴发生的混乱局面给美国与古巴的贸易关系带来严重灾难。美国商人纷纷要求政府干涉，恢复古巴的秩序，挽回经济损失。与此同时，由于西班牙殖民者面对古巴的混乱局面采取了所谓的“集居地”政策，将农村人口全部赶进指定的城镇和地区，把乡村地区全部毁坏，期望以此断绝起义者的粮食、兵员和情报来源。人道主义灾难在美国激起了广泛的关注和同情。美国人对西班牙殖民者的非人道做法反应强烈，不少人要求政府采取干涉行动。作为对公众呼声的反应，美国国会通过一项决议案，要求承认古巴起义者政权。

然而，美国政府并没有迅速介入，而是宣布中立。一方面，美国不希望面对一个独立的古巴，而是希望通过非战争手段使古巴获得一定程度的自治或者变为美国的保护国，从而继续开拓美在古的商业利益。况且，美国的企业界担心对西班牙开战会打断国内经济中正在出现的繁荣势头。另一方面，美国政府担心欧洲其他列强的干涉，尤其是德国。当时，德国炮舰游弋加勒比海，对海地示威，蓄意寻衅，还斥责美国的门罗主义，并宣布新的造舰计划。但是，随着古巴局势的不断恶化，美国的中立政策逐渐难以为继。西班牙殖民者对古巴局势已彻底失控，一旦古巴获得独立，就可能完全脱离美国对古巴前途的设想。再加上当时英德矛盾尖锐，也使美国断

① 阿伦·米利特、彼得·马斯洛斯金：《美国军事史》，军事科学出版社，1989 年版，第 258 页。

定，一旦战争爆发，德国决不会贸然与美国为敌。

在这种形势下，美国开始积极进行备战活动。1898 年 1 月，哈瓦那街头爆发骚乱。麦金莱总统派遣“缅因”号军舰前往哈瓦那，表面上作为一次善意的访问，实际上则负有保护美国公民和财产之责。2 月 15 日，停泊在哈瓦那港的“缅因”号突然发生爆炸沉没，舰上 266 名官兵全部丧生。麦金莱总统立即做出反应，下令成立了调查委员会。2 月 25 日，“缅因”号爆炸原因还在调查之中，海军部助理部长西奥多·罗斯福就给当时在香港的美国亚洲分舰队司令杜威发出电报，命令他“备足燃料，一旦向西班牙宣战，亚洲分舰队就在菲律宾群岛发动攻势”。① 3 月初，美国就“缅因”号事件向西班牙提出强硬抗议。3 月 6 日，麦金莱总统声称“我必须有钱去准备战争”，向国会要求拨款 5000 万美元用于购买武器。3 天后，国会批准拨款。据美国驻西班牙公使报告，西班牙被拨款吓得“不知所措”。②

关于“缅因”号的爆炸原因，至今史学家都无定论。当时，调查委员会并没有把爆炸责任直接归咎于西班牙人，但美国舆论众口一词，将矛头对准西班牙。与此同时，美国国内企业界的态度也在发生转变，在麦金莱总统向商业团体表示战争带来的损失和动荡将不会中断正在恢复中的经济后，曾经对战争怀有疑虑的金融巨头开始表示认同战争。3 月 27 日，美国向西班牙发出最后通牒，实际上要求西班牙给予古巴“独立”，遭到拒绝。4 月初，德国和法国（两国银行家手中握有大量西班牙债券）曾试图调停，但由于英国政府拒绝合作，这一努力随即无果而终。4 月 20 日，美国国会通过决议，宣布美国承认古巴独立，要求西班牙从古巴撤军，并授权总统“使用合众国全部陆海军部队并征召民团服现役，以达到实行这

① 西奥多·罗斯福给杜威的备战命令（1898 年 2 月 25 日），参见杨生茂：《美西战争资料选辑》，上海人民出版社，1981 年版，第 171 页。

② 托马斯·帕特森、加里·克利福德、肯尼思·哈根：《美国外交政策》（上），中国社会科学出版社，1989 年版，第 259 页。

些决议所需要的规模”。4 月 21 日，西班牙断绝同美国的外交关系；22 日，麦金莱总统发布公告，命令美国军舰封锁古巴港口；[①] 24 日，西班牙对美国宣战。4 月 29 日，麦金莱总统正式签署了宣战声明。

战争爆发时，美西两国军力对比互有强弱。陆军方面，西班牙拥有一支庞大的陆军，有 15 万正规军驻守古巴，8000 多人在波多黎各，2 万人在菲律宾，其余 15 万人驻扎在国内。但这些数字并不可靠，与古巴和菲律宾当地武装分子的艰苦作战以及热带疾病的折磨使得西班牙殖民地部队遭到很大削弱。美国陆军开战时仍然维持在较小规模，人数远远逊于西班牙。1898 年美国常备陆军仅有 28000 人，另有国民警卫队 115000 人，[②] 加起来还不到西班牙陆军半数。即便在 1899 年，取得美西战争胜利的美国也仅有常备陆军 62000 人。但美军拥有速射野战炮、电报、电话等先进装备。而且开战前后美军发挥了善于在战时迅速扩编的传统优势，至 1898 年 5 月间，美国陆军已征召、装备了超过 20 万志愿者，不过大部分志愿者兵员是临时征召，缺乏训练和实战经验。

海军方面，战争爆发时，在加勒比海方向，美国海军拥有 4 艘 1 万吨以上的一级战列舰，1 艘 6300 吨的二级战列舰，2 艘 8000 吨以上的铁甲巡洋舰，11 艘巡洋舰，6 艘配备重武器的低舷铁甲舰，以及一大批配备了轻武器的巡逻艇、鱼雷艇。为了加强在古巴的海上力量，美国还命令刚刚在太平洋西海岸装配完毕的万吨级战列舰“俄勒冈”号东调。“俄勒冈”号在 1 艘炮艇的护送下，以平均 12 节的速度昼夜兼程，耗时 68 天，航行 13000 海里到达加勒比海域。[③]

---

① 杨生茂：《美西战争资料选辑》，上海人民出版社，1981 年版，第 172、175 页。

② Erik Goldstein, *Wars and Peace Treaties*, 1816 - 1991, London and N. Y.: Routledge, 1992, p. 209.

③ Russell F. Weigley, *The American Way of War: A History of United States Military Strategy and Policy*, Indiana University Press, 1973, p. 221.

这次创纪录的出色远航使美军在该地区的战列舰数量增加到 5 艘，在投入作战之前就展现了美国在 19 世纪 80 年代复兴海军的成果。反观西班牙海军，仅有的 1 艘近万吨的一级战列舰正在维修，没有参战。战斗力较强的新型装甲巡洋舰“尼里斯托贝尔·考伦”号还没有装备好，就匆忙投入战斗。3 艘较为先进的 7000 吨的装甲巡洋舰上的火炮出了故障，正在检修。几艘在建的新型战列舰和巡洋舰由于资金不足，无法按期交付海军使用。西班牙派出本土舰队驰援加勒比海，但这支舰队只有 4 艘巡洋舰和 2 艘驱逐舰，可谓杯水车薪，而且保养不善，弹药不足，甚至还未出港，煤仓就已经空了一半。在菲律宾方向，美国共有 6 艘新型装甲蒸汽战舰及 5 艘辅助船只。西班牙有 7 艘木壳战舰，均破旧不堪，其中旗舰还漏水不能远航。美舰在火力上同样占绝对优势，一次齐射可发射 3700 磅炮弹，而西班牙舰队一次齐射仅 1273 磅。而且西班牙军舰甲板上堆满了锅炉用的木柴、煤等易燃物，被炮弹一击中便会燃起熊熊烈火。总体看，还是美国军队占有优势。西奥多·罗斯福辞去了海军部助理部长的职务，亲自率军前往古巴，他说：“这不是什么了不起的战争，但这是我们经历过的最好的战争。”①

战争的进程也正如美国人战前的乐观预计。1898 年 4 月 27 日，乔治·杜威率领的美国太平洋分舰队从香港出发；5 月 2 日，在菲律宾马尼拉湾发生战斗，美军首战告捷。此后，杜威的舰队封锁了马尼拉湾，西班牙军队在菲律宾再也没能给美军制造麻烦。随后，美国派遣陆军从本土横渡太平洋，开往菲律宾。在前往菲律宾的航程中，6 月 20 日，美军还兵不血刃就占领了西班牙所属的战略要地关岛，由于缺乏电报电话等通讯设备，岛上的西班牙总督竟然不知道美西两国已经爆发战争。8 月 13 日，美国陆军到达马尼拉。事实上，8 月 12 日，美西两国就已经签署了停战协定

① 托马斯·帕特森、加里·克利福德、肯尼思·哈根：《美国外交政策》（上），中国社会科学出版社，1989 年版，第 263 页。

书，因此，13 日美军到达后，西班牙守军只进行了象征性的抵抗就缴械投降。加勒比海方向的战斗晚于菲律宾方向开始，但结束得却更早。在美国海军封锁古巴近两个月之后，6 月 14 日，美国陆军在古巴登陆。7 月 17 日，驻守在圣地亚哥的西班牙军队向美军投降，美军在古巴的战斗结束，历时仅一月有余。8 月，美军还攻占了波多黎各全岛。

由于海军在战场上所向无敌，美国海军部甚至开始筹划横渡大西洋，对西班牙本土进行一次袭击。发觉对手这种野心之后，西班牙立即向美国求和。12 月 10 日，美西《巴黎条约》正式签字，规定西班牙将菲律宾、波多黎各、关岛割让给美国，美国则付给西班牙 2000 万美元作为补偿。美国完全实现了战前的目标。

对美国而言，海军的绝对优势为美西战争的胜利奠定了基础。其次，战前美国决策者抓住各种契机，精心谋划外交，可以说是将西班牙逼入战争；在战争进程中，美国也得益于这种外交努力，排除了其他列强（主要是德国）的干扰。再者，美国政治家还充分调动新闻媒体的影响力，在民众中激发出主战舆论并利用这种舆论克服国内反战情绪，最终顺利开战。但是，对美国而言，这场“小而辉煌”的战争并非完美无憾，如陆军大部分兵员属于战时扩充，平时缺乏训练，更谈不上有实战经验，因此在作战中效率低下；美国人引以为傲的海军虽然军舰实力占据压倒性优势，但舰员训练水平堪忧，在圣地亚哥港海战中，美舰发射炮弹超过 8000 枚，但战后检视西军舰体，发现仅命中 120 发。经过这场战争的考验，美国更加重视发展海军。

这场战争无疑是美国主动挑起的一场战争。19 世纪后半叶，随着美国国力的迅速增长，美国的对外扩张冲动势不可挡。战争的胜利提升了美国的国际地位。过去欧洲人谈到列强时，所指通常是英法德俄奥意六大国，美西战争后，他们又加上了第七个——美国。当时一幅德国漫画表达了这种新的看法，漫画中山姆大叔伸手去拥抱地球，所配的文字是“我现在还不能完全地抱拢——但已为时不远了”。[①] 但战争的结果也在美国国内引起反战运动，而且导致日本的警惕。

二、参与第一次世界大战

20 世纪初，美国只在拉美展开几次军事行动。由于对手的弱小和门罗主义的屏障，它们都没有导致战争。在国内的反战运动和反对殖民地的传统的推动下，美国政府不再依靠战争来进行殖民扩张，而着眼于经济扩张上。连在对外扩张中最为激进的西奥多·罗斯福也认为美国已经不再需要夺取外国哪怕一寸土地，他甚至认为，从军事的观点来看，美国应该放弃在美西战争中获取的殖民地菲律宾，因为菲律宾会成为美国在安全上的“阿喀琉斯之踵”[②]。（在二战中，这一预言得到应验。1941 年 12 月，日本袭击菲律宾，美国损失惨重。）

然而，美国海外领土（夏威夷、巴拿马运河、波多黎各等）和海外利益的增加，以及日趋激烈的国际政治经济竞争和民族主义盛行的时代风气，都增加了美国日后卷入军事冲突乃至大国战争的可能。美国政府不敢掉以轻心。对美国来说，安全问题已经由纯粹保卫北美及美洲问题转为维持美国向海外扩展利益的活动提供军事手段的问题。因此，美西战争后，美国军队并没有像以往那样遭到大规模裁撤，尤其是海军，而是继续保持发展势头。1901 年，上任总统不过几个月，西奥多·罗斯福就公开声称，“在美国面前有两种选择——或者是建立并保持一支充分强大的海军；或者是自甘落后，处于次要地位。这不仅在政治上、贸易上是如此，在整个国际

① 阿伦·米利特、彼得·马斯洛斯金：《美国军事史》，军事科学出版社，1989 年版，第 289 页。

② Russell F. Weigley, *The American Way of War: A History of United States Military Strategy and Policy*, Indiana University Press, 1973, p. 188.

事务中都是如此。”“海权论”的创立者马汉也积极宣称，美国既然已经拥有了财富和力量，就应该在国际上发挥相应的作用和影响。这就是说，美国必须奉行扩张政策，“而作为上述一切的基石，必然是要求拥有一支能在辽阔水域发挥影响的强大海军”。①

由于意识到冲突和战争可能性的增加，美国政府开始针对未来与欧洲大国发生冲突做出设想和预案。1900 年美国成立海军总指导委员会，1903 年成立陆军总参谋部，同年，又创建了陆、海军联合委员会。联合委员会制订了以颜色为代号的战争计划以应付与某些可能的敌国发生的冲突事件。“橙色计划针对日本，红色计划针对英国，黑色计划则针对德国。”② 其中，黑色计划预想了德国人在加勒比海地区登陆，入侵西半球的可能性。这种想象并不离谱，它体现了美国人的忧患意识，对德国力量崛起保持警惕。事实上，美、德之间久有宿怨。在美西战争中，德国就曾试图干涉美国在菲律宾的军事行动，双方的对抗一直在酝酿之中。1902 年，德国又曾插手委内瑞拉事务，使这种对抗重新复活。在 1914 年美国与墨西哥的冲突中，德国也曾站在美国对立面，向墨西哥政府提供大量武器。

美国重点发展海军，充分使用了新技术、新装备。到 1914 年，美国已开始建造排水量为 3.2 万吨的战列舰。海军舰队的阵容从 1898 年的 11 艘战列舰增加到 1913 年的 36 艘。到一战爆发时，美国海军规模仅次于英国皇家海军和德国公海舰队。下表显示了美国海军力量在美西战争后到一战前的发展。③

---

① 内森·米勒：《美国海军史》，海洋出版社，1985 年版，第 194、193 页。

② Russell F. Weigley, *The American Way of War: A History of United States Military Strategy and Policy*, Indiana University Press, 1973, p. 201.

③ 阿伦·米利特、彼得·马斯洛斯金：《美国军事史》，军事科学出版社，1989 年版，第 306 页。

年度	支出经费（以百万美元计）	海军实力（人数）	陆战队实力（人数）	主要作战舰*（只）
1899	64	16354	3142	36
1904	102	32158	7584	29
1908	118	42322	9236	62
1912	135	51357	9696	64
1916	153	60376	10601	77

*战列舰和配有 6 英寸以上主炮的巡洋舰。

相比之下，美国陆军发展较慢。1916 年，陆军正规军人数为 108399 人，国民警卫队为 132194 人。这种规模与世界陆军强国相比差距明显。德国在和平时期保持着一支 80 万人的陆军。法国和平时期的陆军也有约 80 万人。直到 1916 年 5 月，美国通过国防法，才允许正规陆军在和平时期兵力可增至 17.5 万人，但要达到这一数字，尚需 5 年时间；国民警卫队则获准最多可达 40 万人。①

1914 年 6 月，以英国为首的协约国集团与以德国为首的同盟国集团之间的矛盾已经激化到一触即发的地步。到 8 月，欧洲大国全部卷入战争。1914 年 8 月 4 日，英国向德国宣战的当天，威尔逊总统正式宣布中立。美国商人依然与两大交战集团都保持频密的商业往来，利用战争机会大发其财。实行中立政策确实给美国带来巨大的经济好处。虽然美国军事力量在此期间有所发展，但美国政府几乎不做具体的战争准备。1915 年 7 月，一战爆发已近一年，在共和党对手的压力下，威尔逊才勉强同意由军方起草新的国家安全计划。然而，战争还是对正常的商业活动带来巨大障碍。一方面，英国皇家海军企图通过封锁德国所有的港口和码头迫使德国就范。美国商船多次在公海受到英军的拦截和登船检

① 阿伦·米利特、彼得·马斯洛斯金：《美国军事史》，军事科学出版社，1989 年版，第 307、330 页。

查，甚至连船上运载的谷物和豆类也被视为战时禁运品而遭到没收。另一方面，德国海军从1915年2月开始进行无限制潜艇战，美国商船和人员伤亡不断。对于这些障碍，美国政府除了提出抗议外没有采取任何行动来制止对其利益的侵害，因为美国政府虽想进行调解，但任何一方都不接受，若参加战争，一时又难以判断站在哪边。直到1917年初，美国政府才把矛头指向德国。这一是由于德国在克制了一段时间之后，于1917年1月31日宣布恢复无限制潜艇战的举动，立刻导致德美危机加剧，美国也顺势把局势升级的责任推向德国一边。2月3日，华盛顿同柏林断绝外交关系。二是美国政府从英国方面得到的由德国外交大臣齐默尔曼发往墨西哥的电报，建议德墨结盟对付美国。这就构成对美国的重大挑战。三是英国海上力量的优势使战争期间美英经济关系远远重于美德关系，美国在英国的经济利益把两家绑在了一起。结果，4月6日，美国终于正式加入了对德作战的行列。

尽管美国一直奉行中立政策，缺乏实际的战争准备。但是，美国有着不容低估的民族主义动力、强大的组织能力和异乎寻常的生产力，这些都是美国备战工作成功的保障。在宣布参战后，1917年5月，美国组织军官训练营培养“90天速成军官”，其中有数千名少尉以上的军官，大多出身于上流社会。美西战争中的英雄——前总统西奥多·罗斯福成为参训军官的榜样。一位训练营员谈到营里精神面貌时说，“有那么多的罗斯福，你只要一转身就会被一个罗斯福绊倒”。当时的好战情绪和民族主义热情可见一斑。[①] 威尔逊总统也极为重视社会舆论和民众情绪。在参战决议通过一星期后，就设立了一个公共信息委员会，由丹佛进步记者乔治·克里尔领导。该委员会面临的任务就是：使美国人具有参战思想。到战争结束前，他动员了15万演说家、作家、艺术家、演员和学者，进行了美

① 托马斯·帕特森、加里·克利福德、肯尼思·哈根：《美国外交政策》（下），中国社会科学出版社，1989年版，第395页。

国历史上最庞大的宣传活动。此类宣传活动激发起部分美国人近乎歇斯底里的反德情绪和战争狂热。许多州甚至禁止教授德语和使用德语做礼拜。在辛辛那提，甚至规定酒吧间的小吃部停止供应德国风味的椒盐卷饼。[①]

协约国方面需要的不仅是美国同仇敌忾的舆论支持，更需要美国在军事上实实在在施以援手。美国刚宣布参战，协约国代表团就前往华盛顿，法国的霞飞元帅坦诚地向美方表示，“我们所需要的，第一是人，第二是人，第三还是人。”[②] 为了迅速增加美军人数，1917 年4 月对德宣战后，威尔逊总统立即要求征兵50 万人。5 月18 日，美国国会通过《选征兵役法》，该法授权总统在全联邦征集50 万人，在他认为适当的时候，还可再征集50 万人。1917 年7 月4 日，美军将领潘兴率第一批军队登陆法国，至1918 年9 月，已经有100 万美国军队抵达欧洲，11 月停战时，驻扎在欧洲的美军达200 万人。截至1918 年11 月，美国共动员男女军人480 万人，约占人口总数的1/25。[③] 该兵役法保证了美国的兵员需要。

现代战争还需要大量的物力保障。但是当时美国公司的军用品订单已全部为协约国所包揽，因此，美军参战就意味着对物资和服务的需求远远超出其供应能力。1917 年4 月，美国发现自己面临着不扩大和调整经济就无法组建一支战时军队的境地，以至于美国应征人员的入伍一度被迫停止，以等待供应物资。在参战期间，美军（主要是陆军）也不得不大量使用协约国的武器装备进行作战。在法国作战的美军所用的约2250 门火炮中，只有100 门左右是美国制

---

① Arthur Stanley Link, William Bruce Catton, *American Epoch: A History of the United States Since* 1900, Random House USA Inc., 6th edition, 1980, p. 200.

② 阿伦·米利特、彼得·马斯洛斯金：《美国军事史》，军事科学出版社，1989 年版，第335 页。

③ 阿伦·米利特、彼得·马斯洛斯金：《美国军事史》，军事科学出版社，1989 年版，第338 页；Arthur Stanley Link, William Bruce Catton, *American Epoch: A History of the United States Since* 1900, Random House USA Inc., 6th edition, 1980, p. 185。

造的。美军使用的坦克也全部是法国货或者英国货。甚至直到1918年7月，在法国作战的美军仍不得不使用法国机枪和自动步枪。美国军方曾向协约国许诺，天空将布满美国的飞机，但实际上到战争结束前，在欧洲的美国空军只有四分之一的飞行中队驾驶本国生产的飞机，其他飞行员都是驾驶英国或法国飞机。总之，经济动员本身需要比军事动员更长的周期，美国在这一陌生领域的严重滞后使自己遍尝苦果，最终耗费了大量时间和资金才将国民经济纳入战时轨道。例如在飞机制造问题上，美国缺乏制造军用飞机的经验，虽在参战之初怀有强烈愿望要趁机建立强大的军用航空工业，而且花了大约10亿美元试图强行推进，但鉴于战斗机的设计方案变化太快，美国最后仍然只能听从协约国的劝告，不再下工夫生产复杂的战斗机，而是发挥自身优势，集中力量于飞机发动机的制造。借助一战这一契机，美国航空工业在1919年发展到高峰，其飞机发动机生产能力名义上可达每年46000台。[①] 美国航空工业在一战中取得飞跃发展。

战争进展还是比较顺利的。美国军队于1917年6月启程开往法国。到1917年底，大约每月有5万人（包括加拿大军队和美国军队）从4个加拿大港口、6个美国港口转到6个法国港口和许多英国港口。美国军需品的临时堆积场和补给基地也遍布法国各地。1918年5月底，美军第一次以师的建制参战。美军的热情和活力使精疲力竭而且士气低落的协约国军队重新振作起来。协约国军队很快阻止了德军从1918年3月下旬就一直持续的进攻。7月18日，协约国军队发动反攻，有9个美国师在蒂耶里堡附近进行了激烈战斗，帮助协约国军队解除了德军对巴黎的威胁。9月，美军猛攻凡尔登和色当之间的德军防线。整个10月，双方都将全部兵力投入战斗。11月1日，德军阵线开始崩溃，美军到达色当外围，并于11

① Stephen Broadberry, Mark Harrison, *The Economics of World War I*, Cambridge University Press, 2005, p. 332.

月 7 日切断色当 - 梅齐埃尔铁路。在 1918 年 5 月的关键时刻，美军帮助协约国顶住了德军最后一次强大攻势。11 月，协约国军冲破了德军防线，掌握了主动权。一战期间，美国陆军规模再次经历了从小到大的快速膨胀。

一战期间，美国海军也取得发展。1917 年 4 月美国对德宣战后，当时仅有 7.3 万名官兵的美国海军几乎立刻就投入了战争。到战争结束时，美国海军共有 2000 多艘舰只和 53.3 万名官兵在役，包括 11575 名妇女。这是美国海军首次接受妇女服役。其中，共有 383 艘美国舰只在海外执行战斗任务。[①] 起初由于德国恢复无限制潜艇战，协约国方面在海上遭受重大损失。1917 年，德国潜艇共击沉 650 多万吨船舶，而美国、协约国和中立国所有造船厂一共只建造了 270 万吨。4 月末，美国派驻伦敦的联络官威廉·西姆斯将军报告称，“协约国现在已没有制海权。部队和补给的输送紧张到极点，对战场上军队的保障已构成威胁。”[②] 因此，美国海军在海战中的首要职责就是针对德国的潜艇战进行反潜战。此外，参战前美国海军的造舰计划以主力舰为主，完全忽视了反潜舰只的建造。现在，为了适应护航和反潜作战对驱逐舰的需求，该型军舰的建造及其人员配备便居于优先地位。美国暂时搁置建造战列舰的计划，另外制定了建造 273 艘驱逐舰的计划。美国充分发挥了工业强国的优势，这些驱逐舰在设计定型后即大批生产，进展神速。通常建造一艘美国驱逐舰需要一年多，但在战争期间，马雷岛一家海军造船厂用 70 天就建造了一艘，民用造船厂造舰速度更快，仅用 45 天就可以将一艘驱逐舰建成试航。[③] 甚至有的驱逐舰在龙骨安

---

① Arthur Stanley Link, William Bruce Catton, *American Epoch: A History of the United States Since* 1900, Random House USA Inc., 6th edition, 1980, p. 190.

② 汉森·鲍德温：《第一次世界大战史纲》，军事科学出版社，1991 年版，第 152 页。

③ Russell F. Weigley, *The American Way of War: A History of United States Military Strategy and Policy*, Indiana University Press, 1973, p. 194.

好之后17天就下水了。（不过，由于一战接近尾声，这批军舰绝大多数都没能赶上参加反潜作战，其中有一部分倒是在整个第二次世界大战期间参加服役并发挥作用。）美军从4月开始参与护航，效果立竿见影。从1917年4月到11月底，自纽约出发驶往英国的船队，总共1280艘船只中，只损失了11艘。虽然德国在1917年10月又投入了140艘潜艇，这也是德军潜艇部队规模在整个一战期间的最高峰，但美国和协约国方面被击沉的船舶总数仍然稳步下降，而且这样的损失数字对协约国已不能构成太大的威胁。美国以强大的造船能力，在数量和建造速度上都足以弥补协约国这种程度的损失。

美国海军的力量不仅体现在海上，也体现在空中和陆地上。海军航空兵在反潜战中实力增长迅速，居海军各兵种之首。美军参战时，海军航空兵仅有43名合格的飞行员，239名应募入伍的新兵，以及54架大多不能用于作战的飞机。大战结束时，海军航空兵军官达到6716人，应募加入海军航空兵的士兵达到30693人。海军陆战队也奋勇当先，最早到达法国的美军中就包括海军陆战队的一个团，到1918年5月下旬，又扩编为一个人数达8000人的陆战旅，归属第二步兵师。这支部队曾经进抵贝鲁沃特，参加了一战中最残酷的白刃战。① 海军陆战队还组建起自己的航空队，拥有282名军官和1180名士兵。

美国海军还有强大的运输能力。1917年7月1日，美国海军能用于运输的船只仅有7艘运兵船和6艘货船，共计9.4万吨。为了满足庞大的运输量需求，美国商船也加入运输行列。1917年4月，美国成立了应急船队有限公司，征用、购买、租赁了700多艘船只用于运送士兵和给养，同时还在很短的时间内建造了1000艘散装货船。到1918年11月，美国已建立起一支拥有142艘舰艇的运输部队，总计325万吨，共运送士兵91.1047万人到法国，还有大量的

① 内森·米勒：《美国海军史》，海洋出版社，1985年版，第222页。

装备。

1918年11月，第一次世界大战比协约国领导人预期提前结束。整个战争打了4年多，但美国只参战1年零7个月。美国领导人决定参战完全是现实利益的权衡，无正义可言。这场战争给美国带来的损失极为有限，而收获巨大。第一，美国择机参战，以最小的代价获取了战胜国的地位，而且被视为协约国的拯救者。当威尔逊总统带着“十四点计划”参加凡尔赛和会时，美国无疑是会议的主导者，尽管比较弱势。虽然美国后来未能成为国联的成员，但国联的成立落实了威尔逊最重要的设想，美国人关于国际体系的思想开始支配世界。第二，战前美国已经是世界第一工业大国和第一贸易大国，战争期间及战后美国给予各国的贷款使其又成为世界最大的债权国，并进而发展为金融大国。到20世纪20年代，美国无疑是世界第一经济强国。第三，现代战争越来越演变为综合国力的较量。美国此前的经济技术力量保证了美国能在最短的时间内建造大量的军舰和战机。战争并没有构成美国财政的负担，工厂也没有因为生产军需品而减少消费品的生产。美国的潜能因战争而一下子爆发出来。美国不仅工业生产能力强，而且农业生产能力巨大。那时世界粮食出口量的一半是由美国提供的。美国不仅满足自己的需要，还把粮食运往法国、意大利和英国等国。相比之下，由于德国忽略农业生产，战争期间德国遭受食品短缺之苦，甚至把国家带到饥饿的边缘。美国通过空前规模的经济动员挖掘出自身国力的巨大潜力。这种组织战时经济和动员生产能力的经验，使美军在此后的第二次世界大战中获益匪浅。美国“军工联合体”就起源于一战期间政府和企业界的合作。这次战争也使美国决策者对战争的考虑从军事扩展到政治、社会等更广泛的领域。第四，在军事思想和军事战略方面，美军在美西战争后获取一些经验在一战中得到检验。美西战争的辉煌胜利是依靠大舰队取得制海权，此后美国着重建立以战列舰为主的海军。但第一次世界大战中德军活跃的潜艇战降低了大舰队的战略价值，反潜战的需要使美军不得不把造舰计划的重心调整到建造驱逐舰上来。美国政府更加重视科技发展和工业进步对军事战略调整的要求。

三、主导第二次世界大战

20 世纪 20 年代，虽然美国已不再奉行威尔逊式的集体安全主张，但美国政府依然希望通过军备控制和裁军等手段来维持国际格局的稳定现状，从而能够继续安享一战后的贸易和金融红利，也避免人类再现一战式的大灾难。1921 年 11 月 12 日，美国主动邀请英国、法国、日本、意大利、比利时、荷兰、葡萄牙和中国在华盛顿举行会议，建议各国终止军备竞赛。结果，会议签署了《五国海军条约》，这一条约是现代史上第一个主要强国间进行裁军的协议。1927 年 6 月 20 日，法国外长白里安提出愿与美国缔结双边安全条约。美国国务卿凯洛格认为最好把法国建议的双边关系扩大为国际多边关系，搞一个世界反战宣言。1928 年 2 月，凯洛格向法国和其他国家送交公约草案。8 月，有 62 个国家在这份反战公约上签字，“一致谴责用战争解决国际争端，正式放弃把战争作为国家政策的工具”。

出于一战历史的经验教训，20 世纪 20 年代美国国防力量有一定的发展。《1919 年海军法》和《五国海军条约》使美国实际上可以拥有世界最强大的海军力量。根据《五国海军条约》，美国海军的战列舰总数将为 18 艘，其中 10 艘是 1906 年以后建造的，另外 8 艘则是 1919 年以来新造的。美国改装了两艘 3.3 万吨的航母“列克星敦”号和“萨拉托加”号，并于 1927 年编入现役，它们是世界上同级舰中的佼佼者。1920 年 6 月 4 日通过《国防法》，规定建立以志愿者和多种预备役部队为基础的多层陆军构成体系。该法令规定美国陆军正规军人数为 28 万人；国民警卫队为联邦后备部队，在和平时期的最高人数可达43.5万人；此外还将组建一支更为专业的预备役部队，预计在60天动员后能够使陆军人数扩充至230万人。1926年的《航空队法》推动美国军方在建立军事航空体系上开始迈出巨大步伐。该法规定陆军航空队的编制为1514名军官、16000名士兵和1800架飞机；同时制定了一项五年扩展计划，使这些飞机现代化；陆军部还将增加一名负责航空事务的助理部长。此后，陆军航空队取得长足发展，逐渐获得独立的地位。此外，美军巩固一战中获得的宝贵经验，重视工业动员能力。1921年，美国陆军部长助理在其办公室内成立计划处，负责工业动员计划问题。1924年，美军还建立了陆军工业学院，培养专业的负责工业动员的军官。但受孤立主义外交原则和国内危机的影响，美国军力发展在20年代末期到30年代初期几乎止步不前。

然而，国际形势的发展不以美国领导人的意志为转移。20世纪30年代，世界上一些地区的火药味越来越浓。世界格局由于各国力量发展不均衡而发生了变化。原来的霸权国英国的力量日益衰退，已经对美国构不成威胁。而世界正在崛起的另外3个国家：日本、德国和苏联却对美国构成了挑战。日本在远东，尤其是在中国的侵略扩张行动直接破坏了美国所倡导的门户开放政策。美国政府受孤立主义外交原则和国内危机的制约，只好对日本采取“不承认主义”政策。欧洲一直是美国的战略利益重心，但以德国为首的法西斯势力却不断威胁周围的国家，自然也对美国利益构成了威胁。1935年8月，美国国会通过中立法，禁止将美国武器运往交战国，也禁止美国船只为其运送武器，而不考虑战争任何一方的行为对美国的利弊。苏联是一战后迅速崛起的社会主义大国，虽然美苏存在意识形态和经济利益上的争持，但美国政府未把苏联视为现实威胁，尽力与苏联保持缓和关系。因此，对美国的实际威胁来自日本和德国。

1935 年的中立法并不能减少美国面临的威胁。1937 年 7 月，日本开始大规模侵略中国。1939 年 9 月，德意的侵略导致战争在欧洲全面爆发。由于国内的孤立主义氛围和仍然存在的经济社会问题，美国政府坚持中立立场。直到 1939 年 11 月 4 日，美国国会才通过中立法修正案，允许在“现购自运”的条件下向交战国出售武器，这意味着美国的政策开始倾向于受法西斯威胁和侵略的英法等国。1940 年 6 月中旬，法国陷落，罗斯福开始号召援助英国。1940 年 9 月 2 日，罗斯福以租借英国在西半球的海空军基地的名义，同意向英国提供 50 艘驱逐舰。这时，美国舆论也开始发生变化，民众逐渐转向支持总统的立场。80% 的美国民众赞成在不宣战的情况下，全力援助英国，包括出售飞机。[①] 在总统和民众的努力下，租借法案终于冲破国会中的孤立主义障碍获得通过，并于 1941 年 3 月 11 日经罗斯福签署成为法律。该法令授权总统“向总统认为其防务对保卫合众国至关重要的任何国家的政府出售、转让、交换、出租、借与任何防务器材”；同时拨款 70 亿美元，专为生产和租借物资。租借法虽然并非取代中立法，但它的施行，使美国可以调动除直接派出军队参战之外的几乎所有手段支持英国、中国和苏联等受法西斯侵略的国家。从 1935 年的中立法到 1941 年的租借法，美国用了近 6 年时间，终于摆脱了中立政策的束缚。

虽然，美国整体对外政策的调整极为迟缓，但作为政府领导人的罗斯福在此期间却一直默默地采取步骤提升美国的国防力量。曾担任海军部长助理达 8 年的罗斯福，对海军和整个美国军队都怀有同情和期待。1933 年 6 月就职后不久，罗斯福总统通过行政命令批准了一份总额 2.38 亿美元的三年造舰计划，包括 2 艘航空母舰、4 艘巡洋舰、20 艘驱逐舰和其他 8 艘小型舰只。这是在被国际军控协定和国内财政预算限制十多年后，美国海军首次得到发展拨款。1934 年 3 月，一向支持海军建设的参议员卡尔·文森

① 何维保：《美国的非常年代》，河南人民出版社，2002 年版，第 217 页。

主持提出“文森－特拉梅尔法案”，授权海军在1942年之前建造102艘战舰，使新批准的造舰总数达到134艘。1937年，美国海军有3艘航母、10艘巡洋舰、41艘驱逐舰和15艘潜艇在建。当然，由于造舰周期较长，这些在建船只大部分要到20世纪30年代末、40年代初才能入役。1937年之后，由于日本宣布不再遵守《五国海军条约》，并开始全面入侵中国，美国再度调整海军发展计划。1938年的《海军法》首次使美国的舰队规模超出了条约的限制——这项十年计划规定的舰船总吨位超出了条约限制的20%。此外，国会还批准海军航空兵的飞机数量增至3000架，几乎比现有数量翻了一番，新的海军基地也已在建设中。

罗斯福政府对备战的兴趣并不仅限于海军的重新武装。1935年，国会和总统批准陆军士兵人数从一战之后最低谷时期的118570人增至14.7万人，后又在1938财年追加到16.5万人。1938年1月28日，罗斯福在给国会的国情咨文中称，“从国家安全的角度来看，我们的国防力量不足，需要加强”。他建议每年给陆军拨款1700万美元用于新式武器的试验性订货，并开始为储存弹药拨款200万美元。1939年夏，国会通过对陆军的补充拨款法案，允许陆军人数增加到21万人。1940年初，罗斯福又向国会提交了8.53亿美元的陆军预算，这一数额是20世纪30年代中期陆军预算的两倍多。4月，德国占领丹麦和挪威，总统批准增加拨款800万美元用于采购急需设备应对突发事件。

1938年秋季，出于对德国空军的警惕，特别是对德国可能在南美洲建立空军基地的担心，罗斯福召集军事顾问举行会议研究美国空军的发展政策。他宣布将拨款5亿美元使军用飞机数量增至10000架，还计划在未来使美国航空工业每年产能达到24000架飞机。3个月后，国会通过了罗斯福经压缩后的要求，同意提供3亿美元的拨款，使军用飞机数量达到5500架，其中包括3251架新式飞机，国会还特别批准航空兵飞行员人数增加3000人。[①]

1940年法国陷落后，英国形势紧张，美国的军备建设更加迫切。国会在1940年7月和9月通过一系列“两洋海军”法案，批准再将海军作战舰队的吨位增加一倍，其中包括9艘战列舰、11艘“埃塞克斯”级航空母舰和44艘重巡洋舰和轻巡洋舰。同年，政府又批准了一份84个大队、7800架飞机的空中力量扩编计划。在陆军方面，6月，美国国民警卫队开始服现役，9月，国民警卫队员开始加入联邦军队进行补充训练。到1941年6月，已有近30万国民警卫队员加入陆军现役序列。与此同时，根据国会1940年9月通过的《选征兵役训练与服役法》，60余万名应征者也加入陆军，这是美国第一次在和平时期就进行征兵。到1941年夏，美国陆军总人数已达120万人。

在增强军备的同时，美国军方也根据战局的进展，随时调整对未来可能的军事介入所做的预案。30年代后期，面对紧张的国际局势和德意日三国的日益勾结，美军战争计划人员的关注点已经超出了旧的多种颜色方案的考虑范畴。1939年末，陆海联合计划委员会制订了五个计划，统一称作“彩虹”计划，针对的也不仅仅是某一敌国，而是敌国的同盟或联合体。其中，“彩虹2号”和“3号”都着重于一场两洋战争中的太平洋战线，而“彩虹5号”则重点放在横渡大西洋以在东大西洋、非洲和欧洲击败德国和意大利的入侵军事行动。起初，“彩虹2号”和“3号”的优先级要排在“5号”之前。但在罗斯福总统的影响下，1940年下半年，美军改变了过去以日本为主要假想敌和太平洋、大西洋并重的军事战略，强调在大西洋采取主动，全力援助英国，在太平洋则限于防卫行动。于是，“彩虹5号”的优先级随之提升，美军则在1941年8月6日干脆取消

① 阿伦·米利特、彼得·马斯洛斯金：《美国军事史》，军事科学出版社，1989年版，第395、396页。

了“彩虹2号”和“3号”计划。[①] 1941年1—3月，美国军方主要计划人员与英国同行在华盛顿举行数次秘密会谈，在美国尚未参战的情况下，就制定了联盟战略的大致轮廓，双方达成《ABC-1参谋协定》，其中规定：一旦与德国和日本同时开战，美英将首先合力击败德国。“德国第一”也成为此后二战中同盟国战略的核心。[②]根据“德国第一”的指导原则，美国陆军和海军完善了“彩虹5号”战争计划，制定出各项细节，该计划最终成为二战中美国战略的基础。陆军航空兵对该计划进行补充，形成《AWPD-1计划》（《空中战争预测文件-1》），其中规定军用航空工业的首要任务是研制一种航程达4000英里的超远程轰炸机。后来在日本投下原子弹的B-29轰炸机就是由此诞生的。

此外，美国政府在1939年就开始制定发生战争的工业动员计划。4月中旬，战争计划部受令研究“一旦欧洲发生战争和总统采取备战政策时应采取的步骤”，该部在当月底就拿出了初步研究报告。5月5日，战争计划部又根据初步研究报告给出了优先供应项目的计划。在30年代后期，面对法西斯国家的侵略势头，美国虽然没有直接参战，但实际上已为即将到来的战争做各种准备。1939年1月，罗斯福在致国会的国情咨文中称，虽然美国不用军事干涉来制止国外的侵略行动“是正确的”，但是，“除战争外，有许多比光讲空话更有力与有效的方式”可以对付侵略者。[③]

在实施以上援助措施的过程中，美国海军不可避免要与德国海军正面接触，两军不久即进入了不宣而战的状态。1941年5月21日，美国商船“罗宾汉摩尔”号在大西洋被一艘德国潜艇用鱼雷击沉。7月起，美国海军开始为租借物资船只护航，以减轻英国海军

① Russell F. Weigley, *The American Way of War: A History of United States Military Strategy and Policy*, Indiana University Press, 1973, pp. 313, 316.

② 内森·米勒：《美国海军史》，海洋出版社，1985年版，第241页。

③ 李庆余：《美国外交史：从独立战争至2004年》，山东画报出版社，2006年版，第135页。

的护航压力。为此，美军甚至秘密将太平洋舰队四分之一的舰只抽调至大西洋。美国海军在大西洋西部定期进行的反潜巡逻行动导致了9月4日美国军舰“格尔”号和德国潜艇在大西洋北部水域交火。虽然双方的鱼雷和炸弹都没有伤及对方，但这是美军第一次直接面对德军参加真枪实弹的战斗。罗斯福利用这次事件，称德国潜艇是“大西洋上的响尾蛇”，必须“见了就打”，向美国军舰下达了只要在大西洋发现德国潜艇就开火的命令。[①] 接下来几个月，美国军舰数次与德国军舰发生冲突。二战全面爆发后，美国根据计划对欧洲战事参与程度一步步加深，但又始终与对德宣战保持一定距离。罗斯福似乎一直引而不发，在等待德国纳粹给他提供一个合适的理由，以克服国会中最顽固的孤立主义势力。但出人意料的是，终结孤立主义时代的契机并非在欧洲出现，一个月后，是太平洋珍珠港的硝烟使美国终于走上二战的最前线。

1939年二战全面爆发后，美国的战略重点转移到欧洲，罗斯福坚持“先欧后亚”的原则，在远东希望尽量避免与日本发生直接的军事冲突。罗斯福说，“我们确实没有足够的海军可供调遣——太平洋上的每个小插曲都意味着减少大西洋上的兵舰”。[②] 为了拖延战争的发生，美国一直与日本进行谈判。然而，山本五十六等日本海军首脑认为，发起一场突然袭击消灭美国驻夏威夷的太平洋舰队，才能为日本赢得控制东南亚和西太平洋广大区域的时间，否则日本在与美国的战争中毫无取胜希望。[③] 美军也预见到日本发动突然袭击的可能，但直到11月24日和27日，他们仍然判定日本人的袭击目标会是马来亚。[④] 于是，日本就在美军没有准备的情况下，1941

① 杨生茂:《美国外交政策史: 1775—1989》, 人民出版社, 1991年版, 第387页。

② 托马斯·帕特森、加里·克利福德、肯尼思·哈根:《美国外交政策》(下), 中国社会科学出版社, 1989年版, 第533页。

③ 内森·米勒:《美国海军史》, 海洋出版社, 1985年版, 第242页。

④ Arthur Stanley Link, William Bruce Catton, *American Epoch: A History of the United States Since* 1900, Random House USA Inc., 6th edition, 1980, p. 490.

年 12 月 7 日偷袭美军在夏威夷的珍珠港。日本航母和飞机成功偷袭珍珠港后的几个小时，日军也开始在东南亚展开攻势。香港、泰国、马来亚相继遭到日本的突然袭击。战争在整个东南亚和西太平洋广大区域全面展开。

珍珠港的严重灾难震惊了整个美国。当天下午，美国民众在收音机里听到日本进攻的消息，普遍被日本这种背信弃义的偷袭激怒，罗斯福将这一天称为“永远感到耻辱的日子”。愤怒声中，民众开始抛掉党派之争，孤立主义的氛围一扫而光。参议员伯顿·威勒曾是孤立主义的领导人之一，此时也宣布，“现在唯一要做的事情就是对他们进行还击”。[①] 12 月 8 日，罗斯福向国会宣读了仅有 500 字的对日宣战咨文，国会仅经过 1 小时的讨论，两院就一致通过对日宣战。英国、中国、荷兰也随即对日宣战。12 月 11 日，德国、意大利对美国宣战，同日，美国也向德意宣战。第二次世界大战终于成为全球战争，欧洲、亚洲、非洲和大西洋、太平洋战场联为一体。

美国参战后政府的第一项任务是扩充军队。其主要手段是 1940 年 9 月通过的“选征兵役法”。事实上，随着卷入战争可能性的增大，这一制度早在珍珠港事件之前就已开始运作。从 1941 年 12 月到 1946 年 12 月，包括志愿兵在内，美国陆军扩张到 1120 万人，几乎是一战后规模最小时的 100 倍。宣布参战时，美国海军在编人员为 337349 人，海军陆战队 66048 人，海岸警备队 25336 人。到 1945 年夏，海军官兵已增至 3488347 人，海军陆战队增至 484631 人，海岸警备队增至 170480 人。在空中力量方面，珍珠港事件爆发时，美国陆军航空兵有 29.2 万人，而在 1945 年日本投降时，在陆军航空队（二战后改称空军）服役的人员达到 230 万。

其次，美国政府迅速落实工业战争动员计划。在 20 世纪 30 年代中期，美国大约有 7% 的生产能力投入了国防，到珍珠港事件爆

① 莫里斯·艾泽曼：《美国人眼中的第二次世界大战》，当代中国出版社，2005 年版，第 36 页。

发时，投入国防的生产能力已占25%。国内强大的生产能力为扩充军备提供了有力支持。从统计数据上看，1944年，美国工厂生产的物资已是德意日三国生产总和的两倍。到1945年，美国共生产了10万辆坦克和装甲车（其中向盟国提供坦克3.7万辆），410亿发弹药，还有三颗原子弹，这相当于同盟国对付德国和意大利所用武器和军需品的30%，以及对付日本所用军用物资的近90%。在实战中，从1943年起，与友军和敌军相比，美国士兵在装备上就已处于最精良之列。陆战战场上最好的美国武器是轻型加兰德半自动步枪和多轴重型卡车，二者加在一起，其火力和机动性远胜德军。此种场景在诸多美国二战影片中都有真实再现。

最能体现战时生产能力的是舰船和飞机的制造。珍珠港事件爆发前，美国海军共拥有舰船4500艘，到1945年底，已拥有各型舰船91000艘；1941年，美国的商船建造只有100万吨，到1943年就迅速达到了1900万吨的高峰。在1941—1942年间，美国的亨利·凯撒造船厂曾经将建造一艘货船的时间从355天缩短到56天。[①] 从1940年8月到1945年8月，美国造船厂共生产商船5520万吨，等于整个同盟国商船吨位的三分之二。最初参战时，美国陆军航空兵拥有9000架飞机（其中仅有1100架适于作战），而到1945年日本投降时，飞机已增至72000架。美国飞机制造业在1939年雇用人数为46638人，年产飞机5865架，在1944年生产高峰时，该工业雇用人数达210万多人，年产飞机96369架。从宣布参战到战争结束，美国工厂总共生产了274971架军用飞机。事实上，参战一年之后的1943年，美国战斗机和轰炸机在数量和质量上就已经取得了对日本和德国的决定性优势。

1940年，美国开始扩大军火生产时，尚有700万失业工人。在参战后，随着许多男性公民应征入伍和军工生产规模的扩大，大量

① 莫里斯·艾泽曼：《美国人眼中的第二次世界大战》，当代中国出版社，2005年版，第92页。

的退休人员、妇女和黑人出现在生产线上。到战争结束时，美国的工业劳动力增加了1000万，农业劳动力则减少了500万。美国为“民主国家的兵工厂”提供了足够的工人。同时，美国工人也受惠于二战。在战争期间，工人工资增加了68%，生活费用却只上涨了36%，根据战争期间人口收入变化，有1/3美国人进入了中产阶级行列。这些从大萧条中走出的人，学到了新的技能，有了积蓄，对未来重新燃起希望。此外，二战中美国的工业动员使美国公司学会提高效率减少浪费，公司利润不断增加。工业生产使国民生产总值从1941年的910亿美元增加到1945年的1660亿美元；农业生产增长22%，运输业增长109%，这些都为战后繁荣奠定了基础。二战期间的工业动员成就非凡，源源不断的军备生产和战时订货使美国的整个国民经济从大萧条中加速恢复过来。如果说二战中纳粹领导人让德国人民在大炮和黄油之间选择了大炮，那么在美国，二战既带来了大炮，更带来了黄油。①

日本偷袭珍珠港后，美英领导人迅即会晤以拟定联合作战计划。1941年12月22日，丘吉尔抵达华盛顿，参加代号为“阿卡迪亚”的会议。两国军事人员参与的讨论一直持续到1942年1月14日。此时，盟军军事形势已处于法国沦陷以来最低潮。紧迫的形势逼使双方在关于联合作战的几乎所有重要问题上都完全达成了协议，最核心的问题就是重申了盟国“先欧后亚、德国第一”的战略原则。与此同时，更为广泛的大同盟也在形成之中。1942年1月1日，以美、英、苏为首的24个国家在华盛顿发表《联合国家宣言》，宣布结成反法西斯同盟。1942年上半年，轴心国的胜利看起来迅速而广泛，盟国在军事上面临着最危险的境地。在亚太战场，2月15日，英军在新加坡向日军投降，3、4月间，缅甸也落入日本之手。4月，日本海军甚至已经向西控制了印度洋和孟加拉湾。在

---

① 莫里斯·艾泽曼：《美国人眼中的第二次世界大战》，当代中国出版社，2005年版，第96页。

菲律宾，3月17日，麦克阿瑟撤往澳大利亚，5月16日，在此抵抗的美军投降。盟国海军在爪哇海战中几乎全军覆没，印度和澳大利亚实际上已处于无力防御的状况。在大西洋，德国潜艇的狼群战术使美英损失惨重，1942年船只损失达1027艘，570多万吨。[①] 在北非战场，隆美尔领导的“非洲军团”攻入埃及，英国人多次惨败。如果丢失埃及和苏伊士运河，大英帝国与印度之间的生命线就将被切断。与此同时，在苏德战场，虽然苏联红军在莫斯科暂时终结了德军的攻势，但战局紧张的苏军急切要求盟军在西线开辟第二战场以缓解压力。

美国军队完全投入战场之后，形势开始发生变化。1942年，针对开辟第二战场，苏联和英国存在明显分歧。苏联希望美英在欧洲直接登陆打击德国；英国则主张在北非登陆，从外围开始攻击德国。面对不利的战局，经过美英苏之间的讨价还价，美国支持了英国的建议。1942年7月28日，罗斯福下令美军执行“火炬”战役计划，于11月8日开始进攻法属北非。这是美国参战以来，陆军首次大规模投入军事行动。盟军在北非的登陆取得巨大成功，到1943年4月，25万德意联军投降，盟军已完全占领了整个北非。此后，面对在欧洲大陆开辟第二战场的问题，苏联与英国再起分歧。苏联希望盟军在离德国本土更近的法国北部展开登陆作战，丘吉尔则力促盟军攻击轴心国“柔软的下腹部”，在意大利开辟第二战场，通过迫使意大利退出战争，孤立德国，加速战争进程。这一次，美国再次向英国妥协。1943年7月，盟军以北非为基地进攻意大利西西里岛；7月25日，意大利发生政变，墨索里尼政权被推翻；9月，盟军在意大利半岛登陆；9月3日，与意大利新政权签订临时停战协议；8日，意大利正式投降。然而，希特勒扶持墨索里尼在意大利北部建傀儡政权继续顽抗。到1943年底，在意大利战线，11个

① Russell F. Weigley, *The American Way of War: A History of United States Military Strategy and Policy*, Indiana University Press, 1973, p. 324.

德军师挫败了14个盟军师的进攻，意大利的战事陷入胶着。盟军在意大利进展缓慢，美军在意大利备受煎熬。盟军直到1944年年中才进入罗马，并在1945年春控制了整个意大利。

1944年初，美军在盟军中的人力、财力已居于压倒性的优势，英国在英美战争资源总量中仅占25%，美军已取得了盟军的主导权，在欧洲战场的战略规划中，美军开始不再依从英国，而是更多地坚持自己的主张。[①]。进攻意大利之后，丘吉尔曾经希望盟军继续向东进攻巴尔干半岛，但美国政府坚持要发动在1943年8月魁北克会议上就已决定的“霸王”战役，即于1944年春横渡英吉利海峡，在法国北部登陆。11月，在德黑兰会议上，英国接受了美国的建议，盟国重申将在1944年5月发动这次战役，美国将军艾森豪威尔被任命为盟军远征军最高统帅。此后，美军的战略重点完全放在了“霸王”战役上，当时仍然作为战略预备队驻扎在美国本土的陆军地面部队和航空部队大量开赴英国集结。1944年6月6日，盟军在法国北部诺曼底登陆，至7月25日，登陆作战取得完全胜利，登陆战役迅速演变为解放法国的战斗。8月25日，盟军在法国抵抗力量配合下解放巴黎。但在1944年秋，庞大的盟军遇到后勤补给问题，攻势被迫放缓。希特勒则趁机组织手下仅有的尚具进攻能力的部队，在12月中旬发动了后来被称为“突出部战役”的攻势，进攻盟军防线的薄弱部位阿登山区。战役之初德军一度进展迅速，但美军101空降师在巴斯托涅的顽强防守挫败了德军的战役计划。到1945年1月底，盟军凭借强大的兵力优势和快速的兵力调配，重新夺回优势，德军在二战中最后一次企图扭转战局的进攻尝试终以惨败而告结束。[②] 1945年初，盟军进军德国，突破德军莱茵河防线；4月25日，美英盟军与苏联红军在柏林以南的易北河岸会师；27日，

---

① 李庆余：《美国外交史：从独立战争至2004年》，山东画报出版社，2006年版，第147页。

② Joanna Bourke, *The Second World War: A People's History*, Oxford University Press, 2001, p. 171.

苏军占领柏林；5 月 8 日，德国宣布无条件投降，欧洲战事结束。

在亚太战场，美军始终是盟军的主导和中坚力量。太平洋战争爆发后，日军咄咄逼人的攻势使美国不得不对“先欧后亚、德国第一”的战略进行调整。它在兵力配备上开始向太平洋战场倾斜。投入太平洋战场的美国海军和海军陆战队兵力略多于欧洲战场。这种战争资源配置上的倾斜确保美军在太平洋的力量得以迅速增长，到1944 年初已占据对日本的优势。1942 年 4 月 18 日，美国海军杜立特尔上校率领 B－25 轰炸机群从“大黄蜂”号航母上起飞空袭东京，给日本人精神上以沉重打击。5 月 7 日至 8 日，在澳大利亚附近的珊瑚海海域，美军“列克星敦”号和“约克敦”号航母上的飞机击退了试图在新几内亚东南岸进攻莫尔兹比港的日军。这是日军的征服势头第一次被遏制。东京被空袭震动了日本人。日军误判情报，认为空袭东京的飞机来自太平洋上的中途岛，决定对中途岛实施进攻和登陆作战。美军通过破译日本密码获知了此次进攻计划，太平洋舰队提前设伏，于 6 月 3 日至 6 月 6 日在中途岛海战中重创日军。此战之后，日军的势头被阻止，双方的攻守角色开始转换，日军逐渐从拉长的战线和占据的岛屿上收缩。1942 年 8 月，美军发动瓜达卡纳尔岛战役。这次战役空前惨烈，美国 2 个海军陆战队师和 2 个陆军师在丛林中经受了严峻考验，但决定此战胜负的却是美军在岛外的海军和空军。美日都试图增援己方在瓜岛上的部队，激烈的海空作战一直持续到 1943 年 2 月，日军最终因损失惨重且无法补充而撤离该岛。美军此时也仅剩 2 艘可作战的航母。瓜岛战役对美国而言是一场意义非凡的艰苦的惨胜。此战之后，经受战火洗礼的美军无论在丛林巡逻作战还是舰队夜战方面，都对日军取得了优势。日军不可战胜的神话在此次战役中彻底破灭。美国海军在太平洋战争中起到了中流砥柱的作用。

美国在直接抗击日本的同时，1942 年 1 月，在罗斯福的建议下，中国战区成立，蒋介石为总司令，美国将军史迪威为中国战区参谋长。美国向中国提供了大量的军事和经济援助，帮助中国军民在中国战场上拖住了百余万日本军队。在这个战区，盟军还在缅甸一带进行了战斗。1942 年三四月间，史迪威指挥盟军在缅甸抗击日军。这次战役进行不利，英军还是由中国军队从日军重围中救出。此后，英国政府迟迟不愿意在缅甸进行反攻。1943 年 10 月，在史迪威指挥下，中国驻印军由美英军队配合，在缅北展开反攻。他们与卫立煌率领的中国远征军一起战斗，步步取得胜利，至 1945 年 3 月打通滇缅公路。从 1944 年开始，太平洋美军在尼米兹和麦克阿瑟的率领下，分别从东和南两个方向对日本展开大规模进攻，美军的攻势开始触及日本的内防御圈要塞。至 1944 年 2 月 21 日，美军袭击并占领了离东京仅有 1350 英里的属于马里亚纳群岛的塞班岛，美军的攻势已进入日本的内防御圈。此次战役不仅消除了日本海军航空兵在太平洋上对美军的最后威胁，而且美军还把 B－29 轰炸机部署在岛上，开始对日本本土进行大规模战略轰炸。1944 年 4 月和 5 月，盟军在麦克阿瑟指挥下开始进攻菲律宾群岛，以切断日本本土与印度支那、马来亚和东印度群岛之间的联系。10 月 24 日和 25 日，日本海军舰队在莱特湾海战中几乎全军覆没。1945 年 1 月，盟军进攻菲律宾群岛最大的岛屿吕宋岛，并于 7 月份彻底肃清该岛日军。在海战和岛屿作战的同时，美军对日本本土展开了持续的大规模战略轰炸。虽然投到日本的炸弹吨位大约只有投到德国的九分之一，但所造成的物质破坏却几乎相等。到 1945 年 7 月，空袭使日本的石油提炼能力减少 83%，航空发动机生产能力减少 75%，电子通讯设备工厂减少 70%，军火工厂减少 30%。在战争的最后阶段，日本败局已定，军国主义者试图在本土负隅顽抗。为了避免陷入长期而残酷的战斗，美国总统杜鲁门决定对日本使用了两颗原子弹。8 月 6 日，第一颗原子弹在广岛爆炸。9 日，第二颗原子弹投往长崎。同日，苏联红军对日宣战，出兵中国东北。8 月 14 日，日本天皇终于同意日本投降。9 月 2 日盟国舰队驶入东京湾，在美国战列舰“密苏里”号上，日本签署投降协议。

在第二次世界大战中，美国同时在欧洲战场和远东战场进行两场战争。这是与美西战争截然不同的规模巨大、时间漫长的两洋战争。然而在这样的战争中，美国依然取得了完全的胜利。其一，相比其他反法西斯盟国，美国可以说付出了较小的战争代价并取得了最大的战争收益。除珍珠港外，战争没有在美国领土上进行，因而几乎没有财产损失，大约也只有6000名美国平民在战争中丧生。在战斗前线，美国阵亡士兵292000人，受伤则有67万人，这两个数字也只相当于苏联和中国相应人数的零头。其二，美国虽然投入战争较晚，但它参战后马上取得盟国和盟军的领导地位。无论在军事上还是在政治上，美国都主导了战争的进程。在战争期间的作战和外交中，美国也竭力而且有效地维持了反法西斯同盟的团结。二战结束时，美国自然成了世界的领导者。其三，战争使美国成为盟国军事后勤供应基地和可靠的兵工厂，其结果是美国完全摆脱了20世纪30年代经济萧条的困难，生产能力再上一层楼，甚至人民的生活也因此得到改善。其四，战争中核武器和洲际轰炸机的使用改变了美国以往依赖于海洋屏障和战时动员的“后发制人”战略。美国政府意识到，为了保护美国在全球的商业利益和维持美国在全球的政治影响力，美国必须拥有召之即来的强大军队，并以此为后盾来威慑潜在的敌国，防止世界战争。二战之后，美国确实大幅度减小了其军队规模，但一直保持了高度的战备状态，并在世界各地许多基地都有驻军。

一般来说，战争对人类世界不是好东西。美国威尔逊总统和罗斯福总统都曾作出努力制止战争和防止战争的再次发生。然而客观上讲，美国打的并且取胜的三次战争为美国带来了前面所提的诸多好处。在这三次战争中，美国之所以能够取胜，是有着共同的原因。第一，美国拥有对敌手的绝对优势，这种优势包括经济、军事和政治三个方面。前二者能够用数字说明。在政治方面，美国总是要站在道德制高点上。在美西战争中它打着支持古巴独立和恢复秩序的招牌；在一战时，威尔逊的“十四点计划”吸引了包括中国人在内的各国民心；二战中美国领导了世界反法西斯阵线。因此，它在当时，特别是后两场战争中，在国内外都得到广泛的支持，而美西战争由于是它发动的，争议比较多。第二，美国内无忧患而对外有矛盾可利用。美国政府长期奉行孤立主义，集中力量发展经济和解决国内矛盾，所以战争前国内形势基本稳定。与此同时，美国在进行战争时都利用了它国之间的矛盾，而自己从来不孤立。美西战争时，西班牙不仅在拉美国家遭人嫌憎，欧洲老对手无人支持它，英国还间接支持美国，美国人打仗无忧；第一次世界大战中，美国利用了协约国与同盟国的矛盾，而且是在别人实力都削弱得差不多的时候才介入，坐收渔翁之利；第二次世界大战时，美国领导的世界反法西斯阵营更是代表了绝大多数国家的利益。

第十章 美国文化的传播与扩张——让世界美国化

美国人自视为“整个世界的山巅之城”，具有强烈的使命感。19世纪中期的林肯总统告诫人们说：“我们如不能以崇高的气度拯救世界，就会卑鄙地失去世界，这是世界最后的希望。”20世纪初，美国总统威尔逊又公开宣称，美国的旗帜“不仅是美国自己的旗帜，也是全人类的旗帜”。到一定时候世界上的其他国家“将要转向美国来寻求那种奠定一切自由基础的道义力量”。[①] 因此，从发展和崛起的时代起，美国政府就有意识地通过输出包含其价值观和世界观的文化来改变和影响世界。

一、借助传教士扩大美国影响

从表面上看，19世纪的美国文化总体上依旧深受欧洲大陆影响，并不具备向世界输出文化的影响力。据研究“美国化”的美国历史学家理查德·皮尔斯描述，“19世纪，美国的文化可以比喻成英国的一个省，美国文学就是英国文学碎片苍白一部分；美国艺术一直笼罩在法国现代艺术家们的阴影下，它的音乐和哲学几乎也不

① 熊志勇主编：《美国政治与外交决策》，北京大学出版社，2007年版，第15—17页。

可能对德国构成挑战。而对于这一点，没有人能够比美国自己的学者和艺术评论家更加认同的了。从19世纪开始，出版商和博物馆长都旅行至大西洋彼岸购买最近欧洲大师们出版的杰作。同时，美国小说家、诗人、艺术家和音乐家、作曲家、科学家、社会批评家认为自己的作品都低于欧洲的水准，以至于他们不得不到伦敦、巴黎、罗马、柏林或者维也纳去学习怎样写作、画画。一些人甚至永久呆在欧洲，如亨利·詹姆斯、艾略特、埃兹拉·庞德、格特鲁德·斯泰因。另外一些人则成为欧洲短暂的海外移民，待在那里，并且尽可能地吸收欧洲的艺术思想和创意。”① 直到19世纪末期，美国文化团体才在欧洲搞“野牛比尔西大荒秀”演出（wild west show）②，并在几个国家获得成功。但是“野牛比尔西大荒秀”所体现的美国西部牛仔精神也只有欧洲人可以理解，并不能利用来改变和影响世界。

然而，就在这样的条件下，美国人和美国政府也找到可以向外推介的东西，那就是基督教文明。基督教并不是美国特有的东西，但自从欧洲新教徒们踏上美洲大陆的第一天起，成长于美国的基督教文明也形成了与欧洲大陆不同的结果和特点。北美大陆赋予了基督教新教自由、宽容的成长环境，使得不同的新教教派迅速得以发展和壮大。与此同时，早期美洲大陆的开拓者为了克服恶劣的自然环境和重重困难，不得不将欧洲传承过来的繁冗晦涩的教义简单化，以便更好地利用来指导人们从精神上战胜这些困难，同时也培养和造就了美国民众对基督教的狂热信仰和支持。19世纪中期法国著名政治家托克维尔在考察完美国的现状后，不得不在《论美国的

---

① Richard H. Pells, *Not like us: how Europeans have loved, hated, and transformed American culture since world war II*, N.Y.: Basic Books, 1997, p.6.

② 1887年美国人科迪与一批野牛、马、大猎狗和几十名印第安人、白人骑手到英国首次演出，受到了欧洲人的极大欢迎。该演出将美国人征服西部的牛仔特质展现在欧洲人面前，并深深地吸引着大西洋彼岸的人们。随后的两年，野牛比尔西大荒秀还到法国、西班牙、意大利等欧洲国家演出，也受到了很热烈的欢迎。

民主》一书中感叹："除美国以外，全世界任何国家都不可能找到基督教对人们的灵魂产生更多影响的地方"。[1] 而民众对基督教的狂热信仰影响着他们在处理事情的每个方面不可避免地带有了强烈的宗教意识，并在基督教文明中的"普世思想"驱动下将这一文明传播至世界各地。历史上，美国有组织的海外传教活动始于1812年海外宣教理事会（American Board of Commissioners for Foreign Missions）的建立，稍晚于英国（英国伦敦会于1792年开始基督教新教史上最早的海外宣教活动）。

鉴于新教在美国的影响力，美国政府从一开始就对海外传教活动进行保护和支持。一件小事极好地说明了这一点。19世纪早期，英国伦敦会传教士马礼逊（Robert Morrison）来华传教，受到了垄断中国贸易的英国东印度公司的阻挠，因为英国方面怕马礼逊的传教士身份阻碍其在中国进行贸易。而当马礼逊抱着试一试的态度谋求美国的帮助时，却意外地得到了时任国务卿詹姆斯·麦迪逊的支持。麦迪逊写信给美国驻广州领事卡其顿，让他帮助马礼逊实现中国之行。马礼逊到广州后不仅受到了卡其顿的接见，而且被介绍到美国的商馆中隐居。

19世纪中期，美国海外传教活动开始呈现了规模化，许多海外传教组织纷纷建立，并派传教士到海外宣教。譬如，美国浸礼会（1814）、美国长老会（1838）、美国圣公会（1820）、大美归正教会（1832）、安息日浸理会（1848）、监理会（1840）、美国南浸信传道会（1845）、美国南长老会（1861）、女公会（1860）等都是在这个时期建立的。[2] 内战结束之后，美国海外传教规模逐渐赶上了当时的新教传教大国——英国。

不过，这些怀有满腔热情的传教士在只身前往异国他乡言传身

---

① 邢军：《革命之火的洗礼（美国社会福音和中国基督教青年会1919—1937）》，上海古籍出版社，2006年版，第14页。

② 王立新：《美国传教士与晚清中国现代化》，天津人民出版社，2007年版，第15页。

教的初期却遭遇着不顺。亚洲和中东的一些国家对传教活动进行了强烈抵制。比如在亚洲的日本和中国，当地政府颁发了禁止基督教传教的禁令；而在伊斯兰文明盛行的中东，美国传教士们遭受了当地政府和人民的恶意攻击，生命和财产受到了直接威胁，传教进行得十分艰难。面对这样的状况，美国政府在和上述国家交往的初期，就将保护传教士的条款纳入了双方签订的通商条约之中。1844年的中美《望厦条约》率先规定中国应允许美国人在华建造“礼拜堂”，也就是中国应允许美国人来传教。中法的《黄埔条约》仿效。1858 年中美签订《天津条约》中，第 29 条特别规定了保护传教士活动的“宽容条款”，即“耶稣基督圣教，又名天主教，原为劝人行善，凡欲人施诸己者亦如是施于人。嗣后所有安分传教习教之人，当一体矜恤保护，不可欺侮凌虐。凡有遵照教规安分传习者，他人毋得骚扰。”① 条约的保护范围已经超越了本国公民。这个条款成为英法两国效仿的对象。在日本，1858 年美国与日本签订的《日美修好通商条约》规定：“传教士有传教和教授知识的权利”。在土耳其，美国政府也通过订立条约来保护传教士在当地“拥有居所、占有财产和不受起诉的从事宗教转化工作的权利”。② 此外，根据《美国外交文件集》的大量文件，美国外交官还对美国传教士在波斯、俄国、匈牙利、墨西哥、利比亚、哥伦比亚等国进行传教活动予以各种保护。③

美国政府保护传教士的目的不单是基于对美国海外公民的保护，更重要的是传播“宗教信仰自由”的理念。1858 年，中美签订

① 王立新：《美国传教士与晚清中国现代化》，天津人民出版社，2007 年版，第 71 页。

② 沃尔特·拉塞尔·米德：《美国外交政策及其如何影响了世界》，中信出版社，2003 年版，第 157 页。

③ George F. Seward, “The Government of the United States and American Foreign Missionaries,” *The American Journal of International Law*, Vol. 6, No. 1 (Jan., 1912), p. 81.

《天津条约》，规定把保护对象从传教士扩大到教徒。曾参与天津条约谈判的美国传教士卫三畏事后说："如果中国人完全搞懂了这四条宗教自由条款，他们绝不会在任何一条上签字。"1868 年中美《续增条约》第四条更进一步规定，"美国人在中国，不得因美国人民异教，稍有欺侮凌虐，嗣后中国人在美国，亦不得因中国人民异教，稍有屈抑苛待。"① 它把对基督教的保护扩大到其他宗教。1871 年美国国务院小心谨慎地在官方文件中提及了保护在华传教士的依据："在美国最基本的一个原则就是，不论种族、宗派或信仰，所有人在法律面前人人平等。因此在支持宗教组织方面也是不能加以区分对待的。主教、牧师和神父在这里能要求得到平等保护，在法律面前享有平等的地位。"② 宗教信仰自由的观念就是这样一步步地带到了中国。

在政府的保护和支持下，19 世纪末，美国迎来了海外传教史上的顶峰时期。其标志事件是 1888 年风靡北美各大校园的"学生海外志愿传教运动"（The Student Volunteer Missionary Movement 简称 SVM）的形成。在美国最有影响力的传教组织基督教青年会（YMCA）的推动下，在传教领袖约翰·穆德和罗伯特·怀尔德的领导下，"学生海外志愿传教运动"号召越来越多的大学生志愿者参与到了海外传教运动中，发动了一场"让这一代世界人们的基督教化"（the evangelization of the world in this generation）的运动。到了 1894 年，希望到国外传教的大学生人数已经达到了 1886 年的 3 倍。而 1914 年，已经有 6000 名学生志愿者被派往海外传教，占海外传教总数的 2/3。1915 年，美国的海外传教士达到了近 10000 名，

---

① 史静寰：《狄考文与司徒雷登》，珠海出版社，1999 年版，第 27 页；王铁崖：《中外旧约章汇编》（第一册），三联书店，1957 年版，第 262 页。

② United States Department of State, *The executive documents printed by order of the House of Representatives during the second session of the forty – second Congress*, 1871 – 1872, p. 154.

这个数字意味着每1500名成年的新教信徒中有1名就是海外传教者。[①] 美国新教教会海外传教规模已超过英国。美国在19世纪末之所以能够出现历史上规模最大的海外传教浪潮，一方面得益于健全的组织、完善的理念和雄厚的财力，另一方面是美国政府对传教事业的大力推动。

此时，美国的政治家和战略家们都意识到美国向全球扩展势力不仅要通过军事和经济实力，而且要发挥具有说服和影响作用的软实力。20世纪初担任总统的西奥多·罗斯福曾在一次演说中指出："传教士、商人和士兵各自都不得不在破坏和接下来的提升文明中扮演一个重要的角色。"塔夫脱总统则说："学生海外志愿传教运动是代表美国在海外发挥影响力的另外一支重要力量，其影响力可以类比于美西战争期间美国军事力量上升的情况。"[②] 西奥多·罗斯福总统时期的国务卿伊莱休·罗脱则把基督教传教定位为美国外交的助手，他称这能促进和提升"不同国家和种族之间友好交往和合作"。战略学家马汉认为，在维护国家和西方文明扩张的利益上，基督教的工作和硬实力的形式是等同的。1910年，马汉在《北美评论》（North America Review）发表了一篇文章，阐述了传教士和政府之间最理想的关系，他称之为"作为政治系统的基督教"而不是"作为宗教系统的基督教"。[③] 传教运动也受到社会达尔文主义思潮的支持。19世纪末，社会舆论纷纷鼓吹"白人至上论"，希望美国

① Paul A. Varg, *Missionaries, Chinese, and Diplomats: the American Protestant missionary movement in China*, 1890 - 1952, New Jersey: Princeton University Press, 1958, p. 62; James Reed, *The Missionary Mind and American East Asia Policy* 1911 - 1915, Gambridge Harvard University Asia Center, 1983, p. 13.

② Erik Sidenvall, *The Making of Manhood Among Swedish Missionaries in China and Mongolia*, 1890 - 1914, Koninklijke Brill NV, Leiden, the Netherlands, 2009, p. 139; Ian R. Tyrrell, *Reforming the World: The Creation of America's Moral Empire*, New Jersey: Princeton University Press, 2010, p. 194.

③ Ian R. Tyrrell, *Reforming the World: The Creation of America's Moral Empire*, New Jersey: Princeton University Press, 2010, pp. 192, 193, 194, 196.

政府“承担白人责任”。如参议员艾伯特曾在敦促麦金利总统不要再回避承担白人责任的义务时说：“上帝已经赋予我们治理野蛮民族和衰老国家人们的能力，它已经选定美国人民和美国去领导这个世界的重生。”① 西奥多·罗斯福完全赞同这一点，1901 年他曾将美国同菲律宾的战争称为“与野蛮和半野蛮人之间的战争”。

这些人积极参加传教组织的活动。如西奥多·罗斯福曾是基督教青年会董事会的一员，马汉从 1900—1910 年间也在美国圣公会(Protestant Episcopal Church）董事会任职。马汉、罗脱、西奥多·罗斯福和塔夫脱等人经常出席传教组织召开的各种大大小小会议，发表讲话，号召更多的人参与。而在这些会议中，最有代表性的就是两次具有世界影响力的普世基督教大会（Ecumenical Missionary Conference)。

20 世纪的第一次普世基督教大会于 1900 年 4 月 22 日在纽约卡内基大厅举行，参加者除了美国和加拿大的几十个传教社团之外，世界 15 个国家近 98 个传教组织的传教士和传教代表出席了这次会议。大会的主题集中在如何在 20 世纪更好地促进对非基督教国家的宣教活动。这与政府传播基督教的愿望是一致的。为了表示美国政府对基督教传播事业的支持和重视，前总统本杰明·哈里森、时任总统威廉·麦金利和纽约州州长西奥多·罗斯福共同出席了普世基督教大会的开幕式。哈里森同时担任了这次大会的名誉主席，并亲自主持了开幕式和闭幕式。麦金利发表了慷慨激昂的演说，他号召传教士们到海外传教。“但愿这次大会能够重新点燃人们的传教热情和炽热，促使他们到世界上所有的国家进行传播，也希望传教领域后继有人，将前驱者们的精神传承下去，继续将基督教福音的传播进行到底!”麦金利的演说激起了会场人们的热烈共鸣，人们纷纷站起来，高唱《My Country，'Tis of Thee》（在确定“星条旗永

① Emily S. Rosenberg, *Spreading the American Dream*, N. Y.: Hill and Wang, 1982, p. 41.

不落”为国歌之前，此歌一直被认为是美国的国歌）。西奥多·罗斯福在讲话中将传教活动描述为人类具有男子汉气概的种族运动，“美国正在参与富有男子气概的种族提升的千禧年进步运动，在这场运动中，美国通过对低等民族的帝国主义控制来体现其男子气概。”[①] 在这种宣传下，越来越多的人参与到传教活动中来。

1910 年爱丁堡普世基督教大会在苏格兰举行，组织者们希望通过展开对整个传教界现状的调查，来解决传教士在现实中遇到的难题。这引起了美国精英们的高度重视。1909 年 4 月，马汉亲自写信给美国圣公会，对一份调查问卷提出意见和建议。大会当天，出席会议的美国代表团成员除了传教组织的负责人之外，还包括战略家马汉、国务卿布莱恩、哥伦比亚大学校长赛斯·劳、前国务卿福斯特。原定出席的美国总统西奥多·罗斯福虽然因公务繁忙未能参加，但在美国报纸上刊登了一封道歉信，并表达对大会的祝贺以及对此次大会推动构建世界西方秩序的期待。美国政府要员们重点参加了第七主题“传教士与政府关系”的讨论会。美方发放了那份受马汉影响的调查问卷，了解传教士们对政府的需求。会议结束后，美国政府综合了会议调查了解的情况，起草了一份保护传教士权利的原则声明，成立了续行委员会（Continuation Committee），由美国著名的传教领袖约翰·穆德担任第一任主席，对亚非拉国家传教现状展开大规模调查，以进一步增进基督教在世界进行传播的效率和效果。

经塔夫脱总统的积极支持，1910 年 10 月 20 日，基督教青年会在白宫举行了为扩大在亚洲拉美传教的集资会。白宫此前没有用作举行国际宗教活动的场所。参加者近 200 余人，多数来自美国政界、商界、宗教界有权有势的头面人物。会议上，塔夫脱不仅竭力赞扬

---

① *Ecumenical Missionary Conference*, *report of the Ecumenical Conference on Foreign Missions*, *New York*, 1900, American Tract Sociert, 1900, Vol. 1, p. 39; Jon P. DePriest, *Send the Light*: *Team and the Evangelical Mission*, 1890 – 1975, Indiana: AuthorHouse, 2007, p. 32.

基督教青年会可以促进基督教文明的传播，而且还直接说出了政府支持基督教青年会的目的，即“通过我们的国务院，我们可以对其他国家在道德等方面的进步表示同情和关心，不过国务院在这方面的工作要受到限制，而且是严格的限制，但没有人认为我们到中国去设立基督教青年会是抱着任何占领他们土地或干涉他们国家内政的野心的，我们可以提拔青年会的会员去在他们本国的政府内占有重要的位置，通过他们这些人，我们就能够使这些落后的国家最终接受我们的文明和道德的标准。”① 他建议在场人士，尤其是来自金融界的企业家们慷慨解囊。会议结束之后，青年会共筹集近 200 万美元的资金，比最初预定的目标超出了近 100 万美元。这些资金后来用于在中国、日本、土耳其、俄罗斯、印度、菲律宾和拉美地区等 10 多个国家建造 49 个基督教会所。其中，有近 50 万美元用在了中国。值得指出的是，美国政府从很早就注意不直接参与这种影响他国的活动。

正如美国政府所愿，传教士们在亚洲、非洲和拉美各地不仅传播了基督教教义，而且带去了美国文化和理念。如通过设立医院和救济穷人，倡导人道主义救助，促进了人权观念。出版书刊传播欧美文化和科技知识，特别是理念。最典型的例子如 1864 年，美国传教士丁韪良把国际法著作《万国公法》的译本交给恭亲王。这本书系统地介绍欧洲国家在主权理论基础上提出的国际法。总理衙门将此书刊行，让官员们学习。清政府逐渐放弃了传统的天下理念。从 20 世纪初开始，中国官员使用“主权”的理念来捍卫中国的利益。不过，美国传教士最突出的活动还是在教育领域。

与英国和欧洲其他国家传教士不同的是，美国传教士更加注重通过教育来传播西方文明和美国的理念，改造当地社会。著名传教士狄考文曾指出：“一个受过教育的人是一支点燃着的蜡烛，未受过教育的人将跟着他的光走。比起绝大多数国家来说，中国的情况

① 顾长声：《传教士与近代中国》，上海人民出版社，1981 年版，第 297 页。

更是如此。”这与美国社会政府重视教育有关。以中国为例，上述1868年的《蒲安臣条约》第七条规定：“嗣后中国人欲入美国大小官学学习各等文艺，须照相待最优国之人民一体优待；美国人欲入中国大小官学学习各等文艺，亦照相待最优国之人民一体优待。美国可以在中国按约指准外国人居住地方设立学堂，中国人亦可在美国一体照办。”[①] 到1870年代中期，就有41个美国新教传教组织在中国开办了294所学校，招收了5227名学生。而英国传教组织只开办了146所学校，连美国开办学校的一半都不到，总共招收4428名学生，比美国招收人数少18%，尽管当时在中国的英国传教士人数多于美国传教士。19世纪末期，教会学校如雨后春笋迅速发展。到了1904年，30所美国差会共创立了944所日校和186所高等教育学校，而所有学校的人数加起来已经近6万名。[②] 美国传教士按照自己本国的大学模式举办和参与管理的学校水平往往较高。在中国，著名的教会学校有燕京大学、圣约翰大学、金陵大学、协和大学等，清政府办的京师大学堂（后为北京大学）虽依照日本的模式，却聘用美国传教士丁韪良为首任总教习（校长）、南洋大学聘用美国传教士福开森为公学监院等。在中东，今天依然出名的大学如美国的贝鲁特学院、贝鲁特圣约翰大学、阿波勒大学、巴格达大学、土耳其的罗伯特学院（现在为Boğaziçi University）等都是由美国传教士在19世纪末20世纪初创立的。

美国政府和传教士们还通过鼓励和支持外国学生赴美留学来进一步促进基督教文明和美国理念的传播。比如中国的容闳和日本的新岛壤就是最早被传教士机构带到美国留学的亚洲学生。1906年，美国在华传教士明恩博建议美国政府利用退还的“庚子赔款”，来资助更多中国学生赴美留学。西奥多·罗斯福总统同意了这个计划

① 史静寰：《狄考文与司徒雷登》，珠海出版社，1999年版，第57页；王铁崖：《中外旧约章汇编》（第一册），三联书店，1957年版，第263页。

② Hongshan Li, *U. S. – China Educational Exchange: State, Society, and Intercultural Relations* 1905 – 1950, Piscataway: Rutgers University Press, 2008, p. 22.

并最终敦促国会给予相关授权。为了帮助留学生适应去美国的学习，在北京按照美国模式兴办了清华学堂（后改为清华大学）。到了 20 世纪初，直接随传教组织或传教士到美国留学的外国学生人数已经达到了上千人。根据美国教育部门 1904 年的统计，在美国注册的学生共有 2673 名，来自 74 个国家，还不包括在女子学院学习的学生。到了 1913 年这个数字更是翻倍。美国基督教青年会于 1911 年在纽约成立了美国国内第一个为留学生服务的教育交流机构——外国学生友好关系会。它在创立初期得到前美国国务卿罗脱、福斯特、前美国驻德国和俄国外交官安德鲁·怀特等人的支持。这个机构的宗旨是："促进美国人和外国学生之间和谐与互助关系，尤其针对那些来自东方、近东和拉美国家的学生，影响这些未来亚洲和拉美地区领袖们的人格、精神和态度，让他们处在西方基督教国家最好的影响之下。"① 该会为外国留学生提供入境签证、教师咨询、家庭招待、紧急资金救助等帮助，成为了联接美国人与外国学生的重要纽带。

美国政府支持的海外传教事业不但宣扬了自己的文化和理念，也提升了美国在海外的声誉。据美国国会的研究报告显示，20 世纪 40 年代之前美国在中东地区拥有胜过英法的良好形象和影响力。"美国作为一个中东的晚到者，在 19 世纪末 20 世纪初在该地区享有欧洲人所没有的良好形象。"② 而这个形象的塑造和当时美国在中东的传教士开办学校和活动有着直接的关系。

这里特别要指出的是，美国的传教活动还间接地带来了巨大的商业利益。1891 年，美国在中国长江上的一位军舰舰长报告说："传教士的人数不断增加，随之而来的金钱看来取之不尽。" 1912 年，长期进行传教活动的何德兰在其回忆录中介绍说："如果有人

---

① Liping Bu, *Making the World Like us*: *education*, *cultural expansion*, *and the American century*, Praeger, 2003, pp. 18, 23.

② Alfred B. Prados, *Middle East*: *Attitudes toward the United States*, CRS Report for Congress, Dec. 31, 2001, p. 2.

问我，为美国钢铁联合企业、美孚石油、鲍德温机车厂……或者十数个大型商业企业中的任何一个做宣传的最好办法是什么？我会告诉他们，赞助一两个或者十几个国外传教活动中心、一所教育机构、一家医院、一个诊所，或者 100 个本地传教士或教师。得到你们帮助的每一个人都会有意识或者无意识地成为你们的产品推销员，而他们所代表的国内那些势力强大的教会将成为你们的广告代理人。”①

19 世纪是美国的成长阶段，60 年代内战之后美国自身的统一才巩固下来，它还根本算不上是一个强国。然而由于其文化和信仰的特点，从那时起美国人和美国政府就重视对外扩张自己的影响，利用其软实力——基督教文明和传教士的力量把美国的文化和理念推向世界。到 20 世纪初，美国已经具有初步的世界影响力。

二、利用新兴媒体输出美国文化

20 世纪 20 年代，由于民众对教会的兴趣下降和教会重新定位基督教人道主义的传教项目，再加上美国文化事业蓬勃发展，美国政府输出文化的方式发生了变化。一方面，美国文化正在经历着繁荣的发展并开始摆脱欧洲影响而形成自己独特的风格，这突出表现在文学、戏剧和音乐上。文学上，由于 19 世纪八九十年代美国垄断资本主义导致了各种社会问题和矛盾激化、表面化，激起了那些对社会前景感到忧虑和担心的作家们深刻的思考和反思，并在 20 世纪初孕育了一批优秀的批判现实主义作家，如弗兰克·诺里斯、辛克莱·刘易斯、杰克·伦敦等等。其中辛克莱·刘易斯还成为了第一位获得诺贝尔文学奖的美国作家。戏剧上，以奥尼尔为主力的新戏

① 孔华润：《剑桥美国对外关系史》（上），新华出版社，2004 年版，第 375—376 页。

剧运动打破了1915年以前多数以挤人眼泪和逗人乐式的严重的商业化倾向，用大胆创新的戏剧手法来挖掘现实生活中小人物身上所散发的人性之美。为美国戏剧的发展和这个时期戏剧“黄金时代”的到来奠定了坚实的基础。奥尼尔不仅获得了4次普利策奖，还是美国唯一一位获得诺贝尔文学奖的剧作家。音乐上，美国人在探索自己的风格道路上迈出了可喜的一步，产生了直至今天仍然对美国和世界乐坛具有重要影响力的爵士音乐。1917年，美国录制的第一张爵士乐唱片诞生。

另一方面，在19世纪末20世纪初层出不穷的科技发明和资本主义发展的推动下，美国国内的大众传播媒介正逐渐日臻成熟和完善。报纸媒介的规模化、无线电技术不断普及和电影产业化都为政府的文化扩张提供了必要的条件。就纸质报刊而言，电报技术同自动排字技术、旋转印刷术、照相图版和照相铜板技术结合在一起，为报纸大规模采集新闻、提供图文并貌的内容和广泛发行创造了条件，加之商业广告的赞助和城市化的进程，共同促成了20世纪初巨大发行量的形成。报纸的总发行量1920年达到了2800万份。[①] 在无线电领域，诞生于19世纪末的无线电技术在进入20世纪后，有了更广阔的发展和普及。尽管英资马可尼公司在20世纪的头几年里就控制了美国的无线电领域，但是这并没有阻碍美国国内业余无线电爱好者的发展。到了1917年，由业余爱好者操纵的发射台超过了8500个，接收机达到了20万到30万个。[②] 电影方面，20世纪初的电影业飞速发展，并逐渐产业化。它由生产、放映和发行三个相联部门组成，导演、表演、摄影、制作和剧本创作也都各成体系。尤其是一战的爆发成为了美国电影向外扩张的一个分水岭。战争改变了此前法国主导世界电影市场的局面，更进一步有利于美国电影工

① Ronald Edsforth and Larry Bennett, *Popular Culture and Political Change in Modern America*, Albany: State University of New York Press, 1991, p. 63.

② 丹尼尔·杰·切特罗姆：《传播媒介与美国人的思想》，中国广播电视出版社，1991年版，第74页。

业巨头占领市场。

文化和传媒的发展引起美国政治家的注意，政府开始重视使用大众传播媒介来塑造及引导民意。威尔逊是第一位召开新闻发布会的总统。他就任总统前就意识到传播媒介的重大影响力。他在出版的第一本著作《国会政体》中谈道："尽管新闻话语和国会的话语相比，不具有权威，但是新闻话语具有更大的分量，并被人们赋予更大的信任……新闻编辑们引导着大众舆论，而国会议员们只能遵从它。"他在另一本著作《宪政政体》中说："通过成为这个国家目的和真正情绪的代言人，通过引导大众舆论，通过马上给予人们有关政府政策的信息和声明，使人们能够形成像政党人士和精英们那样一样的判断，这样总统就能够控制他领导的政党。"[①] 威尔逊在1915 年观看完《一个国家的诞生》的爱国影片后，开始重视其在塑造人们思想和情感方面发挥的功能。因此，当美国投入第一次世界大战之时，他毫不犹豫地选择以传播媒介为主要途径来动员国内民众支持美国参战，并把美国的声音传播到世界各地。

1. 建立公共信息委员会

1917 年4 月 13 日，威尔逊颁布了第 2594 号行政令，任命乔治·克里尔成立公共信息委员会（Committee on Public Information）以进行美国的战时文化宣传。该委员会直接隶属于总统，成员包括陆、海军部长、国务卿和克里尔本人。之所以称作公共信息委员会，是为了避免使用"宣传"（Propaganda）这个带有负面意思的词语。克里尔曾说，"那个词在德国人手里已经与欺骗和腐败联系在一起了"[②]，但实际上，公共信息委员会从事的正是美国的对内对外的宣传活动。

威尔逊成立该委员会最初的目的只是为了动员国内民众支持美

---

① James D. Startt, *Woodrow Wilson and the Press: Prelude to the Presidency*, N. Y.: Palgrave Macmillan, 2004, pp. 14 – 15, 240.

② J. Michael Sproule, *Propaganda and Democracy: The American Experience of Media and Mass Persuasion*, N. Y.: Gambridge University Press, 1997, p. 17.

国参加一战。这个委员会在全国范围内广泛组织讨论活动，最有特色的项目是“四分钟人”的活动，即地方负责人向其左邻右舍发表简短的讲演并组织大家讨论国际问题。但是在美国卷入战争后不久，该委员会的职能随之扩大到海外的战时宣传。随着国际部的成立，公共信息委员会将威尔逊的政治理念和美国人们热爱正义和和平的价值观输出海外。在这里，文化输出既是为了协助军队赢得战争，也有为国家塑造良好形象、宣传美国的价值观和生活方式的考虑。而后者正是美国战时宣传和欧洲国家不一样的地方。公共信息委员会负责人克里尔说：“（海外宣传）首要的目的是向海外民众宣传美国作战的决心、军事实力以及对胜利的肯定，但是与此同时，将美国参战的动机、目的以及理想告诉他们也同样重要，因为这样才能让我们的朋友、敌人以及中立的国家看到我们是无私和热爱正义的人民。”①

公共信息委员会由国内部和国际部组成。国外宣传主要通过国际部来完成和实施。具体而言，国际部主要通过三种大众媒介进行文化输出和宣传——无线电、报刊和电影。事实上，国际部下设的三个主要附属机构便是按照这三种传播媒介来命名的，即：无线电与电报服务部（Wireless and Cable Service）、外国新闻局（Foreign Press Bureau）、外国电影分部（Foreign Film Division）。

无线电与电报服务部和美国海军通讯部合作，将政府发布的每日信息通过电报和无线电途径传送到欧洲、亚洲和拉美地区。战前美国国内的无线电通讯由英资马可尼公司垄断，战争爆发后不久威尔逊政府根据国内的一部法律接管了马可尼公司，便于进行宣传。对于欧洲，一旦海军通讯部接收到公共信息委员会的材料，便将其内容传送至法国里昂的无线电接收站，然后通过这个无线电站将信息传递到伦敦，在那里，公共信息委员会的代理机

① George Creel, *How We Advertised America*, New York: Harper & Brothers, 1920, p. 237.

构就可以向当地媒体分发这些材料。对于拉丁美洲，海军通讯部则通过在旧金山和墨西哥等地的无线电站将信息传送到该地区。对于亚洲，该部门通过无线电将信息从纽约发送到圣地亚哥，再从那里通过美国海军在菲律宾的无线电站将内容传送到上海，然后到达北京、东京和弗拉迪沃斯托克，再传送到叙利亚。在该部门传送的信息中，最重要的内容便是威尔逊总统的官方演说。威尔逊的“十四点计划”就是如此迅速传遍世界的。克里尔曾自夸地对威尔逊说：“历史上，对一个国家的行政首脑的演说进行全世界的传播，这还是第一次。我可以自豪地告诉你，先生，你的演说拥有军队的力量。”①

外国新闻局主要向公共信息委员会驻海外办事处传送一系列的新闻、专题文章、照片和海报（通常是以字模的形式，以便再次印刷），然后通过这些机构将资料提供给外国当地的报纸和记者进行宣传和报道。这些专栏文章和新闻一半涉及美国军队的战争行动和国家政务活动，另一半则关于美国生活的方方面面，向外国民众展示美国的社会和工业进步，美国的学校和教育理念，美国的法律制度，美国人对工人、妇女、儿童的态度，美国农村正在经历的变化，美国的民主化进程，美国人民的友好与善解人意等等。多数文章由该领域著名的专家撰写，也邀请生活在国外的知名人士和美籍后裔撰写评论，他们的文章具有更强的吸引力和说服力。透过涉及各个领域的文章，外国新闻局希望外国大众能够看到一个民主、进步、充满理想和希望的美国。

在对外宣传的三个部门中，外国电影分部是最受重视的部门。在该部门组建的时候，威尔逊说：“电影在传播公共知识的所有媒介中应列为最高等级的手段，因为它代表最普世的语言，它为美国

① Erez Manela, *The Wilsonian Moment: Self - Determination and the International Origins of Anti - colonial Nationalism*, N. Y.: Oxford University Press, 2007, p. 51.

向世界呈现自己的计划和目的提供了重要的帮助。”[①] 克里尔也将电影看作宣传美国事业的绝对正义和美国对战争的绝对无私的一项最有效武器。为了让电影发挥出最大效用，外国电影分部集中对电影的出口进行管理和审查。管理上，该局要求战争贸易局（War Trade Board）颁发电影出口的许可证，并且规定只有持有该证的公司才能进行对外出口。外国电影分部还召集美国电影工业主要成员协商战时电影的出口工作，并以协助电影工业更快更好地将影片运往海外为交换条件，使美国电影工业答应了政府的三个条件：第一，每部从美国输出的娱乐电影至少包含20分钟的教育内容；第二，不能销售美国娱乐影片给任何一个拒绝展示公共信息委员会战争图片的展商；第三，不能销售任何类型的影片给放映德国电影的电影院。[②] 审查上，外国电影分部对出口影片的内容进行了精心挑选。只有那些富有“教育意义”，反映美国民主、社会进步和生活积极向上的影片才会被选中出口到国外放映。“每种电影都需要展示出美国的城市、工厂、农场、社会进步、工业生活，美国人在无私和人权事业中的进步和冒险。”“我们想要投放到外国市场的是反应美国整体生活，给外国观众留下对我们人民和机构友好印象的影片。而我们同时要禁止恐怖片，这些恐怖片完全使外国大众对美国的生活和道德产生了误解。”事实上，不仅是恐怖片，所有被认为有可能传递美国负面形象和错误价值观的影片都被禁止出口。譬如，当时一部名叫《杰西·詹姆斯》（Jesse James）的影片就遭到了出口禁令，原因是影片中描写了一位臭名昭著的美国无法之徒的偷盗形象。

此外，美国电影的出口还得益于1918年美国国会通过的《韦伯-波莫雷内出口法》（Webb-Pomerene Export Act）。该法禁止在

① Kerry Segrave, *American Films Abroad: Hollywood's Domination of the World's Movie Screens*, North Carolina: Mac Farland Company, 1997, p. 15.

② George Creel, *How We Advertised America*, New York: Harper & Brothers, 1920, pp. 274, 276, 281.

国内非法的公司垄断行为在国外变得合法，并鼓励美国国内相互竞争的公司在国外市场相互合作。因此，美国电影工业的各机构联合建立了电影工业协会，在战时促进美国电影的出口。该法令的出台是好莱坞走向世界，占领世界市场的关键。美国电影协会的一位导演在1980年一次演讲中提到了该法令对美国电影出口起到的关键作用："如果没有《韦伯－波莫雷内出口法》，那么美国的电影业和电视业在赢得国外观众的赞赏和仰慕上将遭受严重的、甚至是致命的打击。……美国电影工业很容易受到外国政府不友好的政策、外国公司之间利益的联合、工业卡特尔组织和无穷无尽的非关税贸易壁垒障碍的侵害。……如果没有《韦伯－波莫雷内出口法》的保护，我们在反对上面那些限制上会变得无权无势，在如何促进电影贸易上也会变得漫无目的。"①

公共信息委员会在战争期间印发了7500多万份各种出版物，②宣传了美国的力量和挫伤了德军的士气。委员会的活动得到美国商界的广泛支持，为其宣传材料提供展示场所。综合来看，通过无线电、报刊和电影的传播手段，美国的战时宣传效果十分成功，尤其在"十四点计划"的传播上更为突出。威尔逊的理想主义主张一刹那传遍全球。当威尔逊于1918年12月13日到达法国参加即将召开的巴黎和会时，人们给予他凯旋式和英雄般的欢迎，"当他到达巴黎的香榭丽舍大道时，200万人欢呼着迎接他。民众甚至称呼他'正义之士威尔逊'，并期待着威尔逊能够实现他们对世界和平与反对德国暴行的愿望。"③ 远在世界东方的中国，北京的大学生上街游

---

① Jens Ulff－Mller, *Hollywood's Film Wars with France: Film－Trade Diplomacy and the Emergence of the French Film Quota Policy*, N. Y.: University of Rochester Press, 2001, p. 49－50.

② 韩召颖：《输出美国：美国新闻署与美国公众外交》，天津人民出版社，2000年版，第47页。

③ Edward L. Ayers, Lewis L. Gould, David M. Oshinsky and Jean R. Soderlund, *American Passages*, Boston: Wadsworth, 2010, p. 489.

行，热烈支持威尔逊总统的理想主义，甚至还将自己国家未来的希望寄于他一个人的身上。

不过，公共信息委员会还没来得及在文化输出上发挥更大的影响力，就在战争结束之时被国会停止了使命。最重要的原因在于公共信息委员会进行严格的新闻审查，引起国内民众担心政府的作法会最终威胁到美国传统文化中宝贵的言论自由，这个机构遂遭到了国会的调查。1919 年 6 月 30 日，国会终止了克里尔委员会的一切资金来源，其外国宣传活动也随之结束。尽管如此，这场历时两年多的宣传活动却给美国留下了宝贵的遗产。其一，战争期间媒介宣传的影响力给美国政府留下了深刻印象，促使其更加坚信掌握和控制国际通讯的必要性。其二，美国政府在战争期间的支持使美国电影业在第一次世界大战结束之后取代法国，成为世界电影市场的主导国。

2. 与英国争夺国际无线电通讯的主导权

一战中，无线电在信息传播方面发挥的重要作用引起了威尔逊政府的重视。美国海军部部长丹尼尔·约瑟夫·威尔逊（Daniels Josephus Wilson）在停战后便开始游说国会，要求政府维持战时对无线电领域的监管和控制，其中也包括原英资马可尼公司。但出于自由主义经济的原因，国会最终还是让马可尼公司恢复了独立经营。不过，对无线电通讯重视的并不仅仅是海军部。1919 年 2 月 12 日，美国通讯专家沃尔特·罗杰斯向威尔逊总统提交了一份关于国际通讯的备忘录。他指出了无线电通讯方式对于世界各地的沟通，以及实现威尔逊政治理想——国际联盟的不可替代的作用。通过无线电和电报，“总统您的演讲和有关美国新闻在世界范围的传播可以促使战争更快结束、扫除世界各地人们之间取得共同认识的障碍，以及发挥向世界人民传播美国目标和理想的相当重要的作用。”“国联通过诉诸世界公众的情感来行使权力，但是这种权力的发挥可能会遭遇失败，除非（国联）报告的条款能够迅速地传播到世界各地。”[①] 这份报告引起了威尔逊的极大重视。事实上，就在召开巴黎和会期间，威尔逊强调说：“国际关系领域有三个决定性的因素——国际运输、国际通讯和石油。一个国家在国际事务中的影响力将极大地依赖于其在这三个领域中的主导地位；英国显然在国际运输业居领导地位——在该领域与其获得平等地位并非不可能，不过也绝非易事；在国际通讯领域，英国在世界有线通讯系统中占有实际上的统治地位，但美国在使用无线电的国际通讯领域有明显的机会可以挑战它的地位。”[②] 罗杰斯的报告在促使威尔逊决定与英国争夺世界通讯主导权上起到了关键的作用。再加上 1919 年 3 月 14 日，邮政部部长发了一封电报给威尔逊，从商业利益的角度提醒总统注意英国对世界通讯的垄断，最终威尔逊决定从英国手中夺得对国际无线电通讯的主导权。

威尔逊把陪同自己参加巴黎和会的海军通讯部部长布拉德上将派回国，要求其找到通用电气公司的总裁欧文·杨，商讨如何将英国控制的无线电公司国有化的工作。之所以选中美国通用电气公司，是因为这个时期马可尼公司正打算大规模购买其生产的一种用于跨洋通讯的无线电发射机的关键部件——亚历山德森高频发生器(Alexanderson Alternators)。马可尼公司已订购 24 台发生器，每台价值 12.7 万美元，其中 10 台是为英国的马可尼公司定做，14 台是为马可尼在美国的分公司制造。[③] 可以看出，这对通用电气公司来说是一笔数目不小的订单。但它却对美国政府造成了困扰，如果马可尼公司这次采购成功，那么它将使马可尼的美国分公司控制整个太平洋和南美市场，并确保英国在长波无线电领域的全球主导权。

① Ray Stannard Baker, *Woodrow Wilson and world settlement*, N. Y.: Doubleday Page & Company, 1923, Vol. III, p. 428.

② Emily S. Rosenberg, *Spreading the American Dream*, N. Y.: Hill and Wang, 1982, p. 94.

③ Peter J. Hugill, *Global Communications Since 1844: Geopolitics and Technology*, Maryland: John Hopkins University Press, 1999, p. 120.

1919年4月，布拉德上将与欧文·杨举行了会谈，试图说服通用电气公司放弃这笔利润颇丰的订单。引人注意的是，布拉德不仅强调马可尼公司收购成功会导致英国控制国际通讯的后果，而且还提及无线电传播对发挥威尔逊的政治理念的影响。他指出，威尔逊的“十四点计划从新泽西的无线电站传播到了奥匈和巴尔干的偏僻的地方，‘这些信息又作为教学问答的一个环节教授给学校的孩子们’，收音机发挥了关键作用，把威尔逊的想法传播到这些人民与政府有所区别的国家。”① 最终，欧文·杨未接受马可尼公司的订单。

在迈出抗击英国无线电领域垄断地位的第一步后，接下来美国政府支持通用电气公司买下了英国在美国马可尼公司中的股权，并同美国电话电报公司（A. T. &T）、西屋电气（Westinghouse）公司和联合果品公司（United Fruit Company）共同组建了一个新的集团公司——美国无线电公司（Radio Corporation of America 简称RCA）。新组建的美国无线电公司成为这个行业的巨头，它接管了英资马可尼公司的所有资产和专利。为了保持政府对该企业的影响，威尔逊任命了布拉德担任该公司董事局的一员，参与重要的决策。由于组建后的集团由几家不同的公司构成，每家公司都不拥有足够的专利来提供独立的系统通讯，因此美国海军同上述几家公司一起，重新划分业务范围。通用电气公司和西屋电气公司制造接收机及其零件，并通过美国无线电公司进行销售，电报电话公司负责民用的电话业务，美国无线电公司则以国际通讯为主要职能。领域的分工大大降低了通讯的成本和提高了效率，使美国能够在无线电通讯的国际市场上更好地扩张。

在欧文·杨的领导下，美国无线电公司着手与拉丁美洲的所有欧资企业沟通和谈判。1921年来自德国、法国和英国公司的代表将

① Frank Costigliola, *Awkward Dominion: American Political, Economic, and Cultural Relations with Europe*, 1919－1933, N. Y.: Cornell University, 1984, p. 63.

它们在南美的机构都转给一个由美国人控制并担任主席的信托机构，最终加入了美国无线电公司。美国政府十分赞同这一并购措施，就像欧文·杨所说的那样，是“把门罗主义的规则引入了通讯领域”。[①] 在亚洲，美国无线电公司在日本、印度尼西亚、东印度、和菲律宾都开设线路，进而垄断了跨太平洋的无线电通讯。美国在国际无线电领域的主导权立即为美国的文化扩张提供了支持。20 世纪 20 年代，它将爵士乐传播到世界各地；30 年代，它为美国政府的广播宣传奠定了基础。

进入 20 世纪 20 年代，美国迎来了著名的“爵士乐时代”。这个时期爵士乐开始由南向北迅速传播，很快就在全美普及，并且出现了一批出色的爵士乐歌手和乐师，如查尔斯·博尔登、路易斯·阿姆斯特朗、贝西·史密斯等。爵士乐主要发源于新奥尔良市，是非洲音乐与欧洲音乐风格相互融合、相互影响的结果。从某种意义上来说，爵士乐的诞生是美国民族和社会的多元性的产物。但它在美国的迅速传播，特别是很快风靡全球，便有赖于无线电技术的发展。美国历史学家理查德·皮尔斯认为，“国际通讯和娱乐技术的受益者之一便是美国的流行音乐，尤其是爵士乐。在整个 20 世纪 20 年代，通过留声唱片、收音机广播和现场表演，欧洲人接触到了爵士乐。”各种音乐，特别是爵士乐及轻音乐是 20 年代广播的主要内容。爵士乐对欧洲的影响尤为突出。法国、英国、德国等这些本身具有深厚文化底蕴和传统的国家，其民众也对爵士乐深深着迷。到 20 世纪 30 年代早期，在英国、荷兰、比利时、意大利、瑞士和斯堪的纳维亚半岛的人们都已熟悉或者听过路易斯·阿姆斯特朗等人的名字。美国著名的评论家马尔科姆·考利（Malcolm Cowley）在 1929 年是如此描述的：“（巴黎）随时、随地，到处都充斥着爵士乐。……黑人乐团们在咖啡馆和夜总会吹奏着悲伤的曲调。收音

① Emily S. Rosenberg, *Spreading the American Dream*, N. Y.: Hill and Wang, 1982, p. 95.

机则将音乐传送到伦敦的塞瓦伊舞厅，一遍遍地播放着来自哈莱姆（黑人社区）和叮砰巷（流行歌曲出版界）的新音乐唱片。”[①] 20世纪20年代巴黎有一首脍炙人口的流行歌曲，名字就叫《到处都是爵士乐》（Jazz Partout），里面的歌词是“巴黎日日夜夜都响彻着爵士乐队，到处都是爵士乐队，它已经在巴黎风靡，它使我疯狂。”[②]

人们喜欢爵士乐的原因或许可以从当时专制政权对待爵士乐的态度中可以看出来。德国纳粹在20世纪30年代禁止爵士乐的传播，原因是该音乐会掀起人们“反叛”的情绪。而苏联政府也禁止爵士乐的流行，苏联认为该音乐有一种使人们摆脱和冲破政府束缚的欲望。或许，正因为爵士乐以其毫无章法的即兴演奏以及自由韵律使其具有“个人自由”和“反叛”的象征，而获得无数民众的青睐。

爵士乐在海外的流行导致了世界一些地区，尤其是欧洲的“美国化”。“美国化”的程度可以从英国、法国、德国等欧洲的知识分子的反应中看出来。法国人将爵士乐的流行看作“法国文明的终结者”，而英国人甚至称爵士乐的传播为“爵士乐入侵”。1923年，《伦敦时报》以一篇题为“这些爵士村民有历史意义感吗”为题感叹英国的历史传统正受到爵士乐的围攻。[③] 无线电广播甚至比军队的力量还大，美国人可以在对方难以设防的情况下把音符投向全球每个角度，让美国的文化开始占领世界。

3. 协助巩固好莱坞的海外市场

然而，在欧洲“美国化”的进程中，还有一个更重要的因素在发挥作用，那就是电影。大众娱乐的手段中谁也没有电影那样吸引

① A. J. Millard, *America on Record: A History of Recorded Sound*, N. Y.: Cambridge University Press, 2005, p. 111.

② B. Barbara Meister, *Music Musique: French & American Piano Composition in the Jazz Age*, Bloomington: Indiana University Press, 2006, p. 96.

③ B. Barbara Meister, *Music Musique: French & American Piano Composition in the Jazz Age*, Bloomington: Indiana University Press, 2006, p. 96; Genevieve Abravanel, *Americanizing Britain: The Rise of Modernism in the Age of the Entertainment Empire*, N. Y.: Oxford University Press, 2012, p. 54.

人。通过电影，美国发挥了其最大的影响力。如果说一战前后美国政府协助美国企业成功地打破了英国在无线电领域的垄断，从而夺得国际无线电的主导权，那么在进入20世纪20年代之后，美国政府则成功地帮助好莱坞进一步巩固了海外市场。

一战之后，美国电影已经成功地占领国际市场。其主要原因可以归因于几个因素：第一，一战的爆发致使原先称霸世界电影市场的法国电影及其工业深受打击，为美国电影乘机打入市场提供了重要机会。事实上，美国电影工业在1914年以后逐渐替代法国电影工业成为世界电影市场的主要供应者。第二，如上所述，一战期间威尔逊政府通过《韦伯-波莫雷内出口法》，支持好莱坞企业在海外的联合和进攻，这部法律使美国电影业成为最大的受益者。第三，美国的电影业不断整合为一个运作完善和令人生畏的卡特尔组织，为好莱坞电影走向海外提供了必备的条件。这些垄断组织财力雄厚，从制片到演员的管理制度十分完善，能够拍摄和制作出质量更高、档期更久的电影。与之相比，欧洲质量低劣的电影则失去了对观众的吸引力。第四，美国电影能在全球成功的原因在于它并不直接向大众灌输某种社会意识，它们着重表现人与人的关系和个人情感，通常以浪漫、阴谋、成功、失败、道德矛盾、求生等为故事主题，适合观众口味。第五，美国人最早享受到现代化的生活方式。1902年，美国就有了1800万盏电灯，1912年登记的汽车有90.2万辆，1914年有1000万部电话在使用。[①] 这些内容在电影中表现出来，对观众有很强的吸引力。

美国电影占据世界市场的现象到了20世纪20年代中期尤为突出和明显。到了1925年，美国电影占据英国电影市场的95%、德国市场的60%、法国市场的70%、意大利市场的65%、澳大利亚和新西兰市场的95%、阿根廷市场的90%、加拿大市场的95%、日本市场的30%、巴西市场的75%。1925年有人在《星

① 孔华润：《剑桥美国对外关系史》（下），新华出版社，2004年版，第104页。

期六晚邮报》中称："现在看起来，太阳从来没有从大英帝国和美国电影上落下。"[1] 这个形象的比喻很好地说明了好莱坞在全球电影市场的统治地位。

不过，正因为如此，这个时期那些受到美国电影侵袭的国家开始采取一些措施来抗击美国电影带来的影响，尤其是影响最严重的欧洲。欧洲人认为美国电影不仅推销美国商品，同时还威胁到欧洲独立的国家认同。因此，1925 年德国政府启动了限制在国内市场上映的外国电影配额的应急系统，揭开了欧洲国家实施电影配额制的序幕。德国政府规定每进口一部外国电影，德国本土相应要有一部电影租借给国外的电影发行商。1927 年 3 月，英国议会也通过了一部有关电影配额的立法。后来，有关部门又增加了英国国产电影占有市场的配额，规定市场占有率将从 1928 年的 5% 提升到 1936 年的 20% 。同样，通过 1927 年 7 月 16 日的立法，意大利政府建立了应急系统，要求国内首映的电影院 10 天里必须有一天保留放映意大利国产影片。1928 年，法国赫里欧政府决定抛开法美协议而实施 4∶1 的电影配额制，即法国每进口好莱坞 4 部电影，美国就必须接受 1 部法国电影出口至美国。[2] 除了这些国家，波兰、捷克斯洛伐克、奥地利等国在同时期也纷纷效仿，对美国电影实行了配额制。

面对上述情况，美国电影制片人与发行商协会（MPPDA）在抵制行为出现一开始便游说和联合美国政府抵制海外国家对美国电影实行的贸易保护政策。电影制片人与发行商协会主席威尔·海斯利

---

① Dennis Merrill & Thomas Paterson, *Major Problems in American Foreign Relations: To* 1920, Boston: Wadsworth, 2009, p. 93; Ian Charles Jarvie, *Hollywood's Overseas Campaign: The North Atlantic Movie Trade*, 1920 – 1950, N. Y.: Cambridge University Press, 1992, p. 315; Emily S. Rosenberg, *Spreading the American Dream*, N. Y.: Hill and Wang, 1982, p. 103.

② John Trumpbour, *Selling Hollywood to the World: U. S. and European Struggles for Mastery of The Global Film Industry*, 1920 – 1950, N. Y.: Cambridge University Press, 2002, p. 65.

用自己曾在共和党内积攒的人脉，与哈丁政府内阁建立了良好的关系，其中就包括商务部和国务院。1925 年 10 月，美国电影制片人与发行商协会成员奥斯卡·舒伯特在结束对德国配额系统的考察回国之后，立即向商务部和国务院官员进行了一次详细的报告。美国国务院经济顾问阿瑟·杨（Arthur N. Young）回应称，他主管的部门将与德国政府讨论解决此问题。不过，该办法并未奏效，德国在 1925 年年底继续显示出实施配额系统的决心。在这样的情况下，1926 年 1 月 7 日，电影制片人与发行商协会主席威尔·海斯写信给国务院请求帮助。国务院收到海斯信件之后立即做出了回应。1 月 30 日，助理国务卿利兰·哈里森向美国驻海外大使馆发了一封指令，要求各使馆协助美国电影工业抗击欧洲开始实行的配额制。指示要求各使馆报告所有不利于美国电影出口的情况，并提出如何克服这些有害行为的建议。“假如美国电影工业的利益遭到歧视，驻外官员将被授权采取非正式的行动来保护美国的利益。”①

同年，美国国会拨款 15000 美元专项基金用于在商务部外国和国内商业局（Bureau of Foreign and Domestic Commerce，BF & DC）建立电影分部。1926 年 7 月 1 日，电影分部成立，其主要职责是派遣代理到美国驻外使馆，专门负责搜集外国电影工业的情报和信息，并且帮助政府提出相应的对策和建议。该部门定期发布有关世界各国电影的调查报告，帮助美国电影开辟海外市场。调查报告的内容十分详细，对外国各地的影院和观众的数量和分布、发展历史、当地政府颁布的电影法规、当地人的观影习惯以及进入当地的市场障碍等情况都有深入的分析和建议。在接下来的几个月里，有关反对好莱坞电影的煽动言论的信息和报告不断地汇总到华盛顿。随后，美国政府将驻外官员搜集到的信息以及撰写的分析报告和对策反馈给美国电影制片人和发行商协会，使好莱坞能够快速、有效

① John Trumpbour, *Selling Hollywood to the World: U. S. and European Struggles for Mastery of The Global Film Industry*, 1920 - 1950, N. Y.: Cambridge University Press, 2002, p. 66.

和有的放矢地应对外国抵制好莱坞电影的行为和政策。比如，商务部的电影分部曾建议好莱坞“在那些设限的国家停止发行任何一部美国电影”来抗击这些国家实行的配额制。商务部官员认为“这个威胁会十分有效，因为欧洲观众及影院老板都十分喜爱和青睐美国电影”。[①] 事实上，在应对法国、西班牙、英国等一些国家的电影配额制中，这项威胁的确发挥了作用。这些国家发现好莱坞停止供应美国影片后，影院的收益大大下降，最终在与好莱坞的谈判中不得不在配额制政策上做出让步和妥协。

除了为美国电影工业收集情报和提供对策外，美国政府还在电影工业的商务谈判中给予支持，对反击欧洲的配额制起到了辅助作用。以法国为例，在1929年好莱坞与法国进行配额制的谈判进程中，国务院通过公开场合给法国代表施加压力。就在双方讨论协商达成新的电影配额协定之前，1929年4月12日，美国国务院一下子向欧洲7个国家递交其反对限制美国电影出口的抗议和声明，并在《纽约时报》刊登了全文，表明美国政府将支持自由的电影贸易。4月26日，华纳兄弟公司突然宣布继续销售电影给法国，退出好莱坞的抵制行动。于是，国务院对这家公司施加了强大的政治压力，最终迫使其回归到好莱坞的联合抵制行动中。加上法国内部出现的不利因素，最终，法国作出退让，允许美国继续按在1928年5月协议里的7∶1配额向法国出口电影，而不再坚持法国政府单方面规定的4∶1配额制。即美国可以出口7部电影给法国，同时只接受法国的1部电影在美国上映。这也就意味着法国针对美国电影实行的电影配额制已经名存实亡。

到了20世纪20年代末30年代初，一些国家实行的配额制在美国政府支持的好莱坞抵制下已经濒临崩溃。在欧洲一些国家，对美国电影的煽动言论和行为已经大大减少。“美国官员向国务院报告

---

① Mark Wheeler, *Hollywood: Politics and Society*, London: British Film Institute, 2006, p. 19.

时给欧洲国家开出了健康成绩单，称在比利时、保加利亚、希腊、爱尔兰、拉脱维亚、葡萄牙、瑞士和巴勒斯坦等地区已经不存在反好莱坞电影的高烧病毒。”①

这场胜利是好莱坞联合政府共同努力所取得的。但要指出的是，美国政府很早就考虑通过支持电影工业拓展海外市场来实行经济和文化的双扩张。早在1923年，美国政府就意识到“电影引导贸易”的功能。1923年1月，在商务部官员朱丽斯·克莱因写给克里夫兰商会负责人霍华德的信中，提到了电影带给贸易的重要作用。“我们对美国电影促进贸易的可能性变得越来越感兴趣。刚刚从中国结束短暂访问回国的商务专员阿诺德告诉我，电影在促进对华贸易方面起着重要作用。所以我们在考虑任命一名商务专员到中国，专门负责针对中国电影量身定做和发行，尤其是与所谓的教育有关的电影。”② 11月29日，克莱因还写信给电影制片人与发行商协会主席威尔·海斯，称商务部愿意在需要的时候为美国电影工业提供帮助。不过，海斯直到1924年才意识到和利用政府的重视。1926年，克莱因在关于拨款商务部成立电影分部的听证会上进一步强调了好莱坞可以推销商品的作用。当时，他讲述了此前自己因遭遇海难而到达秘鲁的故事。在那里，他观察到美国商品如何取代战前英国的商品统治地位。这个过程都要归因于好莱坞。美国政府官员内森·戈尔登1928年11月在《国会文摘》刊文称：“（美国商人）开始认识到，从服饰到汽车的许多美国产品构成了眼下每部电影的场景，在日常生活中已经引起了上映美国影片的各个国家数以

① John Trumpbour, *Selling Hollywood to the World: U. S. and European Struggles for Mastery of The Global Film Industry*, 1920 – 1950, N. Y.: Cambridge University Press, 2002, p. 70.

② Ian Charles Jarvie, *Hollywood's Overseas Campaign: The North Atlantic Movie Trade*, 1920 – 1950, N. Y.: Cambridge University Press, 1992, p. 304.

百万人的注意，他们进而认识到，羡慕常常是购买的前奏。”[①] 好莱坞影片的丰富内容使其他国家的人想要开美国的车、吃美国的食品、抽美国的香烟、穿美国的衣服。在好莱坞占据世界市场后，世界各国的人们已经开始追随和模仿美国人消费和生活的一切，进而推销了美国的商品。由此可见，美国政府的决策十分英明。

美国政府支持好莱坞的次要动因还在于电影能够有助于推销美国的生活方式和文化价值观。1925 年，在美国电影制片人兼发行商协会成员奥斯卡·舒伯特游说美国国务院时，他提及经济利益的同时还指出：“欧洲人已经全面意识到美国作为一个繁荣民主的典范社会所带来的巨大影响力，并且在很大程度上，通过我们的电影媒介，上述影响力已经从欧洲人尽力从他们自己的政府中争取更大的权利的行为中得到体现。”[②] 此外，克莱因在出席 1926 年国会听证会时也曾指出：“电影可能是促进美国在拉美地区更好理解和沟通的潜在贡献者。”社会学家帕克在对电影功能进行调查之后指出：电影把“地球上的所有人群”“可预见性地带进了一个共同文化和共同历史生活的有限圈子”。甚至胡佛总统在20 世纪20 年代担任商务部部长时也曾经说：“电影出口的意义，一方面作为一种直接的商品贸易，另一方面代表美国的生活习惯产生强有力的影响。”[③] 事实上，好莱坞也没有辜负政府的期望。随着 20 世纪 20 年代后期好莱坞对世界市场主导地位的巩固，进一步加强了大众文化的输出和

① 王晓德：《文化的帝国：20 世纪全球美国化研究》（上），中国社会科学出版社，2011 年版，第 220 页。

② Jens Ulff – Mller, *Hollywood's Film Wars with France: Film – Trade Diplomacy and the Emergence of the French Film Quota Policy*, N. Y.: University of Rochester Press, 2001, p. 72.

③ John Trumpbour, *Selling Hollywood to the World: U. S. and European Struggles for Mastery of The Global Film Industry*, 1920 – 1950, N. Y.: Cambridge University Press, 2002, p. 64；孔华润：《剑桥美国对外关系史》（下），新华出版社，2004 年版，第 105 页；王晓德：《文化的帝国：20 世纪全球美国化研究》（上），中国社会科学出版社，2011 年版，第 221 页。

欧洲的“美国化”趋势。20世纪30年代，法国驻美大使保罗·克洛德（Paul Claudel）对美国人说的一段话能很好地说明这点：“你们的无声电影和有声电影将美国的生活方式、态度灌输给法国人。美国汽油和美国价值观在法国流行，带来了一种新的视角和生活节奏。之前西班牙和意大利对法国的生活和文化产生影响，在19世纪它们让位给了英国，现在则完全让位给美国。可以说，我们跟随美国人的地方越来越多。”1930年，两位法国作家写了本名为《美国癌症》的书，尖锐地指出：“美国征服外界的主要方式——经济力量，对欧洲和世界构成了沉重威胁，然而，这股力量仍然不及美国精神的凶残，它带来了对盲目理性和理性构建的崇拜。”英国的报纸也对英国人作出这样的判断：“他们谈论美国，思考美国，梦想美国；我们有数百万人口，主要是妇女，他们出于各种目的和意图，都成了暂时的美国公民。”①

这里还要特别指出的是一战之后虽然美国最终未能成为国联的成员，但威尔逊总统的和平思想推动美国学者和教育界重视国际问题的研究和教育。1921年，美国前国务卿罗脱与其他前外交官、军事将领、金融家和律师一起在纽约成立了对外关系委员会。它与伦敦的皇家国际事务研究所并驾齐驱。该委员会对一系列国际事务进行研究，并向决策者提供咨询。这个时期，美国人共组织了约350个致力于学术研究，包括加深国际学术交流与对话的机构。著名的如1918年成立的对外政策委员会、1925年成立的太平洋国际学会等等。位于夏威夷的太平洋国际学会组织美国和有关国家的学者、记者和商人们就影响该地区的问题进行研究和交流。同期成立的古根海姆基金会向学者和艺术家提供资助，特别是赞助拉美地区学者

---

① Michael J. Hogan, *The Ambiguous Legacy: U. S. Foreign Relations in the "American Century"*, N. Y.: Cambridge University Press, 1999, p. 58; Akira Iriye, *The Cambridge History of American Foreign Relations, Volume III, the Globalizing of America, 1913 - 1945*, Cambridge: Cambridge University Press, 1993, p. 114; 韩德：《美利坚独步天下》，上海人民出版社，2011年版，第94页。

的研究活动。1923 年，芝加哥大学设立了世界上第一个国际关系专业的研究生项目，汇聚了历史学、政治学、人类学、经济学、社会学等多个学科的专家，研究过去所有的战争并寻找保障和平的条件。越来越多的大学开设“地区研究”课程，教授有关俄国、中国和日本等地区和国家的语言和历史。德国是最早开展研究生教育的国家，而美国却把研究生教育重点放在为实际需要的服务上。在国际关系领域，研究生教育为美国培养了大批专业官员和学者，为美国扩大国际影响，特别是此后在世界上推行各种机制发挥了关键的作用。为了支持这些科研和教学，美国又陆续成立了一批基金会，如社会科学研究委员会和美国学会委员会等。美国专家和学者积极地参加各种国际交流活动。即便美国不是国联成员，但洛克菲勒基金会的代表福斯迪克却参加了国联学术合作委员会。美国基金会和大学还积极筹措资金吸收外国学生入学，使美国的思想和文化能广泛在世界传播。

从第一次世界大战期间开始，美国政府重视利用和控制新兴传播媒介：无线电通讯、广播和电影，成功地占领了世界文化市场，并巩固了自己的地位。其成果不仅输出了美国的价值观和生活方式，而且带回了巨大的商业收益。尽管美国文化受到一定的抵制，但欧洲“美国化”的现象说明美国软实力比硬实力更早地在世界上取得主导地位。外国人最普遍体验的不是美国强大的军力、政治力和经济力，他们是感受到了美国人生活水平和方式的影响力。

三、建立国际传播机构

除了上述的公共信息委员会之外，美国政府至此并没有建立专门的文化外交机构来扩大美国在世界的影响力。这一点恰好与同时期的欧洲大国的作法形成了巨大反差。20 世纪 20 年代末期，法国、德国、英国、意大利已经相继建立了文化机构向海外输出影响。美国政府之所以一直没有这么做与其自由主义传统有关。由于宪法规定的言论自由，公众不允许政府“参与任何与文化和信息有关的控制行为”。结果，文化交流的任务往往是由教会和私人基金会承担的。直到20世纪30年代面对纳粹德国威胁美国在拉丁美洲的利益时，美国政府才做出改变。

1933年，罗斯福总统上台执政后马上调整了对拉美的外交政策，对其实行“睦邻友好”政策。这么做的原因之一是20世纪30年代德国等法西斯势力对拉美地区的文化渗透已经对美国构成了威胁和挑战。德国政府从20世纪初起就在拉美展开文化外交。到了20世纪30年代，德意志文化的影响力表现突出。在许多拉美国家的大学图书馆和公共图书馆，很容易查找到德文版的有关出版物。南美一些国家对德语教学很重视，鼓励学生学习德语。德国的科技和医药图书也被翻译成西班牙文或葡萄牙文出版。在拉丁美洲新开办的900所小学和中学中，有3/4是德国人开办的。[①] 纳粹德国在1929年开办了国际广播电台，大规模地向拉美地区展开政治宣传。然而，相比之下，美国在拉美的文化影响力却小得可怜，以至于1938年哥伦比亚国家图书馆馆长出访美国前，竟然在本图书馆找不到一本用西班牙文撰写的关于美国历史与现状的书。

此外，20世纪30年代美国经历的大萧条也减少了美国传统文化输出的非政府力量——私人基金会开展活动的能力。以私人基金会一直支持的海外传教活动为例，1932年，海外学生志愿传教大会只吸收2500名学生传教，而在1920年是5428名。当一些教育者因有海外项目而向大公司或者基金会争取新的经费支持时，它们认为这项工作已经超出其能力，“对合作的新需求和风险判断在不断增

① 王晓德：《拉丁美洲与美国文化外交的起源》，《拉丁美洲研究》，2007年第3期，第13页。

加，该是政府来加强美国的对外文化关系的时候了。”①

在这样的背景下，罗斯福在提出睦邻友好政策的同时，不得不开始考虑加强与拉美之间的文化和交流活动。罗斯福曾在泛美会议上强调：“真正泛美主义的精髓和睦邻友好政策是相同的，即相互理解，并且通过这种理解，我们能够欣赏彼此的观点。”② 促进相互理解的最好方法就是文化交流。然而，美国政府要在这个时候推行文化外交并非易事。20 世纪 30 年代美国国内孤立主义盛行，任何可能导致美国卷入国际事务的举动都会遭到国会议员的质疑和抨击，更甭提美国自由主义的文化传统。德国纳粹此时在欧洲和海外发动的大规模宣传战也引起了美国民众的反感，这个时候政府积极推动文化外交都会被民众冠以“宣传”二字。因此，罗斯福政府从一开始就采取了十分谨慎和务实的态度。

国务院官员起初仍打算依赖私人基金会来完成政府期待的文化交流活动。1933 年 12 月，在蒙得维的亚召开的第七次泛美会议上，美国与其他美洲国家通过了旨在促进美洲国家间学生和老师相互交流的《哈瓦那决议》。就在决议通过的同时，美方一再强调政府并没有财力来支持该决议的实施，而要由私人基金会来承担。美国政府接受了成立美洲国家间文化合作委员会的建议。不过，政府没有主动介入文化交流，因此代表美国政府出席该委员会的 18 名成员均来自私人基金会组织。

会议结束后，1933—1935 年之间，美国的国际教育协会(IEE)、卡内基基金会积极地开展了一些与拉美的文化交流活动。不过，这些交流活动还是受到了大萧条的影响，效果并不理想。例

① Paul A. Varg, *Missionaries, Chinese, and Diplomats: the American Protestant missionary movement in China*, 1890 - 1952, Princeton, New Jersey, Princeton University Press, 1958, p. 148; Richard T. Arndt, *The First Resort Of Kings: American Cultural Diplomacy In The Twentieth Century*, Washington D. C.: Potomac Books, 2006, p. 50.

② J. Manuel Espinosa, *Inter - American Beginnings of U. S. Cultural Diplomacy*, 1936 - 1948, Washington D. C.: U. S. Government Printing Office, 1976, p. 68.

如在 1930—1931 年间在美国大学注册的拉美学生数字为 1455，但是到了 1934—1935 的大萧条时期，这个数字降到了 708。[①] 在这种形势下，1935 年 1 月，罗斯福政府副国务卿威尔斯在美国大学协会会议上向各大学领导们表达了促使睦邻友好政策尽快实现的愿望。5 月，威尔斯邀请国际教育协会负责人到他的办公室商量请求卡内基基金会增加奖学金计划的事宜。秋天，政府向卡内基基金会和卡内基财团提交了一份关于促进与拉美教育交流的八点计划。然而卡内基基金会的负责人以"和平的问题主要决定于欧洲，而不是拉美"为由，表示基金会只会把钱用于欧洲，而拒绝了政府的请求。面对这样的情况，同时又鉴于与拉美开展文化交流的迫切需要，美国政府开始考虑亲自参与推动拉美的文化交流。

1936 年 4 月，国务卿科德尔·赫尔趁着 12 月底即将在阿根廷首都布宜诺斯艾利斯召开美洲国家会议的机会，向美国驻里约热内卢大使提议，将与"文化交流有关的建议包含在会议日程上"。1936 年底，美洲国家会议通过了《推进美洲国家间文化交流协定》。该协议规定每年美洲国家的政府必须提供奖学金资助美洲国家间学生和老师的文化交流。然而，美国国会在此时通过了《中立法》，意味着所有向国外卷入冲突的国家提供援助都将成为非法，包括慈善机构的人道主义援助。这可能阻碍美国与拉美国家的文化交流。尽管如此，赫尔仍对这项文化交流协议感到高兴。1937 年初《纽约时报》这样报道了赫尔的话："文化政策的目的是，在友谊和人们之间相互理解的基础上，通过从内部塑造民众舆论来控制西半球的政府"。之后，国务院的一位官员埃斯皮诺萨评论说，1936 年的会议标志着美国"与他国国家发展文化关系的方式第一次被纳入美国政府正式的外交政策中"。罗斯福总统很快敦促参议院于 1937 年 5 月接受了该协议。罗斯福向国会报告时，还不忘提醒"该协定是睦

---

① J. Manuel Espinosa, *Inter - American Beginnings of U. S. Cultural Diplomacy, 1936 - 1948*, Washington D. C. : U. S. Government Printing Office, 1976, p. 72.

邻友好政策真诚的进一步证明”①。接下来，国务院一直致力于积极说服国会拨款支持建立一个机构以推动实施美洲间的文化交流项目。但一直到1938年，由于国际形势进一步恶化，纳粹德国加紧了对拉美的文化渗透，美国舆论才开始转向支持国务院开展文化外交的立场。

1. 建立国务院文化司

1938年5月23日，国务院主持召开了关于美洲国家间文化合作的会议。参加会议的官员有国务卿赫尔、副国务卿威尔斯、助理国务卿麦瑟史密斯，其他10名来自私人基金会组织，1名来自泛美联盟。会议上，副国务卿威尔斯表示，整个文化活动不超过5%的经费将来自美国政府，剩下的95%将由私人组织负责。会议建议成立文化关系司。威尔斯指出：“文化司将不会参与竞争性的宣传，而是要缓慢地、认真地、小心翼翼地为文化交流构建坚实的基础。”② 会议结束后不久，国务院为此争取到国会拨款27920美元。1938年7月27日，国务院文化关系司正式成立。其目的正如上面强调的那样，是为了“鼓励和加强美国同其他国家的文化交流与合作”。③

文化司1939年初才实际启动与拉丁美洲交流的文化项目。6月29日，国会为文化司拨款75000美元来执行1936年协议下的文化交流活动。不过，这笔拨款也只限于发放文化司所雇8位员工的薪水，并不包括任何资助文化项目的经费。1940年7月，国会增加了对文化司的拨款，94500美元用于资助学生和教授的教育交流和

① J. Manuel Espinosa, *Inter – American Beginnings of U.S Cultural Diplomacy*, 1936 – 1948, Washington D.C.: U.S Government Printing Office, 1976, p.85.

② 10个基金会的代表来自：卡内基基金会、卡内基财团、卡内基驻华盛顿机构、洛克菲勒基金会、古根海姆基金会等。Richard T. Arndt, *The First Resort Of Kings: American Cultural Diplomacy In The Twentieth Century*, Washington D.C.: Potomac Books, 2006, pp.60, 58。

③ Ruth Emily Mcmurry and Muna Lee, *The Cultural Approach: Another Way in International Relations*, The University of North Carolina Press, 1947, p.208.

69000美元用于资助拉美国家杰出领导者、教授和学生的旅行访问。从拨款的数额来看，政府资助的规模较小。因此，还要依靠私人基金会的支持，帮助更多的拉美学生和教授到美国学习访问。

1939年夏，世界已经处在第二次世界大战的边缘，德国纳粹在拉美的宣传攻势日益猖獗。罗斯福希望文化司能够承担起反击德国在拉美宣传的紧迫任务，将重点转移到应对紧张的国际形势上。国务院对文化司在战时作用的可行性进行了评估，结果认为“文化司应该与宣传机构分开”，应该避免文化司卷入到不适宜的战争宣传工作当中，而是致力于与拉美国家进行长期、友好的文化交流。评估者们希望看到的是可以一直延续到战后的真正的、循序渐进的文化交流。罗斯福总统对此感到失望。结果，他不得不另外成立单独的机构来满足美国的战时文化宣传需要。今天回顾起来，这项评估结论是正确的。文化交流的目标不是为了宣传。它保证了日后美国在文化外交领域取得重大成就，使美国文化能对全世界产生影响。当然，文化司还是从自身功能出发，在战争期间发挥了自己应有的作用。1941年12月17日，就在珍珠港事件爆发后不久，国务院文化关系司起草了一份名为《在战争期间与国防事务有关的文化关系司工作》的备忘录，界定了美国在战争期间发挥的作用和角色，强调“在保持重要的人员交流同时，此刻我们应关注那些可以塑造人们思想的编辑和作家，以及那些能在西半球防御事务中提供大量帮助的广播评论员、漫画家、技师、科学家”。①

文化司一方面配合后成立的战时宣传机构推行文化交流项目，另一方面依然致力于可以服务于美国长期利益的文化交流。1942年2月9日，文化司提出了一份《作为服务美国外交基本工具的永久文化关系项目》备忘录。它从罗斯福刚刚在1个月前批准的远东中国文化交流项目出发，重点讨论在二战结束后文化交流服务于美国

① J. Manuel Espinosa, *Inter - American Beginnings of U. S Cultural Diplomacy*, 1936 - 1948, Washington D. C.: U. S Government Printing Office, 1976, pp. 191 - 192.

外交政策的需求以及文化关系将在国际社会发挥的作用和影响。备忘录指出，要把在拉美进行的文化项目推广到世界其他地区。“目前的文化交流项目全部以美洲为中心或者致力于双边的交流，但是目前的形势发展意味着将来的国际关系必须要求我们的目标是多边的。”①

从 1942 年开始，文化司将文化交流活动的范围扩大到了拉丁美洲之外。这年 1 月，美国启动了对中国的文化项目，包括资助中国人赴美求学和派遣技术专家到中国指导。1943 年交流范围扩大到了中东地区。与此同时，文化司从 1942 年开始在驻外使馆设立文化专员。到 1943 年底，美国向 22 个国家派出了专门的文化官员。到 1945 年底，又增设了 8 个。② 文化司开展的文化活动大致包括以下几个方面：一是提供旅行资助。为文化、政治、经济领域有思想和见识的领导者提供旅行访问费用，同时也鼓励和资助美国的杰出学者和学生到这些国家交流访问。二是开展艺术与音乐活动。文化司与美洲事务协调办公室合作，支持美国驻各地大使馆开办文化展出、举办音乐会、赞助美国音乐家到国外交流。三是参与广播。由于该领域没有得到政府的拨款，因此文化司主要与私人国际广播公司合作，安排官员参加广播节目，或者为广播公司提供材料；联合制作关于美洲的其他节目。文化司特别注重那些介绍美国历史、名人和科技成就的广播稿。四是提供电影。文化司在这方面的介入最少，只负责制作与长期交流有关的教育类的部分专题电影。各使馆的文化专员积极推进电影在海外的发行。五是负责文化资料的传播。主要涉及翻译与美国有关的书籍、资助和协助书商和出版商到海外访问、为中国和中东提供缩微书籍和专题纪录片，与战时信息处和私人基金会组织合作，向海外分发一系列有关美国在农业、天文、生物、经济、工程、医药、物理、心理学和兽医学等科技领域

① J. Manuel Espinosa, *Inter – American Beginnings of U. S Cultural Diplomacy, 1936 – 1948*, Washington D. C.: U. S. Government Printing Office, 1976, p. 195.

② Ibid., p. 188.

的新闻信息。

文化司最重视旅行资助项目和其他一些能够促进人员交流的文化活动，因为它认为这是加强美国与其他国家相互理解与沟通、构建长期稳定关系的最有效的方式。这种人员之间的交流被称为“私人化关系”。文化司的官员称：“保证同来自美洲国家进行交流的学者、教授和学生建立良好友谊的最有效率的方式便是通过私人化的关系。”在培养人际关系方面，美国政府最注重对他国未来领导人的培养。以 1944 年美国政府对拉美地区文化项目领域的具体拨款来看，给领导者的旅行资助费用所占比例最大，“总计达 305000 美元”①。这些在美国接受教育的精英和领导者分布在政治、经济、国家安全、外交等各个领域。美国政府期望他们在未来能潜移默化地按照美国的思维方式和作法来改造自己的国家。

更普遍地资助外国学生的工作还是由私人基金会来做的。如在 1942 至 1945 年间，赞助拉美学生交流的私人组织有位于旧金山的哥伦比亚基金会、凯洛格基金会（Kellogg Foundation）、古根海姆基金会（Guggenheim Foundation）、位于纽约的玻利维亚社团（Bolivarian Society）、达奇安基金会（Dazian Foundation）、梅奥基金会（Mayo Foundation）。除此之外，还有一些民间和小规模组织也为外国学生赴美交流提供了资金支持，如在特拉华州、爱荷华州、肯塔基州等的联邦女子俱乐部、国际利他社（International Association of Altrusa Club）、扶轮国际（Rotary International）等等。

为了加强工作，国务院于 1944 年秋天按照地域对文化司进行了重组。它主要划分为西半球处、欧洲处、中东处和远东处。重组后的部门分别负责全球不同区域的文化交流活动。美国对国际交流越来越重视。1943 年，美国派代表参加盟国教育部长会议，议题之一是准备战后促进教育合作。1944 年，国会议员富布赖特率团参加在

---

① J. Manuel Espinosa, *Inter - American Beginnings of U.S Cultural Diplomacy, 1936 - 1948*, Washington D.C.: U.S. Government Printing Office, 1976, pp. 126, 210.

伦敦举行的一次会议，讨论设立取代国联的知识分子合作委员会的机构。后来成立的这个机构就是联合国教科文组织。至此，美国的文化外交推广至全球，并延续至战后，为美国霸权服务。

2. 组建其他宣传机构

由于文化司的工作是从长期文化交流着眼，为了反击德国纳粹的文化宣传，美国政府在第二次世界大战爆发后还成立了另外 2 个机构：美洲事务协调办公室（The Office of Coordinator of Inter－American Affairs）和战时信息处（Office of War Information）。尽管这些机构的主要目标是服务于美国的战时需求，但是在宣传的过程中，它们还是发挥了输出美国的价值观和民主理念的作用。

美洲事务协调办公室成立于 1940 年 8 月 16 日，是在罗斯福总统的救助基金资助下创办的，作为国务院下属的半官方机构。战时信息处的前身是情报协调办公室（The Office of the Coordinator of Information），其主要工作是搜集情报，但也开展对外宣传活动。1942 年 2 月 1 日，这个机构开始了被称为美国之音（VOA）的德语广播，从而建立了“美国之音”电台。1942 年 6 月，情报协调办公室的职能被分开，宣传工作归于战时信息处，情报工作归于中央情报局。战时信息处由政府直接拨款。

虽然美洲事务协调办公室和战时信息处是两个机构，但工作方式却大致一样。两个部门主要利用报刊书籍、广播、电影来塑造和提高美国在世界各地的形象。就拉美而言，美洲事务协调办公室为拉美媒体提供有关美国生活、民主、战时信息的报道材料，与美国书商合作在拉丁美洲出版发行美国的书刊。这些书籍中展示了美国生活的重要方面，包括文学作品。战时信息处则在拉美 28 个分点建立了图书馆、举办展览、分发报纸，帮助当地民众了解美国的人民和文化。

这些机构非常重视广播和电影。美洲事务协调办公室与全国最大的 2 家私人广播公司 NBC 和 CBS 合作，通过它们向拉美每天 12 小时不间断地用英语、西班牙语和葡萄牙语播放罗斯福总统的演讲、娱乐和专栏节目。重点是后两者，包括了介绍科技、工业、历史、音乐（尤其是20世纪40年代流行的比波普爵士乐）、英语语言，等等。不过，在广播方面宣传效应最大的还属战时信息处管理的美国之音（VOA）。1942至1945年间，美国之音除了开办近40种语言的新闻节目来宣传盟国的战时信息，鼓舞人们抗击德国之外，还负责塑造美国作为一个民主的、强大的国家的形象。后者成为二战后期美国宣传的重点，如描述有关600万美国工人的故事来展现美国拥有巨大的人力资源，介绍飞机制造以展现美国拥有强大的军事力量等等。

美洲事务协调办公室对所有出口至拉美的电影进行了审查，涉及美国负面形象的电影或者有损拉美人民感情的电影情节遭到禁止和删除，同时换上拉美大众喜爱的部分。例如美洲事务协调办公室要求《阿根廷游记》（Down Argentine Way）的制片人额外花了4万美元重拍拉美观众不喜欢的场景。此外，它还制作了大约700部教育专题片输出到拉美地区，以增进美国同拉美人民之间的共识。其中最成功的是美洲事务协调办公室与国务院派往拉美地区担当睦邻友好亲善大使的迪斯尼公司一起合作制作的动画纪录片。典型的片子是《致候吾友》（Saludos Amigos）。它是1941年迪士尼公司花费6周时间走访南美的风土人情后制作推出的，讲述了主角唐老鸭的一次拉美之旅，并配上巴西著名作曲家的一首曲子，使得整部电影在拉美获得民众的青睐。在战争时期，“米老鼠”和“唐老鸭”风靡各地，赢得了拉美人民的欢心，甚至连1943年墨西哥总统还颁发授予外国人的最高荣誉——阿兹特克鹰奖给美洲事务协调办公室和迪士尼公司，表彰他们在战争期间所做的努力。战时信息处也十分重视电影的宣传攻势效用。该机构的负责人艾默尔·戴维斯认为：“向大众进行思想灌输的最简单的方式便是在他们没有意识到自己‘被宣传’的时候，让他们看拍摄的娱乐电影。”在罗斯福总统的提议下，战时信息处与好莱坞建立了良好的合作关系，直接参与审阅和修改电影剧本，以改善和提高美国在拉美或交战国人们心目中的地位和形象。1943 年，战时信息处下设的电影分局共审阅了 466 部电影剧本，1944 年则为 744 部。被修改的内容均与负面刻画美国人民以及社会有关。1943 年 9 月至 1944 年 8 月间，电影分局分析了 84 部以描述美国人违法和腐败为主题的剧本，让其中 47 部改到了让政府满意的程度。[①] 修改后的电影剧本要能体现美国社会民主自由和宽容，或强调美国人民真诚友好、热爱正义和富有人道主义精神的一面。以 1944 年 8 月上映的战时信息处认为最成功的一部电影《威尔逊》为例。最初的剧本有大量威尔逊遭到国会抨击和反对的场景，修改后的剧本强调美国宪法下人民享有权力的内容。

值得一提是，美国政府利用传播媒介开展战时宣传这一点和当时的德国并无区别。不过，在具体的实施方法上，美国政府的作法显然要高明。第一，美国机构强调基于真相的宣传，他们有侧重地筛选及制作有利于美国形象的材料或节目，但保证材料的真实。美国之音在创办时的誓言是："今天开始的每一天起，我们将在美国与你一起来谈论战争。……这些消息不管好的还是坏的，我们都将永远告诉您事实的真相。"[②] 这样做的好处在于能够经受住时间的考验，不会引起宣传的反效果。相比之下，德国的宣传原则却大相径庭。德国宣传部长约瑟夫·戈培尔的名言就是："宣传的基本原则就是不断重复有效论点，谎言要一再传播并装扮得令人相信。"这种作法结果证明招致了很多民众的反感。第二，美洲事务协调办公室还因地制宜，聘用拉美的专家顾问，征求其建议，能以拉美民众喜闻乐见的方式输出美国的文化和观念。第三，这些机构在传播文化材料时，并不像德国政府那样单方面强制性地输出德国的政治和

---

① Clayton R. Koppes and Gregory D. Black, "What to Show the World: The Office of War Information and Hollywood, 1942 - 1945", *The Journal of American History*, Vol. 64, No. 1 (Jan., 1977), pp. 88, 103.

② Monroe Edwin Price, *Media and Sovereignty: The Global Information Revolution and Its Challenge to State Power*, Massachusetts Institutions of Technology, 2002, p. 297.

文化观点，而是请其他国家的人，如邀请拉美记者到美国进行实地考察，然后用拉美自己人来影响和塑造拉美的舆论。这种方法在当地民众中不会招致反感和猜疑，反而进一步增加了各国民众对美国的了解和好感。

二战结束时，战时信息处被关闭。上述这些机构的工作都被并入国务院的临时国际新闻处。此后，美国对外宣传机构不断地更换名字，直到 1953 年美国政府正式成立美国新闻署。对于战时美国政府的宣传工作有不同的评价，毕竟当时美国政府缺乏经验，机构和机制也不完善。但应该实事求是地指出，除了战时宣传外，这些机构把眼光置于长期的文化交流项目上，开展广播、建立图书馆、提供文化资料、制作电影专题片、支持教育交流、特别是针对他国精英和未来领导人的培养等等都是以后美国新闻署的基本工作内容。这些机构强调介绍真相，注意了解输出对象的具体认知和情感，采用有针对性的手段来帮助受众了解美国，以持久平缓的方式在润物细无声之中默默地改变和增加各国民众对美国的理解，输出了美国的价值观和文化。这种宣传理念也被继承了下来。

纵观美国崛起的几十年，我们不难发现，美国政府总是善于把握和利用一切可能的条件向海外输出美国的文化和价值观等软实力的代表物，从而实现其影响世界改造世界的理想。在现代传播媒介技术成熟和完善之前，美国政府依靠传教士的身体力行迈出了改造世界的第一步；而随着一战末期现代传播媒介的发展，美国政府又通过利用、控制和占领海外文化市场的方式来达到协助美国赢得战争、实现威尔逊的政治理想和辅助美国经济的全球扩张。在这个过程中，无线电技术、电影都将威尔逊的理想主义、美国的流行音乐和生活方式、价值观辐射到全世界，甚至还引发了欧洲“美国化”的浪潮。美国政府成立专门机构管理这项工作却是比较晚的事情。即便第二次世界大战前后，美国政府终于建立了专门的对外文化交流机构，但它依然让私人基金会承担了大量的工作，既减轻政府的负担，也避免可能引起的国内外对宣传的批评。因此值得指出的是，美国之所以能取得如此之大的成绩，一是推广美国文化的工作集中了社会各界的力量：政府、私人基金会、传教士、商人、学者、艺术家等等。其中，政府主要是发挥了主导和支持的作用，大量的工作是由民间实际进行的。二是用展示美国现实生活和大众文化而不是说教的方法来让他国民众体验美国的生活方式和领会美国的理念。美国虽然不像其他国家拥有悠久的文化和历史积淀，但却在文化的发展上焕发着朝气和活力。或许正如一位学者在《美国霸权探析》中评价的那样，“虽然美国文化的底蕴不深厚，但是文化的影响力不取决于它是否古老，而是取决于它是否充满活力和吸引力，根本上取决于文化的承载者是否为世界政治经济中的强者。”①

① 郑保国：《美国霸权探析》，台湾秀威资讯科技股份有限公司，2009 年版，第 417 页。

结语：美国崛起和问鼎之路的讨论

一些美国人坚持认为“20 世纪 40 年代才是美国外交的开端”，批评奉行孤立主义太久；[①] 而一些中国人认为美国在 20 世纪就几乎没有孤立主义，指责美国的扩张。这两种看法各占一端，而本书的看法是美国在参加第二次世界大战前基本上奉行了华盛顿所提出的“孤立主义”，其结果是成功问鼎，成为世界头号强国。换句话说，美国真正做到了中国古人所说的韬光养晦，顺利地完成了崛起的大业。

在美国建国后的 160 多年时间里，美国政府处理对外关系方面基本坚持了孤立主义的原则，直到 1942 年初美国决定与英法等国结盟抗击德日法西斯侵略时它才放弃了孤立主义。其中，从 18 世纪末独立到 19 世纪末，美国千方百计地避免卷入欧洲大国之间的纠纷，这既可避免与老牌帝国主义国家英国和法国产生矛盾，也可以利用它们间的矛盾来谋取自己的利益。这个时期美国政府取得的主要成绩对内是巩固政权、扩大疆域、维护统一、西部开发和经济发展；对外是把拉丁美洲变成美国的后院。从 19 世纪末到 20 世纪第二次世界大战的初期，虽然美国已发展成为世界经济大国、政治大国和军事大国，美国的 GDP 数字已经转化成人民一流的生活水平和重大的世界文化影响力，但美国政府依然小心翼翼，尽力不卷入欧洲列强的纠纷，对走下坡路的英国安抚多于支持，对侵略成性的德国又

---

① 韩德：《美利坚独步天下》，上海人民出版社，2011 年版，第 2 页。

打击又妥协，对不同意识形态的苏联忍而不发，对在远东进行扩张的日本有斗争但更多是退让。美国政府这么做就给自己争取了充分的时间和有利的环境。利用这些条件，美国对内进行改革调整、加速经济发展、稳定社会秩序、全力以赴战胜了20世纪二三十年代一再出现的经济危机，为一个强大的美国奠定了坚实的基础；对外巩固了在拉丁美洲的势力范围、打垮了挑战者、摆平了原霸权国、扩大了在世界上的发言权，并把美国的经济政治理念推向全球。第二次世界大战结束时，美国成为世界霸权国家，就是一个水到渠成的事情。值得指出的是，同样在崛起的阶段，同样是面对各种困难，德国和日本选择了对外军事扩张和侵略，而美国选择了改革创新的道路。最终取胜的是后者。

为美国作出关键选择的领导人是罗斯福。他可能如批评者所说的那样不够能干，或作了令一些人不满的选择，但面对芸芸众生和艰难险阻，他有自知之明，区分轻重缓急，顺势而为，一步一个脚印地前进，带领美国渡过难关顺利地问鼎世界。对他还有什么苛求的呢？曾被评为“最伟大的美国人”的里根总统在1987年的国情咨文中引用老子的“治大国若烹小鲜”来表达自己的治政理念。其实，在此前半个世纪就任美国总统的罗斯福在治国救世方面何尝不是如此。“以正治国、以奇用兵、无事取天下”。老子的这种治世之道在罗斯福的内外政策中得到了体现。

在美国崛起的关键阶段，在内外交困的情况下，美国不是简单地坚持孤立主义原则，没有墨守成规，而是灵活地应用这个原则来应对各种挑战。美国的孤立主义不是躲避矛盾、与世无争，它是规避矛盾、与世有争。美国没有走过去大国的强国之路，它找到了最适合自己的政策。总的看，在对外政策方面，美国的决策特点是国内事务优先、为了长远的目标可以暂时作出妥协，不想打仗但不怕打仗、要打就得具有绝对优势、尤其重视软实力的发展和影响。因此，美国在崛起的过程中表现大气。为了稳定周边，对于曾经侵犯过的邻国，它不耻于赔礼道歉；为了平衡旧日的霸权国家，它不惜对原敌国贷款投资以帮助其恢复经济；为了避免新的世界大战，它还对苏联作出妥协，甚至牺牲了盟友的利益；为了保证彻底击溃威胁者，它忍辱负重积蓄实力；要惩罚挑战者，就把它打得落花流水。与此同时，它注意顺应潮流，吸收别人的成果，勇于创新，不断地提出新的理念和机制，并坚定不移地推行，直至建立新的国际体系。

一些人对20世纪头40年美国是否坚持了孤立主义却有不同的看法。因为就在这近半个世纪的时间里，美国在中国推行门户开放政策，美国参加了两次世界大战，美国提议建立国际联盟，美国……,这众多的事实能表明美国坚持孤立主义吗？提出这种质疑恰恰反映出这个时期美国所面临的复杂局面，领导人做出外交决策十分困难。不仅政府内部有各种意见，而且舆论也有激烈的争论。但今天回顾起来，这个时期的美国政府在错综复杂的形势下都坚持了开国元勋华盛顿所提出的孤立主义原则。称它是原则，因为美国政府在具体政策实施上会有不同，但万变不离其宗，即使有一时的偏离，最后也都回到孤立主义这条轨道上来。如美国参加了第一次世界大战，但它没有与英法结盟，尽管它们都站在同一战线上。威尔逊总统倡议建立国际联盟，但美国政府最终决定不参加它。20世纪30年代美国为了不卷入欧洲政治，甚至一度不愿意明确地反对德国扩张和支持英国抵抗。美国为了避免与日本冲突，一再妥协而为人诟病。其实，美国处理日本问题不是没有原则的。当日本侵略中国东北时，美国不想按照中国的请求来干预，仅仅发出了“不承认主义”的照会，但当日本军队侵占上海，美国就出面迫使日本撤出；当日本扶植满洲傀儡政权时，非国联成员的美国游说国联成员，阻止多个欧洲国家承认满洲国。显然，美国政府就是不想完全站在中国一边，或说不想过早与日本敌对。说美国奉行孤立主义并不是说美国不搞扩张、美国不关注和不参与国际事务。美国在独立后不久就开始了扩张的政策。孤立主义的关键在于不结盟和不卷入大国的纠纷，从而获得一种独立超脱的地位。事实上，这种作法如同19世纪60年代后英国政府提出的“光荣孤立”政策，即不卷入欧洲大陆的纠纷。其依据就是首相帕麦斯顿的理论：英国没有永久的朋友，没有永久的敌人，只有永久的利益。[①]

一些人对美国在第二次世界大战前奉行孤立主义政策是质疑的。其中，美国人说早就应该奉行积极干涉的“世界主义”，中国人说美国政策是绥靖主义。二者的视角不同，但都认为如果美国早日出手制止德国和日本的侵略行动，那就不会有第二次世界大战的发生。无疑这只是一种假设。这里可以做出另一种假设。如果美国在20世纪30年代初像中国南京政府高官所期望的那样对日本采取强硬手段，在30年代中期像英国首相张伯伦所期望的那样对德国动真格的，那可能会有两种结局。一是当时美国与这两个国家或其中一个即刻发生武装冲突，从而爆发战争，那还会有今天的美国吗？因为那时美国还没有同时打两场战争的能力，仅要同时面对国内的危机和国外的战争，就是美国政府无法承受的重任。美国很可能被搞垮了。二是在美国的高压下，德日两国暂时收敛，战争可能不会在40年代初发生，但美国能彻底打消这两个国家的军国主义和极端民族主义的思想吗？能让这两个国家永远甘居美国之后作为老二老三吗？能让这两个国家在那时就打破大国兴衰的轮回走上和平崛起的道路吗？要给出一个肯定的答复无疑是困难的。因为历史事实告诉我们，正由于在第二次世界大战中同盟国的胜利和战后的强硬处理措施，德国人才真正放弃了追求霸权的道路，愿意与法国等国和解，并出现了后来德国总理勃兰特在波兰犹太人纪念碑前下跪谢罪的场面；正由于二战中同盟国赢得太平洋战争的胜利但战后对日处理不彻底，才形成日本虽投降但总有人不认错的局面，甚至普遍把太平洋战争的爆发归罪于美国，日本的右翼势力和军国主义分子至今仍在制造日本与周边国家的麻烦。也正由于美苏两个大国未在二

---

① Alan P. Dobson, *Anglo – American Relations in the Twentieth Century*, N. Y.: Routledge, 1995, p. 8.

战中交手但又都体验了战争的惨烈，这两个超级大国才在战后采取冷战的方式继续争夺世界的控制权，直至一方被打垮或垮台。从这个角度看，第二次世界大战在人类争取和平的历史上是一个必然，人类从中有失有得，对美国、对世界来说都并非是绝对的坏事。它的发生不取决于美国是否采取孤立主义的政策。

但有一个没人提到的问题：孤立主义给美国留下什么经验和教训？先说教训，当年美国政府内部和舆论都有很强的孤立主义倾向，特别是第一次世界大战之后出现的和平主义运动。于是，美国政府只能推动多国签订了实行裁军的两次“海军条约”、支持门户开放的“九国公约”和承诺放弃使用武力解决争端的“非战公约”。然而，这些没有约束力的办法都未能制止德国和日本的侵略扩张。于是，美国在二战后改为奉行“世界主义”，当起世界警察。再说经验，为了避免当头，无论是提出门户开放还是订立上述诸条约，美国往往喜欢用多边方式来制约别人。不管是否解决问题，至少它清楚集体的力量大于美国一家。无论是当年在东亚以日制俄，还是一战后扶德制英，美国学会搞平衡，即便自己的力量够大，还是要借力他国。总之，尽管美国放弃了孤立主义，但它历史上的经验教训深深地影响着今天美国的对外政策。

今天的国际体系是美国创新的结果，但它从建立到运转是完美的吗？

美国与此前的大国不同，不是一个靠发动战争取得霸权的国家，但却是一个凭借战争取得霸权的国家。有人作过研究，美国打击日本、德国都在其 GDP 是美国 2/3 时候。美国没有挑战德日，但绝不允许它们挑战美国。美国的确突破了传统的大国兴衰模式，取得了历史的进步，但它并没有建立一个全新的崛起模式。至今，世界上仍没有一个和平崛起的大国。

这个因美国崛起而建立的国际体系也没有摆脱由欧洲国家在 16、17 世纪创建的世界结构。这个结构的基本单元是独立的主权国家。名义上大家是平等的，但自古至今从来不缺少一个霸权国家。

美国放弃孤立主义的理由是为了维护世界和平，但在霸权体系内，美国的“世界主义”与老霸权国家的作法没有太大不同，依然是凭借自己的实力，包括软实力，强行推行自己的意志而全然不顾世界的多样性。这个体系虽然避免了世界大战的发生，但没有减少局部的战争，特别是没有减少美国参与的战争。

现有霸权体系不仅无法保障世界和平，而且无法打消人们对霸权的欲望。换句话说，肯尼迪教授在《大国的兴衰》一书中论述的霸权轮回理论依然有效。虽然美国今天的软硬实力仍然位居世界第一位，但一些美国学者仍意识到危机。有人冷静地指出：“随着美国在经济力量和文化吸引力上的相对优势渐渐消失，行使霸权的尝试可能会越发适得其反，多次尝试只会更大地削减而非加强美国的优势。”[①] 其结果可能导致新的霸权争夺战。当然，其时日还早，最终取决于美国领导人是否也意识到这一点。

这种霸权体系不仅无法保障世界和平，而且本身就带来战争。人们有理由对这个国际体系，甚至对这个体系所依赖的世界结构提出质疑。从中国角度看，中国还要照旧追求一极或两极主导的霸权体系吗？或中国真要作为“既得利益者”来捍卫现有体系吗？试图避免战争的新方式是靠“和平崛起”的简单宣示吗？中国就得一成不变地接纳或坚持美国传授的主权、自由贸易和集体安全等理念吗？……

① 韩德：《美利坚独步天下》，上海人民出版社，2011 年版，第 345 页。

参考书目

中文著作：

艾伦：《美国的崛起：沸腾50年》，京华出版社，2011年版。

艾泽曼：《美国人眼中的第二次世界大战》，当代中国出版社，2005年版。

奥夫纳：《美国的绥靖政策：1933—1938年美国的外交政策与德国》，商务印书馆，1987年版。

比尔德：《美国文明的兴起》，商务印书馆，1991年版。

陈明：《美国联邦储备体系的历史渊源》，中国社会科学出版社，2003年版。

达莱克：《罗斯福与美国对外政策1932—1945》，商务印书馆，1983年版。

戴维斯、特兰尼：《第一次冷战：伍德罗·威尔逊对美苏关系的遗产》，北京大学出版社，2007年版。

邓蜀生：《罗斯福》，浙江人民出版社，1985年版。

董秀丽：《美国外交的文化阐释》，知识产权出版社，2007年版。

杜蒙德：《现代美国》，商务印书馆，1984年版。

弗格森：《巨人：美国大帝国的代价》，华东师范大学出版社，2007年版。

福斯特：《美洲政治史纲》，人民出版社，1956年版。

富布赖特、蒂尔曼：《帝国的价值》，新华出版社，1992年版。

郭宇立：《美国的大国成长道路：制度治理与战略选择》，北京大学出版社，2011 年版。

韩德：《美利坚独步天下：美国是如何获得和动用它的世界优势的》，上海人民出版社，2011 年版。

韩召颖：《输出美国：美国新闻署与美国公众外交》，天津人民出版社，2000 年版。

何维保：《美国的非常年代》，河南人民出版社，2002 年版。

胡文涛：《美国文化外交及其在中国的运用》，世界知识出版社，2008 年版。

怀特：《美国的兴盛与衰落》，江苏人民出版社，2002 年版。

黄安年：《美国的崛起：17—19 世纪的美国》，中国社会科学出版社，1992 年版。

基欧汉：《霸权之后：世界政治经济中的合作与纷争》，上海世纪出版集团，2001 年版。

凯南：《美国外交》，世界知识出版社，1989 年版。

克罗卡特：《50 年战争》，新华出版社，2003 年版，第 33 页。

肯尼迪：《大国的兴衰》，求实出版社，1988 年版。

孔华润：《剑桥美国对外关系史》，新华出版社，2004 年版。

库尼娜：《1917—1920 年间美国争夺世界霸权计划的失败》，世界知识出版社，1957 年版。

李庆余、任李明、戴红霞：《美国外交传统及其缔造者》，商务印书馆，2010 年版。

梁亚滨：《称霸密码：美国霸权的金融逻辑》，新华出版社，2012 年版。

刘绪贻、李存训：《富兰克林 · D. 罗斯福时代，1929—1945》，人民出版社，1994 年版。

马汉：《海权论》，陕西师范大学出版社，2007 年版。

玛雅：《美国的逻辑：意识形态与内政外交》，中国经济出版社，2011 年版。

麦克唐纳：《美国、英国与绥靖，1936—1939》，麦柯米伦出版有限公司，1981 年版。

曼德尔鲍姆：《国家的命运：19 世纪和 20 世纪对国家安全的追求》，军事科学出版社，1990 年版。

米德：《美国外交政策及其如何影响了世界》，中信出版社，2006 年版。

米勒：《美国海军史》，海洋出版社，1985 年版。

米利特、马斯洛斯金：《美国军事史》，军事科学出版社，1989 年版。

莫里森：《美利坚共和国的成长》，天津人民出版社，1991 年版。

尼德曼：《美国理想：一部文明的历史》，华夏出版社，2004 年版。

齐世荣：《美国：从殖民地到惟一超级大国》，三秦出版社，2005 年版。

切特罗姆：《传播媒介与美国人的思想》，中国广播电视出版社，1991 年版。

任晓、沈丁立：《自由主义与美国外交政策》，三联书店，2005 年版。

沙伊贝：《近百年美国经济史》，中国社会科学出版社，1983 年版。

史静寰：《狄考文与司徒雷登》，珠海出版社，1999 年版。

舒建中：《多边贸易体系与美国霸权——关贸总协定制度研究》，南京大学出版社，2009 年版。

檀有志：《美国对华公共外交战略》，时事出版社，2011 年版。

陶文钊：《中美关系史 1911—1950》，重庆出版社，1993 年版。

瓦里科夫：《苏联和美国——它们的政治关系和经济关系》，三联书店，1965 年版。

王立新：《美国传教士与晚清中国现代化》，天津人民出版社，

2007 年版。

王立新：《意识形态与美国外交政策：以 20 世纪美国对华政策为个案的研究》，北京大学出版社，2007 年版。

王玮、戴超武：《美国外交思想史》，人民出版社，2007 年版。

王晓德：《美国文化与外交》，天津教育出版社，2008 年版。

王晓德：《文化的帝国：20 世纪全球美国化研究》，中国社会科学出版社，2011 年版。

肖德甫：《美国崛起沉思录》，中国华侨出版社，2008 年版。

邢军：《革命之火的洗礼（美国社会福音和中国基督教青年会 1919—1937）》，上海古籍出版社，2006 年版。

熊志勇：《美国政治与外交决策》，北京大学出版社，2007 年版。

休斯、凯恩：《美国经济史》，北京大学出版社，2011 年版。

徐世澄：《美国和拉丁美洲关系史》，社会科学文献出版社，2007 年版。

徐振伟：《美国对欧经济外交 1919—1934》，知识产权出版社，2009 年版。

杨生茂：《美国外交政策史：1775—1989》，人民出版社，1991 年版。

杨卫东：《信仰的构建与解读：宗教与美国外交》，中国社会科学出版社，2011 年版。

张振江：《从英镑到美元：国际经济霸权的转移（1933—1945）》，人民出版社，2006 年版。

赵志辉：《罗斯福外交思想研究》，安徽大学出版社，2009 年版。

郑保国：《美国霸权探析》，台湾秀威资讯科技股份有限公司，2009 年版。

英文著作：

Allen, H. C., *The Anglo – American Relationship since* 1783, London: Adam & Charles Black, 1959.

Bailey, Thomas A., *A Diplomatic History of the American People*, N. Y.: Meredith Corporation, 1969.

Bemis, Samuel Flagg, *A Diplomatic History of the United States*, N. Y.: Holt, Rinehart and Winston Inc., 1965.

Browder, Robert Paul, *The Origins of Soviet – American Diplomacy*, Princeton: Princeton University Press, 1953.

Campbell, Charles S., *The Transformation of American Foreign Relations*, 1865 – 1900, N. Y.: Harper & Row, 1976.

Campbell, Charles Soutter, *Anglo – American Understanding*, 1898 – 1903, Baltimore: Johns Hopkins Press, 1957.

Cohen, Warren I., *Empire without Tears: America's Foreign Relations*, 1921 – 1933, Philadelphia: Temple University Press, 1987.

Costigliola, Frank, *Awkward Dominion: American Political, Economic, and Cultural Relations with Europe*, 1919 – 1933, Ithaca: Cornell University Press, 1984.

Dean, Vera Micheles, *The United States and Russia*, Cambridge: Harvard University Press, 1948.

Dobson, Alan P., *Anglo – American Relations in the Twentieth Century* N. Y.: Routledge, 1995.

Duroselle, Jean – Baptiste, *From Wilson to Roosevelt: Foreign Policy of the United States*, 1913 – 1945, London: Charro & Windus, 1964.

Gaddis, John Lewis, *Russia, the Soviet Union, and the United States: an Interpretive History*, John Wiley & Sons, Inc., 1978.

Gardner, Richard, *Sterling – Dollar Diplomacy: Anglo – American Collaboration in the Reconstruction of Multilateral Trade*, Oxford: the

Clarendon Press, 1956.

Gilderhus, Mark T., *The Second Century: U. S.—Latin American Relations since* 1889, Wilmington: Scholarly Resources Inc., 2000.

Herring, George, *From Colony to Superpower*, N. Y.: Oxford University Press, 2008.

Jonas, Manfred, *The United States and Germany: a diplomatic history*, Ithaca: Cornell University Press, 1984.

LaFeber, Walter, *The New Empire: An Interpretation of American Expansion*, 1860 – 1898, Ithaca: Cornell University Press, 1963.

Leffler, Melvyn P., *The elusive quest: America's pursuit of European stability and French security*, 1919 – 1933, Chapel Hill: University of North Carolina Press, 1979.

Leopold, Richard, *The Growth of American Foreign Policy*, N. Y.: Alfred A. Knopf, Inc., 1962.

May, Ernest, *Imperial Democracy: The Emergence of America as a Great Power*, N. Y: Harcourt, Brace and World, 1961.

Nearing, Scott and Joseph Freeman, *Dollar Diplomacy: A Study in American Imperialism*, N. Y.: B. W. Huebsch and the Viking Press, 1925.

Neumann, William L., *America Encounters Japan from Perry to MacArthur*, Baltimore: The John Hopkins Press, 1963.

Offner, Arnold A., *American Appeasement: United States Foreign Policy and Germany*, 1933 – 1938, Cambridge: Belknap Press of Harvard University Press, 1969.

Orde, Anne, *The Eclipse of Great Britain*, N. Y.: Macmillan Press Ltd., 1996.

Ovendale, Ritchie, *Anglo – American Relations in the Twentieth Century*, Macmillan Press Ltd., 1998.

Perkins, Dexter, *A History of Monroe Doctrine*, Boston: Little,

Brown and Company, 1963.

Rock, Stephen R. , *Appeasement in International Politics*, Lexington: The University Press of Kentucky, 2000.

Rosenberg, Emily S. , *Financial Missionaries to the World: The Politics and Culture of Dollar Diplomacy*, 1900 – 1930, Cambridge: Harvard University Press, 1999.

Schulzinger, Robert D. , *American Diplomacy in the Twentieth Century*, N. Y. : Oxford University Press, 1984.

Sumner, William G. , *A History of American Currency*, New York: Henry Holt and Company, 1874.

Weigley, Russell F. , *The American Way of War: A History of United States Military Strategy and Policy*, Indiana University Press, 1973.

Wheeler, Gerald E. , *Prelude to Pearl Harbor: the United States Navy and the Far East*, 1921 – 1931, Columbia: University of Missouri Press, 1963.

Wilhelm, Hans, *Germany and the United States: a "special relationship?"* Cambridge: Harvard University Press, 1980.

Williams, William Appleman, *American Russian Relations*, 1781 – 1947, N. Y. : Rinehart & Co. Inc. , 1952.